변화 요인을 통해 본

정서중심 부부치료

STEPPING INTO EMOTIONALLY FOCUSED COUPLE THERAPY — Key Ingredients of Change

Lorrie L. Brubacher 저
박성덕 · 안강호 · 이지수 · 정유리 · 김기원 · 한승민 공역

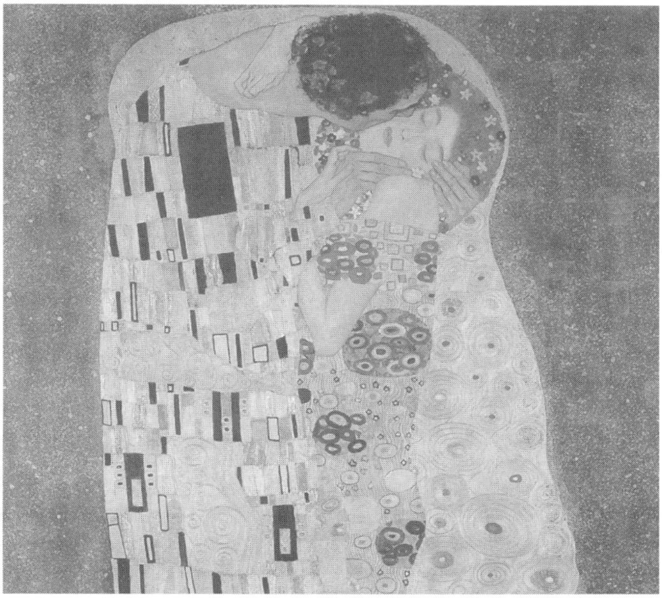

학지사

Stepping into Emotionally Focused Couple Therapy:
Key Ingredients of Change
by Lorrie L. Brubacher

역자 서문

정서중심 부부치료모델을 개발한 수잔 존슨(Susan Johnson) 박사의 저서 『정서중심적 부부치료: 부부관계의 회복(The practice of emotionally focused couple therapy: Creating connection)』(Johnson, 2004)의 첫 문장은 다음과 같이 시작된다.

"부부치료 분야에 많은 변화가 나타나고 있다. 다양한 통찰과 연구가 이러한 변화를 이끌고 있다. 최근의 부부불화와 부부만족도에 대한 연구, 긍정적 혹은 부정적인 인간관계가 사람의 건강과 기능에 미치는 영향에 대한 연구 그리고 효과적인 임상적 개입에 대한 연구는 서로 일맥상통하는 부분이 있다. 즉, 이러한 모든 연구에서는 공통적으로 성인의 사랑에서의 결합(bond)에 대해서 밝히고 있다."

정서중심 부부치료는 친밀한 관계의 중요성과 부부불화의 발생 과정, 효과적인 개입기법, 변화 과정에 대해서 밝혀내고 성인의 사랑이 회복되는 과정을 설명하고 있다. 결국 정서중심 부부치료는 부부치료 분야를 이끌고 있는 핵심 모델로 성장, 발전하게 되었다. 다양한 문화권에서 많은 치료사가 정서중심 부부치료를 통해 긍정적인 결과를 이끈 경험을 밝히고 있다.

한국에서 정서중심 부부치료는 2004년부터 적용되었고, 2017년부터 트레이너를 초빙하여 전문가 교육과정을 실시하고 있다. 현재 국제정서중심부부치료센터(International Centre for Excellence in Emotionally Focused Therapy: ICEEFT)에서 제공하는 체계화된 교육 프로그램으로 40여 개 나라에서 전문가 교육과정이 진행되고 있다. 이들 전문가가 진행하는 실제 상담 과정을 보면 회기 중 일어나는 엄청난 부부관계 회복을 볼 수 있다. 하지만 정서중심 부부치료사로 익히고 깊어지는 것은 단순하지 않으며 어려운 부분이 있다. 능력 있는 전문가가 되려면 다양한 사례를 경험하고, 오랜 기간 정서중심 부부치료모델로 상담을 진행해야 한다. 다른 전문가의 경험을 접하고 간접적으로 경험할 수 있다면 숙련된 치료사가 되는 시간을 단축시킬 수 있을 것이다.

이런 면에서 정서중심 부부치료 국제 공인 치료사, 슈퍼바이저 및 트레이너인 브루베이커(Brubacher)의 저서 『변화 요인을 통해 본 정서중심 부부치료(Stepping into emotionally focused couple therapy: Key ingredients of change)』를 접하게 된 것은 전문가인 역자에게 반가운 일이 아닐 수 없다. 이 책에는 부부치료의 초보 치료사, 심화 과정을 밟고 있는 전문가 및 숙련된 전문가에게도 도움이 되는 내용이 많다. 그리고 개인의 회복을 도와주는 상담자에게도 큰 도움이 될 수 있다. 책을 읽다 보면 정서중심 부부치료사의 애정 넘치는 고민을 볼 수 있고, 그것을 정서중심 부부치료의 지침을 통해서 극복해 가는 과정을 흥미 있게 지켜볼 수 있다. 이를 통해서 상담 현장에 적용할 수 있는 소중한 팁을 배우게 된다.

이 책의 장점은 많다. 수잔 존슨이 밝힌 성인 사랑의 결합, 애착이론이 커플에게 적용되는 배경을 전반부에 자세하고 이해하기 쉽게 설명하고 있다. 최신의 과학으로 증명된 다양한 내용을 밝힘으로써 이론과 적용에 대한 신뢰를 높이고 있다. 이 책은 정서중심 부부치료의 3기, 9단계의 치료 과정에 쉽게 다가갈 수 있게 하는 인도자의 역할을 한다. 또한 배우자의 중독 문제로 고통을 받는 부부, 외도 등 애착손상에 대한 접근 방법을 통해서 어려운 사례에 대한 접근을 도와주고 있다. 정서중심 부부치료의 개인에 대한 적용은 전문가의 흥미를 끌기에 충분하고, 정서적 접근은 개인에게 매우 유용한 도움을 줄 수 있을 것으로 확신한다.

분열을 조장하는 우리의 현실에서 사랑과 관계를 회복시키려는 동반자가 있다는 사실은 실로 가치 있는 일이 아닐 수 없다. 정서중심 부부치료를 만든 수잔 존슨은 물론

이 책을 쓴 브루베이커 및 세계적으로 깨진 가정을 회복하기 위해서 노력하는 전문가들은 역자에게 훌륭한 동반자다. 그리고 무엇보다 특별히 감사하고 싶은 동반자가 있다. 이 책을 들고 번역 작업을 함께하자고 했을 때 의기투합한 5명의 정신건강의학과 전문의에게 고마움을 표현하고 싶다. 이들은 정서중심 부부치료에 열정을 갖고 있고, 전문가 기초 및 심화 교육과정을 밟았다. 정서중심 부부치료의 매력에 빠져 깨진 관계의 중매자 역할을 시작하는 상담사들이다. 개인 연구소 개설을 준비하면서 바쁜 가운데 함께 해 준 안강호 선생님, 가장 먼저 번역을 제안했는데 기꺼이 응한 이지수 선생님, 개인의 바쁜 일정 중에도 묵묵히 도움을 준 정유리 선생님, 우리의 영어 울렁증을 줄여 주고 밝은 분위기를 이끌어 준 김기원 선생님, 득남을 하여 바쁜 와중에도 궂은일을 맡아 적극적으로 처리해 준 한승민 선생님께 감사를 드리고 싶다. 이번 작업을 통하여 역자 모두는 정서중심 부부치료의 이해를 높이는 데 도움이 되었다고 입을 모았다. 독자들에게도 동일한 경험이 될 수 있으리라 확신한다. 번역 및 출간이 되는 과정에서 여러 가지 업무처리를 도와준 연구소의 장세영 실장 및 직원 김지현 님에게도 감사를 전한다. 또한 다양한 정서중심 부부치료 관련 서적을 출판해 온 학지사에 감사를 드린다.

무엇보다 갈등으로 고통을 받지만 관계를 포기하지 않고 오늘도 상담을 결정하여 회복을 시도하는 개인 및 부부와 가족에게 용기의 박수를 보내고 싶다. 애착이론을 만든 존 볼비 박사는 이렇게 말했다. "양육자는 학식이 많거나 유머가 풍부하지 않아도 된다. 단지 함께 있어 주면 된다." 배우자 역시 마찬가지다. 이 책이 열정 있는 전문가를 통하여 한국의 개인, 부부, 가족의 아픔과 회복의 과정에 따뜻하고 희망적으로 '함께 있어 줄 수 있을 것'이라 확신한다.

연리지가족부부연구소에서

역자 대표 박성덕

전설적인 멘토이자 나의 등대 같은 수 존슨(Sue Johnson),

모든 것의 창조자이자 영감인 칼 로저스(Carl Rogers),

인생의 힘든 순간을 의미 있게 해 주는 존 볼비(John Bowlby),

매일매일 나의 안식처와 안전기지가 되어 주는 댄 펄먼(Dan Perlman)에게

이 책을 바칩니다.

추천사

이 책은 새내기 EFT 치료사는 물론 경험이 많은 EFT 치료사 모두에게 가치를 매길 수 없는 자원이 될 것이다. 이 책은 EFT의 각 치료 과정에서 어떻게 개입해야 하는지 많은 구체적인 예시를 보여 주고 풍부한 '정서중심 부부치료 언어'를 통해 EFT를 시행하는 방법을 보여 준다. EFT의 모든 단계(step)와 기(stage)는 실용적이고 명료한 방식으로 이루어져 있다. 로리 브루베이커(Lorrie Brubacher)의 초점은 치료사가 해야 할 것을 넘어 내담자가 정서적으로 어떻게 참여하는지, 부부 사이에 어떻게 정서적인 개입을 조성해야 하는지 매 순간의 예시를 통하여 치료사가 경험적인 치료가 무엇인지 이해하도록 하는 것이다. 제9장은 아름다운 통합과 치료사의 정서적 작업에 대한 지침이 될 중요한 표지들을 보여 주고 EFT의 각 단계와 기에 대한 명확한 길이 제시되어 있다.

이 책은 수 존슨의 저서인 『정서중심적 부부치료: 부부관계의 회복』(Johnson, 2004)과 맥을 같이하며 최근에 EFT의 발전과 연구를 추가했다. 그녀는 최근의 EFT 연구와 애착이론 분야의 선구자인 볼비(Bowlby), 코언(Coan), 미쿨린서(Mikulincer), 쉐이버(Shaver)의 원전도 인용하고 언급했다.

브루베이커는 많은 시간을 EFT의 지적이고 이론적인 뿌리를 연구하고 발전시키는 데 할애했고, 전문 EFT 치료사, 슈퍼바이저, 트레이너 그리고 작가로 성장했다. 독자들은『변화 요인을 통해 본 정서중심 부부치료』를 즐길 수 있을 것이다.

수 존슨(Sue Johnson)과 앨리슨 리(Alison Lee)

저자 서문

1. 왜 정서중심 부부치료(EFT)에 관한 입문서인가

당신이 EFT를 배우는 새내기 치료사, 노련한 치료사, EFT 재교육을 원하는 EFT 치료사 그 누구일지라도 나는 작지만 실속 있게 이론, 격려, 애착기반의 영감이 꽉 찬 EFT의 개요를 보여 주고자 한다. 내가 제1장에서 기술하였듯이, 과정과 결과에 대한 연구들은 EFT가 틀림없이 현존하는 부부치료모델들 중에서 가장 효과적이라는 것을 증명한다. 나는 당신에게 정서를 불러일으키는 경험을 제공하고자 하며, 존슨(Johnson, 2004)이 제시한 변화에 대한 EFT 모델의 기술적이고 예술적인 측면을 전달하고자 한다. 나는 치료사에게 부부치료를 실행할 수 있게 도와주고, 당신 자신과 내담자 그리고 이 유대감의 사건에 참여하는 사람들 간의 상호작용이 지금 현재의 과정으로 성숙하게 조율되기를 고대한다. 또한 나의 희망은 이 책에서 언급되는 여러 가지 요소를 통하여 당신이 부부치료를 실행하는 데 도움이 되게 하는 것이다.

1) 성인의 사랑에 관한 이론 그리고 그것이 부부치료에서 갖는 의미

EFT는 명확히 기술되고 경험적으로 입증된 성인의 사랑에 대한 이론을 기반으로 하는 유일한 부부치료모델이다. 성인의 사랑을 애착 과정으로 정의하는 것은 치료사가 갖는 의문들에 가이드를 제공해 준다. "부부의 문제에 어떤 일이 일어나고 있는가?" "이 부부와 내가 어디로 가고 있는가?" "어떻게 하면 나아질까?" 명확하게 기술된 성인 사랑의 이론은 부부치료사에게 제대로 된 성인의 사랑의 정확한 그림을 보여 줄 뿐 아니라 불화부부를 최종 목적지로 안내해 줄 지도를 제공한다. 성인 애착에 관한 이론이 없다면 부부치료사는 갈등과 소외감, 고통과 절망이 뒤섞인 정글에서 헤매게 될 것이다. 그 치료사는 명확한 목적지나 목표도 없고 눈에 보이는 충돌을 일으키는 주제를 넘어 고통을 일으키는 핵심 이슈를 전혀 파악하지 못할 것이다. 이 이론을 모른다면 부부치료사는 부부를 애착의 가장 좋은 상태로 이끌어 줄 수 있는 실용적이고 믿을 만한 GPS가 없는 것이나 다름없다.

애착의 이론과 과학에서 보이는 낭만적 관계에 대한 새로운 과학적 발견은 표현되지 않는 애착정서와 욕구가 체계를 변화시킨다는 것에 대한 믿을 만한 지도를 제공한다. 이 책은 임상가가 어떻게 이 어렵고 벅찬 부부관계를 애착시각을 통해 다루고 정상화시키는지 보여 주는 많은 사례를 제공한다. 분리불안 반응에 대한 애착이론적인 시각은 다양한 성향의 부부치료사들에게 그들의 앞에 펼쳐진 소위 미치게 만들고 짜증나는 행동을 이해하고, 탈병리화하는 방법에 대한 견고한 기반을 제공한다.

2) 고통을 안전한 안정결합으로 변화시킬 애착이론의 지도

세 가지 중요한 변화의 전환점으로 이루어진 EFT의 9단계와 3기의 변화 과정은 처음에는 매우 어려워 보일 수 있다.

EFT에 새로이 참여하려는 치료사는 ① 성인의 사랑과 관계갈등의 새로운 패러다임, ② 연속적인 변화 과정에 대한 지침, ③ 경험주의와 체계적인 개입기법의 통합에 적응할 필요가 있으며, 이 세 가지는 모두 변화의 목표이자 매개체인 애착정서에 기초를 두고 있다.

이 책에서 나는 한 번에 한 단계씩 어떻게 점진적으로 EFT를 배울 수 있는지 안내할 것이다. 나는 존슨(Johnson, 2004)의 경험적으로 검증된 부부치료모델에 대해 실용적인 방법으로 간략하게 소개하려 한다. 이는 패러다임을 변화시키고 새로운 모델을 통합하고자 하는 숙련된 치료사나 자신의 상담에 EFT를 통합시키려는 새내기 치료사나 대학원생 그리고 EFT에 호기심을 가지고 그 효과를 부부치료에서 탐험해 보고자 하는 다른 영역의 부부치료사에게도 도움이 될 것이다.

3) EFT를 효과적으로 만드는 것이 무엇인지에 대한 집중

이제 일반 대중에게도 부부치료가 갈등 해결 이상의 역할을 할 수 있다는 인식이 확산되고 있다. 대중적이고 과학적 근거에 기반을 둔 존슨(Johnson, 2008, 2013)의 자가치료서를 읽은 부부들이 유대감을 형성하는 데 도움을 줄 수 있는 치료사를 찾고 있다.

초보 EFT 치료사들은 종종 부부의 드러난 문제를 해결하기보다는 부부가 안정적인 유대감을 효과적으로 형성할 수 있게 도와주는 과정지향적인 모델에 큰 의미를 둔다. 그들은 문제를 해결하는 것에서 벗어나 부정적 상호작용을 단계적으로 약화시키고, 내재된 정서를 재처리하며, 안전하고 안정적인 결합을 만들기 위하여 상호작용 패턴을 변화시키는 것을 통해 틀을 깨고 있다. 당신이 애착지향모델로 패러다임을 변화시키든 그렇지 않든 간에 연구(Greenman & Johnson, 2013)를 통해 밝혀지고 지속적인 변화를 만드는 데 중요한 EFT 요소를 배우게 되면 현재 자신의 임상을 향상시킬 수 있다. 이 책을 저술한 목적은 임상가들이 EFT의 요소를 점차 그들 작업에 통합시키도록 하는 것이다. 어떤 이들은 이 모델을 수용하기를 고려하면서 머뭇거리며 실험할 수도 있다. 다른 치료사에게는 임상에 EFT를 통합하기 위해서 깊이 빠져들 수 있는 격려와 지침이 될 수 있다.

4) 경험주의 관점

존슨의 애착지향적 부부치료모델은 고통받는 부부 사이에서 무슨 일이 일어나는지 이해하는 데 있어서 당신의 인지를 변화시킬 수 있고, "정신치료 시간에 어떤 일이 일어나는지에 대한 관점을 변화"시킬 것이다(Stern, 2004, p. xiii). 애착유대의 안전성을 바꾸는 것은 교정적 정서 경험이지 설명이나 통찰에 기반한 것이 아니다. 이전에 라이히만(Reichman)이 내담자에게는 "설명이 아니라 경험"이 필요하다고 말한 것처럼(Ehrenwald, 1976, p. 392), 스턴(Stern, 2004, p. xiii)은 "한 사건은 현존하는 지금에서 일어나는 것이어야 한다."라고 말했다. 수 존슨은 다음과 같이 즐겨 말했다. "당신이 내담자를 정서적으로 참여하도록 만들지 못한다면 그 방 안에는 당신과 함께 춤을 출 내담자가 없는 것과 같다."

변화에 필요한 핵심 요소가 적용되는 방식은 효과를 일으키는 필수적인 부분이다. EFT의 경험적 특징은 단기치료법임에도 불구하고 오히려 느리고 반복적이며 순간순간 참여하며 조화를 맞춰 가는 방식을 취한다. EFT를 배우고자 하는 임상가는 새로운 패러다임으로 발을 딛는 이런 점진적이면서도 집중하고 수용하며 매 순간 살아 있는 경험을 필요로 한다. 나는 부부관계에서 지속되는 안정적인 결합을 만들기 위한 살아 있는 핵심 요소를 제공하기 위해 실제 사례를 보여 주고, 실제 치료 회기에서 내담자의 변화 과정과 치료사의 개입에 대한 근거를 제공하며, 새로 EFT를 배우는 에밀리라는 치료사의 경험을 반영하고자 한다. 나의 의도는 또한 다양한 배경의 치료사들에게 여타 비슷하게 보이는 기법과 변화로 이끄는 이 과정이 질적으로 그리고 실제적으로 어떻게 다른지 경험하도록 하는 것이다.

2. EFT에서 변화의 핵심 요소

EFT에서 세 가지 중요한 변화의 전환점은 1기의 단계적 약화와 2기의 위축자 재개입, 비난자 순화다. 이런 변화의 전환점에 대한 지도는 경험적으로 검증된 기법들로 이루어진 기본적인 과제로 형성된 길의 윤곽을 보여 준다.

세 가지 기본 과제는 동맹을 형성하고, 부정적 고리를 단계적으로 약화시키고, 애착결합을 재건하는 것이다. 치료사 개입은 두 가지로 나눌 수 있는데, 정서에 접근하고 재처리하는 것을 돕는 경험적인 개입과 현재의 상호관계를 찾아내어 부부 사이의 새로운 상호관계를 만들기 위해 새로이 발견한 내재된 체계화 개입을 사용하는 것이다. 이 두 가지 개입기법(제2장 참조)은 긍정적인 변화를 예견하는 두 가지 핵심 요소가 정서적 경험을 깊게 하는 것뿐만 아니라 애착두려움과 애착욕구를 서로 나누는 부부 사이의 관계 상호작용이라는 일관적인 결과들과 일맥상통한다(Greenman & Johnson, 2013).

치료사가 무엇을 해야 할지에만 초점을 둔다면 EFT를 배울 수 없다. 치료사가 어떻게 개입을 하는지에도 관심을 가져야 한다. 관계 참여에 대한 치료사의 스타일과 방식이 중요하다. 비효율적인 관계 패턴을 안전한 감정적인 연결과 지속되는 안정적인 결합으로 만들기 위해 필요하고도 충분한 개입기법과 변화의 전환점은 치료사가 무엇을 하고 그것을 어떻게 해야 하는지에 대한 측면과 분리할 수 없다. EFT가 경험에 기반을 둔 치료이기 때문에 치료사가 각 부부와 현재의 순간에 감정적으로 함께할 수 있는 능력과 각 부부를 참여하도록 격려하는 것이 그들이 참여하고 있는 과제 자체와 표현만큼이나 중요하다.

EFT의 핵심 요소를 보여 주는 대화(transcript)와 비디오는 www.SteppingintoEFT.com에서 볼 수 있다.

3. 이 책에 대한 개관

새로운 패러다임에 발을 담그는 것은 서둘러서 되는 일이 아니다. 초보 EFT 치료사들은 여러 가지 복잡한 문제에 맞닥뜨리면 이 모델을 적용하는 데 용기를 잃을 수 있다. 그러나 EFT 교육 훈련을 마친 치료사들이 보고하는 가장 극적인 변화 중 하나는 치료사 자신과 내담자에 대한 더욱 공감적이고 협동적인 태도였다(Conrad, 2015; Sandberg & Knestel, 2011). 이 모델에 점진적이고 주의 깊게 접근하도록 돕기 위해 나는 이 모델을 소개하면서 EFT의 각 단계와 기에서 어떻게 시행되는지 보여 주기 전에 먼저 기법과 성인의 사랑에 대한 애착의 관점을 기술할 것이다.

제4장부터 제8장까지는 EFT의 단계를 기술할 것이며, 매 장마다 다음과 같은 질문을 던질 것이다.

① EFT 치료사는 무엇을 보고 듣는가? 사랑에 대한 이론으로서 애착은 어떻게 임상가

가 바라보는 것을 알아차리고, 공감하는 것을 알아차리도록 하는가? 나는 부부 문제를 불안정한 애착의 드라마 혹은 '분리불안 문제'로 탐구하고 각 부부가 관계에서 다르게 반응하며 다른 반응을 받고자 하는 욕구와 갈망 안에 숨겨진 안전에 대한 씨앗과 희망을 규명할 것이다.

② 실제로 치료사와 내담자는 무엇을 하는가? 나는 각각의 단계와 기에 치료사의 과제와 개입기법을 설명하고 내담자의 과정도 들여다볼 것이다. EFT는 공동의 작업 과정이기 때문에 치료사가 각 단계에서 무엇을 하는지 아는 것 이외에 내담자가 무엇을 하는지 아는 것도 중요하다.

③ 마지막으로, EFT 치료사는 과제와 기법들을 어떻게 수행하는가? 나는 EFT 치료사가 자신의 과제를 수행하는 방식으로 이야기할 것이다. 예술과 과학에서처럼 EFT에서는 치료사가 지속적으로 각 부부의 특이성을 받아들여야 하고, 각각의 파트너에게 매 순간순간 초점을 맞추어야 하며, 마찬가지로 치료사 자신의 경험과 그들 사이의 대인관계 거리에도 초점을 맞추어야 한다.

EFT의 변화의 핵심 요소를 통합하고 강화하도록 돕기 위해 나는 제9장에서 EFT 지도의 표지(marker)를 정리하고, 치료사의 '지각된 느낌'을 그 표지를 따라가는 데 이용할 수 있는지 살펴볼 것이다. 제10장부터 제12장까지는 EFT의 특별한 상황에 대해 살펴보고자 하는데, 그것은 중독행동을 다루고 관계에서 비롯된 애착손상을 회복시키는 것 그리고 이 모델을 성인과 작업하는 데 이용할 수 있도록 확장하는 것이다. 제13장에서는 EFT의 주옥같은 요소들을 정리하고, 당신에게 다음의 EFT단계를 어떻게 설계할 것인지 제안할 것이다.

나의 희망은 이 책을 읽음으로써 당신의 내담자를 대하는 방식에, 한 번에 한 단계씩 EFT를 통합하여 당신의 치료가 풍부해지는 것이다. 이렇게 함으로써 당신은 고통받는 부부들에게 연결과 안정적인 결합을 주는, 평생의 발견과 예술과 과학이라는 배에 승선할 수 있다. 당신은 내담자와 부부들을 모든 포유류의 생존과 번영에 필수 불가결한 변화의 과정에 참여하도록 할 수 있다. 그것은 바로 효과적인 의존(Bowlby, 1988) 혹은 후세의 학자들이 말하는 이상적인 의존(Feeney et al., 2015)이다. EFT를 배우는 과정에 대한 연구에 따르면, 치료사가 자신의 일에 더 확신을 가질 수 있고 자신의 관계에서도 더 연민을 가지고 친밀해진다고 한다(Conrad, 2015; Sandberg & Knestel, 2011).

EFT 치료사들은 EFT를 시행하면서 꾸준히 학습한다. 오랜 작곡가인 폴 사이먼(Paul Simon)의 인터뷰에 영감을 받은 한 EFT 치료사(Ogner, 2015)는 다른 치료사들에게 이메일로 사이먼이 어떻게 자신의 작업을 연습하면서 지속적으로 배우는지에 대해 서술했다. "수십 년간 당신이 어떤 말들이 거리를 만들고 어떤 말들이 가까워지게 하는지 느낌을 갖게 되는 것, 어떻게 리듬이 사용될 수 있는지, 멜로디는 어떤지…… 고민하는 것만으로도 당신은 당신의 작업을 통해 배운다." 수 존슨 박사는 이에 다음과 같이 회신했다.

> 이것이 내가 나의 일을 사랑하는 이유다. 이 말은 딱 내가 내 작업에 대해 어떻게 느끼는지 표현한다. 나는 개인이나 부부를 만나며 스스로에게 '멋지다' 그리고 '이제 어떻게 할까?'라고 중얼대는 것을 발견한다. 과정을 사랑하는 것이 내가 열정을 갖게 만든다.

이 모델이 당신에게 잘 맞는다고 판단되면 당신은 치료 결과의 강력한 결정적 요소를 치료사가 그 모델에 대해 가지는 열정과 충성이라고 확신할 것이다(Blow et al., 2007). 이 책으로 떠나는 당신의 여정이 영감 가득한 모험이 되기를 빈다.

차례

제1부

정서중심 부부치료: 애착으로 사랑 이해하기

제7장 비난자 순화 변화의 전환점을 만들기 위해 정서를 통한 작업하기(5~7단계) • 193

제4부 통합과 강화

제8장 EFT 3기에서 안전한 결합 강화하기(8, 9단계) • 217

제9장 EFT 지도를 통합하고 강화하기 • 229

제5부

EFT 치료에서 흔히 겪는 어려움

제6부

다음 단계

제 1 부

정서중심 부부치료:
애착으로 사랑 이해하기

제1장 EFT 서론

제2장 EFT에서 핵심 변화 재료

제3장 애착결합, 사랑에 대한 새로운 과학적 발견

제1장

EFT 서론

이 장에서는 초보 EFT 치료사 에밀리(Emily)를 소개하고자 한다. 그리고 EFT의 발전 과정, 변화를 유도하는 EFT의 기(stage)와 단계(step)를 설명하고, EFT의 효과를 입증하는 증거를 제시할 것이다. 마지막에는 EFT 치료사인 에밀리가 상담했던 세 쌍의 부부 이야기로 결론을 지을 계획이다. 에밀리에게 상담을 받았던 세 부부의 이야기는 EFT 치료단계를 설명할 때 반복해서 언급할 것이다.

화요일 아침, 에밀리는 길 위에 뒹구는 가을 낙엽을 밟으며 타라(Tara)와 카일(Kyle) 부부의 첫 상담을 위해 출근하고 있다. 에밀리는 애착관계에서 추적하고 요구하는 타라와 방어적인 카일처럼 통상적인 추적-위축형의 고리에 갇혀 있는 부부와의 상담을 좋아했다. 에밀리는 인정하기 싫지만 자신이 두 번째 사례인 필(Phil)과 줄리(Julie) 부부를 만나는 것에 대해 두려움을 느낀다는 사실을 깨달았다. 에밀리는 매우 차분하고 긍정적으로 보이는 부부관계 이면에 있는 줄리의 취약한 부분과 필의 자기보호적 태도에 대한 단서를 발견했다. 어린 시절에 트라우마를 겪은 부부와 애착의 시각으로 협력적으로 작업하는 EFT가 에밀리에게는 쉽지 않은 도전이었다. 남편이 포르노에 빠져 있는 것을 발견했다는 줄리의 이야기와 12단계 집단모임에 참여하고 있다는 이야기를 듣다 보면 에밀리는 종종 애착의 관점을 유지하기 어려웠다. 점심 식사 후 첫 번째로 예약된 새로운 커플이 어떤 모습일지 생각하니 에밀리는 늘 그렇듯 흥분과 두려움으로 심장이 두근거렸다. 이처럼 에밀리는 새로운 커플을 만나기 전에 늘 흥분과 함께 긴장을 느끼곤 했다.

여기에 소개된 커플은 실제 부부가 아니다. 여러 부부의 정보를 변형하고 조합하여 만든 사례다. 만일 이 책에 소개된 사례가 당신이 아는 사람을 나타내는 것이라고 느낀다면, 이는 이러한 애착 주제가 모든 인간에게 보편적이기 때문일 것이다.

자기 일에 열정적인 젊은 부부치료사 에밀리는 사랑하는 부부 사이에서 생긴 강한 감정의 소용돌이에 빠져드는 자신을 자주 발견했다. 때로는 부부간의 심한 차이로 인해 발생하는 강한 감정은 그녀의 정서 균형을 잃게 만들었다. 그녀는 화해하기 힘들어 보이는 부부의 갈등을 해결하기 위해서 부부를 돕고, 확대 가족, 양육, 과도한 업무, 부족한 성관계, 혹은 최근의 외도로 인하여 발생하는 긴장을 해결하는 것에 압박을 느끼고 있었다. 비밀, 분노, 무관심, 혐오, 수포로 돌아간 노력들, 비난 그리고 반격은 벌집을 침입당한 벌떼처럼 그녀를 압도했다. 그때 자기 앞에서 전개되는 정서적인 불화를 애착이론으로 재구성하게 되면서 에밀리는 열린 창문으로 불어오는 공기에서 느끼는 시원함을 맛보았다. 애착의 시각으로 보게 되자 상담실에서 들려오는 안정적인 유대감과 수용받고 싶은 갈망의 노래를 들을 수 있었다. 최근 망쳐 버린 가족 휴가를 두고 벌인 부부싸움의 이면에서 에밀리는 한 배우자의 불평과 요구에서 벗어나고 싶은 마음과 다른 배우자의 교감과 친밀감에 대한 항의의 목소리를 들을 수 있었다.

최근에 에밀리는 EFT를 배웠고, 불화 속의 다양한 사랑의 드라마에 대해서 애착이론이 제공하는 비병리적 관점을 접하면서 다소 편해졌다. 그녀가 가르쳤던 대화기법과 문제해결기술은 상담실에서는 효과가 있었으나 집으로 돌아가 감정이 고조된 상황이 되면 아무런 도움이 되지 않는다는 사실을 깨달았다. 이제 그녀는 서서히 애착에 대한 이론과 과학을 통합하게 되었고, 정서를 지각/평가−동기 과정(perception/appraisal-motivational process)으로 보기 시작하면서 그녀의 삶과 일에서 새로운 터전을 마련한 것처럼 느꼈다. “나는 더 이상 부부를 고치고 가르치며 변화시키거나 그들의 문제를 풀려고 하지 않아도 돼.” 에밀리는 반복해서 자신에게 말했다. “나는 더 이상 부부 문제의 해결책을 찾을 필요가 없고, 예의 바르게 부부싸움을 하라고 도와주지 않아도 돼. 나는 부부에게 다가가서 그들이 들려주는 정서적 음악(music)을 들으면 돼.” 에밀리는 부부가 배우자로부터 존중받고 자신이 귀중하다고 느끼고 싶은 욕망을 깨닫도록 도와줄 때 변화가 시작되는 것을 알았다. 한 배우자의 상처와 두려움이 항의적 분노 혹은 갑작스러운 사라짐으로 나타날 때 보이는 일련의 단계적 반응을 이해할 수 있게 도와주면 변화가 시작된다는 사실을 알았다. 이런 예측 가능한 단계들이 부부를 춤추게 하고 고리를 형성하며, 그녀의 눈앞에서 일어나는 싸움의 원인이 되는 것임을 알게 되면서 그녀는 마음이 진정되었다. "나는 이러한 음악과 춤에 적극적으로 참여할 필요가 있어. 이것이 내가 줄 수 있는 최선이야."

에밀리는 반복되는 상호작용 고리가 풀어져야 부부가 자신의 부드럽고 취약한 정서와 두려움을 살피고, 반발적인 정서와 행동 아래 숨어 있던 선한 의도를 비로소 탐색할 수 있음을 알게 되었다. 반응적이거나 자기보호적인 정서와 행동은 자동으로 튀어나오기 때문에 부부가 인식하기 어렵다. 에밀리는 많은 시간이 소요되더라도 이러한 과정을 밟았을 때, 새로 발견된 보물처럼 취약한 감정과 갈망이 드러나고 탐색될 수 있다는 것을 스스로 상기시켰다. 그래야 지금까지 깨닫지 못했고 표현하지 않았던 부부의 정서가 연금술사의 손에 주어진 금이 되어 이전의 회피하고 비난하던 부정적 고리는 안전감, 유대감, 기쁨이 넘치는 긍정적 고리로 변화하게 된다.

에밀리는 '아직은 내가 이 모든 것을 어떻게 해야 하는지 몰라.'라고 생각했다. 하지만 그녀는 보다 차분하고 희망적으로 부부를 대했다. 그리고 그녀 앞에 있던 부부의 긴장이 소중한 두 사람 사이에 정상적으로 나타나는 애착갈등임을 알았다. 그녀가 정서에 머무르며 독특한 애착드라마를 이해하고 인정하는 태도는 숨막히는 암흑의 세계에서 부부가 빠져나올 수 있게 도와주는 최상의 방법이라는 사실을 배웠다. 볼비(Bowlby)가 양육자를 향해 던진 핵심 메시지는 에밀리에게 위안이 되었다. **'양육자는 완전할 필요가 없다, 그저 함께 있어 주면 된다.'**

EFT의 탄생과 변화를 일으키는 중요한 요소를 간단히 살펴본 후 치료 초기단계에 있는 세 부부를 소개하려 한다. 적어도 하나 이상의 부부 사례가 당신이 상담실에서 만난 부부의 사례와 비슷할 수 있다. 그다음에 나는 이 책이 어떻게 당신의 부부치료에 도움이 되는지 밝히고, 책 속에 내용이 어떻게 정리되었는지 설명할 것이다.

1. EFT의 탄생: 세 가지 세계로부터 출발하다

EFT는 존슨과 그린버그(Johnson & Greenberg, 1985, 1988)에 의해서 시작되었다. 그들은 불화부부가 만족스럽고 신뢰할 수 있는 관계로 회복되는 효과적인 치료 과정과 내담자의 변화 과정을 살펴보면서 EFT를 탄생시켰다. 치료 회기에 대한 기록을 관찰하던 중 그들은 경험주의 접근법에서 강조하는 정서 경험에 대한 공감적 반영, 비병리적 수용, 관계에 조화되고 상황에 따라 교감하는 치료사의 능력에 관심을 가졌다(Perls, 1969; Rogers, 1961, 1980). 그들은 부부의 상호작용을 추적하고 상대 배우자에게 미치는 영향력을 관찰하면서 경험주의 관점에 체계적 관점을 더할 필요성을 깨달았다. 체계이론(Bertalanffy, 1968)은 미누친(Minuchin)과 다른 구조주의 가족치료사에 의해서 가족치료에 적용되었다(Minuchin & Fishman, 1981). 체계이론과 경험주의 접근에서는 문제를 개인의 성향보다는 과정의 측면에서 이해한다.

존슨은 마침내 상실과 버림받음에 대한 두려움, 외로움, 유대감 단절, 깨져 버린 신뢰, 거절에 대한 두려움과 실패감 등 부부 이야기 속에 반복적으로 나타나는 주제를 파악했다. 그녀는 이러한 주제를 부부치료가 나아가야 할 새로운 방향으로 삼았다. 합리적 협상과 해결, 혹은 공동생활을 영위하기 위한 협상을 통해서는 친밀한 관계를 보장받을 수 없다. 그녀는 친밀한 관계란 정서적 결합(emotional bonds)으로 유아와 부모 사이의 결합과 동일하게 강렬한 갈망, 욕구, 설렘이 충만하다는 것을 깨달았다. 이는 괄목할 만하고 혁명적인 발견이다. 사실 존슨의 창조적이고 연민 어린 천재성은 가족 부부치료 분야에서 "사랑의 암호를 푸는(cracking the code for love)" 첫 단계를 제공했다(Burgess Moser et al., 2015; Johnson, 2013).

정서중심 부부치료모델은 1980년대 초반에 시작되었다(Johnson & Greenberg, 1985, 1988). 이 모델은 정신 내적 및 대인관계적 경험을 동시에 집중하는 경험주의(Pearls, 1969; Rogers, 1961)와 체계이론(Minuchin & Fishman, 1981)을 통합했다. 지금까지 어떤 정신치료 접근도 이 두 가지를 동시에 통합하지 않았다. 정서는 불화부부의 관계를 회복시키는 교정적 정서 경험(corrective emotional experience)을 만들어 주는 변화의 목표이자 매개체다. 존슨은 이후 애착이론(Bowlby, 1973, 1979, 1980, 1982)을 추가했고, 이로써

EFT는 경험적으로 인정받은 성인 사랑의 이론을 적용한 유일한 부부치료모델이 되었다. EFT에 애착이론을 더함으로써 불화부부관계를 안전하고 안정적인 정서결합으로 변화시키는 과제는 강화되고 간소화되었다(Johnson, 2004; Johnson et al., 2013). 에밀리는 자신이 들을 수 있게 된 통합의 은유(metaphor of integration)를 회상하며 웃음을 지었다. 즉, 로저스, 미누친, 볼비가 함께 차를 마시며 부부갈등의 핵심 문제는 무엇이고, 안전하고 안정된 결합으로 가는 길이 무엇인지를 존슨과 그린버그의 귀에 속삭이는 상상을 했다.

EFT는 내담자의 변화와 성장 가능성을 존중하는 실용적인 방식으로 ① 애착이론에 ② 체계이론과 ③ 휴머니즘적 경험주의 접근법을 통합했다. 애착 관점은 치료사로 하여금 애착경로(attachment channel)를 추적하면서 부부의 안정적 정서 유대감을 향한 욕구에 반응하여 결합 형성의 목표에 집중시켜 주어서 일정한 치료방향을 유지할 수 있게 도와준다. EFT 치료사는 애착경로를 좇아가며 연결 및 분리고통의 신호가 되는 자극(trigger), 행동(action), 충동(impulse), 정서 표현(emotional expression)에 주목한다. EFT 치료사는 애착 관점을 통하여 부부 사이에서 일어나는 모든 일을 소중한 관계에서 나타나는 현상으로 바라본다. 하지만 부부의 노력이 효과적이지 못하여 유대감이 깨어지면 부부는 이를 안정시키려 한다. 애착이론은 성인 관계 불화의 핵심을 안정애착결합에 대한 욕구 충족이 실패한 데에서 기인한다고 본다. 또한 애착이론은 부부치료사에게 비효율적인 관계 패턴을 안전한 정서 유대와 지속적인 결합으로 만들기 위해 필요한 것이 무엇인지 알려 준다.

버셰이드(Berscheid, 1999)는 대인관계를 연구하는 과학이 발전하려면 "심리학자의 전통인 개인주의 성향을 뛰어넘어야 하며, 감정이 인지에 미치는 영향과 관계적 외부환경이 인간의 내적 역동에 미치는 영향에 대한 연구가 활발해야 한다."고 지적했다(p. 260). 이와 같은 그의 지적은 EFT의 세 가지 통합 요소에 관심을 갖게 한다. 즉, ① 애착이론은 개인주의 성향을 버리고 인간은 타인 없이 생존할 수 없다고 주장하며, ② 경험주의 치료는 정서가 의미를 만들고 행동을 이끈다고 생각한다(Tronick, 1989). ③ 체계치료는 내외적 환경이 서로 영향을 주고받는다는 점을 강조한다.

EFT는 단기통합모델로 25회기 정도 진행되며, 트라우마가 있으면 더 길어진다. 정서와 상호작용에 초점을 둔 경험주의 및 체계적 접근에 애착 관점을 통합했다. 경험주의는 치료사의 공감적이고 창조적인 예술의 면으로 통합되었다(Johnson & Brubacher,

2016c). EFT가 부부치료 분야에 획기적으로 기여한 부분은 엄청나다. 경험적으로 인정된 성인 사랑의 이론(애착이론)에 기반을 둔 유일한 부부치료모델로서 EFT는 관계갈등과 회복에 대한 개념을 세우는 데 영향을 주었고, 변화 매개체로 정서를 내세우는 경험주의 토대를 확장시켰다.

2. EFT 지침: 변화의 단계와 기

EFT 치료사는 부부의 관계 만족과 안정적 유대감을 도와주기 위해서 3기, 9단계의 EFT 지침을 따른다(〈표 1-1〉 참조). 제3장부터 제8장에서 단계와 기에 대해 자세하게 다룰 것이며, 그 내용은 〈표 1-1〉에 정리해 두었다. EFT 치료사는 과정자문가(process consultant)로서 이러한 지침을 따르며(Johnson, 2004), 코치, 교사, 통찰력을 제공하는 사람, 혹은 문제해결 전략가가 아니라 부부가 자신의 단절을 이해하고 안정적 결합 형성을 위한 새로운 상호작용 패턴을 만들도록 도와주기 위해 현재의 과정에 초점을 두는 자문가다.

표 1-1 **EFT 단계와 기**

- 1기-부정적 고리의 단계적 약화(de-escalation of negative cycle)

1단계: 동맹과 평가
2단계: 부정적 고리(자극, 행동, 의미)와 애착 태도를 밝힌다.
3단계: 고리를 움직이는 내재된 애착정서에 다가간다.
4단계: 문제를 욕구를 충족하기 위한 시도인 부정적 고리로 재구성한다.

- 2기-결합의 재조직: 위축자 재개입(withdrawer re-engagement)

5단계: 위축자가 내재된 정서, 충족받지 못한 욕구, 자기에 대한 측면에 접근한다. 경험을 보다 깊어지게 하고, 다듬고, 개방한다.
6단계: 추적자가 위축자에 대한 새로운 시각을 수용하도록 촉진한다. 춤을 확대한다.
7단계: 위축자가 자신의 욕구와 소망을 표현하면서 배우자에게 다가간다. 관계에서 교감을 통해 안전감을 느낄 수 있도록 욕구를 충족해 달라고 요청한다. 부부의 새로운 상호작용: 위축자가 가까이 다가가는 위험을 감수했고, 욕구와 소망을 표현했으며, 추적자가 반응하고 위축자는 이 반응을 받아들인다. 이것이 결합을 향한 첫 해독제다.

- 2기–결합의 재조직: 비난자 순화(blamer softening)

5단계: 비난자가 내재된 정서, 충족받지 못한 욕구, 자기에 대한 측면에 접근한다. 경험을 보다 깊어지게 하고, 다듬고, 개방한다.

6단계: 위축자가 비난자에 대한 새로운 시각을 수용하도록 촉진한다. 춤을 더욱 확대한다.

7단계: 비난자는 애착두려움과 욕구를 받아들이고, 접근에 대한 두려움을 가진 취약한 상태에서 안전한 연결감을 느끼고 싶은 욕구가 충족되도록 요청하는 위험을 감수한다. 부부 사이의 더욱 새로운 상호작용: 비난자가 가까이 다가가는 위험을 감수했고, 위축자가 반응했으며, 비난자는 이 반응을 받아들인다. 이것이 부부의 안정이 다시 정의되는 결합을 향한 두 번째 해독제다.

- 3기–강화(consolidation)

8단계: 오래된 문제가 새로운 결합 고리에 통합된다. 해결되지 못했던 문제에 대한 새로운 해결책을 지지한다. 부부는 안전하게 문제를 풀고 차이에 대처한다.

9단계: 새로운 반응 태도와 고리를 강화한다. 문제와 회복에 대한 새로운 이야기를 재연한다. '과거 갈등과 현재 결합'이라는 회복 이야기를 만든다. 생기 있는 사랑을 유지하기 위해서 미래의 사랑 이야기와 의식을 만든다.

1기의 초점은 부정적 상호작용의 고리를 밝히고 이해하는 것이다. 이 고리는 부부가 상담을 시작하면서부터 설명하는 문제다. 치료사는 정서적 음악, 즉 표현되지 못했고 이면에 있는 단절, 고통, 파트너의 기대에 못 미치거나 중요하지 않은 사람이 되는 것에 대한 두려움에 관한 이야기에 귀 기울인다. 고리에서 추적하거나 회피하는 행동을 이끄는 것이 바로 이러한 정서다. 치료사는 실망, 무시, 보살핌을 받지 못한 혹은 배신당한 이야기를 들음으로써 내담자가 경험한 분노와 같은 반응적인 정서를 인정할 수 있다. 반응적인 정서를 이차정서라고 부르며, 이는 부정적인 고리에서 아직 표현되지 못한 핵심 정서 혹은 일차정서의 반작용으로 생긴다(예: 아내는 남편에게 자신이 소중하지 않다는 두려움이 생길 때 분노하게 된다).

치료 1기는 다음의 4단계를 포함한다.

- 1단계: 동맹을 형성하고 불일치하는 문제를 평가한다.
- 2단계: 추적 혹은 위축적인 태도를 밝히고, 자동으로 반응하는 고리의 단계를 추적한다.

- 3단계: 부정적 고리를 움직이는 기저의 (전의식에 있는) 핵심 애착두려움과 충족받지 못한 갈망에 접근한다.
- 4단계: 단계적 약화(de-escalation): 관계 문제를 부정적 상호작용 고리로 재구성한다. 고리를 상세하게 기술하여 관계를 억압하는 고리의 영향력을 약화시킨다.

1기에서 가장 중요한 과제는 동맹(alliance)을 형성하고 유지하는 것이다. EFT 치료사는 내담자의 이야기를 이해하기 위해서 깊이 있고 공감적으로 경청해야 한다. 귀 기울이고 공감하며 수용적인 태도를 취할 때 동맹은 형성된다. 치료사가 인간의 행동에는 그럴 만한 이유가 있고, 상담실에는 '나쁜 사람'보다 '나쁜 고리'가 있다는 확실한 믿음을 가질 때 동맹은 강화된다. EFT 치료사는 부부 문제를 부정적 고리의 맥락으로 바라보고, 애착 관점에서 갈등 속의 상호작용을 추적하며 이를 정상적인 반응으로 바라보아야 한다.

부부는 갈등을 일으키는 진짜 문제가 부부가 갇혀 있는 부정적 상호작용 피드백 회로, 즉 '고리'라는 사실을 인식할 때 EFT 1기의 단계적 약화라는 변화의 전환점이 생긴다. 수잔 존슨은 『날 꼬옥 안아 줘요(Hold Me Tight)』(Johnson, 2008)라는 저서에서 부정적이고 자기강화적인 고리에 대해 '부정적 대화(demon dialogue)'라고 별명을 붙였다. 이때 부부는 자신이 자동적으로 빠져드는 이러한 고리를 깨닫고 수용한다. 부부는 또한 자신의 반응적 행동이 배우자의 애착두려움을 촉발하며, 이러한 일차정서가 피드백 회로에서 예측 가능한 행동을 유발한다는 사실을 알게 된다.

부부는 정서 균형을 상실하는 과정과 배우자로부터 위협을 경험하도록 촉발하는 것이 무엇인지 깨닫게 된다. 부부는 자신의 취약성을 깊이 인식하며, 자신의 자기보호적 행동이 배우자의 사랑, 수용, 소망, 혹은 지지받고 싶은 마음에 위협이 될 수 있다는 사실을 알게 된다.

치료 2기에서는 새로운 방식으로 접근하고 반응할 수 있도록 일차적 애착정서가 깊어지고 확장되는 데 초점을 맞춘다. 이를 통해서 안전감과 유대감을 이끄는 애착결합이 형성된다. 부부는 확장된 새로운 일차정서에 내재되어 있고, 부정적인 고리를 야기하는 갈망과 욕구에 접근한다. 부부는 위험을 감수하며 배우자에게 다가가고, 지금까지 충족받지 못했던 애착욕구를 채워 달라고 요구한다. 이러한 과정은 구조화된 재연

(enactment)을 통해서 일어나며, 애착결합을 만드는 두 가지 변화의 전환점을 만든다.

첫 번째 전환점은 지금까지 부정적 고리에서 물러나 있던 회피적인 위축자가 위험을 감수하고 자신의 애착욕구를 충족시켜 달라고 요청하는 것이다. 배우자의 요구와 비난이 줄어들어야 자신이 원했고 필요했던 수용과 위안을 받고 싶은 욕구를 표현할 수 있다. 뒤로 물러나서 갈등을 피하거나 상대의 강한 요구에 방어하는 사람에게 자신의 욕구를 적절하고 적극적으로 말하는 것은 엄청나게 힘들다. 친밀하고 의지하고 싶은 마음이 있을 때 요구와 불만이 생긴다. 그래서 자신의 정서적 유대감에 대한 갈망에 접근하는 것은 위축된 배우자에게 새로운 경험이 된다. 이러한 변화의 전환점을 '위축자 재개입(withdrawer re-engagement)'이라고 한다.

2기에서 위축자 재개입 이후에 일어나는 또 다른 변화의 전환점은 '비난자 순화(blamer softening)'다. 지금까지 불안해하고 요구하던 배우자가 자신의 취약성을 드러내며, 적절한 태도로 위험을 감수하여 버려지는 것과 무가치하게 취급받는 것에 대한 두려움을 표현하고 위로와 위안을 요청한다. 연구에 의하면 이러한 전환점은 관계 만족도와 애착안정을 예측하는 척도가 되며, 이를 통한 변화는 지속성을 갖는다(Johnson et al., 2015).

마지막으로, EFT 3기에서는 결합의 긍정적 고리가 부부의 일상에서 강화되고 통합된다. 여기서 부부와 치료사는 확장된 긍정적인 고리(Mikulincer & Shaver, 2016)와 함께 만든 복원력에 대한 이야기를 반영한다. 이러한 이야기는 불화에서 안정으로 변화할 수 있었던 방법과 미래를 함께 꾸며 갈 계획을 담고 있다. 부부가 일단 깊은 만족감을 회복할 수 있는 방법을 찾으면 안정적인 유대감을 지속할 수 있다(Mikulincer & Shaver, 2015).

3. EFT 모델의 효과

EFT는 효과에 대한 16개의 연구를 통하여 가장 효과적인 부부치료법으로 밝혀졌으며, 그 지속성도 증명되었다. 수잔 존슨 등(Johnson et al., 1999)이 실시한 메타분석에 따르면, 부부 적응척도(Dyadic Adjustment Scale: DAS)로 측정한 결과 70~73%의 부부가 불화에서 벗어났고, 85%는 현저한 개선을 보였다. EFT는 다른 부부치료모델보다 효과

크기(1.3)가 월등했다. 추가적으로 EFT의 추적관찰을 해 본 결과 재발이 적었고, 몇몇 연구에서는 치료가 종결되고 난 뒤에도 점차 개선되는 부부가 있다고 보고했다(Wiebe & Johnson, 2016 참조). 트라우마의 용서와 같이 중요한 문제들에 대한 결과는 제11장에서 언급할 것이다(Wiebe & Johnson, 2016).

EFT는 여타 부부치료모델에 비해서 치료 과정에 대한 연구가 많다. 이 책에서 소개되는 치료적 도구는 그린먼과 수잔 존슨(Greenman & Johnson, 2013)이 치료 중에 실제 변화 과정을 주의 깊게 관찰하면서 깨달은 EFT의 9단계 연구 결과이다. 이러한 관찰을 통하여 안정적인 유대감을 만들기 위해서 필요한 변화를 일으키는 핵심 조건을 밝혔다[EFT 연구 결과는 국제정서중심부부치료센터 홈페이지(www.iceeft.com/index.php/eft-research)에서 찾아볼 수 있다].

EFT는 근거기반 부부치료(evidence-based couple therapy)의 기준을 충족한다(Snyder et al., 2006). 근거기반 치료가 되려면 구체적인 치료모델이 제시되어야 하고, 명확한 치료 결과가 있어야 하고, 치료사의 충실도가 측정되어야 하고, 문제와 치료 전후의 사정을 명확하게 밝혀야 하며, 치료효과에 대한 타당한 근거가 밝혀져야 한다. EFT는 이 모든 조건을 충족한다. 효과적인 부부치료를 원하는 치료사는 확실한 연구 결과에 기초한다고 주장하는 접근법을 경계해야 한다. 이 접근법들도 증거가 제시(evidence informed)될 수 있으며, 하나 혹은 그 이상의 근거기반모델에 기초하고 있지만 아직까지 적절한 검증이 이뤄지지 않았거나, 각 모델이 개인에게 적용되는 기법은 있지만 여전히 적절한 임상모델로는 부족한 부분이 있을 수 있다(Sexton et al., 2011). 대안으로 접근법이 명확하게 정의된 모델이지만 아직 부부치료의 명확한 목표와 효과에 대한 연구 결과가 충분하지 않을 수 있다.

섹스턴과 동료들(Sexton et al., 2011)은 EFT와 같은 근거기반 치료법과 방법적으로 철저하지 않고 반복 연구를 하지 못했으나 예비연구 결과가 좋았던 치료법을 비교했다. 그들은 증거에 기반한 치료법에 대한 세 가지 범주를 설명하면서 가장 상위 범주는 "증거에 기반을 둬야 하며, 다양한 사회에 전파되고 적용될 수 있어야 한다."라고 했다(p. 377). EFT는 서로 다른 문화권에서 무작위 대조시험(random control trial)을 하지 않았으나 이미 다양한 문화권에서 폭넓게 사용되고 있으며(Greenman et al., 2009; Johnson & Brubacher, 2016c), 다양한 영적 · 종교적 · 성적(sexual) · 젠더(gender) 지향에도 효과가 있고, 다양한 가족 형태와 사회경제 상황에 폭넓게 적용되고 있다. EFT는 40개국 이상에서 전문가 교육이 실시되고 있으며 다양한 배경에 적용되고 있다. 애착이론의 핵심 내용이 다양한 문화에서 지지를 받고 있고, 애착 과정이 문화를 뛰어넘어서 발견되기 때문에 이러한 상황은 놀랄 일이 아니다(Mesman et al., 2016; Liu & Wittenborn, 2011 참조).

EFT는 임상적으로 다양한 사람에게 적용할 수 있다. 우울증과 외상 후 스트레스 장애 같은 개인 질환에도 효과가 있다. 그리고 만성 질환의 스트레스를 경험하는 부부에게도 확실한 효과를 보인다. EFT의 성적인 문제를 다루는 모델과 성관계의 개선에 미치는 EFT의 효과에 대한 예비연구도 수행되고 있다(Wiebe & Johnson, 2016 참조). 또한 EFT 치료사가 중독으로 고통받는 부부에게 성공적인 작업을 했다는 보고가 있다(Landau-North et al., 2011). EFT 치료사는 접근과 반응을 향상시키는 방향으로 재조직해 주기 때문에 다양한 맥락에서 부부를 도와줄 수 있다(Johnson & Brubacher, 2016c).

EFT는 과학에 기반을 둔 자조서적(self-help books; Johnson, 2008, 2013; Johnson & Sanderfer, 2016), 일반인을 위한 심리교육 프로그램 등을 통하여 다양한 영역으로 확산되고 있다. 집단을 위해 고안된 버전의 EFT의 효과는 인정받고 있다(Wiebe & Johnson, 2016). 그래서 EFT는 상담실을 넘어 실제 삶에서 활발하게 적용되고 있다.

EFT는 현재의 관계 만족도를 향상시키는 범위를 뛰어넘고 있다. 기능적 자기공명 영상(fMRI)을 통해 볼 수 있듯이 안정애착결합을 만드는 EFT는 위협에 대한 부부의 반응을 변화시키고, 불안정애착에서 안정애착으로 변화시키는 힘이 있다(Burgess Moser et al., 2015). 안정애착이 갖는 장점은 매우 많다(Johnson et al., 2015; Mikulincer & Shaver, 2015). 안정애착은 스트레스와 위협적인 상황에서 정서 균형을 유지하고, 지속적으로 새롭게 애착결합을 할 수 있도록 보살핌과 지지를 주고받게 만들며, 사회적 결속을 강화하는 정신적 · 육체적 건강을 유지할 수 있게 해 준다(Feeney & Collins, 2014).

4. 세 쌍의 커플

EFT 치료사인 에밀리가 상담실에서 만난 세 부부는 불화부부가 흔히 빠져드는 부정적인 상호작용 패턴을 보여 준다. 그녀가 애착의 관점에서 성인의 사랑을 이해하기 전에는 부부 사이에서 보이는 약간의 변덕, 적대감, 침묵, 합리화에 압도되었다. 그녀는 이들 부부가 과연 관계를 회복하기를 원하는지에 대해서도 의문이 생겼다. 하지만 지금 에밀리는 애착의 관점에서 부부마다 각기 다른 관계갈등 이야기를 들을 수 있었기에 혼란에서 점차 벗어났다. 상황을 애착 관점으로 보게 되자 그녀는 부부가 서로에게 보이는 과도하거나 축소된 반응을 인정할 수 있었고, 이것이 정상 반응이라는 사실을 깨닫게 되었다. 그녀는 확신에 차서 주문을 외운다. "가장 이상하게 보이는 행동도 애착을 통해서는 이해될 수 있어. 나는 오직 그것에 다가가서 조율하고 이해하려고 노력하면 되는 거야."

소중한 사람에게 다가갈 수 없을 때 보이는 매달리고, 항의하고, 비난하고, 도망가는 행위가 정상적이고 보편적이며 생존을 위한 반응이라고 보는 애착 관점은 상담실에서 전개되는 복잡한 이야기를 명료하게 이해하고 수용할 수 있게 도와주었다. 에밀리는 수잔 존슨이 2008년에 저술한 책 『날 꼬옥 안아 줘요』에서 은유적으로 사용한 '항의하기(Protest Polka)' '냉담하기(Freeze & Flee)' '나쁜 사람 찾기(Find the Bad Guy)'라는 애착행동의 부정적인 고리를 반복해서 떠올려 보았다. 애착경로에 조화되고 부부와 협력적으로 탐색하면서 부부의 적대감, 고통, 침묵, 실망이 정상적인 반응으로 이해되었다. 이러한 관점에서 그녀는 부부와 그들과의 협력적인 작업에 대한 희망을 경험하고 전달했다.

5. 타라와 카일: 무심함에 대한 항의(항의하기)

훤칠하고 매력이 넘치는 젊은 타라는 상담을 받는 내내 눈물을 흘렸다. 그녀는 한 발짝도 움직이지 않겠다는 남편의 무심한 태도에 분노했다. 남편은 자신의 왼발을 오른발 위로 올려 꼼지락거리는 것 이외에는 아무런 움직임도 없이 무표정하게 앉아 있었다. 가끔 그는 에밀리에게 타라는 너무 버겁고 누구도 만족시키기 어려운 요구를 하고 있다고 말했고, 자주 어깨를 으쓱거리며 작은 소리로 중얼거렸다. "선생님인들 지금 무슨 대책이 있겠어요?" 이러한 태도에 자극을 받은 타라는 비난을 쏟아 내면서 손으로 얼굴을 감싸고는 빛나고 진한 머리를 길게 늘어뜨린 채 조용히 흐느끼고 있었다.

아름다운 타라에게 잠시 빠져 있던 에밀리는 반응이 부족한 카일 때문에 상담에 집중하기 어렵다고 느꼈다. 타라는 실망감을 다양하게 표현했다. 타라는 카일이 가사에 전혀 관심이 없고, 곧 10대가 되는 두 아들과 13세인 아들의 양육에 억지로 참여하고 있으며, "나를 위해서 대화할 어떤 시간도 내지 않고 나를 인식하지도 않는다."며 좌절감을 표현했다. 타라는 도시에서 가장 큰 예술협회의 홍보를 하고 있고, 재택 근무를 하는 카일은 컴퓨터 사업을 하면서 도시 외곽에 있는 정원을 티끌 하나 없이 손질하고 있었다.

관계 패턴은 1회기 때 분명하게 드러났다. 카일의 관심과 반응을 얻기 위하여 타라가 소리치고 노력하면 할수록 카일은 점점 금욕적으로 변하고 무심하게 물러났다. 조용해지고 거리를 두며 심하게 반응하지 않는 카일의 태도는 타라로 하여금 소리치고 불안하며 분노하게 만들었다. 급기야 카일은 손사래를 치며 외쳤다. "이 세상 어느 누가 이 여자의 기대를 충족시킬 수 있겠어."

에밀리는 성인의 사랑에 대한 애착시각을 통하여 비록 훼손되었지만 카일과 타라 사이에 흐르는 강한 애착결합을 알 수 있었다. 그리고 애착시각은 둘 사이에서 고조된 행동 패턴을 이끄는 강한 애착불안(attachment panic)을 깨닫게 해 주었다(Panksepp et al., 2014). 에밀리는 카일의 교감을 받지 못해서 생긴 타라의 분노 밑에 숨어 있는 버려지는 것에 대한 두려움을 알게 되었다. 에밀리는 타라가 노력하고 있는데도 표면적으로 무심하고 회피적으로 행동하는 카일이 타라의 분명한 거절과 자신을 바꾸려는 태도에서 두려움을 느낀다는 것을 듣게 되었다.

6. 필과 줄리: 위축-위축형 고리에서 자신을 보호하기(냉담하기)

필과 줄리는 타라와 카일 부부와는 완전히 다르다. 필은 부부 사이에서 좋은 일이 생겼다고 끊임없이 말했고, 자신이 노력하여 개선된 부분을 자랑스러워했다. 소심한 줄리는 말을 하지 않았지만 남편이 '성 중독 그룹(sex addiction group)'에 참석하려는 의지를 높이 샀다. 그녀는 또한 술을 마시지 않고 일하는 남편을 칭찬하고 고마워했다. 필은 끊임없이 끼어들면서 줄리가 자신의 포르노에 대한 강박을 발견한 사실이 둘 사이에 일어난 가장 큰 일이었다고 말했다. 사실 에밀리는 필이 결혼 후 포르노와 술 중독에 빠져 지낸 여러 에피소드를 밝힌 후 부부가 다시 하나가 되었다는 이야기를 듣고 나서 이번 부부치료를 통하여 원하는 것이 무엇인지 호기심을 갖고 물었다.

필은 열여덟 살 이전에 기억상실을 경험했고, 그래서 과거에 있었던 일을 회상하는 것을 두려워했다. 필은 "우린 결혼을 강화하고 친밀감을 높이기 위해서 여기에 왔어요."라고 말했다. 줄리는 필과의 육체적인 접촉이 없다면서 지금 회복과 이혼 중 어느 결정이 좋은지에 대해서 도움을 받고 싶어 했다.

줄리는 '필의 발전'을 자랑스럽게 말했고, 그들이 이름 붙인 '끔찍한 어린 시절(horrific childhood)'을 말할 때에는 서로를 보호해 주는 태도를 취했다. 에밀리는 그들의 과거에서 힘들었던 비밀을 극복한 삶의 따뜻한 이야기를 나누는 대신, 줄리가 포르노에 빠진 필을 발견한 순간 매우 흔들리고 있음을 알았다. 하지만 에밀리는 그 순간에는 그것에 대해 다루지 않았다.

치료사의 단순한 반영에도 방어적인 태도를 보이는 매우 이성적인 부부에게서 불화의 원인을 찾는 것은 에밀리에게는 힘든 일이었다. 부부는 몇 번이고 불화의 이유를 숨기려 했고, 에밀리가 불화에 대해서 말하면 갑자기 흥분하거나 침묵에 빠져들었다. 에밀리는 부부가 압도되거나 그들의 동맹이 훼손되지 않게 그들의 정서에 다가가려고 노력했다.

에밀리가 반응하기 전에 필이 계속 말을 하고 있었지만 이들 부부의 상호작용 패턴은 위축–위축형의 고리였다. 필은 줄리에게 다가가서 그녀를 지지하기보다는 위축되는 성향이 컸다. 오래전부터 술과 포르노에 빠져 있었던 필은 지금은 12단계 그룹 모임, 자신이 제작한 동영상과 소설, 이성적인 논리에 숨어 버렸다. 줄리는 자신이 늘 뒷전이었다며 말을 꺼내기 어렵다고 했다. 그녀는 자신의 손을 비틀기도 했고, 관계에서 느끼는 두려움과 불확실에 대해서 말했다. 가끔 필은 다음과 같이 말했다. "줄리가 말하는 것이 얼마나 힘든 일인지 이해해요. 우린 둘 다 그렇게 느끼고 있어요." 그녀가 크게 웃음을 짓더니 한숨을 쉬며 말했다. "그래서 내가 당신과 결혼한 거야! 당신은 나를 잘 이해하지!" 에밀리는 부부가 서로를 매우 소중하게 생각하고 있다고 느꼈다. 그리고 점차 서로에게 안전감을 느끼고 싶어 하는 갈망과 상처받게 될 것에 대한 두려움 등 내재된 정서를 갖고 있음을 알게 되었다.

7. 공격-공격형 고리에 갇힌 소피(추적자)와 엘라(위축자) -나쁜 사람 찾기

소피와 엘라는 동성 커플로, 매우 흥분된 상태에서 첫 상담을 시작했다. "엘라의 가족이 문제예요!" "다른 사람들이 나보다 더 중요해!"라고 소피가 소리쳤다. 엘라는 "소피의 해결할 수 없고, 끊임없고, 멍청한 요구가 문제라니까요!"라고 하며 한숨을 쉬고 말을 이었다. "난 더 이상 감당할 수 없어요. 스트레스로 병이 날 지경이에요. 어떤 것으로도 그녀를 만족시킬 수 없어요." 얼마 지나지 않아서 그녀의 목소리도 높아져 갔다.

에밀리는 회기를 통제하기 어려웠다. 하지만 그녀는 상담실 분위기를 안전하게 만들기 위해서 전 과정을 자신이 감당해야 한다는 것을 알았다. 그녀는 불안한 정서를 누르고 조절해 가면서 간단하고 단순하게 공감적으로 반영하며 두 사람의 경험에 다가갔고, 커플이 순차적으로 말하도록 적절히 안배했다. 엘라가 소피의 말에 끼어들면 에밀리는 부드럽게 그녀의 눈을 바라보았고, 위로하면서 자신의 손을 그녀에게 가져갔다. "엘라, 나는 지금 당신이 듣고 있기 힘들다는 것을 이해해요. 하지만 소피가 말을 끝낼 수 있게 기다려 줄 수 있겠어요? 그런 다음 내가 당신 말을 들을게요." 소피가 그들의 문제를 엘라 가족의 잘못이라고 말할 때, 에밀리는 엘라의 얼굴을 바라보며 손을 뻗어 그녀를 진정시켰다. 소피의 말에 상처받는 엘라를 보호하는 동시에 소피를 인정하고 진정시켜 주기 위해서 다음과 같이 말했다. "소피, 지금 정신이 없을 것이라 생각돼요. 맞지요? 당신과 엘라 사이에서 느끼는 분노와 고통을 표현할 수 있는 방법이 그녀의 가족을 공격하는 것이라 생각해요. 맞나요?" 치료사가 고통을 들어 주자 소피가 다소 진정된 목소리로 말했다. "맞아요, 제정신이 아니었어요." 에밀리가 말했다. "엘라보다 가족 때문에 더 미칠 것 같았어요." 소피는 "네, 그래요."라고 대답했다. 치료사는 엘라의 이야기를 듣기 위해서 돌아섰다. 그녀는 엘라에게 자신과 그녀 가족에게 좌절한 소피가 자신을 더 많이 차지하는 것에 미쳐 있었다는 말을 들을 때 어떤 기분이었는지 물었다. 그들의 반응을 지금의 경험으로 연결시켜 주면서 에밀리는 회기를 잘 통제할 수 있게 되었고 안전감이 늘어났다. 그리고 그녀는 지금 이 순간의 상호작용에 두 사람이 집중할 수 있게 만들었다.

속도가 빠른 공격–공격형 고리는 에밀리로 하여금 누가 접촉하기 위해서 공격하고, 누가 위축하기 전에 방어적으로 싸움을 거는지 파악하기 어렵게 만들었다. 그녀가 커플의 경험에 다가가면서 비로소 사랑받기를 요구하고 불안해하며 매달리는 사람이 소피라는 것을 알게 되었다. 소피의 이런 태도는 상대를 만족시키고 수용받으며 사랑받기를 원하는 회피적인 엘라를 지치고 실패감에 젖어들게 만들었다. 에밀리는 소피의 요구를 '엘라를 끌어들이기 위한 투쟁'이라고 이름 붙였다. 또한 엘라의 물러나는 전략은 진정한 자기 자신이 소멸되고 거부당하는 것에 대한 방어로 보였다. 즉, 엘라에게는 자신을 잃어버리고 소피가 원하는 사람으로 되어 버릴 것 같은 두려움이 있었다.

1회기가 끝날 즈음에 상담실에 한 줄기 희망의 빛이 흘렀다. 그들이 갇혀 있던 '나쁜 사람 찾기'라는 '생존을 위한 투쟁'을 했던 패턴이 두 사람의 관계를 위협하는 진짜 적이라는 데 동의했다. 엘라는 "나는 외롭고 당신에게 의미가 없다고 느껴져 좌절할 때 당신을 공격했고 당신과 가족을 비난했어."라는 소피의 말을 듣고 치료에 적극적으로 참여할 마음이 생겼다. 엘라가 "맞아, 나는 좌절감을 느꼈고 당신이 나에게 늘 실망하고 있다는 느낌을 받았어. 우리가 함께 잘살았으면 좋겠어."라고 말할 때, 소피는 희망을 품게 되었다. 1회기가 끝나고 에밀리는 불안을 견딜 수 있을 정도로 안전하게 상담을 이끈 것이 기뻤고, 두 사람과 함께 부정적 고리를 핵심 문제로 인식하게 된 것에 흥분했다.

앞의 세 커플은 EFT의 3기, 9단계를 통해서 안정적인 유대감을 만들어 가는 과정에 계속 소개될 것이다.

8. 변화의 핵심 요소 요약

- EFT 치료사는 코치나 지혜로운 교사의 역할을 하는 것이 아니다. 과정자문가로서 부정적 고리에 갇히게 되는 과정을 추적하여 안전감을 만드는 과제를 수행한다. 그리고 고리를 자극하는 기저의 정서를 깊게 만들고 안정애착을 형성하기 위해서 정서와 상호작용 패턴을 재조직한다.
- EFT는 경험주의, 체계, 애착을 통합한 모델로 정신 내면과 대인관계 경험에 초점을

맞추며, 애착결합을 재형성하는 변화의 목표와 매개체인 정서의 고리를 추적한다.

- EFT의 지침: 단계적 약화, 결합의 재조직, 강화라는 3기가 있다. 세 가지 변화의 전환점은 단계적 약화(de-escalation), 위축자 재개입(withdrawer re-engagement), 비난자 순화(blamer softening)다.
- 1기에서는 부부가 부정적 고리를 파악하고 약화시킬 수 있도록 도와주어야 한다. 부정적 고리의 단계적 약화는 첫 번째 변화를 이끄는 전환점이다.
- 2기에서는 두 가지 변화의 전환점이 애착결합을 만든다. 위축자 재개입은 비난자 순화 전에 있어야 한다. 이 두 가지 변화의 전환점은 안전하고 안정된 애착결합을 재조직한다.
- 3기에서 부부는 새롭게 형성된 유대감을 강화한다. 단절에서 어떻게 안전하고 안정된 결합으로 갈 수 있었는지 재탐색한다. 부부는 새로운 유대감을 지속할 수 있는 방법을 검토한다.
- EFT 모델의 효과: 16개의 연구 결과로 볼 때 EFT는 근거기반 치료법(evidence-based therapy)으로 인정받았다. 변화의 9단계에 대한 연구에서는 변화가 일어나는 과정에 대해서 섬세하게 기술하고 있다. 애착 유형은 변할 수 있다. EFT를 통해 형성된 안정적인 결합은 뇌가 위협에 반응하는 방식을 변화시킨다.
- 전형적인 부정적 고리
  - 타라와 카일은 전형적인 요구-위축형 고리를 가지고 있다.
  - 필과 줄리는 위축-위축형 고리를 가지고 있다.
  - 소피와 엘라는 고조된 공격-공격형 고리를 가지고 있다.

제2장

EFT에서 핵심 변화 재료

"이상적인 치료사가 되려면 무엇보다 공감적이어야 한다."

(Rogers, 1980, p. 146)

"EFT 치료사는 지속적으로 부부가 내적 정서 지각, 특히 깊고 부드러운 정서를 확장할 수 있도록 도와주어야 한다. 또한 부부가 새롭고 긍정적으로 반응하기 위해서 배우자에게 새로운 신호를 보낼 수 있도록 도와주어야 한다."

(Johnson et al., 2015, p. 394)

1. 서론

이 장에서 나는 EFT 지도의 변화를 이끌기 위해서 필요한 내담자 요인과 치료사의 개입기법을 소개한다.

EFT에서 안전하고 공감적인 이해를 만들어 부부가 내외적(within & between) 정서 경험을 탐색할 수 있을 때 변화가 일어난다. EFT 지침인 단계와 기를 따르기 위해서 치료사가 해야 할 우선적이고 중요한 과제는 부부와 신뢰의 동맹을 형성하는 것이다. 동맹 유지는 치료 과정 내내 염두에 두어야 할 중요한 부분이다. EFT에서 강조하는 다른 두 가지 과제는 정서 경험을 재처리하는 것(이를 통해서 부부는 정서를 욕구에 대한 정보의 자원이자 행동을 이끄는 가이드로 사용할 수 있다)과 부부의 상호작용을 재구성하는 것(이를 통하여 부부가 애착결합을 재형성하기 위해서 서로 분명한 신호를 보낼 수 있게 된다)이다. 이러한 지침을 따르기 위해서는 경험적으로 타당화된 EFT 개입기법을 적극적이고 공감적이며 또한 예술적으로 사용해야 한다. 이 장에서는 EFT 개입기법(Greenman & Johnson, 2013; Johnson, 2004)을 설명할 것이다. 치료사가 치료 결과에 영향을 미치는 세 가지 내담자 요인을 알고 있을 때, 개입기법을 가장 효과적으로 적용할 수 있다.

2. 내담자 요인

에밀리는 첫 머리글자 TEA를 사용하여 EFT의 성공을 이끄는 중요한 세 가지 내담자 요인(Client factors)을 점검하고 염두에 둔다. 'T'는 치료적 동맹(therapeutic alliance)으로, 특히 동맹의 과제(task)에 대한 것이다. 'E'는 정서적 교감(emotional engagement)이다. 'A'는 재연을 통한 친화적 나눔(affiliative share)을 말한다.

1) 치료적 동맹의 과제적인 면

EFT의 성공 예측 연구에 따르면, 동맹의 질은 치료 결과의 차이에 20%의 영향을 준다. 특히 동맹의 과제 관련 측면은 관계 만족도와 긍정적 결과의 강력한 예측인자다. 예를 들면, 부부가 "정서적 교감을 높이기 위한 EFT의 과제가 자신의 문제에 부합된다"고 인식하는 것이 중요하다(Johnson & Talitman, 1997, p. 146). "치료사가 사용한 개입기법에 내담자가 반응하고 신뢰하는 것은 치료 결과에 영향을 미친다."(Geenman & Johnson, 2013, p. 46)는 사실을 알고, EFT 치료사는 부부의 반응에 주목하여 치료 과정에 대한 느낌을 표현할 수 있게 도와주어야 한다. 치료사도 EFT 치료 과정을 내담자에게 간단히 설명해 주어야 한다(제4장의 '치료 계약 맺기'와 '치료 과정에 대한 투명성' 참조).

2) 정서적 깊이

경험 척도(experiencing scale; Klein et al., 1969)로 측정된 정서 경험의 깊이는 치료를 통한 변화에 긍정적으로 영향을 미치는 두 번째 내담자 요인이다. 내담자의 정서적 교감의 깊이는 EFT 변화에 긍정적으로 영향을 미친다(Greenman & Johnson, 2013; Johnson & Greenberg, 1988).

즉, 정서의 경험(experience)과 자각(self-awareness) 그리고 표현(expression)의 수준이 연속적으로 증가하는 경험 척도를 통해서 EFT 치료사는 '정서 경험의 깊이'가 의미하는 바를 실용적으로 이해할 수 있다. 에밀리는 훈련 과정에서 내담자의 생각, 행동, 감정언어에 집중했으나 내담자의 내적 정서 경험을 듣는 방법을 배우는 데 소홀했다는 사실을 알았다. 경험 척도를 점검하는 것은 그녀가 상담 과정에 집중할 수 있게 도와주었다. 그녀는 부부가 경험에 대한 내면의 느낌에 빠져드는지 아니면 거부하는지를 지속적으로 살폈다.

1, 2단계 정서 경험 수준(level)에서 내담자는 사건에 대해서 일반적이고 감정 없이 추상적인 태도로 말한다. 2단계 수준에서는 내담자와 연관된 사건을 가져오지만 개인적이고 정서적인 경험을 나누지 않는다. 3단계 수준에서는 특정 사건에 대한 개인의 느낌을 첨가하지만 사건에 대해서 행동적이고 외적인 부분만 이야기한다. 묘사되는 감정은 추상적이거나 반발적이다. 4단계 수준에서는 내적 경험에 다가가서 현재의 내적인 경험을 표현한다. 치료가 '경험적(experiential)'이 되려면 4단계 수준에 진입해야 하는데, EFT 치료사가 교감을 강조하는 이유가 여기에 있다. 5단계부터 7단계 수준은 새로운 경험을 탐색하고 확장할 수 있는 차원을 말하며, 이것은 EFT의 2기에 해당된다.

EFT 치료사는 부부가 현재의 정서 경험에 얼마나 참여하는지 점검해야 하고, 부부가 감정 없이 추상적인 태도로 교감에서 벗어나려고 하는 순간을 살펴야 한다. 치료사는 이러한 이탈과 차단에 대해서 비판단적인 태도로 추적하고 반영해야 한다. "당신은 남편이 전처에 대해서 말할 때 눈물이 고였어요. 그다음에 당신은 자세를 바꾸면서 '정말로 괜찮아요.'라고 말했어요."(탈출하는 순간을 추적) "당신은 지금 아내가 결코 행복하지 않고 항상 화가 나 있다고 사무적인 어조로 이야기하네요. 가끔 당신 속이 거북할 때 생기는 긴장감을 느끼지 않으려는 것처럼 보여요."(내적 경험을 거부하는 것에 대한 추측)

3) 친화적 나눔

세 번째로 고려해야 할 내담자 요인은 배우자와 상호작용하려는 내담자의 태도를 말하며, 특히 치료사가 재연을 시도할 때 보이는 태도가 중요하다. 정서적으로 자기를 개방하고, 이해심이 높고 따뜻하며 배려하는 반응 등 친화적 언급(affiliative statement)의 증가는 특히 2단계의 성공적 치료 결과에 지대한 영향을 미친다(Greenman & Johnson, 2013). 친화적 나눔(affiliative sharing)이 변화에 강력하게 영향을 미치기 때문에 EFT 치료사는 모든 단계와 기에서 재연을 시도한다(Johnson, 2004; Tilley & Palmer, 2013). 부부에게 나눔을 지시하는 목표는 새롭고 적절하며 확실한 방식으로 부부가 서로 접촉하게 만들어 정서 교감과 안전감을 극대화하는 것이다.

요약하자면, 치료적으로 지시하는 과제가 부부에게 적절하다고 느껴져야 한다. 부부가 현재 순간의 경험에 접근하여 정서적으로 교감하고, 친화적으로 개방하며 반응하는 것은 불화관계를 안정적인 결합으로 이끄는 데 지대한 영향을 준다. EFT 치료사는 성공적인 결과를 위해서 앞서 제시한 세 가지 내담자 요인을 인식하면서 다음에 언급할 EFT 개입기법을 사용한다.

3. 치료사 개입기법

안정적인 결합을 이끌기 위해서 사용하는 EFT 개입기법은 크게 두 가지로 나뉜다. 첫 번째는 애착과 연관된 정서 경험에 접근하여 재처리하는 것으로, 정서를 다루고 치료적 동맹을 맺으며 유지하는 데 무엇보다 중요하다. 두 번째는 상호작용의 패턴을 추적하고 새로운 상호작용을 만드는 기법으로, 부정적인 고리를 추적하고 부부의 새로운 상호작용을 형성하는 것이다.

모든 개입기법은 애착적인 관점에서 사용되어야 한다. 이는 커플이라는 특별한 관계에서 다음을 이해하는 것이다. 커플이 서로 얼마나 영향을 미치는가? 무엇이 커플 사이의 정서적 접근 반응 교감을 지지하고 막는가? 다음에 언급될 개입기법은 EFT 모델에서 반복적으로 사용되며, EFT 탱고(EFT tango)라고 불린다(Brubacher & Johnson, 2017;

Johnson, 2014). EFT 탱고에 대해서는 이 장의 마지막에 요약한다.

1) 정서에 다가가서 깊어지게 만들고 재처리하는 개입기법

(1) 공감적 반영

공감적 조율(empathic attunement)과 반영은 경험주의 전통인 로저리안(Rogerian) 접근에서 강조하며, EFT의 핵심을 구성한다(Johnson, 2004). 공감은 적극적이고 매 순간 반복해서 일어나는 과정으로 다양한 기능이 있다. 이러한 이유로 나는 다른 개입기법보다 반영에 대해서 자세하게 설명하려 한다. 나는 단순하지만 강력한 개입기법인 공감적 반영의 네 가지 기능에 대해 개별적으로 설명하겠지만, 이 기능들은 서로 연관되어 있다.

① 공감적 반영은 경험을 드러내는 데 독보적 역할을 한다

치료사는 단어로 표현하지 않았지만 내담자가 말하려는 것이 무엇인지(Martin, 2000) 항상 경청해야 한다(Johnson, 2015; Rice, 1974). 공감적 반영은 내담자의 핵심 메시지와 소통하려는 노력으로, 특히 정서적으로 가장 중요하고 애착적으로 의미 있는 메시지에 다가가는 것이다(Johnson, 2004; Martin, 2000).

공감적 반영에서는 치료사의 완전한 정서적 교감이 요구된다. 로저스(Rogers)가 말했듯이, 치료사는 내담자의 세계에 들어가서 살펴보고, 내담자의 세계를 통하여 그의 전체적인 마음과 심장, 신체에 대해서 느끼는 것이 필요하다. 커플을 상담할 때에는 해야 할 일이 세 배로 늘어난다. 먼저, 각 배우자의 세계와 관계 경험을 느끼기 위해서 내담자의 피부 속으로 들어가는 것이 필요하다. 두 배우자는 매우 다른 경험을 표현하겠지만 각자의 독특한 경험에 다가가서 조율하고 인정받을 필요가 있다. 동시에 EFT 치료사는 부부의 부정적 고리가 부부로서의 그들에게 미친 영향을 공감적으로 반영해야 한다.

다음은 공감적 반영이 인정(validation)이라는 것을 보여 주는 간단한 예시다.

카일: 아내는 늘 나에게 화가 나 있어요.

타라: 아니, 나는 먼저 화를 낸 적이 없어! 나는 단지 외로웠고 당신의 관심을 받고 싶었어!

지금 이 순간에는 설명, 지도, 협상이 필요한 것이 아니다. EFT에서는 공감적 반영이라는 개입기법이 우선되어야 한다. 우선 각 배우자에게는 자신의 현실이 안전하게 이해받고 인정받는다는 경험이 필요하다. 각 배우자에게 하는 공감적 반영은 과정을 적절하고 제대로 밟을 수 있게 도와줌으로써 안전기지를 강화하여 불화관계를 탐색하고 다듬을 수 있게 만든다.

- 카일에게 반영: "아내가 항상 화를 내고 있다고 말하면서 한숨을 쉬었어요. 그것은 마치 **당신이 사랑하는 여자가 당신과 함께 있으면** 불행하다고 느껴서 힘들어하는 것처럼 보이네요."(애착 관점은 **굵은 고딕체**로 표시됨.)
- 타라에게 반영: "당신은 **아주 외롭고, 카일을 그리워하는**군요. 때때로 **그의 관심을 받고 싶어서** 목소리를 높일 때가 있었어요?"(이 문장이 질문은 아니지만 물음표를 사용한 것은 반영이 잠정적인 것으로 타라의 경험에 부합되는지 확인하기 위해 목소리 톤을 높이는 것을 가리키기 위해서다. 시험적인 톤은 "이것이 맞나요?"라는 질문을 의미한다.) 반영은 항상 잠정적이어야 하며, 반영이 자신의 경험과 일치하는지 여부를 확인할 시간을 주어야 한다. 그리고 치료사가 이해한 것을 들으면서 어떠했는지에 대해서 살펴야 한다. 속도를 늦추고 반복하는 것은 공감적 반영으로 소통하는 데 열쇠가 되며 치료사의 이해가 정확한지 확인하는 데에도 중요하다. 정확하게 이해받은 경험은 '당신은 나와 함께 있어. 나를 이해하고 있어. 당신을 믿어도 될 것 같아.'라는 의미로 내담자에게 다가간다. 더불어 부부는 때때로 치료사가 상대 배우자를 이해해 주는 것을 감사하게 받아들인다. "전 배우자를 이해할 수 없었어요. 나는 그/그녀가 분노하면 도저히 이해할 수 없고 좌절감을 느껴요. 그런데 선생님이 이해하는 것을 보면서 한 가닥 희망이 생겨요."

② 공감적 반영은 경험을 정리하고 다듬는다

내담자의 핵심 정서 경험을 반복하고 음미하면서 정서 처리 과정은 점차 정리되고 의미가 커진다. 반영이란 반복(repetition)이 아니고 드러내는 것(revelation)이라는 로저스의 말이 떠오른다. 많은 공감적 반영은 내담자의 말을 반복하는 것을 포함한다. 중요한 이미지나 단어를 반복하는 것은 종종 지금까지 개인의 경험을 드러내지 못했던 내담자로 하여금 그것을 드러낼 수 있게 만든다. 또한 내담자는 특정 경험에 대해서 누군가와 교감을 나눈다는 느낌을 처음으로 받게 된다. 치료사가 내담자의 핵심 경험을 공감적으로 반영하면 새롭고 생생한 경험을 유발하여 변화의 가능성을 열어 준다.("지금 벌떼에게 공격을 받기 직전과 같은 표정을 보는 것이 두렵군요." "배우자의 얼굴에서 그 표정을 보는 순간 산산이 부서지는 느낌을 받았네요.")

경험주의 치료에서 반복은 엄청난 환기(evocative)를 불러온다. 반복은 지금 이 순간에 집중하게 만들어서 현재 경험의 깊이를 더해 준다. 내담자가 "정확해요!"라고 반응하면 자신이 깊이 이해받고 있으며, 생생하게 경험하고 있다는 의미다. 반복된 공감적 반영은 초보 EFT 치료사가 이전에는 경험하지 못했던 것으로, 겉보기에 단순하여 가볍게 생각할 수 있다. 그럴 경우 느린 속도로 치료를 지속하는 것과 내담자의 순간순간의 경험에 가깝게 다가가는 것에 위협이 될 수 있다.

③ 공감적 반영은 면담 내용에 들어 있는 핵심 정서 경험에 접근한다

면담 내용(content)은 마음을 흐트러뜨리고 압도되게 만든다. 하지만 공감적 반영은 이야기 밑에 있는 핵심 정서 경험에 다가간다. 가장 마음 아픈 메시지를 반복하고 반영하면 처리 과정의 속도가 늦춰지고 핵심 정서 경험에 깊게 다가갈 수 있다. 애착경로에 동조하여 상대 배우자의 반응 혹은 무반응이 배우자에게 얼마나 영향을 미치는지 들으려 할 때 가장 마음에 사무치는 메시지를 알게 된다.

카일의 메시지 중 가장 마음 아픈 부분은 아내가 자기 때문에 불행해하고 화가 났다는 사실을 깨달은 것이다. 타라의 경우는 남편을 찾을 수 없고 그의 관심을 받을 수 없다는 사실을 안 것이다. EFT 치료사는 많은 상담을 통하여 가슴과 귀가 자연스럽게 애착경로로 향하게 된다. 모든 부부는 애착 이야기를 가져오기 때문에 부부가 이를 알려주는 가장 훌륭한 교사인 셈이다.

면담 내용 자체에만 집중하면 내담자의 핵심 메시지와 지금 현재 경험이 갖는 애착의 의미를 놓치게 된다. 예를 들면, 타라가 "나는 남편이 컴퓨터 게임을 너무 많이 하면 화가 나요!"라고 말할 때 경험적 접근에서 벗어나는 비반영적 반응은 다음과 같다. "게

임을 그만두라고 하면 어떤 일이 벌어지나요?" 혹은 "당신만의 취미를 가지시면 어때요?" 처리 과정을 힘들게 만드는 또 다른 비반영적 반응은 다음과 같이 판단을 포함한 질문이다. "남편이 즐기는 것을 지켜보는 게 그렇게 어려운 일인가요?" 그리고 비반영적 질문은 남편이 무슨 게임을 하고, 얼마나 많은 시간을 게임에 허비하냐는 식으로 묻는 것이다. 비반영적이고 비공감적인 반응은 개인의 현재 경험의 집중을 방해하고 그녀가 나누고 싶었던 핵심 메시지를 무시하게 된다.

공감적이고 반영적인 반응은 아주 간단하지만 타라에게 이해, 보살핌, 안전함을 제공하여 그녀의 경험에 다가갈 수 있게 도와준다. 예를 들면 다음과 같다. "남편이 많은 시간을 컴퓨터 게임에 빠져 있을 때 너무 힘들었겠군요." "이 세상에서 가장 중요한 사람이 당신을 외면할 때 화가 났군요." "남편에게 자신이 투명인간처럼 느껴질 때 정말 고통스러웠겠어요."

그녀의 내적 및 대인관계적 경험을 추적하고 그녀의 언어에 가까이 다가갈 수 있는 간단한 반영은 이것이다. "카일을 잃은 것 같아서 외로웠군요. 그래서 그의 관심을 끌어내고 싶었군요."

④ 공감적 반영은 처리 과정의 속도를 줄여 준다

공감적 조율, 반복, 반영은 처리 속도를 늦추고 현재 순간에 다가가는 데 도움이 된다. 그렇게 하기 위해서 공감적 반영은 구체적이고(concrete) 생생하며(vivid) 명확하게(specific) 해야 한다. 내가 미국으로 건너왔을 때 발견한 약국 간판 CVS의 머리글자와 같다. 공감적 반영의 CVS(Concrete, Vivid, Specific)는 내담자들이 내용의 모호하고 이성적인 영역에서 벗어나 깊은 정서 경험을 할 수 있게 이끈다. 치료사는 내담자의 애착경험을 이해하려고 노력하면서 천천히 진솔한 태도로 반영을 해야 한다. 예를 들면 다음과 같다. "그것이 얼마나 화나는 일인지 이해해요. 그것을 말하는 당신의 눈에서 엄청난 고통을 느낄 수 있었어요."

타라: 나는 정말 남편에게 화가 났어요. 그리고 내가 괴물이 되어 가는 느낌이 들었어요.

치료사: 남편이 컴퓨터에 빠져 있을 때 분노가 바로 올라오는 것처럼 들려요. 기분이 너무 나빠져서 당신이 사랑하고 친밀하게 지내고 싶은 남편을 맹비난했군요.

(이와 같은 생생하고 명확한 반영은 카일과의 관계에서 부정적으로 느끼는 타라의 현재 정서에 대한 애착 관점을 포착한다. 그것은 카일이 컴퓨터에 빠져 있어 암묵적으로는 그녀가 다가갈 수 없다는 것이 그녀의 반응을 촉발하는, 애착적 의미가 담긴 신호임을 구체적으로 반영한다.)

애착 관점은 반응을 기대하는 그녀의 애착욕구가 건강하며, '애정결핍'처럼 보이는 것이 병적이지 않다는 것을 이해시켜 준다. 이를 통해서 그녀의 분노 이면에 있는 자신의 부드럽고 취약한 정서에 다가갈 수 있게 된다.

타라: 맞아요. 나는 남편을 그리워하고 있어요. 항상 바쁜 남편 때문에 나는 외로워요. 나는 남편을 비난할 수 없어요. 그저 괴물 같이 변해 버린 내게 다가와 주기를 바랄 뿐이에요.

치료사: 화가 난 자신을 비난하고 있네요. 결국 매우 고통스럽고 외로웠군요(공감적 반영은 그녀의 외로움이라는 핵심 메시지를 붙잡게 하고 카일에 대해 분노하는 자기비난을 추적한다).

타라: 기분이 매우 안 좋아요. 하지만 내가 아주 나쁜 사람은 아니라는 사실을 깨닫게 해 주었어요.

치료사: 지금 당신이 화가 났다는 것을 알게 되었네요. 약 한 시간 동안 속을 끓인 고통은 '당신 마음에 내가 없다는 것이 두렵다'는 것이네요. 분노 이면에는 남편 마음에 더 이상 당신이 들어갈 틈이 없다는 것에 대한 두려움을 말하고 있었어요.

(애착의 틀을 가지고 구체적이고 생생하며 분명한 기본적인 반영을 하면 자신의 경험을 정리하고 드러나게 도와준다. 이는 또한 현재 순간을 생동감 있게 불러와서 타라의 정서 경험의 깊이를 더해 준다.)

EFT 치료사는 내담자의 핵심 메시지에 대한 공감적 반영이 내담자가 현재 순간을 지각하도록 붙잡아 주고, 내면으로 들어가게 하고, 더 구체적인 반영을 할 수 있게 하며, 이야기한 단어들의 감각을 감지하도록 하는 힘이 있다는 것을 이해한다.

(2) 인정

인정하는 말은 다음과 같은 전형적인 단어 혹은 함축적인 단어로 시작한다. "('구체적인 맥락을 언급하며') ……을 고려해 볼 때, 당신이 그런 방향으로 느낀 것을 이해할 수 있어요." 혹은 "당신이 왜 ……라고 말하는지 이해할 수 있어요." 인정하는 말은 애착관계의 맥락에서 내담자의 경험이 타당하고 이해 가능한 것임을 동의해 주는 것이다. 인정하는 말은 부부의 상호작용 고리에 있는 내담자의 정서 경험과 반응을 고려해 주는 것이다. 즉, 행동화 경향을 정서 경험과 연결시켜 주어야 한다. 예를 들어, 위축행동을 다음과 같이 인정한다. "자신의 고통을 아내와 나누다가 혹시 그녀를 더 멀어지게 만들 수 있다는 두려움 때문에 망설이고 있다는 것이 이해가 되네요."

EFT 치료사는 지속적으로 내재된 정서의 신호를 살펴보아야 한다. 예를 들면, 소피는 엘라에게 반응적인 이차정서를 표현했다. "저는 정말 화가 났어요. 엘라의 관심을 끌기 위해서 열 가지 이상의 방법을 동원했어요. 그런데 그녀는 전혀 듣지 않았어요." 우선해야 할 과제는 이차정서(좌절)와 애착적 의미를 인정하는 것이다. "그녀가 당신의 말을 들으려 하지 않는다고 느낄 때 좌절했군요. 그럴 만해요." 이렇게 하면 내담자는 이해받았다고 느끼며 상담실의 불안과 반응성을 즉각적으로 낮추게 된다. 이때 서로의 요소를 탐색하고 연결할 수 있게 된다. 다른 개입기법인 환기적 질문(evocative questioning)은 정서 경험을 보다 더 풀어 내기 위해서 사용한다.

애착 맥락은 본질적으로 안정적 유대감 회복을 위한 그릇된 시도들의 고착되고 반복적이며 부정적인 고리다. 비난-요구, 위축-방어 등의 습관적인 유대감 형성 전략, 배우자의 행동에 대해서 만들어진 부정적인 애착 의미, 충족받지 못한 열망과 두려움이 애착 맥락이다. 인정은 표현된 정서의 강도에 맞춰야 하며, 반응성을 이해해 주는 것이다. "당신은 결국 남편에게 거절당하고 소중하지 않다는 느낌을 받았어요. 이러한 고통 속에서 당신이 화가 나는 것이 이해가 되네요."

부부는 서로 다른 경험을 할 수 있고, 치료사는 그런 두 사람의 독특한 경험에 다가가고 조율하며 인정해 주어야 한다. EFT 치료사는 상호작용 고리의 맥락에서 각 배우자의 정서적 경험을 인정해 주어야 한다. 인정은 공감적 반영과 조합해서 사용할 수 있다.

(3) 환기적 반응과 질문

이미지와 핵심 단어를 반복하면서 공감적으로 다가가는 반영은 환기적(evocative)이어서 정서를 깨닫게 해 준다. 그것은 "경험을 열어 주고 내담자가 자신의 경험을 보다 정확하게 해석할 수 있도록 처리하게 도와준다."(Rice, 1974, p. 290)

EFT 치료사는 본래 환기적 요소를 가지고 있는 공감 및 반영적 반응과 더불어 특별히 정서 경험의 다양한 요소에 대해서 환기적 질문을 사용한다. 정서 경험(제5장에서 설명)은 촉발 계기가 되는 신호(cues), 신체적 각성(bodily arousal), 의미부여(meaning making), 행동화 경향(action tendency)과 더불어 주관적 정서 경험(subjective affective experience)을 포함한다. 정서 경험에는 반응적인 표면 정서와 내재된 일차정서가 있다. 이런 요소들의 대부분은 치료사가 하나씩 풀어 주기 전까지는 부부가 인식하지 못한다. 이러한 요소는 내담자의 경험을 이끄는 가장 중요한 부분이라 말할 수 있으나 그것이 명확한 경험이 되기 위해서는 치료사가 신중하게 풀어 주어야 한다. EFT 치료사는 중요한 순간을 다시 돌려 가면서 특별한 요소에 목표를 두고 질문해야 한다.

예를 들면, 카일이 저녁 식사를 하기 위해 또다시 집에 오지 않은 것(신호, cue)을 타라가 알았을 때, 그것은 그녀에게 다시 한 번 남편에게 자신이 우선순위가 아주 낮다는 점을 알려 주었고(의미, meaning), 그녀는 격분하여(표면 정서, surface emotion) 전화를 걸어 성내며 소리쳤다(행동화 경향, action tendency). 그 당시에 그녀는 자신이 카일에게 중요하지 않다는 것에 대한 두려움(일차정서, primary emotion)과 연결되지 못하고 있었다.

"카일이 집에 도착하지 않았다는 말을 들었을 때 어떤 마음이었나요?"는 환기적 질문으로, 배우자의 행동에 의해서 촉발된 신체 반응과 지각을 떠올리게 해 준다.

정서 경험을 풀어 주기 위해 치료사는 반영 및 인정과 함께 다음과 같은 환기적 질문을 동시에 사용하여 정서의 다양한 요소에 다가간다.

- "남편이 당신에게 귀 기울이지 않는다고 말할 때 어땠나요?" "언제 남편이 당신을 무시한다는 메시지를 받게 된 건가요?" (정서 반응을 일으킨 신호를 불러온다.)
- "이 일이 발생했을 때 신체적으로 어떤 것을 느꼈나요?" (신체적 각성에 대한 지각을 불러온다.)
- "그때 그렇게 하면서 어떤 기분을 느꼈나요?" (드러나지 않았지만 행동 반응과 행동화하는 충동을 불러온다.)
- "남편이 귀 기울이지 않는다고 할 때 어땠나요?" (배우자의 행동에 대한 애착 의미를 불러온다. 이는 자신과 타인에 대한 관점을 알 수 있게 해 준다.)

환기적 질문은 내용이라는 함정에서 빠져나올 수 있게 도와준다. 예를 들면, 부부가 가사 분담에 대한 의견 충돌이 진짜 문제라고 주장할 때, EFT 치료사는 환기적 질문을 통하여 가사 문제 밑에 있는 애착 의미를 불러올 수 있다. "남편이 진공청소기를 돌릴 때 어떤가요?" 혹은 "아내가 정원 관리를 더 많이 도와줄 때 어떤가요?" 부부는 이후에 소중하고 고맙고 지지받는다는 느낌 등의 애착 주제를 다룰 수 있다.

환기적 질문은 어떠한 정서 경험에도 접근하기 힘들어하는 경직된 위축자 혹은 극도로 지적인 배우자를 다룰 때 아주 유용하다. 반영 혹은 '감정단어(feeling words)'의 추측으로는 내담자의 경험을 대변하거나 정확하게 포착하기 어렵다. 하지만 정서 경험의 다른 측면에 대한 환기적 질문이 그들을 조금 더 효율적으로 참여하게 만든다. "그때 어떤 기분을 느꼈나요?"라는 질문은 정서의 행동화 경향을 환기시켜서 감정을 철회한 배우자의 경험을 풀어내는 시점이 될 수 있다. 혹은 "그것이 당신에게 어떤 소리로 들리나요?"라는 질문은 위축된 배우자의 지각 혹은 애착 의미를 불러올 수 있다. 이것은 정서 경험을 드러내게 하는 또 다른 계기가 된다. EFT 치료사는 배우자의 인지된 정서 경험을 교정하기보다는 경험을 드러내어 이러한 정서 경험이 부정적인 고리를 어떻게 이끄는지를 충분히 이해시키고, 조율하고자 한다.

환기적 질문은 혼란과 양가감정 및 내담자의 경험을 막고 있는 방해물을 탐색하는 데에도 유용하다. EFT 치료사는 끈질긴 호기심과 동정심을 가지고 어려운 문제에 다가가야 한다. 예를 들면, 내담자가 "내가 말은 안 했지만 지난 몇 년간 불행했고, 성적으로도 아무런 호기심이 없어요."라고 말할 때 치료사는 "어떤 부분에 대해서 말을 하지 않았다는 것입니까?" 혹은 "그렇게 무감각해지면 어떤가요? 지금 바로 말하고 싶지 않은가요?"라고 환기적 질문을 한다. 내담자가 "저는 더 이상 매력이 없어요. 저는 단지 반응하고 싶지 않았을 뿐이에요. 하지만 저희 결혼을 회복하고 싶어요."라고 말하면 치료사는 "언제 이 관계를 회복하고 싶었나요?"라고 질문한다(그녀의 갈망을 자극한 신호를 불러온다). "결혼을 회복하면 어떻게 될 것 같은가요? 어떻게 보이나요? 어떤 경험이 될 것 같은가요?"(구체적인 갈망 혹은 목표를 불러온다.)

EFT 치료사는 '일관성 있고 관계성을 가진 전체'로 정리할 수 있도록 정서를 드러낸다(Furrow & Bradley, 2011, p. 21; Johnson, 2004). 이해 가능한 방법으로 경험을 조직할 수 있는 이러한 능력은 애착결합을 탐색하고 만드는 데 필요한 안정과 안전감을 더해 준다.

(4) 강조

강조(heightening)는 정서 경험을 교류하고 강화하는 기능이 있다. 개입하는 목소리 톤, 속도, 시간은 EFT 기법의 효과를 높이는 중요한 부분이다(Greenman & Johnson, 2013). 머리글자 RISSSC는 정서적 위기(emotional risk)를 의미한다(Johnson, 2004). 이는 강조라는 개입기법을 어떻게 수행하는지 가장 잘 표현하는 것이다. 즉, 반복(Repetition)하고, 이미지(Image)를 사용하여, 단순하게(Simply), 부드럽게(Softly), 느리게(Slowly) 말하고, 내담자의 언어(Client's word)를 사용하는 것이다. 단순한 단어와 이미지를 부드럽고 느리고 낮은 톤으로 말하면 변연계를 자극하고, 내담자와의 정서적 교감을 깊어지게 만든다. 역설적으로 부드럽고 선율적인 목소리 톤과 얼굴 표정은 정서적 위험과 취약성을 강조하고, 언어로 표현할 때보다 더 위로를 제공하여 제대로 기능하지 않은 뇌가 차분해지도록 도와주어서 내담자로 하여금 분명하게 처리할 수 있게 한다.

치료사가 애착경로에 맞추어 애착적 정서 경험과 각 배우자의 반응을 유발하는 핵심 요소를 더 많이 인식하면 할수록, 정서 경험이 강조되어야 하는 상황 혹은 정서를 담아두어야 할 필요가 있는 상황을 더 많이 인식할 수 있게 되었다. 그래서 부부가 이에 압도되지 않게 도와주고 정서를 처리할 수 있게 해 주었다.

① 강조는 정서 담아내기와의 균형이 필요하다

강조가 핵심 기법이긴 하지만 EFT 치료사는 내담자가 정서적으로 잘 견딜 수 있도록 도와주기 위해서 지속적으로 내담자의 경험을 모니터링해야 한다. 만약 정서가 너무 과하면 어떤 배우자는 그것을 차단하려 하고 다른 배우자는 압도되어 버린다. 정서가 억압되거나 조절되지 못하면 안전한 탐색은 불가능하고, 내담자는 정서에 들어 있는 유용한 정보에 다가갈 수 없다. EFT 치료사는 지속적으로 담아내기와 강조 사이에서 균형을 유지하여 부부가 압도되지 않으면서 정서 경험에 접근할 수 있게끔 도와주어야 한다.

부부상담에서 강조와 정서 담아내기의 균형 유지가 중요하지만 트라우마 생존자(trauma survivors) 부부에게는 특히 중요하다(Greenman & Johnson, 2012). 트라우마 생존자에게 정서를 다룰 수 있는 유효거리를 유지시켜 주기 위해서는 세밀한 지지를 해야 한다. 왜냐하면 그들은 정서의 억제(suppression)와 과활성화(hyper-activation) 사이의 동요를 겪으면서 살아남았기 때문이다. 정서가 너무 과하면 EFT 치료사는 '세밀하게 살피기(slice it thinner)'(Johnson & Faller, 2011, p. 175)라는 반영 과정을 서서히 진행해야 한다. 예를 들면, 명확한 정서를 반영할 때 강도를 줄여 주기 위해서 치료사는 '공포(terror)' 혹은 '두려움(fear)'과 같은 무거운 단어를 '근심(worried)' 혹은 '약간의 염려(a little concerned)'로 바꾸어 줄 수 있고, 점차 그 수준을 높여서 내담자가 교류할 수 있게 해 준다(Liu & Wittenborn, 2011).

② 강조는 RISSSC와 함께할 수 있다

반복과 이미지 그리고 내담자의 언어를 사용하면 깊게 개입할 수 있게 해 준다. "전화가 울리고 '또 약속을 못 지킬 것 같아. 미안해.'라는 남편의 말을 들었을 때, 당신은 집에서 혼자 불안해하고 있는데 **모임에 참여하고 있는 남편이 그의 동료들과 웃고 있는 모습이 떠올랐군요.** 그리고 그의 말은 당신의 심장을 찔렀네요." 치료사는 그 순간을 다시 돌려보면서 내담자의 두려움(**굵은 고딕체**로 표시)을 불러오는 애착 이미지와 '심장을 찌른다'는 내담자의 이미지를 반복해 주었다.

이미지는 내담자로 하여금 경험하는 기분에 빠져들게 한다. 이성적이고 방어적인 위축자는 자신의 경험으로부터 멀어지면서 빠른 속도로 말한다. 간신히 접촉할 수 있게 되거나 끼어들 수 있는 틈이 생긴 치료사는 "당신은 마치 질주하는 기차 같아 보여요. 어떤 것도 당신을 멈추게 할 수 없을 것 같아요."라고 말한다. 부부는 이러한 이미지를 통하여 즉시 정서 경험에 빠져든다. 남편이 "나는 차창 밖으로 손을 내밀 수 없어요."라고 하며 "그러면 잘려 나갈 것만 같아요."라고 말한다(아내의 비판적인 추적에 대한 개연성 있는 언급이다). "그리고 그는 기차를 쫓아가는 미친 여자를 보고 있어요."라고 아내가 말한다. "남편이 떠나는 것에 대해서 공포에 싸여 있는 나를 전혀 보지 못해요." 추상적 단어보다 이미지를 사용하면 '정서를 포착하고 유지시키기' 좋다(Johnson, 2004, p. 109). 이러한 이미지를 반복해서 사용하면 내재된 애착정서와 두려움을 강조할 수 있다. 이러한 이미지를 통하여 서로 웃게 된다면(shared laughter), 안전감을 높여 주어서 위축자로 하여금 "그다음에 아내가 나를 붙잡아서 자신의 핸드백으로 떠나가는 나를 강타했어요."라고 말할 수 있게 만든다. 내재된 정서는 이미지와 함께 따라 나온다. 즉, 그녀는 그가 떠나는 것을 두려워했다. 그는 그녀가 자신을 붙잡고 상처를 줄까 두려워했다.

단순하고 부드럽고 느린 목소리는 지금-현재의 애착적인 정서 경험을 강조해 줄 수 있다. 에밀리는 남편이 과도하게 컴퓨터 게임을 하는 것에 대한 타라의 심한 슬픔에 반응했다. 즉, 카일이 아내 없이 짓고 있는 새롭고 평화로운 세계에 대해서 부드럽고 단순하게 천천히 그녀의 생생한 애착 이미지를 반복해 주었다. "이것은 매우 놀라운 일이에요. 당신이 말했지요. '**당신이 나에게서 벗어나는 것이 두려워. 당신은 전혀 다른 세상을 짓고 있어. 평화로운 세상, 나하고는 만들 수 없는 세상이야.**' 남편을 잃는 것에 대한 아내의 두려움이 이해되네요. **남편의 안전한 장소**에 함께하고 싶어 하는 아내의 마음이 분명하게 느껴지네요!"(애착 이미지는 **굵은 고딕체**로 표시)

앞의 예시에서 치료사가 일차정서와 갈망을 강조하고 애착 맥락에서 그것을 인정해 줄 때, 인정과 강조가 함께 사용되었다. 또한 치료사가 결합의 순간을 강조할 때, 인정과 강조는 함께 간다. 부부가 동시에 결합의 순간을 맞이하거나 회기 사이의 결합 순간에 대해서 의견을 나눌 때, EFT 치료사는 그 순간을 인정하고 강조해 줌으로써 속도를 낮춰 주고 새로운 애착 씨앗이 뿌리내릴 수 있도록 그 순간을 음미할 것이다. 새롭게 드러나고 강조된 정서 경험은 다음에 설명된 '재연'기법을 통하여 상대 배우자에게 직접 메시지로 전할 수 있게 해 준다.

(5) 추측

공감적 해석(empathic interpretation)이라고도 불리는 공감적 추측(empathic conjecture)은 시험적으로 시행하는 반영으로, 내담자가 표현한 것 혹은 전달하려는 것 이상의 부분에 다가갈 수 있게 만든다. 이 기법은 애착시각으로 바라본 예감이라 불린다. 가장 중요한 경험과 애착의 관점에서 시행되는 추측은 내담자의 경험에 대한 지각을 확장시켜 준다.

추측은 시험적으로 해야 하며, 내담자의 확장된 경험과 정확하게 맞는지를 점검하는 시간을 가져야 한다. 치료사가 너무 동떨어지게 추측하면, 내담자는 부정확한 부분을 거부하게 되고, 이성적으로는 동의하지만 깊이 교감하지 못한다. 추측은 내담자가 했던 행동과 감정의 이유를 짐작하는 것이 아니다. EFT에서는 이유 또는 설명을 찾는 것이 아니라 경험을 확대시켜 준다.

다음의 애착에 기반한 추측은 시험적인 톤으로 시행되고, 내담자가 경험을 확대할 수 있을 정도로 치료사가 적절하게 이해했는지 점검하는 시간을 가져야 하며, 적절치 않으면 거부할 수 있어야 한다. "아내는 남편에게 화가 났다고 말했어요. 남편이 반복해서 거짓말을 할 때 화가 난다고 말하면서 눈물을 흘리는 것을 봤습니다. 당신이 분노하는 이면에 말하지 않은 고통과 슬픔이 있어 보이는데 맞나요?" 추측은 경험의 정확한 부분에 접근하기 위해서 시행된다. 정확한 이해를 얻기 위해서 협력적이고 공손한 명료화가 내담자와 치료사 사이에서 이뤄진다. 치료사는 조율하고, 이해된 것을 전달하기 위해서 최선의 노력을 기울여야 한다. 이때 항상 내담자의 경험에 가장 적절한 단어를 찾을 때까지 수정하고 조정하려는 열린 마음을 가져야 한다.

가장 잘 교감되고 정서적으로 생생한 추측은 치료사가 마치 내담자가 된 것처럼 내담자의 대리 목소리(proxy voice)로 말하는 것이다. 예를 들면, "타라, 저는 지금 이 모든 분노 밑에 많은 두려움이 있는 것으로 들리는데 그것이 맞는지 모르겠어요? (그런 다음 일인칭으로 말한다.) '나는 지금 카일이 나를 떠나 버리거나 나보다 게임을 더 좋아하는 것 같아서 두려워. 그리고 그가 나처럼 안달복달하고 화내는 사람을 좋아하지 않을까 봐 두려워.' 제가 한 말이 당신 기분과 비슷한가요?"

① '총알받이'

이 기법(Johnson, 2004, p. 152)은 애착의 개념을 조합한 특별한 종류의 추측이다. 이것은 한 배우자의 분노와 무시가 취약해진 다른 배우자를 위험하게 만들 때, 분노를 담아내고 안전을 회복하는 기능을 한다. 또한 서로 다른 관점이 고조된 순간에 부부 모두를 인정해 주는 기능도 한다.

추적하는 아내가 자신이 불평하는 이유에 대해 남편을 가까이 두고 싶어서 그랬다고 말하기 시작하는데, 위축되었던 남편이 갑자기 "나는 당신 말을 믿을 수 없어. 말도 안 되는 소리 집어치워!"라고 방해한다. 치료사는 총알받이(catching the bullet)를 통해서 믿지 못하는 남편에게 반응한다. "지금 아내의 말이 새롭게 들리나 봅니다. 아내가 당신을 가까이 두고 싶어서 불평했다는 말이 믿기 힘든가요? 지금 아내가 이 말을 할 때, 당신은 믿기 힘들어서 아내가 하는 말을 중지시켰네요? 오랫동안 아내로부터 거부를 당한 것 같은데, 아내가 갑자기 당신을 원한다고 하니까 믿기 어려웠을 것 같아요. 맞나요?" (남편이 오랫동안 거부당했다고 느낄 때 아내가 정말 당신을 원한다는 핵심 구절과 남편이 신뢰하기 힘든 부분을 반복해 준다. 이를 통해서 동시에 두 사람을 인정해 준다.)

② '애착 씨 뿌리기'

이 기법(Johnson, 2004, p. 86)은 부부에게 없는 안정적인 애착의 모습을 불러오기 위해서 시행하는 또 다른 추측기법이다. 이는 1단계의 초기 평가단계에서 커플이 가고 싶은 상태를 그들의 준비 상황에 맞는 색깔로 그려 주면서 서로 양립 가능한 의제를 불러오기 위해 사용될 수 있다. 그것은 친밀하고 가까운 유대감을 그려 낼 준비가 되어 있지는 못하지만 상대에게 소중한 사람이 되고 싶고 수용받고 싶은 소망에 대해서는 공명할 수 있다. 예를 들면, "지금 두 사람은 서로에게 편안하기를 원하고 있네요. 누군가의 판단을 받는다는 두려움 없이 단지 배우자가 뒤에 서서 당신의 목소리에 귀 기울여 주는지 알고 싶었네요."(상충하는 의제를 평가하는 것에 관해서는 제4장 참조)

애착 씨 뿌리기(seeding attachment)라는 추측은 애착두려움을 강조하고 변화의 전환점을 만들기 위해서 2기(제6장, 제7장)에서도 사용될 수 있다. 배우자를 향한 위험을 감수하고 접근하는 이미지는 씨 뿌리기가 될 수 있다. "당신은 지금 자신의 초라하고 약한 느낌을 나누기 어렵군요. 남편이 여전히 당신을 사랑한다고 위로해 달라고 요청하는 것을 상상하기가 어렵나요? 이런 당신에게 남편이 다가와서 안아 줄 것이라고 상상할 수 없나요?" 이미지는 취약성과 두려움을 강조하고, 접근하는 것에 대한 위험과 더불어 안정적으로 위안을 받고 싶은 생생한 이미지를 심어 준다. 3기의 경우 이미 성장한 애착 씨앗에는 수분과 영양이 공급되었고, 부부는 스스로 새롭게 형성된 애착결합을 통하여 미래 사랑의 이야기의 씨앗을 심는다(제8장).

모든 경험주의 치료에서 치료사가 부부의 경험을 정확하게 이해하고 있는지 정기적으로 점검하는 것은 무엇보다 중요하다. EFT 치료사는 내담자의 경험에 지속적으로 동조하고 그들의 경험에 적절한 단어를 사용하려고 노력해야 한다. 2011년 문화 다양성과 정서 경험을 다루는 사려 깊은 지침을 세운 리우(Liu)와 위튼본(Wittenborn)은 일차 정서에 다가가는 목적은 정서를 나타내는 언어를 찾기보다는 "방어와 회피적인 태도를 버리고, 개인의 보다 취약한 상태"에 다가가는 것이라고 적절하게 설명했다(p. 305).

이 모든 기법은 지배적이고 우선권을 가진 정서에 집중하여 이를 구체적으로 다룬다(Tronick, 1989). 즉, 부정적 고리에서 추적-요구와 방어-위축 행동을 유발하는 정서와 2기에서 재처리되어야 할 두려움과 욕구의 중심에 있는 정서에 초점을 맞춰야 한다. 여러 기법은 치료사가 부부의 중요한 정서 경험에 적극적으로 개입할 수 있는 도구로서 정서 경험에 **유효거리**(working distance)를 유지할 수 있게 도와준다(Gendlin, 1981; Lietaer et al., 1990). 두 번째 개입기법의 종류를 언급하기 전에 앞에 언급된 경험적 기법이 향하고 있는 다음과 같은 하나의 목표를 말하고 싶다.

> EFT에서 초점을 맞춰야 할 핵심 부분은 순간순간의 정서를 적극적으로 함께 조절하고 처리할 수 있는 안전한 치료적 관계를 통해서 치료사가 정서를 불러오고 추적하는 것이다. 그런 다음에 정서를 정리하고 드러내어 이를 애착과 상호작용의 맥락에 둔다(Johnson & Faller, 2011, p. 174).

4. 상호작용 고리를 추적하고 새로운 상호작용을 만드는 개입기법

1) 상호작용의 추적과 반영

춤추는 부부의 행동과 움직임을 추적하는 반영에는 공격하고 위축하는 태도와 전형적인 부정적 고리를 드러내는 기능이 있다.

타라: 내가 방문을 열었을 때 남편은 게임에 빠져 있어서 내가 방에 들어온 줄도 모르고 있었어요. 그래서 나는 방을 뛰쳐나와서 한 시간 정도 생각에 잠겼다가 결국 분노에 찬 괴물이 되어 버렸어요.

에밀리(추적): 당신은 카일이 게임에 빠져 있는 것을 보고 생각을 했어요. 그는 당신을 인식조차 하지 못했고, 또한 한 시간 내내 당신이 **얼마나 외롭고 화가 났는지** 몰랐어요. **카일의 부재로 느낀 외로움**을 참기 어려워서 당신은 그에게 달려들어 화를 내고 말았어요. **남편의 관심이 필요했군요**(애착 관련 이미지와 행동은 **굵은 고딕체**로 표시됨).

2) 재구성

경험을 애착 의미(attachment meaning)와 애착적 상호작용(attachment-motivated interaction)의 용어로 재구성(reframing)하는 것은 부정적으로 보이는 반응을 긍정적인 의미와 의도로 접근할 수 있게 도와주는 기능이 있다. 애착 재구성은 배우자에 대한 견해를 긍정적으로 묘사해 준다. 비판적인 추적에 대한 보편적인 재구성은 다음과 같다. "아내의 목소리가 커지면 커질수록 그녀가 당신을 간절히 원한다고 느끼지 못했군요. 그녀의 고함은 당신에게 화가 난 것이라고 느껴졌어요. 하지만 그녀는 당신을 곁에 두기 위해서 온갖 힘을 쏟고 있었어요." 방어적인 위축에 대해서는 보편적으로 다음과 같이 재구성한다. "남편이 어깨를 으쓱하고는 아내에게 '제발 그것 때문에 괴로워하지 마.'라고 말할 때, 마치 당신이 아내를 방치하기보다는 그녀를 행복하게 만들어 주고 싶은 것에 신경을 쓴 나머지 아내가 화를 내기 시작했을 때 당신은 당황하게 되었고, 결국 당신은 그녀를 진정시키려고 노력했군요."

애착 재구성은 애착 중요성에 대한 추측의 요소를 포함하고 있다.

- 카일에 대한 예문: "아내가 당신과 함께하기 위해서 목소리를 높이면 머리가 하얘지는군요. 모든 것을 망쳐 버린 느낌이 들었군요. 그리고 아내가 당신을 지긋지긋하다고 느끼는 것 같았어요. 언젠가는 당신을 떠나 버릴 것 같았군요. 그러나 지금 함께 있고 싶은 사람이 바로 당신이라는 아내의 말을 들었어요. 아내는 당신의 변화보다는 당신 그대로와 연결되기를 원하고 있어요."
- 타라에 대한 예문: "당신은 남편에게 다가와 달라고 외쳤어요. 남편이 공부에 빠져드는 이유가 당신이 남편에게 소중하지 않기 때문이라고 느꼈어요. 그래서 남편에게 가까이 가기 위해서 온 힘을 쏟았어요. 당신이 느끼는 분노는 마치 '지금 당신 마음속에 내가 없을까 봐 두려워.'라는 말로 들려요."

애착 재구성은 타라의 충격을 완화시키기 위해서 사용될 수 있다. "나는 남편이 다른 취미에 빠져드는 것을 원치 않아요. 남편은 늘 즐거운 것만 찾아다녀요." 치료사는 애착 재구성을 통하여 총알받이를 해 주면서 부드럽게 추측한다. "당신은 지금 이렇게 말하고 있네요. '지금 나는 남편이 좋아하는 새로운 취미를 찾는 것이 두려워요. 그렇게 되면 나는 남편과 전혀 함께할 수 없어요. 나는 남편의 평화와 평정심에 더 이상 어떤 도움도 되지 못한다고 느껴요. 나는 단지 남편에게 가장 안전한 사람이 되고 싶을 뿐이에요.' 당신이 이러한 두려움을 어떻게 나누어야 할지 모를 때, 당신이 남편을 이기적이라고 비난하는 게 다 무슨 소용이 있겠어요?"

3) 재연

애착결합을 만드는 가장 강력한 기법은 '재연'이다. 치료사는 한 배우자로 하여금 분명한 메시지를 직접 나누도록 요청한다. EFT의 전형적 특징인 재연은 정서 경험을 강조하고 새로운 상호작용을 형성시키는 역할을 한다. EFT의 모든 기법은 '정교하게 만들어진 재연'을 안무하기 위해서 존재한다(Tilley & Palmer, 2013, p. 312). 재연은 다음과 같은 일련의 절차를 따른다. 무대를 준비하고, 재연을 지시하고, 부부와 경험을 처리하며, 새로운 경험을 요약하고 통합한다.

치료 초기에 실시되는 재연은 부정적 고리에 있는 위축과 추적의 전형적인 자기보호적인 태도에 대한 인식을 나누도록 안무한다("내가 당신을 밀어냈어." 혹은 "내가 외로우면 당신에게 폭발했어."). 치료 후기의 재연은 새로운 정서 경험이 배우자에게 새로운 신호로 전달되도록 만들어 주기 위해서 시행된다("나는 당신이 입을 닫아 버리고 나와 함께하기를 싫어하는 것 같아서 두려웠어."). 재연은 2기 특별한 변화의 전환점을 안무하기 위해서 사용되며, 이때 부부는 마음속에 있는 애착욕구를 충족받을 수 있는 새로운 방식으로 접근하고 반응한다("내가 당신에게 너무 과분한 사람이 아니라고 안심시켜 줄 수 있겠어? 소중한 사람이라는 말로 위로해 줄 수 있겠어?").

재연을 위한 개방은 치료사가 사려 깊게 구조화해 주어야 한다. 치료사는 내담자가 위험을 감수한 것을 인정해 주어야 하며, 개방하여 나누고 수용한 경험을 탐색해야 한다. 수용하는 배우자는 내적 경험에 귀 기울이고, 상대 배우자의 개방에 반응할 수 있게 도와주어야 한다.

(1) 무대 준비

치료사는 무대를 준비하기 위해서 내적 · 대인관계적 상호작용과 경험을 추적하고 반영하여 현재의 경험을 깊게 할 수 있도록 한다. 새롭게 다가간 정서를 음미하고 강조한 후에 EFT 치료사는 이 새로움을 경험한 배우자가 상대 배우자에게 직접 메시지를 전할 수 있게 해 준다. 에밀리는 타라가 카일에게 폭발한 이면에 있는 그녀의 핵심 정서 경험을 깨닫게 해 주었다. 카일이 컴퓨터 게임에 더 많이 빠져들면 들수록 타라는 더 외로워지고 화가 났다. 그녀의 분노와 카일이 다른 세계로 빠져드는 것에 대한 두려움 사이의 상관관계를 명확히 한 후에 에밀리는 타라가 새롭게 알게 된 남편을 잃을 것에 대한 두려움을 카일에게 직접 나누도록 요청했다. 그녀는 타라가 카일이 했던 행동에 대해서 말하는 것보다는 그녀 자신의 경험에 초점을 맞추도록 핵심 단어를 반복해 주었다. "지금 카일을 바라보며 그가 다른 곳에 빠져들면 당신이 얼마나 두려웠는지 그리고 두려움에 휩싸일 때 '막 퍼붓는 말들(torrents of words)'이 어떻게 튀어나오는지 말할 수 있겠어요?" 이러한 예측은 언제나 경험된 정서와 배우자에게 개방한 것에 대한 위험을 감수했다는 것을 강조한다.

(2) 재연 지시

재연을 지시하기 위해서 먼저 치료사는 드러낸 배우자가 자신의 경험에 스며들고 있는지를 확인해야 하며, 듣고 있는 배우자가 들으려고 하는지를 점검해야 한다. 그런 다음 그녀는 상대 배우자를 향하게 하고 새로운 경험을 직접 표현하게 해 준다.

타라가 자신의 내재된 정서 경험에 다가가서 카일과 그것을 나눌 수 있다고 예상되면, 에밀리는 그녀에게 개방할 것을 지시한다. "지금 남편을 향해 보겠어요? 이러한 두려움에 대해서 남편을 보면서 말할 수 있겠어요?" 만일 그녀가 망설이면, 에밀리는 "한 번 시도해 보면 좋겠어요."라고 부드럽게 말해 준다. 만일 타라가 심하게 망설이고 거절하면 에밀리는 요청을 세밀하게 살핀다. "혹시 남편에게 자신의 두려움을 말하기 힘들다고 말할 수 있겠어요?" 에밀리는 피하거나 초점을 잃지 않으려고 노력했다. 그녀는 또한 "당신에게 말하는 것이 두렵고 힘들어."라는 식으로 내담자가 개방할 수 있는 만큼의 '위험을 세밀하게 살피기'로 다가갔다. 어느 쪽이든 재연의 목적은 달성했고, 부부는 새롭고 실제적이며 적절한 방식으로 '접촉을 만들었다'.

타라는 지시에 잘 따랐고, "나는 당신이 나에게서 멀어질까 두려웠어. 당신은 나와 상관없이 평화와 평온함을 만드는 세계를 지었어. 당신이 나를 더 이상 원하지 않는 것 같아서 두려웠어. 이렇게 두려우면 나는 당신에게 폭발하게 돼."라고 카일에게 말했다.

(3) 개방한 배우자와 경험 처리

치료사는 부부 모두에게 자신을 개방한 것과 그 메시지를 들은 소감을 차례대로 물어본다.

에밀리는 전형적으로 개방한 사람을 먼저 살펴보고 청자에게 다가갔다. 먼저, 그녀는 타라에게 다가가서(이때 타라가 사용한 핵심 단어를 반복해서 사용하고 개방한 것에 대한 핵심 메시지를 강조한다.) 말한다. "남편이 당신으로부터 사라지는 것에 대해 갖는 두려움, 그로 인해 당신이 엄청나게 화를 내는 그 두려움에 대해서 남편에게 이야기할 때 어땠나요?"

(4) 듣고 있는 배우자의 경험 처리

수용하는 배우자는 내적 경험에 귀 기울이고 파트너의 개방에 반응할 수 있게 안내된다.

에밀리는 물었다. "카일, 당신이 도망가서 함께하지 못할 때 느끼는 강한 두려움 때문에 분노했다는 아내의 말을 들으면서 어땠나요?"(에밀리는 사용된 핵심 단어를 사용하여 애착 관점에 초점을 맞추면서 강조했다.)

만일 카일이 "아내가 그것 때문에 두려워할 필요가 없었어요."라고 관심을 돌리면 에밀리는 그를 인정하고 다시 집중하게 해 준다. "당신 마음에는 아내가 두려워할 필요가 없었군요. 카일, 다시 돌아가서 타라의 내면에 있었던 공포, 당신을 잃을 것에 대한 두려움을 말할 때 어떤 기분이 들었나요? 아내의 눈을 바라보고 두려워하는 것을 보니까 어떤가요?"

카일이 눈물을 흘리면서 "아내가 저를 잃게 될까 봐 두려워하고 있는 것이 충격이고, 어떻게 해야 할지 모르겠어요. 제 생각에는 아내가 저에게 질려 버린 것 같아요."

(5) 경험을 요약하고 통합해 주기

부부 모두와 처리 과정을 밟으면서 치료사는 부부의 상호작용에 대한 개요를 알려 주고, 부부의 접근과 반응의 순간에 대해서 명료하게 알려 준다.

재연은 EFT 회기에서 기본적인 부분이지만 EFT에 익숙하지 않은 치료사에게는 불편할 수 있다. 간혹 내담자가 이런 방식으로 배우자를 마주보고 말하는 것을 꺼리기도 한다. 이런 태도 역시 존중을 받아야 하고, EFT 치료사는 이에 대해서 세밀하게 살피기를 통하여 접촉할 수 있는 중요한 순간을 회피하지 않도록 위험을 감수시켜 주어야 한다("이러한 것을 나누는 것이 얼마나 어려운지 그녀에게 이야기할 수 있겠어요?").

5. 개입기법의 통합

이 장에서는 기본적인 EFT 개입기법에 대한 간단한 개요를 설명했다. 임상에서 이러한 기법들은 'EFT 탱고'(Johnson, 2014)라고 불리는 다섯 가지 단순한 움직임으로 통합된다. 이는 EFT 처리 과정의 반복적이고 강력한 흐름을 개념화할 수 있는 간단한 방법이다. EFT 치료사는 이러한 기법을 각 회기마다 사용해야 한다.

> 치료가 전개되면서 점차 강도가 증가하는 다섯 가지 움직임을 끊임없이 순환한다. 첫째, 치료사는 지속적으로 상호작용 과정을 반영한다("남편은 거리를 두고 비난받는 것을 경계하고 있어요. 그러자 아내는 그의 거리감으로 인해 더 외로워지고 가치 없게 느껴져서 분노하게 되었네요. 아내가 화를 내면 낼수록 남편은 점점 더 경계심이 늘어났어요."). 둘째, 치료사는 한 배우자의 정서에 깊이 참여하고 탐색할 수 있게 한다("당신은 비난하는 소리를 듣기 힘들어했어요. 당신은 압도되고 절망감을 느꼈어요."). 셋째, 치료사는 확대된 경험을 배우자에게 나눌 수 있도록 재연한다("실패하고 당신에게 폭발할 것 같은 두려움이 있어서 얼어 버렸고, 그래서 아무 반응을 할 수 없었다고 아내에게 말할 수 있겠어요?"). 넷째, 배우자의 상호작용 레퍼토리를 확대시켜 준 재연을 질문으로 다시 처리해 준다. 새로운 메시지를 듣고, 새로운 감정을 표현하는 것이 어땠는지 물어본다. 어떠한 부정적인 반응도 수용하고 탐색해야 한다. 다섯째, 치료사는 지금까지의 과정에 대해서 개괄적인 설명을 해 주고 이를 적절하게 통합한다("두 사람 모

두 두렵고 혼란스러웠어요. 하지만 지금 당신이 한 것을 보세요. 위험을 감수했고 서로에게 다가갔어요. 놀라워요. 이렇게 하려면 용기와 사랑이 필요하죠.")(Johnson, 2015, p. 107).

6. 변화의 핵심 요소 요약

EFT의 세 가지 기본 과제는 커플과 동맹을 형성하고, 정서 경험을 재처리하며, 부부의 새로운 상호작용을 만드는 것이다.

1) 내담자 요인

성공적 결과에 영향을 주는 세 가지 내담자 요인(TEA)은 과제 동맹, 정서적 깊이, 친화적 나눔이다.

(1) 과제 동맹

동맹의 가장 중요한 측면은 커플이 치료상에서 주어지는 과제가 가치가 있고 자신의 관심사와 부합한다고 느끼는 것이다.

(2) 정서적 깊이

정서적 교감의 깊이는 긍정적인 변화를 일으킨다. EFT 치료사는 지금 이 순간에 느낀 내적 경험의 흐름에 참여하는 수준까지 내담자를 개입시키도록 노력해야 한다.

(3) 친화적 나눔

정서적으로 참여하는 자기개방과 부부가 서로 이해해 주며 보이는 따뜻하고 세심한 반응은 불화관계를 안정적인 결합으로 이끄는 데 크게 기여한다. 그래서 EFT 치료사는 부부 사이에 나눔, 즉 재연을 연출하는 안무가다.

2) 치료사 개입기법

안정적 결합을 형성하고 EFT를 통하여 반복적으로 사용되는 EFT 기법의 두 가지 세트는 다음과 같다.

(1) 정서에 접근하며, 정서를 깊어지게 만들고 재처리하기 위한 기법(기능: 치료적 동맹을 형성, 유지하며 정서를 처리한다)

- 공감적 반영
- 인정
- 환기적 반응과 질문
- 강조
- 추측(총알받이, 애착 씨 뿌리기 포함)

(2) 상호작용 고리를 추적하고 새로운 상호작용을 만들기 위한 기법

- 상호작용의 추적과 반영
- 재구성
- 재연을 통한 새로운 상호작용 형성

모든 기법은 매 회기마다 시행되는 다섯 가지 움직임(EFT 탱고)으로 통합된다.

① 내외적인 경험을 반영하기
② 한 배우자의 정서를 깊게 하기
③ 새로운 정서 경험을 재연하기
④ 각 배우자와 개방에 대해서 처리하기
⑤ 접촉에 대한 새로운 경험을 요약하고 통합하기

제3장

애착결합, 사랑에 대한 새로운 과학적 발견

"아동, 청소년, 성인이 탐색을 하고 때때로 찾게 되는 안전기지의 개념은 정서적으로 안정적인 사람이 인생 전반에서 어떻게 발전하고 기능하는지를 이해하게 해 준다."

(Bowlby, 1988, p. 46)

"요람에서 무덤까지 애착 대상을 안전기지 삼아서 길고 짧은 여행을 지속한 사람이 가장 행복하다."

(Bowlby, 1988, p. 62)

이 장에서는 애착결합이라는 낭만적인 성인의 사랑에 대한 경험주의 관점을 소개하려고 한다. 이는 유아와 부모 간의 결합과 유사하다. 애착결합에 위협이 닥치면 낭만적인 사랑이 위험에 빠졌다고 여긴다. 나는 다음의 질문에 답을 하려고 한다. '낭만적 사랑이 어떻게 애착 과정이 될 수 있는가?' '어떻게 애착이론이 성인의 사랑을 명확하게 설명하는 이론과 과학적 배경이 될 수 있는가?'

애착이론은 첫 회기부터 EFT 치료사에게 전체 변화 과정에 대한 적절하고 다양한 지침을 제공해 준다. 이 장을 쓰는 목적은 당신이 애착 관점으로 성인의 사랑을 이해해서 애착 개념이 당신을 인도하는 동반자가 되게 하는 것이다. 이를 위해서 나는 애착 관점이 부부치료에 미치는 영향을 개괄적으로 설명하고, 애착이론을 통한 실제 경험을 탐색하며, 인간의 사랑과 결합의 기본 법칙을 살펴볼 것이다. 나는 부부치료를 안내하는 패러다임으로 애착이론을 내면화하려는 치료사가 경험하는 흔한 장애물을 소개하면서 이 장을 끝내려고 한다. 왜냐하면 많은 치료사가 내면화하는 과정을 매우 어려워하기 때문이다.

애착이론은 부부치료가 어떻게 개념화되고 시행되는지에 대한 패러다임의 전환을 불러온다(Johnson, 2007). 성인의 사랑에 대한 애착 관점은 유아와 부모 사이에 존재하는 결합과 유사하다. 이는 친밀한 관계를 투자와 이익을 따지는 상호 보상적 교환(quid pro quo bargain)으로 여겼던 전통적인 견해에서 벗어날 수 있게 해 준다. 만일 낭만적 사랑이 결합이라면, 부부치료의 목적은 안정적인 결합을 만들어 주는 것이고, 치료사의 역할은 그것을 위한 과정자문가가 되어야 한다. 과정자문가는 결합을 약화시키는 반복되는 패턴을 부부가 발견할 수 있게 도와주며, 불화관계를 안정되고 지속적인 결합으로 변화시킬 수 있는 전환점을 만들어 준다. 이와 같은 치료적 역할은 부부의 타협을 코칭하는 것이나 의사소통과 갈등해결기술을 가르치는 것과는 현저하게 다르며, 관계 불화의 해결로서 통찰력을 갖게 하는 접근법과도 다르다.

EFT가 부부치료사에게 제공하는 인식의 전환은 인간이 일차적 애착 대상과의 결합에 위협이 닥쳤다고 느낄 때, 예측 가능한 방식으로 반응한다는 애착 관점으로부터 시작된다. 부부가 빠져 있는 파괴적인 행동과 패턴은 위협에 처한 애착결합을 보호하려는 이해 가능한 시도로 인정될 수 있다. 애착시각은 탈병리적인 패러다임을 제공하며, 애착체계에서는 관계 불화를 부부의 기술 또는 이해의 부족 혹은 게으름, 무지, 완고함, 비열함으로부터 발생한다고 보기보다는 일차결합을 보호하려고 노력하는 과정에서 나타나는 부정적인 패턴 때문에 발생한다고 본다. 볼비(Bowlby, 1980)가 언급한 대로 이러한 부정적 관계 패턴은 습관적이고 자동적으로 발생하기 때문에 변화하기가 매우 어렵다.

에밀리는 애착 관점이 EFT 치료사가 '바른 길'을 걸을 수 있게 해 준다는 말을 들었지만 여전히 애착을 이해하는 것이 어떻게 부부상담을 지속적으로 안내해 주는지에 대해서는 확신이 없었다. 그녀는 '애착이론이 어떻게 관계 불화와 회복에 대한 옳고 그름을 따지지 않는 방법을 제공할 수 있는가?' '애착이론이 어떻게 EFT의 단계와 기를 통해서 지금 이 순간에 실제적인 도움을 제공하는가?'라는 궁금증을 가졌다. 그녀는 배우자가 분노하거나 배우자로부터 등을 돌리는 행위가 관계결합에 위협이 닥쳤다고 인식되었을 때 보이는 단순한 반응임을 이해하는 것이 필요하다는 사실을 깨달았다.

1. 인간의 사랑과 결합

1950년대에 볼비가 정신분석학 동료들에게 인간은 정서적 유대감을 갖고 싶은 타고난 욕구가 있다고 제안한 것은 매우 급진적인 견해였다. 이는 어머니가 음식을 제공하기 때문에 아동이 어머니와 유대감을 맺게 된다는 대중적 견해에 정면으로 도전하는 것이었다. 인간은 평생 지지와 보살핌을 받기 위해서 사랑하는 사람을 가지려는 생존욕구가 있다는 볼비의 제안은 인간 본성의 개인주의 속성에 도전하는 것이었고, 그는 여기서 정서결합을 향한 인간의 욕구를 인정했다. 그는 갈등 상황에서 위안과 보호를 받아야 생존이 보장된다고 말했다. 그는 인간은 가장 중요한 관계에 위협이 닥쳤다는 신호와 경고음에 주의를 기울이도록 유전적으로 연결되어 있다고 주장했다. 모자간 유대관계 본질에 대한 그의 연구(1958)는 애착 대상에게 접근할 수 없고 반응을 받지 못했을 때 발생하는 예측 가능한 일련의 분리 스트레스 반응—분노하고 항의하기(angry protest), 정신없이 매달리고 찾기(frantic clinging & seeking), 절망과 우울(despair & depression) 그리고 결국 분리(detachment)되는 것—을 정상적 반응으로 보았고, 탈병리화하는 시각을 제시했다. 볼비(Bowlby, 1973)의 저서에서는 일차적 관계에 대한 위협을 피하는 것과 우리가 필요로 할 때 신뢰할 수 있는 애착 대상으로부터 위로와 보호를 구하는 것에 개인이자 한 종으로서 우리의 생존이 달려 있다고 강조했다.

수 존슨 박사는 인간에게 소중한 유대감의 욕구를 인식하면서 부부치료에 애착이론을 적용하여 치료 분야에 희망과 새로운 가능성에 대한 혁명을 일으켰고, 생기를 불어넣었다. 존슨 이전에 그 누구도 관계치료 분야에서 관계 갈등에 대한 낙관적이고 분명한 견해를 가지지 못했다. 사실 그때까지 성인의 사랑과 친밀한 관계에 대해서 명확한 연구를 기반으로 한 부부치료가 없었다. 존슨(Johnson, 2007)이 애착안정이 위협받고 부부가 불안정하고 두려움을 느낄 때 관계가 악화된다는 것을 규명하면서 부부치료의 새로운 시대가 시작되었다. 낭만적인 애착, 배우자에 대한 접근, 반응, 정서적 교감이 없을 때(Johnson, 2008) 인간은 상실감과 위협감을 느끼며, 소중한 사람에게 친밀해지려는 애착행동체계(attachment behavioural system)가 활성화된다. 부부가 연결되거나 단절된 순간이 회복될 수 있으면, 관계는 성장할 수 있다. 하지만 애착체계가 활성화되고 연결을 위한 한 배우자의 접근이 무시되거나 거절되면, 분리 스트레스의 예측 가능한 역동이 나타난다. 1973년에 볼비는 애착에 대한 3부작 저서 중 제2권에서 상실의 위협에서 보이는 분리고통의 역동에 대해서 기술했다. 존슨(Johnson, 2004, 2014)은 비슷한 역동을 낭만적인 관계에서 밝혔다.

분리고통에서 보이는 이와 같은 정서 패턴은 존슨과 그린버그(Johnson & Greenberg, 1988)가 언급한 커플의 부정적 상호작용 고리와 유사하다. 즉, 한 배우자는 요구하고 추적하며, 상대 배우자는 방어적으로 위축된다. 이러한 전형적인 부정적 패턴은 가트만(Gottman, 1991)도 발표했다. 존슨과 그린버그의 변화에 대한 독창적 EFT 모델은 이러한 부정적 패턴에 기름을 붓는 정서의 재처리에 기초를 두고 있다. 존슨은 애착이론을 EFT 모델에 통합하면서 관계갈등의 문제를 밝히는 데 집중했고, 안정적 결합 형성을 치료의 확실한 목표로 삼았다. 그녀는 한 배우자가 좌절되어 안전감을 찾으려 할 때 분리갈등 반응에 빠져들면서 부정적 고리가 나타난다고 밝혔다.

2. 애착이론 경험에 스며들기

에밀리는 부부 이야기 속에 있는 내용이 EFT 과제에 집중하기 어렵게 만든다는 것을 깨달았다. 그녀는 부부가 가져온 문제를 풀기 위해서 단순한 해결 방법을 제시하고 싶은 충동을 느꼈다. 그녀가 인간의 기본 욕구인 정서적 유대감에 몰두하면 할수록 EFT 과정자문가로서 보다 자연스럽고 효과적으로 부부에게 다가갈 수 있다는 사실을 알게 되었다. 그녀는 존슨 박사로부터 불화부부는 '서로 몹시 두려워한다'는 말을 들었다. 하지만 내담자인 타라가 남편에게 분노하며 고함치는 모습 안에서 두려움을 발견하는 것은 힘든 일이었다. 더불어 합리적이고 이성적인 필에게서 두려움을 인식하기 어려웠다. 사실 필은 에밀리에게 자신은 두려움에 대한 방어가 잘 발달되어 있다고 말했다.

에밀리는 '애착경로'에 깊이 동조하려고 애썼다. 그녀는 부부 사이에 보이는 부정적인 행동이 애착두려움과 충족받지 못한 욕구에 대한 자포자기식의 정서적 반발이며, 최선의 반응이라는 사실을 느끼려고 노력했다.

먼저, 에밀리가 애착경로에 동조하기 위해 노력할 때 마주쳤던 어려움을 당신도 일부 겪을 수 있다. 나는 당신이 애착역동의 생생한 경험을 아동과 함께하면서 탐색해 보기를 제안한다. 둘째, 나는 당신이 존슨이 애착을 EFT로 확장한 배경과 함께 사회심리학 분야의 성인의 사랑과 애착이론에 대한 다양한 연구를 토대로 당신 자신의 사랑에 대한 경험을 반영해 보기를 원한다. 셋째, 애착안정이 증가하면 위협에 대한 뇌의 반응이 변화한다는 정서신경과학 분야의 근거에 대한 당신의 내적 반응을 주목하라.

3. 아동과 성인 사이의 경험

애착이론은 비행청소년에 대한 볼비의 연구(1944)와 그의 동료들의 아동과 부모에 대한 관찰(Ainsworth & Bowlby, 1991; Ainsworth et al., 1978; Bowlby, 1973; Robertson, 1952)에서 탄생했다. 독자들도 볼비와 동료들이 관찰한 것과 유사한 경험을 많이 했을 것이 분명하다. 당신의 자녀와의 상호작용 혹은 공항, 식품점, 공원에서 부모와 걸음마를 겨우 시작한 자녀를 지켜본 기억을 떠올려 보라. 최근에 나는 붐비는 공항에서 휴대전화를 보고 있는 아빠 옆에서 유모차를 치며 행복해하는 여자아이를 보았다. 얼마 후 그 아이는 "아빠, 아빠!"라고 불렀다. 아빠는 이메일을 체크하느라 딸을 보지 못했다. 아이는 계속 항의했고 점차 목소리가 커지더니 울기 시작했다. 어린 딸은 등을 구부리고 흐느꼈지만 아빠는 여전히 그녀를 보지 못했다. 아빠는 휴대 전화를 보며 손을 뻗어 유모차를 밀었다 당겼다 하면서도 눈을 마주치거나 반응을 하지 않았다. 결국 어린 딸은 소리치며 비명을 지르듯이 울기 시작했다. 순간 아빠는 자기 휴대 전화에서 눈을 뗐다. "아이구 이런, 아빠가 미안해! 아빠를 불렀는데 대답을 못했구나!" 아빠는 안전벨트를 풀고 안아 주면서 화가 난 딸에게 반영해 주는 얼굴 표정을 지었다. "그래, 많이 슬펐구나. 아빠를 애타게 불렀지?" 아빠는 딸의 눈물을 닦으면서 볼에 뽀뽀를 했고, 아이는 마지막으로 크게 흐느껴 울었다. 아이는 아빠에게 파묻혀 아빠를 꼭 안았다. "아빠, 저기 미끄럼틀이 있어요!" 아이는 소리치며 가까이 있는 놀이기구를 가리켰다. "그래! 우리 가서 타고 놀까?" 아빠는 간절한 아이의 마음에 동조하며 말했다. 아이는 아빠의 손을 잡고 '장난감 나라'로 달려갔다. 순간적으로 고통이 사라졌고 안정애착이 이뤄졌다. 당신도 이러한 짧은 갈등이 동조와 교감으로 회복되었던 자신의 아동기 경험이나 부모, 할아버지, 할머니, 숙모, 삼촌으로서 아이와 있었던 자기 자신의 경험을 떠올려 보기 바란다. 1994년 카렌(Karen)은 그의 저서 『애착하기(Becoming Attached)』에서 사랑에 대해 다음과 같이 언급했다. "당신은 부자가 되거나 똑똑해지거나 뛰어난 재능이 있거나 유머가 필요한 것이 아니다. 그저 함께 있어 주면 된다."(p. 146) 정서적 교감이 있는지의 여부는 단절과 안정 사이에서 실로 큰 차이를 만든다.

단절 후에 적절한 회복을 경험하지 못한 아동은 쉽게 복원되지 못한다. 불안한 아동은 계속 항의하고, 반응을 얻어내지 못하며, 계속 흐느낀다. 모든 정서를 차단하고, 관심을 바랐던 사람에게 표현도 하지 않고 등을 돌리게 된다. 또한 회피적인 아동은 매우 독립적인데, 예를 들어 상점에서 엄마를 잃어버리거나 엄마가 사라졌다가 다시 나타나도 반응이 없다. 성인 애착 연구에서 사회심리학 분야의 리더인 미쿨린서와 쉐이버(Mikulincer & Shaver, 2016)는 안정과 불안정애착의 대본에서 예측 가능한 애착행동 패턴의 차이를 발견했다. 아동에게서 보이는 이러한 대본은 성인에게도 동일하게 나타난다. 안정애착의 대본은 다음과 같다. "만일 내가 위험에 처하고 고통을 겪는다면 나는 소중한 사람에게 도움을 청할 수 있다. 그러면 그들은 기꺼이 나에게 다가와서 지지할 것이고, 이로 인하여 나의 고통은 줄고 위안을 받을 것이다. 그런 다음 나는 다른 활동을 할 수 있게 된다."(Mikulincer & Shaver, 2016, p. 189) 하지만 애착체계가 안정되지 못하고 지속적으로 활성화되고 위협이 지속된다면, 두 가지 다른 불안정한 대처 반응이 나타난다. 회피(철수)형은 "위험에 처했을 때 자신의 정서를 살피지 않고, 다른 사람을 찾거나 도움을 청하지 않으며, 빠르게 자기보호적으로 반응(self-protective response)한다."(Mikulincer & Shaver, 2016, p. 190) 이들의 내재적 대본은 다음과 같다. "내가 고통을 받으면 나는 다른 활동을 하면 된다." 이들은 다른 사람을 의식하지 않고 거짓된 긍정적 자기감(pseudo-positive sense of self)을 갖는다. 이와 대조적으로 보초병(sentinel)라 불리는 불안형은 위협에 대해서 심한 경계를 보이고 위안을 받기 어렵다. 이들의 내재적 대본은 다음과 같다. "내가 고통을 겪으면 나는 당신에게 다가가고, 다가가고, 또 다가갈 것이다. 끊임없이 다가갈 것이다."

볼비의 동료이며 사회복지사인 존 로버트슨(John Robertson, 1952)이 제작한 영화 〈병원으로 간 두 살 소녀(A Two-years-old Goes to Hospital)〉에서는 아동이 부모와 이별할 때 보이는 반응을 묘사했다. 소녀는 슬픔과 실망으로부터 자신을 보호하기 위해 면회 날짜에 맞춰 찾아온 부모에 대한 행동과 반응을 점차 바꿔 간다. 2007년 하버드 대학교의 발달심리학자인 트로닉(Tronick)의 연구인 '무표정 얼굴 실험(still face experiment)'에서는 로버트슨의 영화에 등장하는 두 살 소녀가 경험한 것을 아동이 아주 짧은 순간에도 경험할 수 있다는 사실을 보여 줬다. 볼비가 1973년에 이것을 정상적인 분리고통에 따른 반응(normal separation distress response)이라고 묘사했다. 즉, 이는 연쇄적인 과정으로 분노 항의, 정신없이 매달리고 찾기, 절망과 우울, 마지막에는 분리되는 것이다.

"한 아이를 잘 키우려면 온 동네가 나서야 한다."라는 격언처럼 이론을 발전시키고 알리기 위해서는 팀이 필요하다. 하지만 볼비와 가깝게 일했던 캐나다의 심리학자 메리 아인스워스(Mary Ainsworth)는 혼자 그 일을 해냈다. 1950년대 후반부터 시작된 볼비의 업적은 안타깝게도 영국 도서관에 먼지가 쌓인 채 방치되고 있었다. 아인스워스는 애착이론을 실제 삶에 적용시켰다(Bretherton, 1992). 볼비는 애착이론의 기본 개념을 만들었고, 아인스워스는 실험적으로 애착을 검증하는 방법을 발전시켰다. 그녀는 또한 이론을 개념화하여 실제적이고 접근하기 쉽게 만들어 치료적 적용이 가능하게 했다. 아인스워스는 애착 대상은 안전기지라는 개념을 만든 장본인이며(Bowlby, 1988), 안전기지와의 유대감이 형성된(애착욕구가 충족된) 사람은 탐구체계(exploratory system)를 작동시킨다는 견해를 발전시켰다.

아인스워스의 유명한 연구인 '낯선 상황(strange situation)'에서 그녀는 가정과 실험실에서 유아와 부모를 관찰하여 안정형, 불안-양가형, 회피형이라는 세 가지 기본 상호작용 패턴을 발견했다(Ainsworth et al., 1978). 아인스워스는 안정애착형이 가장 많으며, 이들은 집에서 엄마와 매우 조화로운 관계를 맺고 있다고 했다. 실험실에서 떠났던 엄마가 다시 방으로 돌아오자 아동은 위안과 위로를 구했다. 이들은 쉽게 위로를 받고 평온을 찾았으며, 엄마를 매우 신뢰했고, 장난감 방을 탐색하기 위해서 엄마의 무릎에서 쉽게 벗어났다. 안정애착 아동이 가장 복원력이 좋았다.

불안/양가형으로 분류된 아동은 엄마가 나타나자 극도로 불안감을 표출했고, 엄마가 떠났을 때 아주 심하게 고통스러워했다. 하지만 엄마가 돌아왔을 때, 이들은 그녀의 위안을 받고 신뢰하는 것을 매우 헷갈려 하거나 꺼렸다. 회피형 아동은 분리불안을 거의 느끼지 않거나 전혀 느끼지 않았다. 볼비는 이를 가장된 성숙(erroneous impression of maturity)이라 불렀는데, 이것은 슬픔, 분노, 거절로 인한 고통에 대한 방어로서 나타나는 가짜 독립(pseudo-independence)이다(Bowlby, 1988; Bretherton, 1992). 이러한 기본 패턴은 성인 사랑의 관계에서도 나타난다.

아동–부모 애착과 성인의 애착 과정의 유사성은 2016년에 존슨과 트로닉이 만든 〈러브 센스: 유아에서 성인까지(Love Sense: From Infant to Adult)〉라는 유튜브 영상에서 볼 수 있다. 이전의 어떤 것보다도 분명하게 묘사된 11분짜리 영상에서는 유아와 부모 사이에서 보이는 정서적인 춤을 연인 사이에서도 볼 수 있다. 춤에서 보이는 움직임은 다음과 같이 묘사되어 있다.

- 애착 파트너는 자연스럽게 유대감을 향해서 나아간다.
- 파트너의 반응이 없을 때, 다음 반응은 항의와 밀어붙이기다.
- 계속 반응이 없으면 다음 움직임으로 뒤돌아서서 거절에 대한 고통으로부터 자신을 보호하기 위해 입을 닫는다.
- 다음은 정서가 끓어올라서 분노와 절망이 찾아온다.
- 마지막으로, 안정적인 관계로 파트너는 재결합된다.

4. 성인기 애착경험

임상심리학자인 존슨이 정서중심 부부치료의 임상 영역을 애착이론과 통합하던 시기에 사회심리학(social psychology) 분야에서는 성인 애착에 관련된 연구가 활발하게 이루어졌다. 애착관계 형성에 관한 볼비와 아인스워스의 이론에 따라 하잔과 쉐이버(Hazan & Shaver, 1987)는 아인스워스의 애착관계 유형 분류를 성인의 사랑관계에 적용했다. 그들의 첫 연구는 덴버의 지역신문이었던 『로키 마운틴 뉴스(Rocky Mountain

News)』에 실린 '사랑 퀴즈(Love Quiz)'로부터 시작됐다. 원래의 질문들은 아인스워스가 어머니와 아이 간의 연구에서 파악했던 세 가지 애착 유형을 토대로 한 것이었다. 후에 이 질문지는 바톨로뮤(Bartholomew, 1990)가 공포/회피형 애착(fearful avoidance: 불안한 추적과 회피적인 위축 사이를 차례로 오가는 것)에 해당하는 네 번째 애착 전략을 포함시키면서 확장됐다. 본래 세 가지 성인 애착 유형에 관한 기술(Hazan & Shaver, 1987)—안정, 회피 그리고 불안—과 바톨로뮤가 네 번째 애착 유형인 공포/회피형 애착을 덧붙인 관계 유형 질문지(Relationship Style Questionnaire: RSQ)는 미쿨린서와 쉐이버(Mikulincer & Shaver, 2016)의 저서를 통해 모두 확인할 수 있다.

볼비와 아인스워스의 원저 이래로, 성인 애착에 관한 연구는 '20세기와 21세기의 일련의 심리학 연구 중에서 가장 광범위하고 가장 심오하며 가장 창의적인 연구' 중 하나로 급성장했다(Cassidy & Shaver, 2016, p. x). 성인의 사랑에 있어서 경험적으로 입증된 이 이론(Simpson & Rholes, 2015)은 낭만적 관계의 난관과 회복에서 핵심인 정서와 역동에 대해 설명하면서 의존을 비병리적으로 보도록 확장했다. 애착을 '타고난 조절 시스템'으로 보는 관점(Mikulincer & Shaver, 2016, p. 26)은 치료사들에게 임상적으로 도움이 된다. 이는 정상적인 두려움과 관계 욕구에 대처할 때 쓰는 기본적으로 불안정한 전략들을 이해하도록 지평을 넓혀 준다. 이는 치료사들로 하여금 애착두려움에 대해 더 정확하게 공감하고 부부의 난관을 효율적으로 재구성해서 만족스럽고 안정적인 결합을 이끌어 내도록 한다.

정서중심치료에 있어서 애착이론의 영향에 대해 생각해 보자. 존슨은 애착이론을 활용하여 본래 경험적으로 입증되었던 EFT 모델(Johnson & Greenberg, 1985, 1988)을 이론적이고 실용적으로 확장하여 창의적으로 발전시켰다. 이렇게 하여 모든 EFT의 관점은 성인 사랑에 관한 이론으로서 애착이론의 중심에 위치하게 되었다.

존슨과 그린버그가 타라와 카일의 비디오를 보면서 부부를 대상으로 한 EFT를 진행하는 과정을 상상해 보자. 그들은 타라가 카일이 운동과 게임에 신경 쓰는 것만큼 그녀에게 신경 쓰지 못하는 데 오롯이 문제가 있다며 화가 나서 설명하는 것을 볼 것이다. 그들은 또 카일이 회기가 끝났는지 시계를 보고 또 보면서 화가 난 채로 한숨을 쉬는 것을 볼 것이다. 여기서 존슨과 그린버그는 치료사가 각 파트너의 경험을 공감적으로 이해하게 되면, 부부의 안전기지를 만들어 주어서 부부가 각각 감정적이고 대립하던 입장을 안전하게 탐색할 수 있게 되는 것을 볼 수 있었다. 그들은 남편이 침묵을 지킬 때 타라가 화가 나서 하는 반응을 치료사가 인정해 주는 것이 타라를 충분히 진정시켜 준다는 것을 깨달았다. 이는 다시 타라가 자신이 신뢰를 잃어버렸다는 이야기에 대해 카일이 느끼는 공포를 치료사가 인정해 주는 데 귀 기울일 수 있게끔 도와줬다.

또 타라가 불평과 절망으로 비판하고 따지는 것이 심해질 때면 카일이 포기하고 한숨을 쉬면서 '나를 나무라는 것'을 멈춰 달라고 더 간청하는 반복되는 역동을 볼 수 있었다. 그리고 타라가 계속 심해지는 것을 카일이 막으려 하면 할수록 타라가 점점 더 소리를 높이고 예민해져서 카일이 실망시켰던 것들에 대해 점점 더 많은 예시를 드는 상황을 보게 되었다. 그들은 각각의 파트너에게 일어나고 있는 상황에 치료사가 정서적으로 계속 개입할 때 비로소 변화가 시작되는 것을 깨달았다. 존슨과 그린버그는 부부치료 회기를 녹화한 비디오를 관찰하면서 난관을 겪던 부부가 어떻게 만족스러운 관계로 완전히 바뀌는지 상세하게 기록할 수 있었다.

관계를 애착결합의 일종으로 보는 존슨의 관점은 반복되는 애착 주제를 조명하게끔 도와줬다. 그녀는 갈등 해결 전략을 필요로 하는 계약관계를 보는 대신 거절, 분리, 상실에 관한 귀속과 두려움에 대해 듣게 되었다. 치료사인 그녀는 카일의 침묵을 더 이상 그가 그녀에게 신경 쓰지 않는 것이라고 이해하는 타라에게 귀 기울였다. 카일이 회기가 끝날 때까지 보여 줬던 좌절과 초조함은 어떻게 그가 타라를 실망시켰는지와 더불어 나아가 그녀가 그에 대한 신뢰를 잃어버렸다는 것을 그가 얼마나 듣기 힘들어하는지 보여 주는 것이었다. 존슨은 애착시각을 통해 카일이 반응하지 않을 때 그가 그녀를 버릴지도 모른다고 생각하는 타라의 고통을 보았다. 또 카일이 침묵하면서 타라가 말하지 못하게 하려고 노력하는 모습은 그에게 가장 두려운 애착 메시지인 '자신이 그녀를 실망시키기 때문에 그녀가 거절한다'를 듣지 않으려는 것이었다.

5. 애착안정감이 뇌를 변화시킨다

정서신경과학 분야의 발견들은 정서중심 부부치료를 지지하고, 안정적인 결합이 효율적으로 정서를 조율하며 건강을 촉진시킨다는 것을 검증해 준다. 정서적인 스트레스와 위협을 협응시켜 조절하는 데 있어 관계가 가지는 자연적인 힘은 fMRI를 활용한, 고통을 받을 때 손을 잡는 것이 가지는 효과 연구(fMRI handholding studies; Coan et al., 2006)에 의해서 입증되었다. 이 연구에서 fMRI를 통해 관찰된 피험자들의 발목에 간헐적인 전기 충격을 가하는 환경에서의 기저치와 충격 당시의 신피질의 활성화는 각각 사랑하는 사람과 손을 잡고 있을 때에는 현저하게 감소하는 것을 볼 수 있었다. 피험자들은 그들이 홀로 fMRI 기계 안에 남겨져 있을 때 보고했던 통증의 정도와 비교했을 때, 안정적인 애착 대상과 손을 잡고 있을 때에는 전기 충격에 대한 통증이 단지 '불편한' 정도라고 보고했다.

EFT 부부치료를 받은 전후로 여성 파트너에게서 통증에 대한 위협 신경 반응을 fMRI로 살펴본 연구 결과 역시 인상적이다. EFT 부부치료를 받은 이후로 여성 파트너의 통증 위협에 대한 신경 반응이 그전에 비하여 유의하게 감소했다. EFT는 안정감 있는 애착결합이 형성되도록 촉진함으로써 개인이 의식적으로 자가조절하는 것에 비해 훨씬 빨리 정서를 협응하여 조절하게 도와주어 위협에 대한 뇌의 신경 반응을 변화시킬 수 있다. fMRI 연구는 EFT가 관계 만족감을 만드는 것뿐 아니라 나아가 애착결합을 강화하고 뇌를 변화시킨다는 것을 보여 줬다(Burgess Moser et al., 2015; Johnson et al., 2013; Wiebe et al., 2017).

임상가는 안정감 있는 결합이 정신적·정서적·신체적 건강과 치유에 가지는 긍정적인 효과에 대한 연구(Hawkley et al., 2006)와 관계 안팎으로 위협에 대한 반응을 줄여 주는 애착안정감에 대한 연구(Coan et al., 2006; Johnson, 2013)에서 도움을 받을 수 있다.

6. 사랑과 결합에 관한 법칙

애착이론의 기본적인 교리인 사랑과 결합에 관한 법칙([그림 3-1] 참조)은 어떻게 애착결합이 서로에게 의미 있는 영향을 끼칠 수 있는 거대한 잠재력을 지닌 관계가 되는지에 대해 보여 준다. 우리가 개개인의 관계 분석에 있어서 애착이 가지는 의미를 이해하게 될 때, 모든 행동—심지어 괴이해 보이는 것조차도—이 타당하다고 받아들여질 수 있다. 남편의 단점에 대해 끊임없이 비판하는 타라와 극히 대조적인, 한숨을 쉬고

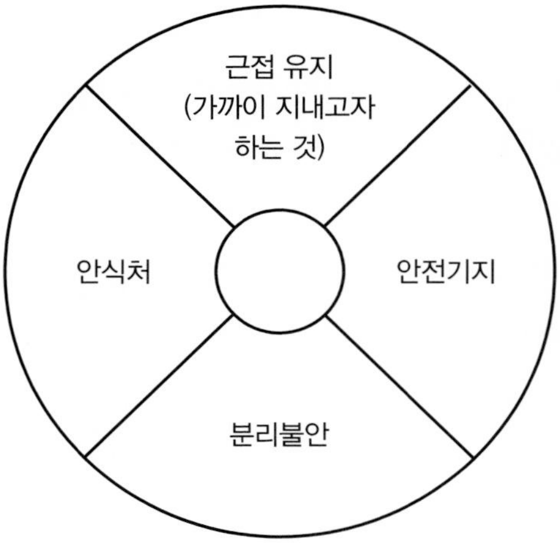

[그림 3-1] 사랑과 결합에 대한 기본적인 법칙

내부의 원은 자기를 나타내고, 외부의 원은 관계를 나타낸다. 볼비는 내부와 외부의 고리가 서로에게 영향을 준다고 이야기했다. 애착체계에 있어서 두 가지 기본적인 행동학적 측면을 위아래로 살펴보면 다음과 같다. 애착 대상에게 다가가려는 것과 분리되고 연결고리를 잃는 것에 저항하는 것으로 볼 수 있다. 애착체계의 두 가지 기초적인 양 요소는 각각 '안전한 안식처에서의 위안'과 '탐색할 수 있게 힘이 되어 주는 안전기지'다.

좌절해서 두손을 번쩍 들고 단념하는 카일의 모습은 초기 부부치료 회기의 흔한 장면이다. 반응을 얻고자 한 파트너가 더 소리 높여, 더 정신없이 달려들수록 다른 한쪽은 점점 더 조용하고 좌절하게 된다. 한쪽 배우자가 다른 배우자의 이러한 반응을 야기하는 정도는 불안정할지라도 애착관계가 있다는 것을 의미한다. 만약 그들 간의 애착이 전혀 남아 있지 않다면, 그들은 서로 최소한의 영향력을 가지고 서로의 반응을 끌어낼 수 있는 힘이 거의 없을 것이다. 서로에게 중요하지 않다면, 사람들은 상대를 변화시키기 위해 불평하고 떠미는 에너지를 쓰지 않는다. 또 그들로 인해서 상대방이 실망했다고 듣는 것으로 좌절하고 절망하는 것을 경험하지도 않는다. 애착이론은 다음과 같은 여덟 가지 원칙으로 요약될 수 있다.

1) 인간은 선천적으로 인연을 맺고 의존하게끔 되어 있다

애착이론에 따르면, 의존은 인간의 조건 중 필수적인 부분이다(Feeney et al., 2015). 볼비는 전 생애에 걸쳐 나타나는 인간의 원초적 욕구는 그들이 의지할 수 있는 한두 명의 타인과 상호 안전감(relational safety)과 안정감(relational security)을 느끼는 것이라고 주장했다. 애착이 신뢰하는 타인과 연대를 유지하고자 하는 포유류의 선천적 욕구라는 설득력 있는 설은 케냐 해안에 닥친 쓰나미 이후에 고아가 되었던 아기 하마의 감동적인 이야기에서도 볼 수 있다. 하마는 100세가 된 수컷 거북을 그의 '엄마'로 생각했는데, 이 믿기지 않는 쌍은 서로 강력한 애착을 형성하고, 함께 먹고, 함께 수영하고, 함께 자며, 서로에게 바싹 붙어 지내곤 했다(Hatkoff et al., 2007). 안정적인 연대로 정의될 수 있는 사랑은 아주 오래된 생존 코드로서 '관계가 위협받고 끊어지고 잃기 전까지는 오롯이 알아차리기 힘든 정서적 유대'에 대한 필요를 말한다(Shaver & Mikulincer, 2014, p. 285).

2) 안정적인 애착은 안전한 안식처/안전기지를 제공한다

아이들과 마찬가지로 어른들도 세상을 독립적으로 탐색할 수 있게 하는 도약판 역할을 해 줄 안전기지와 생의 상처들을 마주할 때 돌아와서 위로받을 수 있는 안전한 안식처 모두를 필요로 한다. 안전기지에서 타인에게 받는 지지와 안전한 안식처에서 편안함을 경험하는 것은 자신감과 회복 탄력성, 창의력을 길러 준다. 이는 어떤 여성이 했던 "나는 우리가 서로 연결되어 있는 것을 느껴요. 내 생명줄이 항상 그곳에 있고 힘이 솟는 것을 느낄 수 있어요! 나는 우리가 수천 킬로미터를 떨어져 있을 때에도 그의 품에서 안전함을 느낄 수 있어요."라는 말에서 잘 표현된다.

안정적인 의존은 자율성을 북돋운다. 당신이 서로 더 연결되어 있을수록, 당신은 더 독립적일 수 있고 더 자율적일 수 있다. "볼비는 과도한 의존이나 진정한 독립과 같은 것은 없으며, 단지 효율적이거나 비효율적인 의존만이 있을 뿐이라고 이야기했다." (Johnson, 2003, p. 105) 애착이론의 정수는 연결, '안전한 안식처와 안전기지로 느껴지는 사랑하는 사람이 두려움과 불확실함의 충격을 조율해 주는 것'에 있다(Johnson, 2015, p. 100).

3) 정서가 애착의 중심에 있다

정서는 안정적인 관계와 불안정한 관계 모두의 중심에 있다. 파트너들이 안전하고 안정적이라고 느낄 때 정서는 잘 조절되고, 모두 기쁨과 안정감, 호기심, 열정을 경험하게 된다(Johnson, 2016b). 하지만 파트너들이 거리감을 느끼고 불확실하다는 느낌 속에서 살아가게 될 때는 정서가 전혀 조절되지 못하고, 분노와 슬픔, 갈망, 부끄러움, 두려움이 혼란스럽게 뒤엉켜서 유대를 해치게 된다. 체계이론과 마찬가지로, 정서는 자기와 체계 사이를 연결하는 것으로 여겨져서 상호작용의 부정적 고리를 만드는 데 우선적으로 기여하는 요소일 수 있다. 이는 곧 역으로, 긍정적 결합의 고리를 만들어 낼 수 있게끔 재구성될 수도 있다.

4) 정서적 고립은 상처가 될 수 있다

애착 대상을 잃는 것은 본질적으로 트라우마의 경험이 될 수 있다. 모든 행동과 지각이 두려움을 촉진하기 때문에 두려움과 안전하지 못하다는 느낌이 확산된다. 어떤 것도 이러한 공황 상태로부터 유예시키거나 빠져나오는 데 도움이 되지 않는다. 분리불안의 예측 가능한 패턴, 즉 다가가고 쫓고 매달리는 것, 분노에 찬 항거, 우울함-절망, 격리되는 것(Bowlby, 1973; Johnson, 2003)으로 나타나는 투쟁하거나 도망가거나 혹은 트라우마로 얼어붙는 반응들이 뒤따를 수 있다.

상처받은 한 파트너가 안전한 기지와 안정적인 안식처를 분명히 갈구하면서 소리친다. "문제는 다툼이 아니에요. 나는 의견이 서로 다른 것은 대처할 수 있어요. 내가 필요할 때 당신을 찾을 수만 있다면요. 이 관계에 있어서 나는 혼자예요." 정서는 안정적인 연결과 관계의 불안정 모두에서 중심 요소다. 가깝다는 느낌과 연결된 느낌은 뇌에서 안전하다는 신호로 코딩된다. 파트너들은 상대방의 목소리를 듣거나 얼굴을 본다는 생각만으로도 전신이 이완되는 느낌을 가진다고 이야기한다. 반대로, 감정적으로 떨어져 있고 애착 대상과 거리를 두고 있다는 징후들은 위험 신호를 뜻한다. 상대방의 냉담한 표정, 못마땅하다는 모습은 다른 상대방으로 하여금 마비, 고통, 분노를 촉진할 수 있다. 극심한 매달림(pursuit)과 회피적 위축(avoidant withdrawal)은 위험 신호가 포착됐을 때 전형적으로 나타나는 반응이다.

정서조절과 트라우마에 관한 이론으로서 애착이론은 EFT 치료사에게 트라우마 반응으로서뿐만 아니라 관계로부터 오는 스트레스에서 동반된 우울과 불안을 정서조절의 어려움으로 이해하게끔 해 주는 시각을 제공한다(Johnson, 2002, 2003). 애착 대상의 정서적 반응이 부족할 때는 고립으로 이어지게 된다. 이것은 정말 트라우마적 경험이다.

5) 정서적 참여가 애착의 안정성을 보장한다

존슨(Johnson, 2008)은 안정적인 애착결합의 핵심 요소를 모두 포함하고 있는, 간단한 약어로 ARE를 제안했다. 누군가가 의미 있는 상대방에게 지지와 위안을 얻고자 다가갈 때, 정서 반응을 바라는 애착욕구는 "나를 위해 당신이 거기 있나요?"라는 뜻을 가지는 "내가 당신을 필요로 할 때 당신은 거기 있어 줄 건가요?" 혹은 "내가 당신에게 기대도 될까요?"라는 핵심 질문으로 응축될 수 있다.

'A'는 "당신은 다가갈 수 있고(accessible), 응해 줄 수 있는(available) 가까운 곳에 있나요?"를 뜻한다. 어떤 청년이 솔직하게 그가 온라인 도박에 빠져 있고 컴퓨터에 하염없이 시간을 쓴다고 말한 적이 있다. 그의 아내는 외롭다고 호소하며 "그를 절대 찾을 수 없어요."라고 말했다. "나는 당신이 무슨 소리를 하는지 모르겠어."라고 그가 말하면서 "저녁 내내 당신이 다음 날 수업을 준비하는 동안에 당신 옆에 앉아 있었는데 말이야."라고 말했다. 그가 같은 방에 있었다 하더라도, 그는 그의 파트너에게 다가갈 수 없는 존재였다. 그는 찾을 수 없는 존재였다.

'R'은 "내가 부를 때 당신은 내게 반응(respond)해 줄 수 있나요?"를 뜻한다. 성공적인 형사 전문 변호사가 역시 성공적인 변호사인 파트너와 늘상 소리 지르면서 고조되는 다툼을 할 때였다. 싸우는 도중, 그는 비로소 그들이 '열띤 다툼'을 할 때 얼마나 자신이 상대방에게 접근 불가능하고 반응이 없는 사람이었는지 깨닫게 되었다. 그는 이에 대해서 "당신이 내가 말하는 게 뭔지 알고 있으면, 내가 말하기 싫은 게 아니라는 거야. 내가 정말 화가 나면 점점 분위기가 고조되고, 심지어 내가 계속 이야기하는 중인데도 듣는 것을 멈추게 된다는 거야. 나는 실제로는 이 상황에 참여하고 있지 않은 거지. 나는 말을 하지 않고 그냥 화가 나 있는 거야."라고 이야기했다. 이것이 바로 무반응적인 상황의 예시다. 그의 파트너를 상대로 그가 소리 지르고 있음에도 불구하고, 상대방이 표현하고 있을지 모르는 무언가에 대해서 그가 전혀 반응하지 않고 있다는 것을 알고 있는 것이다.

'E'는 정서적 교감(emotional engagement)을 뜻한다. "내가 당신의 부름에 답할 때, 당신은 정서적으로 내게 교감할 건가요?" 접근 가능한 것과 반응하는 것이 정서적 교감의 한 부분을 이루기 때문에 이 세 가지 요소가 어떻게 밀접하게 관련을 맺고 있는지는 벌써 선명해졌다. 한 파트너가 이야기한다. "내가 당신에게 어머니를 잃을까 봐 걱정하는 것에 대해 이야기할 때, 나는 당신 눈에서 연민을 보고 표정에서 부드러움을 읽을 수 있어요. 당신이 내게 조금 더 가까이 다가올 때면 나는 당신이 전적으로 나와 함께 있다는 것을 느끼고 내 고통을 느끼고 있다는 것을 알게 되죠. 그 가운데 나는 내가 이 역경을 헤쳐 나갈 수 있다는 것을 느껴요." 이것은 정서적 교감이다. 이것은 일종의 정서적 접근성, 반응과 교감으로서 결합을 단단하게 해 주고, 위로를 얻을 수 있는 안식처를 제공한다. 또 인생의 가장 어려운 도전들을 회복력을 지닌 채 마주할 수 있게끔 지지하는 안전기지가 되어 주는 것이다.

접근성, 반응성과 정서적 교감은 애착 파트너 간의 회복 탄력성과 지속적인 결합을 이끌어 낸다. 상대방이 대응해 주는 것을 반복해서 경험하면서 자신감을 가지게 된 사람은 강렬한 불안과 두려움을 느낄 가능성이 더 적거나 혹은 정서를 조절하기 위해서 관계로부터 도망칠 가능성이 더 적다.

6) 내적 작동 모델을 통한 인간의 기능

볼비(Bowlby, 1973)는 내적 작동 모델의 효과에 대하여 기술한 바 있다. 그는 안전하고 안정적인 연결이 긍정적인 내재적 작업 모델을 촉진해서 다른 사람들에게는 믿음직하고 신뢰할 수 있게 느껴지고, 스스로에게는 사랑스럽고 사랑받을 만한 가치가 있는 것으로 경험하게 된다고 이야기했다. 반면, 불안정한 연결은 부정적인 작업 모델을 촉진해서 다른 사람들로 하여금 대상을 못 미덥거나 혹은 상처를 주는 사람이라고 느끼게 하고, 스스로에게는 불쾌하고 무가치하게 느껴지게 만든다. 부정적인 모델은 성장을 제한하여 파트너들이 정서를 조율하는 데 있어서 관습적인 방식에 고착되게 하며, 다른 의미 있는 사람들을 찾아 매달리고 반응하게 만든다.

자신과 타인의 요구에 대해 내재된 작업 모델은 영원한 것으로 간주되어서는 안 된다. 이것들은 생에 걸쳐 수정될 수 있다(Bowlby, 1973, 1988). 정신치료와 특정 관계를 통한 새로운 경험들로 애착 기원과 내적 작동 모델의 변화가 일어나는 것에 대해서 점점 더 많은 문헌이 발표되고 있다(Gillath et al., 2008; Johnson et al., 2015). 또한 현재 겪고 있는 상호작용이 작업 모델을 수정할 수도 있다(Feeney et al., 2015). EFT에 있어서 변화 과정은 더욱 강력한 애착결합을 촉진하고 관계 특이적인 애착의 변화를 가져온다(Burgess Moser et al., 2015; Johnson, 2003).

7) 참여와 결합을 위한 전략

지지와 위안을 필요로 하는 애착 대상과 관계를 맺는 데는 몇 가지 전략이 필요하다. 애착 전략에서 혹은 관계를 맺기 위해서 가장 우선하는 것은 안정적인 관계에서도 역시 두드러진 요소로, 바로 위협 혹은 스트레스를 경험할 때 지지를 얻기 위해 도움을 구하는/물어보는 것이다. 여기에는 반응이 따라올 것이라는 확신이 포함된다. 하지만 한쪽이 지지를 위한 요청에 긍정적인 반응이 올 것 같지 않다는 평가를 내릴 때에는 의식적이든 무의식적이든 간에 관계를 맺는 기본적인 두 가지 설정 중 한 가지를 선택하게 된다. 이렇듯 불안과 회피의 차원에서 형성된 이차적인 전략들은 다음과 같다.

(1) 불안 전략

반응을 얻고자 절박하고, 요구적이며, 지속적인 시도를 점점 더 많이, 과하게 하는 방식이다. "당신은 어디 있는 거예요, 당신 어디 있어요?" 이 전략에서 불안은 고조된다. 이것은 불안 애착 전략이라고 불리고, 초기에 아인스워스에 의해 불안/몰두형으로 불렸다. 이 경우, 개인은 상실의 위협을 느끼거나 혹은 상대방에게 다가갈 수 없다는 것을 직면하고는(물리적으로는 존재하지만 정서적으로는 부재한 상대방) 쫓고, 매달리고, 반응을 요구하며, 단 하나의 반응이라도 얻기 위해서 끈질기게 집착하게 된다. 어떤 반응도 오지 않으면, 이러한 항거는 눈물로 악화되고 낙담으로 이어져서 결과적으로는 돌아서서 포기하기에 이른다.

(2) 배척 회피 전략

거리를 두고, 마비시키고, 차단하고, 가짜 의존(pseudo-dependence)을 전달하면서 모든 애착욕구와 감정을 불활성화하는 것이다. 이러한 전략에서는 회피와 억제가 높아진다. 사람들은 반응이나 연결을 좇기 전에 이들에 대한 바람을 불식시키고 상대방과 관계를 맺고자 하는 시도를 더 이상 하지 않는다. 이는 강하고 독립적이며 이성적으로 행동하는 가장 흔한 자기방어형이다. 예를 들어, "나는 그냥 이대로 편안해요. 나는 누구도 필요 없어요."와 같은 것이다. 이런 전략은 스스로에 대해 가짜로 긍정적인 느낌을 가지게 하고 다른 사람에게 기대는 것에 대해 무시하게 만든다. 실제로, 이런 전략을 기본으로 사용하는 사람은 가깝다는 것이 감정적인 고통과 관련된다고 경험했기 때문에 스트레스를 받을 때 오히려 가까운 사람을 피함으로써 더 안전하다고 느낀다. 이러한 사람들에게 가까움과 연결은 확실히 위협적이다. 이들은 스스로에 대한 느낌을 파괴하도록 위협한다. 더욱 개방적이도록, 더욱 가까워지도록, 더욱 감정적으로 표현하도록 상대방으로부터 요구받는 것은 성격을 바꾸기를 요구받는 것과 같은 위협일 수 있다.

(3) 공포 회피 전략

세 번째로 흔한 불안정한 애착 전략은 두 가지 애착 전략이 차례로 뒤엉켜서 나타나는 것이다. "이리로 와, 이리로 와. 저리 가!" "나는 당신 없이는 두렵고 당신의 지지를 원해. 그렇지만 난 당신이 두려워!" 이렇게 모순된 전략 속에서 불안과 회피는 모두 고조된다. 이것은 트라우마 생존자들에게서 흔히 보이는데, 이들은 애착 대상을 신뢰할 수 없는 채로 함께했거나 예측 불가능하고 무관심하게 경험했거나 혹은 상처로 겪은 사람들이다(Johnson, 2003; Mikulincer & Shaver, 2016). 이러한 애착 생존 전략은 그런 종류의 유대로 인해 발생한 상처에 대처할 수 있게 진화한다. 이것은 성인 애착 관련 문헌에서는 공포 회피라고 불리고, 아동 애착 관련 문헌에서는 와해된 애착이라고 불린다.

이전에 기술된 애착 대본(Mikulincer & Shaver, 2016)과 〈표 3-1〉에 주어진 불안정한 전략에 대한 각각의 비유는 전략 간의 차이점을 강조하고, EFT 치료사로 하여금 각 전략을 체감하고 이해해서 각 파트너가 스트레스 상황에서 어떤 전략을 쓰는 경향이 있는지 알아차릴 수 있도록 도와준다. 2단계에서 그들은 다가가고 반응하는 안정적인 전략을 구사하게 될 것이고, 나아가 애착안정감의 고리를 확장하고 만들게 되어(Mikulincer & Shaver, 2016) 부정적인 패턴을 치환할 수 있을 것이다.

표 3-1 애착 전략에 대한 비유

- **불안형 추적자(anxious pursuer): 애착공포와 욕구를 과활성화하는 것**
  깊은 호수에서 당신이 수영하고 있는데, 하늘은 점점 어두워지고, 당신은 호숫가로부터 멀리 떨어져서 호숫가까지 다시 돌아가기에는 충분한 힘이 없다는 것을 깨닫는 상황을 상상해 보자. 모터보트가 당신 옆을 지나가자 당신은 탈 수 있을 것이라는 기대를 가지고 소리를 지른다. 배는 당신을 지나치고 다시 돌아온다. 다시 한 번 당신이 소리를 질렀지만 그 배는 또 지나친다. 당신은 배의 운전자가 당신의 소리를 들었는지 알 수 없다. 그 배는 수없이 많이 당신 주위를 맴돌고, 당신은 매번 소리를 지른다. 그 배는 매우 가까이 다가오지만, 운전자는 매번 당신을 무시하고 옆을 지나친다. 당신은 누군가 너무나 가까운데 다가갈 수 없는 이 상황으로 인해 점점 더 공황에 빠지고 절망적이 되어서 차가운 물속에서 죽게 될까 두려워진다. 당신은 그 배의 운전자가 당신을 봤지만 당신이 죽음에 임박했다는 것을 신경 쓰지 않는 것은 아닐까 하는 의심에 화가 난다(V. Kallos-Lily의 비유; 개인적 의사소통, 2012).

- **회피형 위축자(avoidant withdrawer): 애착공포와 욕구를 불활성화하는 것**
  당신이 지뢰가 묻혀 있다고 알고 있는 축구장 두 배 길이의 땅을 지나고 있다고 상상해 보자. 이 땅 반대편 멀리에 당신이 사랑하는 사람이 보이지만, 당신은 이 땅을 지나는 데 위험을 느낄 수 있다. 주의 깊게 조심조심 당신은 어디에 지뢰가 묻혀 있을지 징후를 느끼기를 간절하게 바라면서 밟아 나가기 시작한다. '꽝!!' 지뢰 하나가 터졌을 때 당신은 가까스로 다치지 않았다. 가슴이 마구 뛴다. 살아남기 위해 집중하고자 노력하면서 심연의 공포를 억누르고 당신은 무신경한 듯, 구애받지 않는 듯, 계속 나아간다. 몇 번 더 폭발이 일어났지만 당신은 아슬아슬하게 또 다치지 않았다. 길을 따라 난 여정이 극도로 위험해 보여서 당신은 문득 그럴 만한 가치가 있는지 의문을 가진다. 혹은 이로 인해 당신이 망가지는 것은 아닌지 의문을 가진다. 당신은 홀로 한쪽 끝에 머무르는 것이 훨씬 안전할 것이라는 것을 알고 있다(G. Faller의 비유; 개인적 의사소통, 2012).

- **공포 회피(fearful avoidance): 가까워지는 것을 추구하는 동시에 두려워하는 것**
  당신이 홀로 낯선 도시의 어두운 거리 위에 버려져 있고 어떻게 헤어지게 된지 모르는 여행 동반자를 제외하고는 아무도 모르는 곳에 있다고 상상해 보자. 당신은 현지 언어를 할 줄도 모르고, 휴대 전화는 전원이 나갔다. 당신의 동반자를 찾아서 도로를 몇 번 오르락내리락 헤매면서 점차 불안해지기 시작했다. 갑자기 당신 앞에 익숙한 재킷이 보여서 안도의 한숨을 쉬면서 불러 봤다. 그가 돌아보자 당신은 그가 당신의 동반자가 아님을 알아차렸고, 위협적인 표정의 그는 무기를 가지고 있다. 당신은 바로 돌아서서 골목을 쭉 따라 달려 내려왔고, 가슴은 뛰고 있으며, 손바닥에는 땀이 흥건하다. 계속 가다가 이번에는 당신의 동반자가 쓰고 있었던 익숙한 모자를 보고는 숨을 고른 뒤 희망에 차서 절박한 목소리로 그를 불렀다. 그 사람이 당신을 향해 돌아서는 순간, 당신은 그 사람이 동반자가 아니라 죽음의 신이라는 것을 알아차리고 다시 돌아서서 이번에는 가까스로 멈출 때까지 몇 블록을 뛰어갔다. 몇 번 반복되면서 당신이 의지하고 싶어 하는 사람은 위협과 죽음의 얼굴이 되어 나타난다!
  존슨은 이러한 두려움에 찬 회피애착 전략을 다음과 같이 비유했다. "이리 온, 저리 가!" 동시에 두 종류의 음악에 맞춰 춤을 추려고 노력하는 것은 분노로 폭발하는 동시에 두려움에 마비되는 것이다. 누군가를 필요로 한다는 전반적인 느낌은 있지만 동시에 아무도 믿지 못한다.

8) 애착은 보살핌과 성생활을 통합한다

성인기 애착이론은 보살핌과 애착욕구 및 성생활을 통합한다(Shaver & Mikulincer, 2006). 성인기의 애착 유대관계에서는 보살핌과 성생활이 관계의 서로 다른 시기에 진전되지만 보살핌과 성관계를 이루고자 하는 모든 표현은 개개인의 전형적인 애착 전략에 의해 상당히 영향을 받아 이뤄진다(Johnson & Zuccarini, 2010). 존슨(Johnson, 2008, 2016a)은 회피와 불안이 어떻게 성생활을 위로형 섹스(위안을 찾기 위하여 불안한 채 추적하는 것) 혹은 봉합형 섹스(행위 자체에 초점을 맞추어 정서적으로 회피하는 것)로 이끌고 결국 문제가 되는지 설명했다. 그녀의 주장은 고조된 열정과 성적인 만족감을 유지하기 위해서는 새로운 것과 스릴이 필요하다는 대중적인 견해와는 차이가 있었다. 반대로, 그녀는 애착적인 안정감이야말로 가장 강력한 최음제로서 동기화된 성생활이라고 부르는 상태로 이끌어 준다고 주장했다. 성적인 반응과 성적인 관계의 질은 서로에게 상호 보완적인 영향을 가진다. 관계의 안정감은 성기능에 긍정적인 영향을 끼쳐서 열정을 높이고, 최적의 성적인 만족감은 관계의 질을 고조시킨다. EFT는 사랑의 애착적 관점이라는 맥락에서 성기능을 보는 모델을 제시해서(Johnson & Zuccarini, 2010, 2011) 파트너 간의 성적인 반응들을 명쾌하게 토론하는 동시에 동일한 기와 단계를 따라가면서 성치료를 부부치료에서 뗄 수 없는 한 부분으로 통합했다.

요약하자면, 인간의 사랑과 결합에 관한 여덟 가지 법칙은 EFT 치료사에게 커플치료를 이끄는 데 있어 자애롭고 과학적인 체계를 제공해 준다. 애착행동들은 그것들이 분명하고, 적절하며, 위로와 연결을 향한 안정적인 다가감이든, 불안한 추적과 회피하는 거리 두기(avoidant distancing) 혹은 좇아가고 밀어내는 것을 혼란스럽게 합쳐 놓은 불안정한 행동들이든 간에 모두 소중한 상대방과 안전하게 관계를 맺기 위하여 내담자들이 방법을 찾는 최선의 시도라 볼 수 있다. 초보 치료사가 무리한 요구들이 관계를 맺기 위한 전략이라는 것을 알아차리는 것은 어려울 것이다. 철수하고 방어로써 다시 반격하는 것이 관계를 맺기 위한 전략이라는 것을 이해하는 것은 아마도 치료사에게 더욱더 어려운 일일 것이다. 애착체계를 가지고 밀착해서 귀를 기울이며 그들의 독특한 애착 드라마를 밝히고자 커플에게 다가가는 것만이 치료사로 하여금 비로소 안정적인 결합을 만들기 위한 비효율적인 시도로서 멍하니 있고 가혹하게 따지는 것들이 모두 관계를 맺고자 하는 전략이었음을 깊이 이해하게끔 도와준다.

7. 지침으로서 애착이론을 내재화하기의 장애물

치료사가 커플치료를 함에 있어서 안내해 주는 패러다임으로서 애착이론의 내재화를 가로막는 장애물에는 여러 가지 요소가 있다. EFT에서 신참인 치료사는 고조되고 갑자기 막을 내리는 식으로 전개되는 커플들의 드라마를 애착의 관점으로 지속적으로 보는 것을 도전적이라고 느낄 수 있다. 그 도전은 치료사 자신의 감정이 일어날 때면 더욱 복잡해진다. 도전들은 검증되지 않은 이론적 관점뿐 아니라 개인적인 경험으로 다가올 수도 있다. 나는 먼저 치료사가 애착 성향을 적용하는 것을 가로막는 이론적인 관점들에 대해서 살펴보고, 두 번째로 애착이론의 체감을 내재화하는 것(Gendlin, 1981)을 가로막는 개인적인 경험에 대해서 다루려 한다. 개인의 암묵적인 이론적 성향을 명료화하는 것과 개인적인 감정의 영향을 확인하는 것은 한 개인의 변화하고자 하는 능력을 향상시키며, 애착 관점을 강화하고자 하는 능력을 향상시킨다.

1) 내포된 이론적인 영향

(1) 인간 본성과 치료적 변화에 대한 개인주의적인 관점

많은 치료사가 경쟁력, 자급자족, 개인적인 성장과 독립성을 통한 생존의 윤리에서 수련받아 왔다. 상호 의존에 대한 세계적인 시각은 실로 도약이었다. 성인이 자급자족을 할 수 있고 서로에게 위로 혹은 사랑을 받기 전에 그들 스스로를 달래고 사랑할 수 있는 능력을 키워야만 한다고 보는 관점을 암묵적으로 혹은 의식적으로 고수하는 치료사들이 효율적인 의존이 가지는 치료적인 힘을 탐색하는 것은 상당한 약점과 용기를 필요로 하는 것일 수 있다. 약점은 다음과 같은 질문과 함께 떠오를 수 있다. '내가 스스로 충분하지 않은 것인가? 나는 정말 다른 사람들을 필요로 하는 것인가? 나 혼자서는 이것을 할 수 없는 것인가?' '나는 그들 스스로 책임지고 다른 사람들에게 의존하지 않음으로써 그들 스스로를 먼저 그리고 가장 사랑하라고 수년간 가르쳐 왔어. 우리는 커플치료를 통해서가 아니라 개인치료를 통해서 우울과 불안을 치료하고 있어!'와 같은 생각들을 마주하는 데에는 용기가 필요하다.

치료사는 '효율적인 의존'을 장려하는 것과 필요할 때 다른 사람에게 기대도록 하는 것이 과도한 의존으로 이어지거나 스스로 어루만지는 능력을 없앨까 봐 두려워할 수 있다. 애착이론과 연구라는 새로운 방향을 통합하고 자기조절이 대인관계 조절을 통한 관계 및 건강의 이익을 우선시한다는 것은 도전적일 수 있다(Gillath, 2015; Johnson et al., 2013; Shaver & Mikulincer, 2014).

자기성장과 자기조절의 개인주의적 이론을 고수하는 것은 애착의 관점으로 커플의 갈등을 정상화하는 것을 방해할 수도 있다. 이론적 가정을 명료화하기 위한 시도를 할 때 우리가 의존을 갈망하는 존재라고 상정하는 치료적 패러다임과 이론을 편하게 느끼는지 자문해 보라. 당신이 치료와 인간 본성에 대해 가지는 기본적인 가설이 개개인으로서의 생존의 관점과 맞는지, 상호 의존하여 맞물림이 있는 종으로서의 생존의 관점과 맞는지 확인해 보자. 당신의 지향점이 자기위안과 자기조절에 초점을 맞추도록 향하는지 혹은 '효율적인 의존'을 기반으로 탐험하는 자율성, 회복 탄력성, 용기에 초점을 맞추도록 향하는지 검토해 보자.

(2) 통찰 지향

애착을 지향하는 것을 받아들이는 데 방해가 될 수 있는 또 한 가지는 통찰을 지향하는 것에 암묵적으로 고착되는 것이다. EFT에 새로 입문한 많은 치료사는 내담자들이 왜 그렇게 느끼는지 혹은 왜 특정 방식(치료적인 변화가 통찰로부터 온다는 것을 뜻하는 것)으로 행동하는지에 대해 내담자들을 이해시키려고 노력하느라 초점을 흐리게 된다. EFT는 통찰치료가 아니다. 지금 이 순간 경험과 상호관계에서 파트너의 참여를 깊이 있게 만드는 것은 설명이 아니다. 만약 당신이 설명과 통찰이 변화를 이끈다고 가정한다면, 지금 이 순간의 애착의 의미에 대해 집중하는 것이 오히려 초점을 분산시키게 된다는 것을 느낄 것이다. 감정이 고조되고 있을 때 당신은 쉽게 초점을 잃고, 부지불식간에 커플 중 한 명의 어린 시절 이야기에 집중하면서 '진짜 문제'의 원인이 될 만한 것을 알기 위해 어린 시절 이야기를 탐색하기 시작할 것이다. 실제 커플의 부정적 고리를 파악하고 내재된 애착공포와 욕구에 대해서 살펴봐야 할 때에 말이다.

로맨틱한 사랑을 애착결합으로 보면서 실험적이고 체계적인 치료인 EFT로 통합하는 것은 애착이론을 적용한 정신분석적 통찰로부터 의미 있는 출발이다. 통찰 관점이 있는 치료사들은 변화를 이끌어 내기 위해서 어떻게 애착이론이 경험적으로 쓰이는지 이해하는 것을 도전으로 느낄 수 있다. 통찰 패러다임으로 볼 때, 치료사는 애착이론을 파트너들 간의 비효율적인 패턴인 구조적인 역동이 아니라 대상의 과거와 관련된 갈등을 설명하는 방식으로 보고자 할 수 있다. 통찰중심적인 치료사는 한 파트너의 불신을 어머니와의 예측 불가능한 관계 탓으로 돌릴 수 있다. 하지만 그런 관점은 변화를 가져올 가능성이 적고, 커플 간 상호작용의 과정을 믿는 것이 불가능한 상황을 타개하게끔 도와주지 못한다. 반면, EFT 치료사는 애착에 기반한 변화 과정을 촉진한다. 예를 들어, EFT의 첫 번째 단계에서 부정적인 고리의 입장과 패턴을 추적하는 것은 지금 이 순간에 경험하는 것과 변화를 촉진할 것이다. "당신은 믿지 않는다. 대신 당신은 숨는다. 그리고 당신이 그럴수록 당신의 파트너는 더욱더 당신을 비난할 것이다. 당신은 스스로를 외롭고 두렵게 하는 고리에 빠진 것이다." 이것이 바로 부정적 애착 춤의 단계를 알아차리고 자신의 것으로 만드는 시작이다. 애착기반 EFT는 다음과 같은 단계들의 지도를 제공한다.

(3) 병리중심의 임상적인 관점

치료사에게 애착이론의 관점으로 비병리화하는 것은 도전적인 일일 수 있다. 어떤 파트너는 표현이 더 풍부하고, 동의를 더 잘할 수 있으며, 치료사로 하여금 상대 파트너를 환자라고 생각하게 할 수 있다. 치료사들은 부지불식간에 어느 한 파트너가 역기능적이고, 정신적으로 아프며, 문제가 있거나 혹은 문제에 상당히 많은 책임을 가지고 있다는 생각이 들어서 관계갈등에 대한 애착의 관점을 가지기 어려울 수 있다. 어떤 치료사들은 애착이론을 받아들여서 '질병'이라고 보던 것들을 감정조절 문제로 보는 변화를 받아들이는 것을 꺼릴 수도 있다. 애착의 관점은, 예를 들어 경계성 인격장애를 '공포 회피애착과 연결할 때 더 쉬운' 것이라 이야기하고(Johnson, 2009, p. 420), 나르시시즘을 회피애착과 관련된 것으로 볼 것을 제안한다(Mikulincer & Shaver, 2016). 어느 한 편이 관계갈등에 기여하는 문제가 더 큰 상황일 때, 애착기반의 관점을 가진 EFT에서는 문제적 인간은 없고, 다만 관계갈등에 있어서 진짜 문제는 애착감정을 조절하는 데 괴로워하는 두 사람의 부정적 피드백 고리가 점점 깊어지는 것이라고 한다.

(4) 사고방식을 존중하는 것

어떤 치료사들은 여러 사고방식의 차이를 애착이론이 모두 아우르지 못한다는 두려움에서 애착 패러다임을 따르는 것을 꺼리기도 한다. 그들은 표준이 없는 사회에서 친밀함과 정서적으로 취약한 표현의 가치에 대해 강요하게 될까 봐 걱정한다. 충분히 이해가 가는 이런 염려에 대해 두 가지 면을 설명하려 한다. 첫 번째 생각은 우리가 어떤 커플의 사고방식을 그들을 알기 전까지는 이해한다고 여길 수 없다는 것이다. EFT는 각각의 커플을 하나의 독특한 공동체로서 맞추도록 하는 개방성과 호기심의 자세를 갖도록 한다. "모든 커플관계는 그 자체로서 영향을 가지는 공동체로 이해되므로 치료사는 효율적인 개입을 하기 위해서 독특한 공동체에 개입하는 것을 적용하고 배워 가야만 한다."(Johnson, 2015, p. 101)

두 번째 생각은 애착욕구와 반응에 대해 일관되고, 애착결합에 있어서 정서가 중심이 된다는 것이 정립되어 있다는 것이다(Mesman et al., 2016). EFT는 다양한 영적 · 종교적 · 성적(생물학적인 성과 문화적 성별) 관점과 서로 다른 사회경제적 · 문화적 요소 및 가족 형태를 넘어서 '핵심 정서 경험들과 애착욕구 및 행동이 공통적이다'라는 가정하에 설립되었다(Johnson, 2015, p. 101). 기본 정서에 따른 얼굴 표정이 공통적이라면(제5장 참조), 어떤 표현이 용인되고 어떻게 감정을 조절하는 것이 받아들여질 수 있는지에 대한 규칙은 사회적으로 학습될 수 있을 것이다(Ekman, 2007). 애착이론은 각 커플에게 필요한 문화적 감수성(성적 정체성 스트레스의 감수성 부분에 관해서는 Josephson, 2003; Zuccarini & Karos, 2011 참조)뿐 아니라 각 파트너의 감정 표현에 따른 위안에 꼭 필요한 감수성이 모두 있어야 한다고 제시한다(Liu & Wittenborn, 2011).

마지막으로, 비애착에 대한 불교의 가르침은 낭만적 사랑의 애착 관점과 모순되지 않는다는 것에 주목해야 한다. 비애착은 불안하고 회피하는 애착과는 다르고, 연결이 부족하다거나 상호 의존을 혐오하는 것을 뜻하지 않는다(Sahdra & Shaver, 2013).

2) 개인적인 경험

내담자를 인도해 커플상담에 서로 참여하면서 정서 체험을 할 수 있게 하기 위해서 치료사는 강력한 감정에 편안함을 느껴야 하고, 더 나아가 자신의 감정적 경험들을 신뢰할 수 있어야 한다. 여기에는 자신의 애착욕구와 두려움을 받아들이고 믿는 것 모두가 포함된다(Johnson, 2011, p. 248).

(1) 안정애착의 생소함

치료사들은 다양한 개인적 경험의 결과로서 애착 패러다임을 내재화하는 데 어려움을 겪을 수도 있다. 그들은 친밀한 애착관계에서 안정적인 애착결합을 경험하지 못한 채로 EFT를 접할 수 있고, 결국 변화를 위한 목표(안정적인 애착결합)를 다소 이론적으로만 느낄 수도 있다. 그들은 EFT를 통해 고조되는 취약함과 친화적인 나눔을 경험해 보지 못했을 수도 있다. 어떤 치료사는 위안을 주고받는 살아 있는 경험을 하고, 점점 더 회복 탄력성을 갖추며, 서로에게 의지하면서 자율적으로 되어 가는 것을 겪어 보지 못했을 수 있다. 대신, 자기의존적이 되고 성공을 쟁취하기 위해 애쓰면서 검증을 추구하고 있을지도 모른다. 치료사가 신뢰하는 동료의 도움을 받아 취약한 부분을 감수하거나 다른 사람에게 도움을 구하고 받아들이는 것은 안정적인 애착을 찾는 창의적인 방법이다.

(2) 생소한 애착 전략

치료사들은 불안정애착 전략들(불안 추적형 혹은 회피 위축형) 중 하나를 받아들일 수 없을 때나 혹은 익숙하지 않을 때, 애착 패러다임을 통합하는 것이 어렵다는 것을 깨닫는다. 그들은 스트레스를 받을 때 대처하는 자동적인 방식을 의식하지 못하고 있을 수 있다. 또한 그들이 아직은 다른 애착 전략의 경험을 충분히 해 보지 못했을 수 있다. 어떤 치료사는 "추적자로서의 나는 회피하는 사람들의 세상에 다가갈 수 없다. 나는 그들을 쨰깍거리게 만드는 것이 무엇인지 이해할 수 없다."라고 이야기한다. 또 다른 치료사는 "나는 관계에서 회피하는 쪽이고, 내 짝인 엄격한 추적자에게 짜증을 느끼곤 한다. 나는 그저 그들에게 힘 좀 빼라고 하고 싶다! 나는 추적자들에게는 화가 나고, 위축자들에게는 동정심을 느낀다. 이렇게 나는 각 파트너를 내 방식으로 검증하고 그들의 부정적 고리의 역동을 좇게 된다."라고 말한 바 있다. 이 모두는 EFT를 배우는 데 있어 공통적이고 합리적인, 성장에 필요한 위기로서의 경험이다. 그것들은 자기반성, 자문, 점점 늘어나는 공감과 호기심을 가진 다른 사람들과 어울리는 것을 감수하면서 극복할 수 있는 장애물이다.

(3) 개인적인 감정조절

치료사들은 자신의 감정을 조절하고 다른 사람들과 어울리는 데 있어 서로 다른 스타일을 가지고 있다. 그들은 강렬한 감정을 개인적으로 위로하는 데 있어서도 저마다 다르다. 파트너 간에, 아마 치료사도 마찬가지로, 반응적인 감정이 고조될 때에는 치료사가 체내 반응을 알아차리고 평소 감정조절을 위해 쓰는 전형적인 전략을 알고 있는 것이 중요하다. 불안한 추적자는 애착의 관점으로 주의가 분산되어서 상대방의 관점을 설득시키는 데 있어서 압박을 느끼거나 화가 날 수도 있다. 스트레스 상황에서 회피 전략을 자동적으로 쓰는 사람은 자신도 모르게 슬픔, 고통 혹은 두려움과 같은 강렬한 감정에 머무르기보다는 내용이나 다른 흥미를 끄는 디테일에 주의가 분산될 수도 있다. 치료사가 강렬한 감정에 편안함을 느끼는 정도는 배우자가 각 파트너와 커플의 전형적인 갈등 고리에 적절하게 머물 수 있는가 하는 부분에 큰 영향을 끼칠 것이다.

(4) 용기

애착 패러다임을 가지고 작업하고자 하는 치료사들은 흥미진진한 여행—상당한 용기를 요구하는 일—을 떠나는 것과 같다. 이것은 '사람이라면 자기애와 자조를 우선적으로 필요로 한다'와 같은 인간 본성에 대한 암묵적인 가정을 포기하고 알아차리는 것을 뜻한다. 커플치료를 하는 익숙한 방식으로부터 물러선다는 것을 의미할지도 모른다. 치료사로서의 역할에 대한 생각을 바꾸는 것은 위험을 무릅쓰는 것을 의미할 수도 있어서 갈등관리기술을 가르치는 것이나 과정에 대한 자문을 하고자 가족의 기원에 대해 설명하던 것에서 벗어날 수도 있다. 성인의 욕구와 사랑에 관한 애착의 정의를 내재화하고자 하는 치료사들은 치료적 변화에 관해 작동하는 이론의 의미를 확장하거나 혹은 전적으로 변경해야 할 수 있다. 이 과정에서 그들은 용기와 개방적인 마음, 진심과 함께하게 된다. 그들은 볼비, 아인스워스, 쉐이버, 하잔과 존슨이 그랬듯이 새로운 영역으로 대담하게 나아가서 또 다른 중요한 사람이 될 것이다.

성인의 사랑에 관한 애착이론을 내재화하고자 하는 치료사는 볼비(Bowlby, 1990)가 찰스 다윈(Charles Darwin)의 전기에서 언급했던 것과 같은 종류의 용기가 필요하다. 그 전기에서는 강력하고 라이벌로 견줄 만한 이론들을 마주한 채 어떤 이론을 정립하기 위해서는 상당한 용기가 필요하다고 이야기한 바 있다. 브레더튼(Bretherton, 1992)은 볼비가 그 자신에 대해 이야기한 것일 수도 있다고 했다. 그녀는 "볼비와 아인스워스는 그런 용기를 가졌던 사람이다."라고 적었다. "애착이론의 잠재적 가능성을 충분히 탐색하기 위해서 사람들은 그 이론을 다듬고 확장하며, 도전하는 정도의 용기를 발휘할 필요가 있다."(p. 771)

8. 결론

애착이론은 이론, 연구, EFT에 있어서의 실제를 모두 결합하는 실과 같다. 성인의 사랑에 관한 경험적으로 검증된 이론으로서(Mikulincer & Shaver, 2016) 있는 그대로의 애착이론은 경험적이며(정서적 신호가 앞선 가운데 서로 다가가고 조율하고 반응하는 현재 순간에 집중하는 것) 체계적이다(파트너 간 역동의 상호 피드백을 주는 고리에 집중하는 것).

애착이론은 커플치료에 있어서 종결에 관한 명확한 목표, 즉 반응하는 감정에 의해 자라난 안정적이고 지속적인 결합을 제시한다. 로맨틱한 사랑에 관한 이 이론은 임상가로 하여금 일종의 정서에 관한 논리 혹은 '사랑에 대한 감각'(Johnson, 2013)을 기르도록 해 줘서 파트너들이 서로를 부드럽게 보호해 주고 보살펴 주면서 기쁨에 찬 채로 대하도록 도와주고, 서로의 존재만으로도 열정과 기쁨이 차오르도록 도와준다. 이는 나아가 충족되지 않은 욕구 혹은 혼재된 시그널들이 더욱 강력해져서 파트너들이 분노로 불타오르거나 견고한 침묵의 벽을 세우는 정반대편의 스펙트럼의 순간들도 정상화한다. 사랑에 대한 감각은 갈등을 겪는 커플들이 반복적으로 처하는 부정적 상호작용의 덫에서 빠져나오도록 해 준다(Bowlby, 1973).

루미(Rumi)는 "가이드 없이는 2년 만에 갈 길을 200년이 걸려서 갈 수도 있다."라고 말한 바 있다(Frager, 2012). 애착의 관점을 가지고 인도할 때 로맨틱한 사랑은 느껴질 수 있는, 논리적인 생존 전략이다. 또 갈등관계를 의지할 수 있고 지지적이며 서로를 길러 주는 결합으로 재형성하는 단계들은 치료사가 따르기에 적절하고 논리적이며 접근 가능한 것이다.

9. 변화의 핵심 요소 요약

사랑과 유대에 관한 법칙에서 익숙함은 순간순간 변화를 일으키는 과정 속에서 '길을 따라' 가도록 EFT 치료사를 이끌어 주는 믿을 만하고 활동적인 가이드로서 작동할 수 있다.

- 인간이란 연결 및 의존과 선천적으로 관련이 있다. 필요할 때 애착 대상에게 정서적으로 더 다가가고자 하는 것은 생존 본능이다.
- 안정적인 애착은 위로와 지지를 위한 안전한 안식처와 대상이 자신 있게 탐색하기 위해 앞으로 나아갈 수 있도록 해 주는 안정적인 기지를 제공해 준다.
- 정서는 안정적인 연결과 관계갈등 경험의 중심에 있다. 애착은 정서조절과 트라우마에 관한 이론이다.
- 정서적 고립은 상처가 된다. 정서적으로 소외된 반응은 분리불안을 촉진한다. 개개인이 애착 대상을 잃었을 때 항거하는 방식에는 예측 가능한 패턴이 있다.
- 안정적인 애착결합의 요소들은 ARE라는 약어로 정의될 수 있는데, 이는 "나를 위해 거기에 있나요?" "당신은 **다가갈 수 있고**(accessible) **반응적이며**(responsive) **정서적으로 함께하나요**(emotionally engaged)?"와 같다.
- 안전하고 안정적인 연결은 볼비가 자기와 타인에 대한, 긍정적인 **내적 작동 모델**이라고 부른 것을 촉진한다. "나는 사랑스럽고 사랑받을 만한 가치가 있다. 당신은 의지할 만하고 믿음직하다."
- 연결을 위한 근본적인 전략은 다음과 같다. 위로와 지지를 향해 분명하게 다가가

는 안정애착 전략은 우선적이고 최고의 애착 전략이다. 연결을 위한 불안정한 (이차적인) 전략들은 다음과 같다.

- 불안애착 전략: 밀어내기/매달리기 – 과도하게 활동하고, 반응을 요구하기 위해 불안하고 절박하게 매달리는 것이다.
- 무시하는 회피애착 전략: 외면하기/차단하기 – 피하면서 멀리하고, 마비된 듯이 무시하고, 연락을 전혀 하지 않고 가짜로 독립적이라 전달함으로써 모든 애착욕구와 감정을 불활성화하는 것이다.
- 공포 회피애착 전략: 트라우마 생존자들에게서 자주 보이는 모든 불안정한 유형의 전략이 차례로 결합되었을 때에는 공포 회피 패턴으로, "이리로 와, 여기로 와. 가버려!"라는 것을 전달한다.

• 성인의 애착에는 돌보는 것과 성적인 것이 모두 결합되어 있다.

제
2
부

애착정서와 경고음: EFT 1기에서 부정적 고리를 단계적으로 약화시키기

제4장

평가와 동맹:
1, 2단계에서의 애착경험

"공감적인 치료사의 반응은 내면에서 진행되는 본능적 경험을 더 정밀하게 이해하고 더 넓게 탐색할 수 있도록 격려해 준다."

(Rogers, 1980, p. 158)

"치료사는 자신의 고유한 정서적 반응과 공감을 안내자로 이용하여 부부의 경험을 이해한다. 그리고 그들의 경험에 개입하여 그 경험을 느끼고 처리한다. 두 번째 안내자는 부부가 취하는 역할에 대한 각본이다. …… 정서적 현실은 종종 특정한 역할과 연결되어 있다. …… 우리는 종종 정서로부터 관계에 대한 태도를, 그리고 관계에 대한 태도에서 내적 정서를 예측할 수 있다."

(Johnson, 2004, p. 218)

"사랑이란 무엇인가?"라는 질문을 제기한 존슨(Johnson, 2013)은 이에 대해 분명하고 정확하게 설명하여 관계 변화의 지속을 도모하는 전문가들의 욕구를 충족시켰다. 치료사가 1기의 평가와 동맹 형성 그리고 부정적 고리의 단계적 약화 과정 동안 부부와 협력하기 위해서는, 낭만적 사랑이 어떻게 애착의 춤일 수 있는지, 배경에서 연주되는 음악과 같은 정서가 어떻게 변화의 대상이자 매개체가 되는지, 이 두 가지에 대해서 자신만의 견고한 감각을 가질 필요가 있다.

이 장에서 나는 애착이 어떻게 1, 2단계의 동맹 형성과 평가 과정을 만들고 다듬는지 독자가 이해하고 경험할 수 있도록 애착시각을 제시할 것이다.

성인의 사랑에 대한 혁명적 과학이 EFT에서 변화의 전체 과정을 만들어 내듯이, EFT의 첫 번째 두 단계—동맹 형성과 평가—도 마찬가지다. 이 장에 붙인 부제는 치료사가 배우자들의 경험에 대한 공감적 탐색을 통해 호기심과 동정심을 가지고 부부불화의 애착 드라마에 개입하는 과정을 강조하기 위한 것이다. 치료사는 협력적이고 안전한 동맹을 형성하기 위하여 각각의 배우자와 관계를 맺는다. 치료적 동맹이라는 안전한 기반 위에서 치료사는 부부가 그들의 애착결합을 재형성하려는 목표를 어느 정도 공유하고 있는지, 그리고 치료 회기 동안 불화 중인 두 사람 사이에서 안전이 형성될 수 있는지에 대해 탐색하고 평가하게 된다.

불안정한 애착 전략의 반복적 고리뿐만 아니라 불확실하고 고통스러운 순간에 불안한 추적을 하거나 회피적 위축을 하는 각 배우자의 전형적 애착 태도를 규명하는 것도 평가에 포함된다. EFT 치료사는 부부를 만나는 순간부터 면밀히 관찰하여 관계를 지배하고 파괴할 정도로 위협적인 불안정한 애착 고리 혹은 드라마를 밝힌다. 부부간 상호작용의 반복적 패턴이 불안한 추적과 회피적(무시하는) 위축 안에서 변주되는 춤이라는 점을 확인한다.

평가와 동맹 형성은 EFT의 첫 번째 변화의 전환점인 단계적 약화를 위한 전제조건이며, 동시에 전체 치료 중 계속 이루어지는 활발한 과정이기도 하다. 또한 다소 복잡한 과정들이기도 하다. 비록 부부가 EFT 치료의 단계와 기를 거치면서 그 기능이 변하겠지만, 안정적인 구조물의 기초 공사가 중요한 것처럼 이런 초기 요소의 중요성은 결코 줄어들지 않는다.

1. EFT 치료사가 1, 2단계에서 보고 듣는 것

불화부부와 함께할 때, EFT 치료사는 낭만적 사랑의 역동을 불안정한 애착의 춤으로 보게 된다. 애착시각은 두 명의 선한 사람이 부정적 상호작용 고리에 갇혀 있음을 드러낸다. 이것은 반응적 행동과 극단적 정서 반응도 이해 가능하고 타당한 것으로 보게 한다.

1) 유대감이 필요한 포유동물들의 결합

애착시각은 서로에게 안정감과 안전을 느끼기 위해 최선을 다하는 두 개인의 불안정한 결합을 드러낸다. 애착시각은 관계를 위한 선한 의도를 가진 배우자들이 무심코 서로의 애착불안(insecurity)을 자극하고, 상실 및 거절에 대한 두려움과 불확실한 신호라는 부정적 피드백 고리에 갇히는 것을 보여 준다. 이 관점은 불화 중 어떻게 반응해야 할지 모를 때 분노하여 집요하게 반응을 요구하는 것과 친밀함을 무시하고 회피하는 것의 두 가지 모두를 존중하고 정상적인 반응으로 바라본다. 애착 관점은 '애정 결핍' 혹은 '친밀감의 장애'처럼 결핍이라는 시각을 사람의 경험과 유대 욕구를 인정하고 정상화하는 방향으로 전환한다.

속으로 "내가 부부에게서 보는 한계나 진단적 요소는 무엇일까?"라고 물어보던 에밀리는 애착 틀 덕분에 그 독백에서 벗어나 관계적 맥락을 가장 중요한 것으로 여기게 되었다. 이 관점은 그녀에게 애착에 대한 호기심을 불러일으켰다. "불화, 우울, 거리감이 어떻게 상실에 대한 두려움의 이야기가 될 수 있는가? 어떻게 관계 불화가 가장 중요한 사람을 이미 잃어버렸다는 느낌에 대한 항의일 수 있는가?"

2) 서로 다른 애착 전략

EFT 치료사가 가장 먼저 보고 듣게 되는 것들은 불안한 추적과 회피적 위축이라는 서로 다른 애착 전략의 표지들이다. 이들은 배우자로부터 애착결합을 위협하는 신호를 받았을 때 사용된다. 치료사는 이러한 대처 전략을 작동시키는 신호를 식별하기 위해 면밀히 관찰한다. 가혹한 비판은 다른 배우자가 반응이 없거나 이야기를 나눌 수 없다는 신호에 의해 촉발될 수 있다. 어깨를 으쓱하면서 무시하는 것은 다른 배우자가 비판적이거나 불만스러워함을 시사하는 신호에 의해 촉발될 수 있다. 치료사는 두 전략 모두 배우자가 자신의 애착불안을 경험하고 있다는 점을 보여 준다는 것을 인식함으로써

1, 2단계에서 필요로 하는 진정성 있고 무조건적인 수용과 공감을 할 수 있게 된다.

개인이 회피적 애착 전략을 사용하고 있다는 표지로는 "나는 뭐가 문제인지 모르겠어." "당신이랑 이야기해 봐야 소용없어. 그저 장황한 불평만 할 뿐이잖아."라는 말처럼 무시하는 듯한 무관심한 어조와 거리감이 느껴지는 이야기들이 있다. 개인이 불안한 애착 전략을 사용하고 있다는 표지로는 "왜 우리는 예전처럼 앉아서 대화할 수 없는 거야?"라고 불평하거나 "당신은 감정을 드러내질 않잖아! 당신은 얼음처럼 냉정해!"라고 비난하는 이야기들이 있다.

3) 현실적 문제로서의 부정적 고리

1단계와 2단계에서 EFT 치료사들은 불화 중인 커플의 실제 문제를 목격한다. 문제는 파트너가 아니라 반복적인 상호작용 고리(되먹임 회로)다. 순환하는 역동의 다양한 예시가 나타난다. 연속적인 되먹임 회로 속에서는 한 파트너가 회피적이거나 무시하거나 방어적일수록 다른 파트너는 반응에 더욱 절박해지고 불안해지게 되며, 그 반대도 마찬가지다. 이러한 역동을 이해한 에밀리는 각 파트너들의 반발이 자신의 중요한 관계(primary relationship)가 위협받고 있다는 느낌에 대한 타당한 대응이라는 것을 명확히 알 수 있었다.

> EFT에서 임상가들은 커플을 하나의 체계로 이해한다. 한 사람이 하는 말과 행동은 다른 사람의 느낌, 말과 행동에 영향을 미친다. 이 순환적 인과관계의 개념(Bertalanffy, 1968)이 EFT 개념화의 핵심이다. 즉, 커플의 불화는 기본적으로는 자기강화적인 상호작용 패턴의 결과라는 것이다(Greenman & Johnson, 2013, pp. 48-49).

에밀리가 상담한 부부들은 각각 그들만의 인식 가능한 고리를 가지고 있다. 전형적인 추적-회피 고리에 갇힌 카일과 타라는 숨바꼭질 패턴을 가지고 있다. 타라는 카일을 정서적으로 만날 수 없을 때 불안하고 화가 나서 카일의 반응을 찾아 파고든다. 그러면 카일은 침묵의 벽을 세우고, 자신이 그녀의 비판과 요구라고 인식한 것으로부터 숨는다(에밀리가 시각화한 고리인 [그림 4-1] 참조).

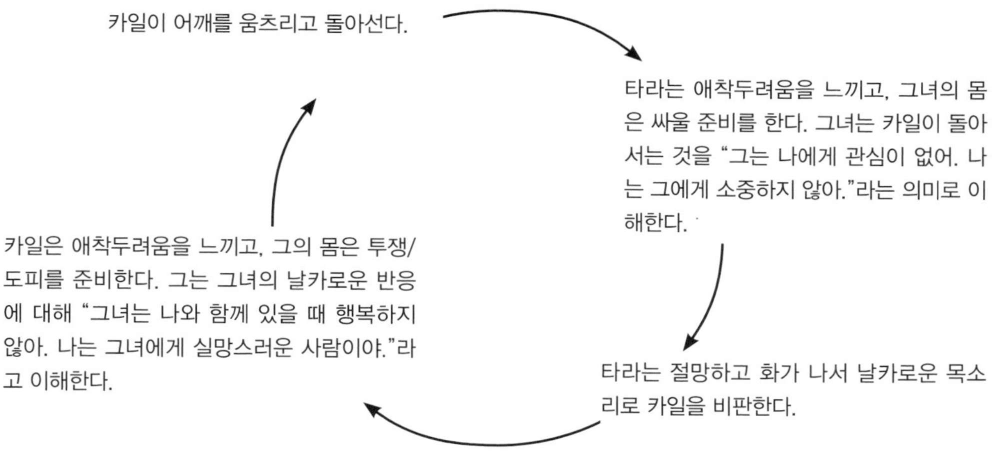

[그림 4-1] 치료사가 시각화한 타라와 카일의 고리

반면, 소피와 엘라는 그들이 사나운 폭풍우라고 부르는 공격-공격형의 연속에 휘말리게 된다. 소피는 극심한 공포에 사로잡히고 연결에 절박해질수록 더욱 큰 소리를 낸다. 엘라는 자신을 완전히 실망스러운 배우자라고 여기게 하는 소피의 다그침을 감지하자마자 반격할 태세를 갖추고, 자기방어를 위해 방에서 뛰쳐나가기 직전의 흥분한 상태가 된다. 공격-공격형의 연속에도 불구하고, 소피의 추적과 엘라의 방어적 위축은 에밀리에게는 더 명확해지고 있다.

서로에게 불만족스러운 줄리와 필의 '얼어붙은 호수' 고리 또한 에밀리가 애착시각으로 볼 때 이해할 수 있고 타당하다. 그녀는 두 명의 학대 생존자의 위축-위축 고리를 본다. 줄리는 필이 자신에게 화가 났거나 혹은 정서적으로 거리를 두려고 한다는 신호에 지나치게 민감하여 그를 쫓아낼 수 있는 어떤 행동도 하지 않으려고 굳어 버린다. 그녀가 뒤로 물러나는 것을 감지한 필은 침묵 속에 낙담하여 포기하고 혼자만의 활동으로 바쁘게 움직인다. 둘 다 친밀감으로 인해 상처받을까 봐 두려워하고, 동시에 서로를 잃을까 봐 겁에 질린 채로 살고 있다. 상호작용 고리에서 그들 각자가 취하는 역할은 위축이다(에밀리가 시각화한 고리인 [그림 4-2] 참조).

요약하자면, 1단계와 2단계에서 EFT 치료사는 애착시각을 통해서 연결과 지지의 욕구에 대해 서로 불명확한 신호를 보내는 두 파트너의 불안정한 결합(bond)을 보게 된다. 신호는 '당신은 나를 떠날 것이다' 또는 '당신은 나를 거부할 것이다'라는 뜻으로 잘

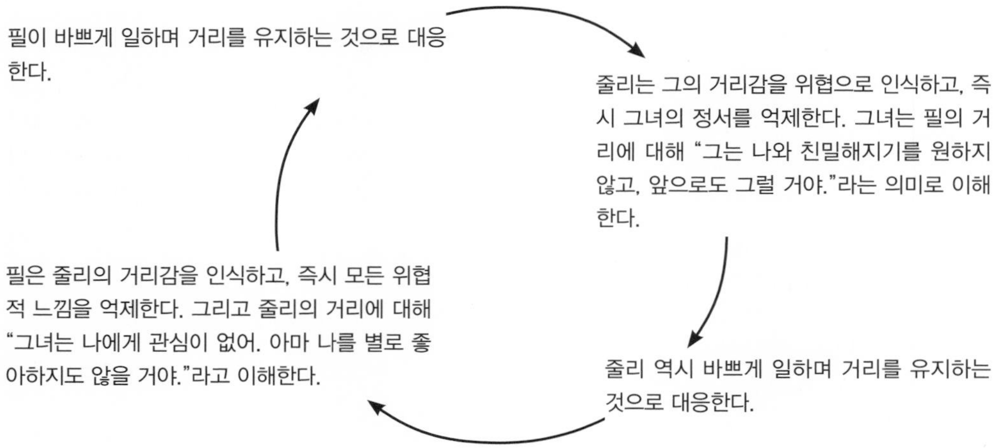

[그림 4-2] 치료사가 시각화한 필과 줄리의 고리

못 받아들여진다. 치료사는 추적과 위축이라는 서로 다른 자기보호적 애착 전략은 파트너가 그들의 결합에 위협을 느낀다는 것을 보여 준다고 이해한다. 그러나 파트너들은 대개 자신과 타인이 가진 애착욕구와 두려움을 인식하지 못한다. 비판적 추적은 반응을 얻기 위한 내재된 절박함의 신호로 본다. 무감각함과 외관상의 냉담함은 당황함을 감추고 어떻게 반응해야 할지 모르는 것으로 본다. 1단계와 2단계는 커플이 보이는 불화의 핵심을 드러낸다. 결합된 두 포유동물이 자신도 모르는 사이에 상실에 대한 근원적 두려움과 부정적인 행동을 강화하는 반복적인 고리에 갇힌 것이다.

2. 1단계와 2단계에서 EFT 임상가와 내담자가 하는 작업

EFT 치료사는 1단계의 동맹 구축 및 평가와 2단계의 부정적 고리 규명을 거쳐 가도록 부부를 안내하고 지켜보며, 기본적인 EFT 개입기법인 공감적 반영, 추적, 인정, 환기적 반응 그리고 가끔 총알받이를 사용한다(개입기법은 제2장에 열거되어 있다).

한 커플을 만나는 첫 순간부터 EFT 치료사는 안전을 확보하고 협동적인 작업 동맹과 진행 중인 평가를 위한 장을 마련한다. EFT 임상가는 커플들이 그들의 관계에 대해 보여 주고 묘사하는 적대감과 차단의 고통스러운 드라마를 이해하고 정상화하는 데 애착시각이 어떤 도움을 줄 수 있는지에 대해 특히 잘 알고 있다. 낭만적 사랑에 대한 이 애착 프레임은 로저스의 인간 본성에 대한 긍정적 관점과 무조건적 수용에 일치하는 방식으로, 치료사가 동맹을 형성하고 치료 계획을 수립하도록 안내한다. 이 애착 틀은 평가 과정에서 병리적 관점을 제외하며, 치료의 전체 과정을 위한 치료사의 확고부동한 토대가 된다. 이 토대 위에서 지지가 되는 안전한 피난처를 만들고, 관계를 탐색하며 재구성하기 위한 안전한 기반을 만들 수 있게 된다. 탐색에는 관계적 패턴과 애착두려움 그리고 회피적인 파트너가 '관계를 긍정적으로 유지하기 위해 보류되었다'라고 이야기한 소망이 포함된다. 내재된 감정들은 종종 탐색하기에는 지나치게 위험해 보인다. 한 불안한 배우자는 자신의 취약함을 보여 주지 않기로 냉정하게 결정했다면서 "만약 내 고통이나 상실을 그에게 이야기한다면, 그것이 그를 밀어낼까 봐 두려워요."라고 이야기했다.

EFT 치료사는 배우자의 불평불만과 좌절감이 갖는 애착적 의미에 꾸준히 귀를 기울인다. 1단계와 2단계는 부분적으로 서로 엮여 있다. 실제로는 어떤 단계도 남겨 두지 않으며, 계속 전개되는 춤처럼 항상 다음 단계와 통합되어야 한다. 1단계와 2단계 사이에는 오고 가는 자연스러운 흐름이 있지만, 나는 서로 다른 기능을 명확하게 하기 위해 이들을 개별적으로 설명할 것이다.

3. 평가와 동맹: 1단계

1) 안전 확보하기

EFT 평가에서 우선사항은 안전을 확보하는 것이다. 존슨과 탤리트먼(Johnson & Talitman, 1997)은 치료 시작 시 불화의 정도가 성공의 중요한 예측 변수가 아니라는 것을 발견했다. 불화가 심한 부부들도 EFT를 통해 그들의 관계를 회복할 수 있다. 그러나 안전의 확보를 차단하고, 부부치료의 금기가 되는 요소들이 있다. 여기에는 신체적 학대, 공격과 협박, 진행 중인 불륜 혹은 무시되고 있는 중독적 행동이 포함될 수 있다.

일부 폭력의 경우, 부부치료에 참여하는 것이 안전한지를 평가하는 것이 중요하다

(Simpson et al., 2007). 만약 인정하지 않는 신체적 폭력과 협박이 있고 이를 지속적으로 반성하지 않는다면, 치료사는 회기 중 안전을 확보할 수 없다. 제이콥슨과 가트만(Jacobson & Gottman, 2007)은 '투견(pitbulls)'과 '코브라(cobras)'를 구별하면서 모든 학대자가 동일하지는 않다고 제시했다. 투견은 파트너와 거리감을 느껴 불안이 촉발될 때 관계를 장악하기 위해 폭력적인 방법으로 극단적인 공격적 시도를 한다. 반면, 코브라는 더 차갑고 계산적이며 예측 불가능한 종류의 공격을 사용하고, 통제하기 위해 협박을 이용한다. 코브라와 치료를 진행하는 것은 확실히 위험하다. 하지만 투견은 공격하는 파트너가 반성하고 피해자인 파트너가 충분히 두려워하지 않는다면, 커플과 함께 EFT를 진행할 수 있을 정도로 안전을 확보하는 것이 가능할 수 있다. "애착의 관점에서 볼 때, (투견 유형의) 커플 폭력은 파트너가 반응이 없고 다가갈 수 없다고 느낄 때 이에 과장된 형태로 항의하는 것이다."(Mikulincer & Shaver, 2016, p. 338) (사례는 다음을 참조하시오. Brubacher & Johnson, 2017; Bograd & Mederos, 1999; Jacobson & Gottman, 2007)

한 파트너가 진행 중인 불륜을 중단할 의사가 없다고 인정하는 것은 회기 중 안전이 확보될 수 없고, 결합이 복구될 수 없다는 분명한 표지다. 한 파트너가 문제(예: 정신 질환으로 인한)에 대해 전적으로 책임져야 한다고 완고하게 비난하는 것 역시 안전이 확보될 수 없다는 표지가 될 수 있다. 일부 파트너는 경직된 자세로 시작해도 치료사와의 동맹이 강화됨에 따라 더 유연해지고 열린 태도를 취하게 된다. 하지만 공동의 고리를 추적하는 과정에서 완강한 참여 거부가 지속된다면 안전은 불가능할 수 있다.

안전을 확보하고 공동의 치료 목표를 만드는 데 방해가 되는 다른 요소들은 중독 과정과 관련된 상황들이다. 한쪽 또는 양쪽 배우자가 술, 약물, 포르노, 도박 등 여러 가지 중독 과정에 자발적으로 참여하는 것이 주는 영향을 관계 내에서 솔직하게 탐색해야 한다. 왜냐하면 치료가 가능하게끔 관계를 우선순위에 둘 수 있는지 협력적으로 결정해야 하기 때문이다. 만약 중독된 파트너가 중독을 인정하고 그에 대해 기꺼이 도움을 청한다면, 중독 과정은 주로 EFT의 초기 단계에서 다뤄질 수 있다. 한 파트너가 자신의 중독적 행동이 관계에 영향을 준다는 사실을 부정한다면, EFT 치료사는 위로와 지지를 구할 때 파트너를 향하는 대신에 물질(substance)로 향하는 중독적 행동이 부정적 고리의 일부라는 것을 파트너들과 함께 탐색할 수 있다. 이 탐색은 중독치료를 받거나 또는 관계를 강화하고 중독적 패턴을 중단하려는 동기가 될 수 있다. 커플이 부정적인 반응적 고리를 멈추고 안전과 신뢰를 성장시키기 시작할 때 중독 과정은 비중을 잃고 파트너가 서로에게 위안과 지지의 주요 자원이 되는 일이 발생한다(제10장 참조).

안전 확보를 저해할 수 있는 또 다른 요소는 치료사가 취하는 자세다. 정서적으로 거리를 유지하는 '전문가' 태도는 과정의 자문가로서 정서적으로 참여하는 협력적 태도보다 안전 확보를 방해할 가능성이 높다.

2) 적절하고 서로 받아들일 수 있는 의제 평가

EFT 치료사는 커플이 서로 받아들일 수 있는 적절한 의제를 가지고 있는지 여부를 평가한다. 예를 들어, 그들은 관계 회복을 원하는가? 종종 파트너들은 불확실하고 혼재된 감정들을 표현하기도 한다. EFT 치료사는 모호성(Palmer & Johnson, 2002)과 혼재된 감정 표현에 익숙해져야 한다. 이것은 한 파트너가 실제로 그 관계에서 정서적으로 분리되었는지, 아니면 단순히 부정적 상호작용 고리의 일부로서 거리감이나 적대감을 표현하는지에 대해 탐구하려는 호기심을 가지는 것을 의미한다. 더 깊이 알아볼수록 양쪽 파트너 모두 관계를 회복하는 데 노력을 쏟기를 원한다는 것이 명백해질 수 있다. 만약 한 파트너가 관계를 끝내고자 하는 의제를 확실히 한다면, 치료사는 이것이 명료해질 수 있게 돕고 관계를 종결하는 과정에서 파트너를 지지할 수 있다.

치료사가 양립 가능한 의제와 안전을 평가할 때 흥미로운 내용과 다양한 관점이 치료사의 주의를 흩어지게 할 수 있다. 예를 들어, 타이렐(Tyrrell)과 덱스터(Dexter)는 다자 간 연애(polyamory)에 대해 서로 다른 관점을 보인다. 이때 EFT 치료사는 자신의 관점을 좁히고 협력적인 어조를 포기하고 싶은 유혹을 느낀 나머지 부부가 화합할 수 없다고 단정하고는 부부치료가 맞지 않는다는 결론을 내리거나 문제해결을 시도하거나 교육을 시도하는 옆길로 빠질 수 있다. 반면에 모호함을 견딜 수 있는 EFT 치료사는 "이러한 차이를 함께 논의할 수 있나요? 다자 간 연애에 있어 당신이 중요하게 여기는 것과 중요하게 여기지 않는 것은 무엇인가요? 이런 논의를 할 때 상황이 어땠나요?"와 같은 질문을 할 수 있다. 그리고 후자의 질문은 부정적 고리를 평가하는 2단계를 열어주고 파트너가 서로의 차이를 논의하려고 시도할 때 어떻게 안전이 차단되는지 탐색할 기회를 준다. 둘 다 차단하는가, 아니면 한쪽이 위축할 때 다른 한쪽은 요구하는가? 그들은 서로를 밀어내지 않고 그들 자신의 견해를 말할 수 있는가? 그들은 “나는 이것을 원하지 않아. 하지만 나는 여전히 너를 원해.” “나는 그것을 원해. 그리고 너를 다치게 하고 싶지 않아. 하지만 나는 여전히 그것이 필요하다고 생각해.”라고 말하는가? 치료사가 애착시각을 가장 중심에 둘 수 있다면, 솔직하고 개방적인 탐색으로 안전을 확보할 수 있다. 이는 부정적 고리를 규명하며, 다르게 반응하고 응답받고 싶은 진정 어린 갈망에 내재된 희망의 씨앗을 찾는 데 도움이 된다.

종종 파트너의 불만 사항이 관련이 없어 보여서 치료사가 두 파트너 모두에게 적합한 목표를 찾기 어려울 수 있다. 그러나 EFT 치료사는 애착경로에 주파수를 맞추어 불만이 실제로 어떻게 관련되어 있는지를 듣고, 이를 잘 엮어서 두 사람 모두에게 맞는 목표를 만든다(Johnson, 2015). 타라와 카일은 완전히 다른 불만과 목표를 가지고 있는 것처럼 보인다. 타라는 논쟁이 조금이라도 달아오를 때마다 카일이 항상 그녀를 차단하는 것에 화가 나 있고, 카일은 타라와 논쟁하는 것이 극도로 불편하다. 그는 자신이 무슨 말을 하든 어떤 행동을 하든 간에 타라를 화나게 하는 것 같아 허무감에 빠졌고, 그녀의 비판을 듣는 것을 싫어한다. 그에게는 논쟁이 정말로 불편하다. 에밀리는 타라의 ‘나를 떠나지 말아요’, 카일의 ‘나를 거부하지 말아요’라는 애착 주제(theme)를 듣고 출발점을 제시한다. “두 분 모두 대화를 유지하는 편한 방법을 찾아 당신의 갈등과 차이를 끝내고 싶어 하고, 서로에게 이해받으며 중요한 존재라고 느끼고 싶어 하는 것으로 보입니다.” (이것은 카일과 더 많은 대화를 나누고 싶어 하는 타라의 표면적 소망과 그녀가 카일에게 중요하고 버림받지 않을 것임을 확인하고 싶어 하는 핵심적 애착 소망을 포함한다. 또한 ‘별로 이야기하고 싶지 않을 뿐이다’라는 카일의 표면적 소망과 자신을 필요로 하고 수용되는 것을 느끼고 싶어 하는 핵심적 애착 소망을 반영한다). 상대에게 중요하게 여겨지고 수용되는 애착 장면을 모순이 없는 목표로 설정하는 것은 ‘애착 씨 뿌리기’의 한 예시다.

3) 치료 계약 맺기

EFT에서 치료 계약은 격식에 얽매이지 않으며 대화를 통해 이루어진다. 그러나 계약은 안전을 확보하고, 치료 과정과 파트너의 참여 의지를 명료하고 투명하게 확립하는 데 있어 중요하다.

치료사가 파트너에게 치료 과정을 명료하게 설명하는 방법에 대한 두 가지 예시는 다음과 같다.

"우리는 각각 무엇이 두 분을 서로에게 끌리게 했는지, 무엇이 두 분을 꼼짝 못하게 하고, 이 시점에서 도움이 필요하다고 느끼게 했는지에 대해 각자에게 이야기를 듣는 것으로 시작할 것입니다. 우리는 당신의 관계에 영향을 주었던 모든 중심적 사건에 대해 논의할 것입니다. 우리는 당신이 원하는 안전한 관계를 맺지 못하게 가로막는 고리를 함께 찾아볼 것입니다. 또한 어떻게 서로를 폭발시켜서 이런 자동적 회전이 시작되는지, 이 시점에서 당신이 표현할 수 없는 연약한 감정들과 숨겨진 욕구가 무엇인지 살펴볼 것입니다. 우리는 부정적 고리의 영향력을 약화시키고, 거의 말하지 못했던 당신의 연약한 감정들을 두려움과 욕구를 나누기에 안전하도록 함께 작업할 것입니다. 이전에 말하지 못했던 두려움과 욕구를 나누는 것은 당신의 파트너가 당신을 사랑하고 받아들이도록 할 것입니다. 또한 당신이 이 부정적인 자동적 고리를 안전하고, 행복하고, 더욱 지지받는다고 느낄 수 있는 긍정적인 것으로 변화시키도록 도와줄 것입니다."

존슨은 커플들에게 EFT 과정을 설명하기 위해 춤의 비유를 사용했다.

> 관계는 춤이다. 그리고 춤의 리듬과 습관적인 스텝은 스스로 추진력을 가진다. 그래서 점점 강화될 수 있다. EFT에서 우리는 당신이 붙잡혀 있는 춤이 무엇인지, 그리고 그 춤이 어떻게 당신을 아프게 하고 좌절하게 만드는지를 살펴본다. 우리는 당신이 부정적인 춤에서 벗어나 더 안전하고, 더 친밀하고, 더 만족스러운 새로운 춤을 출 수 있도록 돕는다. 우리는 정서에 대해 이야기하는데, 왜냐하면 정서는 춤을 추게 만드는 음악이기 때문이다. 우리는 당신이 보내는 신호가 당신의 파트너가 가까이 다가오기 힘들게 할 수 있다는 것을 이해하도록 거들고, 당신의 파트너를 당신에게 끌어당기는 새로운 정서적 신호를 보내도록 안내하며, 당신이 함께 조화롭게 춤을 출 수 있도록 돕는다(Johnson, 개인적 의사소통, 연도 미상).

치료사는 관계를 효과적으로 재구성하려면 각 파트너의 적극적인 참여가 필요하다는 것에 대해 분명히 해야 한다. 부정적 고리를 안전하고 좀 더 지지적인 것으로 바꾸는 과정에서 각 파트너의 참여와 동의를 구할 때, 최종 목표에 도달하는 절차로 중간 목표를 만드는 것이 도움이 될 수 있다(Johnson, 2015). (예를 들어, 두 파트너가 친밀감과 연결을 원한다는 것에 동의하지 않을 수 있다. 특히 이런 말들이 한 파트너를 자극할 때 그러하다. 그러나 파트너들은 존중과 배려를 원한다는 것에는 동의할 수 있다. 그리고 그들이 어떻게 이를 잃었고, 어떻게 재구축할 수 있을지에 대해 알아보려는 의지가 있다고 확인해 줄 수 있다.)

계약을 맺을 때, EFT 과정이 협력적이라는 사실을 확고하게 해야 한다. 이에 대해 "저는 과정자문가로서 당신과 함께 작업할 것입니다. 이는 제가 항상 올바르지는 않다는 것을 의미하며, 만약 제가 정확하게 이해하지 못하는 것처럼 보인다면 바로잡아 주기를 바란다는 뜻입니다. 자신의 관계에 대해서는 두 분이 전문가입니다."라고 설명할 수 있다. 치료 과정을 명료하게 하고 두 파트너 모두에게 적절한 목표를 설정하기 위해 보편적 애착욕구를 활용한 다음, 치료사는 파트너들에게 치료에서 함께 작업하고 싶은지 물어본다.

4) 내용보다 과정 우선하기

1단계와 2단계의 평가는 내용 위주의 정보 수집보다는 과정에 초점을 맞추고 있다. 즉, 평가는 일련의 질문과 대답보다는 대화에 가깝다. 치료사는 각 파트너의 경험에 공명하고, 각 개인이 어떻게 관계를 해석하는지 이해하며(1단계), 커플의 고통을 지속시키는 반복적이고 연속적인 상호작용뿐만 아니라 위로와 지지에 대한 상대의 욕구에 그들이 도달하고 반응할 수 있는 긍정적 상호작용 고리도 추적하고자 노력한다(2단계). 반영과 추적은 질문보다 더 자주 사용된다.

그러나 파트너들이 현재 관계와 그 발전 과정뿐만 아니라 더 광범위한 애착력(유년기 관계와 과거의 연애)에 대해 탐구하게끔 유도하는 데 사용할 수 있는 몇 가지 질문이 있다. 질문은 유대관계의 강점을 떠올리게 할 수 있다. "힘들 때 서로에게 다가갈 수 있거나, 싸우고 나서 다시 연결될 수 있는 때가 있나요?" 또한 질문들은 파트너가 그들의 전형적인 고통의 부정적 고리를 찾아내는 데 도움이 될 수 있다. "의견 차이가 있을 때 상황이 어떤가요? 누가 논쟁을 시작하는 경향이 있나요? 보통 누가 먼저 외면하고 떠나버리나요? 다투고 난 후에 누가 먼저 연결하려고 하나요?"

일반적으로 EFT 치료사는 커플과 함께 그들의 관계가 어떻게 진화했는지, 무엇이 그들을 서로에게 끌리게 했는지, 무엇이 이 시기에 치료를 받게 했는지 그리고 어떤 주요 사건이 그들 관계의 방향을 바꾸었는지 탐구하는 것에 참여한다. 또한 간단한 애착력은 사랑에 대한 애착시각을 생생하게 드러나도록 할 수 있다. 여기에는 다음과 같은 질문이 포함될 수 있다. "어렸을 때 누구에게 위안을 얻었나요? 당신이 울고 있을 때 누가 안아 주었나요? 아이로서의 당신이 보았던, 서로에게 위안을 구하는 성인의 본보기는 누구였나요? 만약 그런 것이 존재했다면 과거의 어떤 관계에서 당신은 위안을 구할 수 있었나요? 요즘 당신을 위로해 주는 주요 자원은 무엇 혹은 누구인가요?" 환기적 질문은 참여적이고 구체적인 반응을 목표로 한다. 이러한 질문 뒤에는 반영을 사용하여 인정하고 과정이 천천히 진행되도록 하며 참여를 격려한다.

치료사의 질문에 대해 내담자가 반응하는 태도는 그 답 자체만큼이나 중요하게 여겨진다. 파트너가 무관심해지거나 혹은 극도로 불편해하는가? 자신의 반응의 중요성을 무시하는가? 치료사가 "어린아이인 당신이 두려워할 때 누가 위로해 주었나요?"라고 물었을 때, 그가 충격을 받거나 혼란스러워 보였는가? 치료사는 내담자의 반응에서 연결과 차단의 징후를 주의 깊게 관찰하고 듣는다.

성인들이 위로와 지지에 대해 타당한 생존 욕구를 가진다는 것은 종종 파트너들에게 새로운 깨달음이 된다. 위로와 지지를 주고받는 것에 대해 분명하게 말하는 것은 어떤 사람들에게는 신선하지만 또 다른 사람들에게는 고통스럽다. 회기 전 내담자에게 일대기 양식을 완성하도록 하면, 그들이 지지와 위로에 대한 보편적 욕구를 정상화하는 애착 관점의 기반을 구축하는 데 도움이 될 수 있다(EFT에 적합한 일대기 형식의 예시는 www.SteppingintoEFT.com 참조).

5) 개인 회기

EFT에서는 처음 한두 번의 커플 회기 후 각 파트너와 개인 회기를 진행하는 것이 일반적인 관례다. 개인 회기의 기본적 역할은 각 파트너와의 동맹을 심화시키고, 자기 자신과 상대 파트너 그리고 전반적 관계에 대한 인식과 경험을 자유롭게 자세히 설명할 수 있도록 하는 것이다. 개인 회기는 파트너의 존재에 의해 방해받지 않고, 관계에서 노력하는 것에 대해 불확실한 마음 혹은 양가감정을 더 깊이 탐색하고 안전 문제, 협박에 대한 두려움, 커플 회기 중에는 암시만 되거나 혹은 아예 묵살되었던 폭력적이거나 학대적인 행동에 대해 확인할 수 있는 기회를 제공한다. 마지막으로, 개인 회기를 통해 은밀한 불륜 혹은 중독적 과정에 관련되어 있는지 털어놓도록 요청할 수 있다.

개인 회기를 시작할 때, EFT 치료사는 커플과 함께 작업하기 위해 비밀을 가지지 않기를 원한다는 것을 공유하고, 이어 "만약 당신 혹은 내가 당신의 관계를 위협한다고 느끼는 무언가를 공유한다면, 나는 당신이 그 문제를 파트너와 나누도록 격려하거나 혹은 다음에 우리가 만날 때 그것을 공유하게끔 돕겠습니다."라고 의사를 전달한다. 한 파트너가 비밀을 나누기를 꺼리는 상황이라면, 치료사는 비밀을 유지하는 것이 어떻게 모두의 치료 목표를 약화시키는지를 탐색하고, 이 파트너가 가지고 싶어 하는 종류의 관계를 다시 논의할 수 있다(개인 회기에 대한 안내는 www.SteppingintoEFT.com을 참조).

4. 상호작용의 부정적 고리 추적하기: 2단계

"서로 소중하게 여기기 때문에 부정적 고리에 갇히게 된다."(A. Lee, 개인적 의사소통, 2014)

여행자는 선택한 목적지에 도달하기 위해서 출발점과 종점을 알아야 한다. EFT에 참여한 커플들은 안전하고 안정적인 연결, 서로에게 다가가고 반응하는 조화로운 춤을 향한 여정에 있다. 이들 부부의 출발점은 필요할 때 서로에게 다가가 지지해 달라고 할 수 없는 불안정한 애착관계다. 이들은 몇 가지 전형적인 고리 중 하나에 계속 붙잡혀 있고, 출구가 보이지 않는다(〈표 4-1〉 참조). 2단계의 과제는 이 고리가 어떻게 시작되고, 관계가 목적지에 도달하는 것을 어떻게 가로막는지 숙지하는 것이다.

2단계에서 치료사는 부부의 불안정한 연결의 부정적인 고리를 추적한다. 그리고 이 고리에서 파트너의 위치가 연결을 위해 분투하고 반응을 요구하는 추적자인지 또는 비난에 대해 방어하고, 친밀감을 위협하거나 숨막히다고 느껴서 회피하는 위축자인지 밝힌다.

고리 내에서 타라와 카일의 태도와 행동은 상당히 명확하다. 한 파트너의 행동이 상대를 자극하고 고리 내에서 움직이는 역동을 쉽게 관찰할 수 있다. 타라는 카일에게 반응을 강요하기 위해 애착체계를 과활성화해서 거친 불평불만을 터뜨리거나 절망의 구

표 4-1 **전형적인 부정적 고리**

- **추적하기-위축하기**

불안한 추적자의 비판적이고 과도한 요구를 하는 추적은 다른 파트너의 회피 및 거리 두기를 유발한다. 거리 두기와 회피는 더욱 불안하고 비판적인 추적을 자극한다. 전형적인 추적-위축 고리에서 비판적 추적자(불안한 애착 전략을 사용)는 "그 사람이 집에 있을 때에도 그 사람을 찾을 수 없어요. 나는 결코 그 사람과 연락이 되지 않아요. …… 그 사람이 내 이야기를 정말로 듣게끔 할 수가 없어요."라고 말할 수 있다. 전형적인 위축자(회피 전략을 사용)는 "나는 우리가 평화롭게 잘 지내길 바라요. 하지만 그 사람은 항상 무언가에 대해 화가 나 있어요."라고 말할 것이다.

- **공격하기-공격하기 연쇄(sequence)**

공격-공격형 고리로 보이는 상황 속에는 연결되려고 애를 쓴다는 신호로서의 공격과 방어적으로 친밀감을 회피하고, 비난과 요구에 맞서 지키려는 공격이 있을 개연성이 가장 높다. 양쪽 파트너의 소리 높은 항의에도 불구하고, 더 불안한 애착 전략을 사용하고 자신의 애착욕구를 과장하고 과도하게 활성화하며 끈질기게 관계를 추적하는 한 파트너가 있을 가능성이 있다. 이는 좀 더 회피적인 파트너가 자기보호 모드로 전환하여 맞싸우게끔 한다. 더 회피적인 파트너는 방어를 위해 싸우고는 있지만 계속 자신과 타인의 애착욕구를 축소하고 무시한다.

- **위축하기-위축하기**

일반적으로 한 회피적 파트너는 다른 파트너보다 아주 약간 덜 회피한다. 두 파트너는 다른 파트너가 자신을 위해 곁에 있어 주는 것을 기대하지 않고 신뢰하지 않는 회피적 태도를 기본적으로 가지고 있다. 위축하기-위축하기 커플은 거의 말다툼을 하지 않지만, 거의 가까워지지도 않는다. 일부는 정서적으로 예민한 부분을 건드리면 가끔 폭발하기도 한다. 한 파트너는 다른 파트너의 비판이나 불만을 듣고 자신을 방어하기 위해 반응한다.

- **반응적 고리**

추적과 위축의 태도는 시간이 지나면서 변할 수 있다. 오랜 시간 동안의 추적-위축 이후에 추적자는 응답을 구하는 데 지쳐 뒤로 물러날 수 있고, 이전의 위축자가 추적의 위치에 오게 될 수 있다. 현재의 고리를 추적하면 안전이 증가함에 따라 이러한 위치가 달라지는지 알아볼 수 있다. 위치는 뒤바뀔 수 있다. 이전의 추적자가 소진하여 이제 철수하는 데 반하여, 초반의 위축자는 그 변화에 두려움을 느끼고 파트너를 잃지 않으려 추적하기도 한다(반응적 고리에 갇힌 커플이 EFT 치료의 9단계를 거쳐 가는 과정에 대한 탁월한 본보기 사례를 위해 Johnson et al., 2005 참조).
복잡한 고리는 불안과 회피가 모두 높은 트라우마 생존자들에게 흔히 나타난다. 추적과 위축의 위치는 왔다 갔다 뒤바뀐다. 자신이 위로와 지지를 구하기 위해 의지하는 바로 그 사람을 한편으로는 회피라는 생존 전략 때문에 두려워하고 피한다. 이러한 뒤얽힌 고리에서 추적자와 위축자는 무작위로 위치를 바꾸는 것처럼 보인다. 추적자는 연결이 제공될 때 이를 신뢰하지 못하여 위축할 수 있다. 위축자는 상대 파트너가 반응하지 않을 때 불안해지고 지나치게 요구하게 될 수 있다. 여기서 우리는 다중-이동 고리와 그 복잡한 연쇄를 확인할 수 있다.

렁텅이에 빠져 눈물을 흘린다. 이에 대응하여 카일은 비활성화 전략을 택해 더욱 차분하고 엄격해진다. 그러나 이는 다시 타라가 더 많은 항의를 하도록 자극한다. 카일이 어린 시절에 대해 술회한 이야기에 착안하여 카일과 타라는 자신들의 부정적 고리를 '엎지른 우유 탱고'로 이름 붙였다. 그녀가 집안일을 도와 달라고 재촉하면 할수록 그는 속으로는 우유를 엎질러서 꾸짖음을 들었던 다섯 살짜리가 된 것 같은 수치심으로 달아올라 점점 방어적이게 된다. 그는 부루퉁하게 컴퓨터로 물러나서 그가 약속한 모든 일을 끝마치지 않은 채로 남겨 둔다. 그러면 타라는 카일과 자신의 외로움에 대응하기 위해 분노로 담을 쌓고, 그 둘은 며칠 동안이나 대화를 나누지 않는다.

1) 고리 추적하기

EFT 치료사는 자신에게 "파트너 B의 반응을 유발하는 파트너 A의 행동은 무엇인가? 그 반대로 진행되는 것은 무엇인가?"라고 묻는다. 이 질문을 통해 치료사는 반복되는 부정적 고리 내에서 파트너들의 어떤 행동이 상대에게 정서적 균형을 잃게 하고 고리에 끌어들이는지 협력적으로 알아낼 수 있다. 무엇이 단절의 춤을 촉발하는가? 필이나 줄리와 같은 위축자들에게 그 계기는 매우 미묘한 것일 수 있다. 필에게는 줄리가 첼로를 연습하기 시작할 때 줄리의 얼굴에 떠오른 특정한 표정을 보는 것일 수 있고, 줄리에게는 필이 유행 소설에 머리를 묻기 직전 그의 얼굴에서 긴장된 표정을 보는 것일 수 있다.

EFT 치료사는 자신에게 "어떻게 하면 커플이 상호작용의 반복적 회로를 정확하게 포착할 수 있게 이 고리를 추적하고 반영할 수 있는가?"라고 묻는다. 추적하는 반영을 시도하기 전에 EFT 치료사는 고리에 대해 느낀 감각을 찾아본다. 치료사는 극단적인 행동화 경향으로 파트너를 끌어들여야만 하는 강력한 애착소망 및 욕구와 공명하려 노력한다. 여기서 상당한 비중을 차지하는 것은 각자가 상대의 행동에 부여한 표면적인 의미와 인식에 치료사의 마음을 맞추는 것이다.

이 공명에 따라 치료사는 "필, 줄리가 바빠 보이고 음악에 몰두해 있는 것 같아 보일수록 당신은 스스로에게 '그녀는 나를 위해 시간을 낼 수 없어'(그의 지각, 혹은 애착적 의미)라고 말하는군요. 그리고 줄리, 필의 얼굴에서 약간이라도 긴장감을 보면 당신은 내면적으로 점점 굳어지고, 자신에게 '나랑 있으면 그는 행복하지 않구나. 언젠가 그는 너무 화가 나서 틀림없이 나를 떠날 거야'(그녀의 애착적으로 중요한 지각)라고 이야기하면서 당신의 음악으로 슬그머니 도망치네요. 두 분 모두 외로워질까 봐 서로에게 중요한 사람이 아니게 되고 서로를 잃을까 봐 두려워하지만, 그 두려움을 한쪽으로 밀어 두고 자신을 보호하면서 이 관계를 견디고 있어요. 당신은 가장 위험하고 어려운 순간에 서로에게서 멀어지는 외로운 패턴에 갇혀 있어요. 제가 잘 이해하고 있나요?"라고 시도할 수 있다. 그들의 부정적 춤이 어떻게 일어나는지 정확하게 묘사하려는 치료사의 시도를 파트너들이 승인해 주거나 조정하도록 시간을 준다.

2) 위치 확인하기

EFT 치료사는 고리를 추적하면서 각 파트너가 추적 혹은 위축 중에서 어떤 태도를 취하고 있는지 확인하기 위해 노력한다(〈표 4-2〉 참조). 추적자들은 단절과 유기를 두려워하며, 분리고통을 느낄 때(in separation distress) 비난하는 태도를 취하는 경향이 있다. 그들은 "내가 그를 필요로 할 때 그는 절대로 내 곁에 있어 주지 않아요." 혹은 "나는 그녀가 정말로 나와 친밀해지기 원한다는 것을 전혀 믿을 수 없어요."와 같은 이야기를 한다. 위축자들은 파트너가 자신에게 실망했다고 감지하고, 거부 그리고/또는 소멸(annihilation)을 두려워하며 차단하고, 도피 혹은 경직 반응(flight or freeze response)으로 되돌아가는 경향이 있다. "제가 하는 어떤 것도 그녀에게 충분히 민첩하거나 고상하지 않아요." "마치 제 됨됨이를 바꾸고 싶어 하는 것 같은 그 사람의 거창하고 진지한 이야기 없이 지내는 것이 소원이에요."

특히 필과 줄리처럼 두려움에 찬 회피(제3장에서 소개함)라고 알려진 불안과 회피 전략의 조합을 사용하는 트라우마 생존자들에게서 위치를 확인하는 것은 어려울 수 있다. 에밀리는 한동안 필과 줄리 중 누가 불안한 추적자이고 누가 회피적인 위축자인지 헷갈렸다. 그녀가 경험한 상담실에서의 행동 패턴은 거의 위축-위축 패턴이었다. 상담실에서 양쪽 파트너는 그들이 잘해 나가고 있다고 대체로 낙관하고 있었지만, 에밀리는 그것이 『날 꼬옥 안아 줘요』(Johnson, 2008)에 묘사된 경직되고 도피하는 고리의 온화한 형태라고 느꼈다.

표 4-2 **위축 혹은 추적의 위치 확인하기**

EFT 치료사는 위축 또는 추적의 애착 위치를 확인하기 위해 다음의 사항을 알고 싶어 한다.

- 정서적으로 더 친밀해지기 위해 불안한 추적의 위치에서 춤을 추는 사람은 누구인가? 그리고 갈등, 불만, 변화라는 압력을 피하기 위해 회피적 위축 위치에서 춤을 추는 사람은 누구인가?
- 이 부정적인 춤이 어떻게 애착에 관한 것인가? 내용이 흥미로워 보이겠지만, 파트너들이 부여하는 애착적 의미는 현재 나타난 어떤 문제라도 예외없이 본질적으로는 애착에 대한 것임을 알려 준다. 하찮아지는 것, 중요하지 않은 존재가 되는 것, 상실, 유기 그리고 거부에 귀인하는 것이 흔하다.
- 이것은 추적/위축 고리인가? 만약 추적/위축 고리가 성관계(sex)와 관련되어 있다면, 성관계를 추구하는 것이 무엇을 뜻하는지 내가 자세히 들었는가? 종종 남성 파트너는 위축자의 위치에서 성관계를 추구하는데, 이는 그들이 편안하게 여기는 유일한 형태의 친밀감이 신체적/성적 위안이기 때문이다(Johnson et al., 2005). 전반적인 관계와 성관계 사이에서 추적/위축의 위치가 달라지는가?
- 공격/공격 연쇄의 아래에 어떤 위치가 존재하는가? 만약 명료한 추적/위축 고리가 아니고 공격/공격 연쇄라면, 그 아래에 불안한 추적자와 회피적인 위축자의 표지가 있는가? 아무리 미묘하더라도 좀 더 참여하라고 요구(불안한 추적자의 표지)하기 위해 비난하는 쪽은 누구인가? 너무 많은 요구를 하지 말라고 밀어내는 메시지(회피적 위축자의 표지)로서 방어적 반격을 하는 사람은 누구인가?
- 정서적 신호들은 무엇인가? 파트너들의 정서적 현실에 치료사의 마음을 맞추는 것은 고리와 태도를 확인하는 데 도움이 될 수 있다. 추적자들은 전형적으로 분노, 격분 그리고 유기에 대한 잠재적 두려움, 하찮은 존재가 되거나 보살핌을 받지 못하게 되는 것에 대한 두려움을 표현한다. 위축자들은 전형적으로 방어적 좌절감 혹은 허무감(망연자실함)을 표현하고 최소한의 정서만 드러낸다. 왜냐하면 그들은 정서를 억제함으로써 무감각할 가능성이 높기 때문이다. 그들은 보통 무엇을 해도 부족하고 지뢰밭을 걷는 것 같다고 이야기한다. 반응적 분노와 좌절은 양쪽 모두에게 흔하다.

그러나 필에게 초조하고 조급한 반응이 촉발된 것처럼 보이는 경우들이 있다. 줄리가 자신이 느끼는 고통의 일부를 내비칠 때, 그는 그들이 상황을 제법 잘 다루었고 이제는 더 이상 그렇게 나쁘지 않다는 것을 언급하기 위해 재빨리 끼어들었다. 또한 그는 줄리가 주저하고 있는 것에 짜증을 내고, 이야기를 가로채어 그가 떠나지 않는다고 주장하며 그녀의 소심함과 위축에 대해 느끼는 좌절감을 표현했다. 에밀리는 신체적 · 성적 학대와 알코올 중독자인 부모로부터의 방임을 포함하는 아동기 트라우마의 정도를 고려할 때, 추적과 위축 사이의 혼란스러운 동요가 이해된다고 다시 한 번 생각했다.

그녀는 여전히 호기심을 가지고 매 순간순간의 뉘앙스에 매우 잘 맞춰 간다.

3) 부정적 고리를 추적하는 세부 단계

고리를 추적하고 위치를 확인하는 2단계를 분석할 때, 나는 이 과정을 일련의 세부 단계로 나눌 것이다. 이 세부 단계들을 검토하는 것은 초보 EFT 치료사가 더 자연스럽고 수월하게 과정을 이해하도록 도울 것이다(Johnson & Brubacher, 2016a).

- 각 파트너들이 자신을 고리로 끌어들이는 자극을 파악하도록 돕는다(예: 그녀의 목소리 톤, 그가 나에게서 등을 돌릴 때)
- 각 파트너가 상대방과 관련한 자신의 전형적 행동을 인지하고 '책임'을 인정하도록 돕는다. 책임은 재연에서 "내가 정말로 당신을 몰아세웠어." "내가 정말 당신을 밀쳐냈어."처럼 표현될 수 있다.
- 신호(방아쇠)와 자동적인 행동 반응이 연관되어 있음을 인정하면서 애착 틀 내에서의 반응을 정상화한다. "**가장 중요한 사람이 당신에게서 멀어질 때** 덤벼드는 것이나 당신의 **가장 중요한 사람이 흥분해서 당신을 공격할 때** 벗어나려는 것이 이해가 됩니다."(애착적 요소는 **굵은 고딕체**로 표시)
- 각각이 상대의 행동에 대해 생각하고 있는 애착적 의미를 환기시킨다. 파트너들이 상대의 행동을 어떻게 인지하고 해석하는지 설명하도록 돕고, 자기 자신과 상대에 대해 자동적으로 만들어지는 애착적 의미 혹은 관점을 명료화하도록 돕는다.

  – 예시 1

  치료사가 타라에게: 카일이 약속을 잊어버렸을 때, 타라 당신에게 그것은 무엇을 말해 주나요?(카일이 보이는 행동의 애착적 의미 환기하기)

  타라: 그 사람은 신경 쓰지 않는다는 거예요.

  – 예시 2

  치료사가 카일에게: 타라가 소리를 지르며 폭발하고 난 후 침묵하는 것을 어떻게 이해하나요?

  카일: 제가 그녀와 절대로 잘 지낼 수 없다는 거죠. …… 시간문제일 뿐이에요. 결

국 그녀는 저를 떠날 거예요.

- 방아쇠와 그 방아쇠의 의미 그리고 수반되는 반응적 정서와 행동 간의 관련성을 인정한다.

  치료사: 카일이 당신에게 약속했던 대로 하지 않을 때(방아쇠), 당신은 그가 당신을 신경 쓰지 않는 것이 분명하다고(애착시각을 통해 인식한 의미) 스스로에게 말하는 군요. 그리고 그가 어깨를 으쓱하며 당신에게서 등을 돌릴 때(또다른 방아쇠), 당신은 심하게 좌절하고(반응적 정서) 그에게 비난을 퍼붓네요(반응적 행동)!

- 필요에 따라 총알받이가 된다(공격성을 말하지 못한 어려움이나 고통 등으로 재구조화한다).

  – 예시 1

  타라가 "내가 당신을 버리든 말든 당신은 죽는 편이 나을 거야!"라고 소리칠 때, 치료사는 "당신이 어떻게 그에게 다가가야 할지 모를 때 그 사람을 이해시키려고 점점 더 소리치게 되기 쉽죠. 그런가요?"라고 말하며 총알을 잡는다.

  – 예시 2

  카일이 의자에 털썩 주저앉아 "그녀의 말을 들을 필요가 없어요."라고 중얼거릴 때, 치료사는 "당신이 타라를 실망시켰을지도 모른다는 이야기를 듣는 것이 너무 고통스러워서 방금 그녀의 말을 듣지 않으려고 한 것인지 알고 싶어요."라고 말하며 총알을 잡는다.

4) 에밀리의 내담자들에 대한 2단계의 간단한 애착 틀

카일과 타라 같은 추적-위축 커플에서 고리 속의 기본적인 태도와 움직임에 대한 애착의 틀은 다음과 같다. "타라가 소리를 더 크게 지를수록 카일은 점점 더 멀어지는군요. 두 분 모두 고통과 외로움에 갇혀 있어요." 필과 줄리 같은 위축-위축 커플에서는 첫 번째로 그들 고리의 끝없는 순환에 이름을 붙인다. "줄리가 불행해 보이는 상태로(필은 자신 때문이라고 추정한다.) 외면할수록 필은 사라져서 더 많이 바쁘게 움직이는군요(거절당한 고통을 무디게 하기 위해). 그리고 두 분 모두 고통과 외로움에 갇혀 있어요."

좀 더 변덕스러운 커플인 소피와 엘라는 과열된 공격-공격형 고리에 갇혀 있다. 이들에게 치료사는 다음과 같이 추적하는 반영을 시도할 수 있다. "소피, 당신이 엘라의 거리감에 대해 불평하고, 그녀를 가까이에 끌어당기려 하면 할수록 그리고 엘라 당신이 그녀를 실망시킨 이야기를 더 많이 들을수록 두 분은 화가 나서 더 많이 상대를 밀쳐내게 되네요. 소피 당신은 엘라가 밀쳐 낼 때 극도로 흥분해서 공격적이 되는군요. 소피는 속으로는 외롭고 금방이라도 엘라를 잃을 것 같아 두려워해요. 엘라 당신은 소피가 정말로 당신을 사랑하지 않고 받아들이지 않을까 봐 두려워하죠. 이 고리가 강해지면 당신 둘 모두는 고통과 외로움에 빠져요."

5. EFT 치료사가 1단계와 2단계를 수행하는 방법

1단계와 2단계가 내담자에게 현재의 순간에 정서적으로 참여하는 협력적 경험이 될지 아니면 정서적 참여 없이 이해하려는 대화가 되어 지속적 변화를 일으키지 못하게 될지는 치료사의 태도에 달려 있다. 평가를 위해 질문하고 반응하는 방식 또한 동맹 내 안전의 성장을 굉장히 제한하거나 향상시킬 수 있다. 공감적 반응, 무조건적 수용 및 진심 어린 참여라는 로저스의 치료적 자세(Bowlby, 1988; Rogers, 1980)는 치료사에게 믿음직하고 실용적인 지침이 된다. 치료사는 이를 기반으로 공감적 반영, 추적, 인정, 환기적 질문, 애착적 맥락에서의 재구조화, 총알받이 그리고 재연 형성이라는 모든 개입기법을 이용하여 1단계와 2단계의 매 순간에 머무를 수 있게 된다. 이는 안정적인 부모-유아관계에서 관찰되는 적응적이며 정서적으로 참여하는 상호작용과 유사하다. 이를 체화한 EFT 치료사는 스스로와 내담자에 대해 공감적으로 공명하고, 지금-여기에 참여하며, 치료적 동맹의 과제를 명료하게 처리한다.

1) 조율하고 참여하며 함께하기

안전한 피난처이자 견고한 기반인 동맹을 개발하기 위한 핵심 요소는 조율하고 공명하면서 함께하는 것이다. 치료사들이 이런 방식으로 함께할 수 있는 요령을 깨닫게 도와주는 약어는 NACC다. 이는 지금(Now) 즉시, 생생하고(Alive) 선명하게 충분히 느껴지는, 구체적이고(Concrete) 분명히 실재하며 특정적인, 애착경로(attachment Channel) 내에서를 의미한다(Johnson, 2014). 정서적 경험의 스쳐가는 순간들의 신호를 붙잡아 그 경험과 함께 찰나에 오래 머무르면서 그것을 만지고 맛보고 감지하고 느끼며 상호작용함으로써 완전히 생생하게 만들고, 내담자가 그들이 표현하는 단어들을 지금 이 순간 충분히 경험하게끔 도와준다.

공감적 반응은 타인의 경험을 공명하는 것에서 나온다. 내담자의 경험에 대한 감각이 나타날 때마다 치료사가 이에 충분히 참여하며 함께하면 안전하고 안정적이라는 느낌이 향상된다(Geller & Porges, 2014). 내 동료이자 친구이며 EFT 트레이너인 케니 샌더퍼(Kenny Sanderfer)는 '호스 위스퍼러(horse whisperer)'*이기도 하다. 트라우마로 인해 사람을 믿지 못하고 놀라서 흥분하기 쉬운 경주마들과의 신뢰관계를 회복하기 위해서 그가 사용하는 방법은 끈기 있는 공감적 조율과 변연계 공명(limbic resonance)이다. 그는 이 핵심 요소를 EFT 치료사에게도 교육한다.

거울 뉴런이 우리에게 타인의 행동과 정서적 상태를 자동적으로(전의식적으로) 내면화하는 선천적 능력을 불어넣어 주었기 때문에 양쪽 파트너의 경험에 깊이 공명하는 것이 가능하다(Gallese, 2001).

> 우리는 타인의 의도를 읽고 그들이 느끼는 것을 우리 몸 안에서 느낄 수 있다. 어떤 신비주의적 방식이 아니라 그들의 얼굴, 움직임, 자세를 관찰하고, 그들의 목소리 톤을 듣고, 그들의 행동의 즉각적인 맥락을 알아차림으로써. 우리의 직관에 검증과 미세 조정이 필요할 수는 있지만, 그래도 우리는 이 '독심술'을 제법 잘 해낸다(Stern, 2004, p. 76).

우리가 타인의 경험을 반영하면서 정확하게 이해하고 있는지 확인하는 것은 로저스의 공감적 반영의 근간이다. 로저스(Rogers, 1986)는 자신이 '느낌을 반영'하려는 것이 아니라, 그 순간에 그 사람이 경험하고 있는 대로 내담자의 내적 세계를 정확하게 이해하는지 확인하고자 노력한다고 이야기했다. 각 파트너의 개인적 경험을 경청하고 그들의 내적 세계를 거니는 동안(Rogers, 1961), EFT 치료사는 정서적 균형을 유지하기 위해

*역자 주: 불안해하는 경주마들을 안심시키는 말 조련사.

한쪽 발은 견고한 현실에 붙이고 있을 필요가 있다. EFT의 애착기반모델은 그 단단한 기반이 될 수 있다. EFT 치료사가 모델에 대해 자신감을 갖고, 격렬한 고통, 분노 혹은 수치심과 같은 극단적 정서에 대한 애착 의미를 이해한다면, 치료 과정 속에서 그 경험의 강렬함에 압도되지 않고 타인의 경험에 충분히 참여할 수 있게 된다.

파트너를 향한 끈질긴 비난은 EFT 치료사를 불안하게 할 수 있다. 이렇게 감정의 동요가 일어날 때 치료사가 개인의 내적 경험을 정확하게 인식해야 애착시각을 유지할 수 있게 된다. 사랑의 과정에 진입하려고 할 때, 치료사는 공감적 상상을 사용하여 내담자의 세계를 이해하게 되고, 그 사랑이 위협받을 때 분노하는 과정도 '깨닫게' 된다. 또한 분노가 크면 클수록 더욱 심각하다는 것을 알 수 있게 된다. 치료사가 불화부부의 적대적 요구/비난 그리고 거부적이고 차가운 '냉대'가 실제로는 분리 스트레스로 인한 움직임이라는 점을 인지적으로 이해하면 차분하게 동맹을 형성할 수 있다.

동맹에 대한 위협이 발생할 때, EFT 치료사들은 스스로를 인식하면서 온전히 참여하며 균열을 치료할 준비를 하도록 노력해야 한다(지각된 느낌을 이해하는 자원에 대해서는 제9장 참조). 치료사로서 자신의 고유한 내적 경험에 조율하는 것은 동맹의 균열 방지에 도움이 될 수 있다. 예를 들어, 엘라가 "저는 정말 치료받고 싶지 않아요. 수천 달러가 들 거예요! 저는 그냥 그녀 때문에 치료에 참여하는 거예요. 우리가 몇 회기 안에 이 문제를 해결할 수 있기를 바라요."라고 이야기할 때, 에밀리는 화가 등을 타고 오르는 것을 느꼈다. 에밀리의 일부는 엘라가 관계를 책임지지 않으려 한다고 평가하고 싶었지만, 그녀는 내담자가 치료에 노력하지 않으려 할 때 생기는 자신의 반발심을 인식했다. 그래서 그녀는 수용과 온정을 전달하고, 엘라의 무례한 발언 속에서 들려오는 내재된 안전과 희망의 씨앗을 알리기 위해 애착 재구조화를 선택했다. "와, 당신은 치료가 너무 어렵다고 생각하고, 비용에 대해서도 정말 걱정이 되는데 '단지 그녀 때문에' 치료에 참여하겠다고 하니 소피가 당신에게 상당히 중요한 것처럼 들리네요!"

엘라는 부드러워진다. "글쎄요, 어, 그녀는 중요해요. 제가 새 직장을 다닐 때, 그녀의 마음을 많이 아프게 했어요. 저도 알아요." 소피는 안도하는 것 같다. "그녀가 저를 아프게 했다고 인정하는 것을 들은 건 이번이 처음이에요!"

에밀리는 엘라와 소피에 대한 공감적 태도로 애착 재구조화를 시도하면서 자신이 느꼈던 위협이 완화되는 것을 깨달았다. 그녀는 엘라에 대해서 덜 비판하게 되고, 함께할 작업에 대해서는 좀 더 희망을 느끼게 되었다. 그녀는 자신의 앞에 있는 두 명의 선한 사람이 생존을 위한 투쟁에 갇혀 있음을 인식한다. 수차례 위협받았던 동맹은 다시 한 번 확고해진다.

2) 지금-여기에 다가가라

타인을 적극적으로 느끼는 공감적 개입을 통해 치료사는 타인의 정서 경험의 실재를 체험할 수 있게 된다. 이는 현재의 순간에 밀접한 태도라고 표현할 수 있다. 과거 사건에 대해 거리를 두거나 지적 설명을 하며 멀찌감치 떨어져 있을 수도 있고, '지금-여기 그리고 현실에 가까이' 다가갈 수도 있다(Stern, 2004, p. 211). EFT 치료사는 경험주의적 치료를 시행하면서 현 시점에서 그들 자신과 내담자들이 경험하는 매 순간에 온전히 몰두하게 된다. 그리고 이는 내담자들이 자신의 내면의 경험 그리고 자신과 타인 간의 경험에 대해 적극적으로 참여하고 새롭게 인식하는 것을 돕는다. 공감적 개입은 치료사가 경험의 수준을 구분하는 데 도움이 된다. 표면적 수준의 경험에서는 내담자가 개인적 거리를 두고 사건, 생각, 타인에 대해 이야기하지만, 치료에 필요한 몰입하는 수준의 경험에서는 내재된 감정과 의미가 나타나고, 이것이 다듬어지고 통합된다(Klein et al., 1969).

에밀리는 한동안 내면적 정서 경험의 비언어적 표지(미묘한 얼굴의 움직임, 한숨, 신체 자세의 변화, 목소리 톤 등과 같은)에 의지해 왔다. 카일이 어깨를 움츠리며 눈길을 돌리고 고개를 숙이는 순간, 타라가 느끼는 애착두려움의 일부에 최초로 내면적으로 공명할 수 있었을 때 그녀는 기쁨에 가슴이 두근거렸다. 그녀는 또한 소피가 논리적으로 "난 그녀가 내가 원하는 사람이 되어 줄지 확신할 수 없어요."라고 매우 큰 목소리로 이야기할 때, 엘라가 느꼈을 애착두려움의 일부에도 공명할 수 있었다. EFT 치료사는 불안해하며 추적하는 파트너의 경험과 회피적/철수적인 파트너의 경험, 모두의 감각을 얻기 위해 전념한다. 이는 애착이론을 인지적으로 완전히 파악하고, 타인의 애착두려움이 어떻게 느껴지는지에 대해 공명하기 위해 그들의 경험적 세계에 완전히 몸을 던지는 것을 포함한다.

3) 치료 과정에 대한 투명성

EFT 치료사들이 그들이 하는 작업과 커플의 목표를 향해 가는 경로 중 어디에 있는지에 대해 솔직한 것은 중요하다. 변화의 경로를 설명하는 한 가지 방법은 『날 꼬옥 안아 줘요』(Johnson, 2008)를 공유하는 것이다. 다른 설명은 앞의 '치료 계약 맺기' 부분에 나와 있다.

(1) 과제 동맹 촉진하기

제2장에서 언급했듯이, 동맹의 과제적 측면은 EFT 성공에 큰 영향을 준다. 즉, 부부가 치료 과정에 대해서 신뢰하고, 그들이 과제가 타당하다고 여기는 것이 중요하다. 에밀리는 커플들이 과정에 대해 신뢰할 수 있도록 의식적으로 두 가지 일을 한다. 그녀는 파트너들의 피드백을 요청하고 재연을 만든다.

첫 번째 회기가 끝날 무렵, 에밀리는 함께 작업하는 방식에 대해 각 파트너가 어떻게 생각하는지 솔직하게 묻는다. 치료 과정 내내 그녀는 계속해서 그들의 피드백을 요청하고, 각각의 파트너가 그녀의 개입에 어떻게 반응하는지 관찰한다. 회기 중에 그녀는 각 파트너와의 공명과 신뢰감을 점검하고, 대부분의 회기가 끝날 때 그 회기가 그/그녀에게 어떠했는지 각자 표현하도록 격려한다. 그녀는 그들이 한 작업과 그들이 감수한 위험을 요약하고 그들 스스로 혹은 그들의 파트너에 대해 그들이 음미하고 싶은 무엇을 발견했는지 물어본다.

그녀는 각 회기마다 의도적으로 적어도 하나의 재연(제2장에서 설명한 대로)을 만든다. 1단계와 2단계에서 재연은 비교적 단순하고, EFT 치료의 전형적 과정으로 가는 길을 연다. 예를 들어, 그녀는 파트너에게 "당신이 심하게 화를 낼 때 내가 듣지 않았던 건 사실이야."라거나 "내가 당신이 반응하게 할 수 없을 때 비판하는 걸 알고 있어."라고 표현해 보라고 할 수도 있다. 재연은 파트너 간의 관계에서 새로운 경험을 만들 가능성이 높다. 각 회기에서 적어도 한 번의 작은 교정적 정서 경험만으로도 부부는 과정에 대해 더 신뢰할 수 있게 된다.

(2) 내담자의 언어로 이야기하기

에밀리는 치료 과정에 열려 있으려면 서로 다른 파트너들의 경험에 맞는 언어를 사용해야 한다는 것을 배우고 있다. 그녀는 초기 회기에서 그들이 '연결감과 안전감'을 갖도록 도와주려 해도 모든 파트너가 편안하게 듣는 것은 아니라는 점을 발견했다. 그녀는 회피적이고 위축적인 파트너들은 친밀감이 상당히 위협적이라고 여기고, 그래서 '연결'이 방아쇠가 되는 단어(a triggering word)라는 것을 깨닫고 있다. 이들은 치료 초반에 연결을 추구하지 않는다. 그것은 그들이 실현하기 원하지 않거나 이행할 수 없다고 생각하는 요구와 기대에 대한 이미지들을 불러일으킬 수 있다. 그래서 그녀는 가끔 두 파트너 모두 그녀에게 그들의 관계에 대한 경험을 말한 후 이를 세밀하게 살피기를 해 주어서 '존중, 가치 있는, 원하는' 등과 같이 두 사람이 좀 더 안전하게 느낄 수 있는 단어를 사용한다.

(3) 당신은 우리에게 해결책을 주지 않을 건가요?

EFT를 새로 접한 치료사들은 흔히 이런 질문을 두려워한다. EFT는 행동적 변화를 위한 도구와 전략을 가르치는 것을 포함하지 않지만, 이 질문을 맞닥뜨린 초보 EFT 치료사를 진정시킬 수 있는 두 가지 요소가 있다. 첫째, EFT 치료사는 반영과 인정으로 시작한다. "당신이 가능한 한 빨리 변화를 만들고 싶어 하고, 지금 있는 이 고통스러운 장소에서 벗어날 도구를 원한다는 것을 이해합니다." (잠시 멈추어서 충분한 시간을 들여 당신의 내담자가 경험하고 있는 조급함, 자포자기, 절망의 세계에 들어가라. 그들이 회의적이거나 조급해질 권리를 인정하라. 그 질문이 정당하고 중요한 것임을 인정하라.)

둘째, EFT 치료사는 애착시각을 가지고 있으므로 변화를 위한 애착 안내도를 이용하여 안심을 제공할 수 있다. "물론 해결책을 드릴 겁니다. 당신의 파트너에게 좀 더 명확한 메시지를 전달해서 관계를 위한 당신의 최선의 시도가 당신의 파트너를 더 멀리 밀어내거나 혹은 불같이 화를 내게 하는 것으로 끝나지 않을 수 있는 도구 말이죠. 그러나 이 도구를 배우기 전에 당신의 관계가 어떻게 계속 똑같은 틀 속에서 꼼짝 못하게 되는지를 함께 알아볼 겁니다. 우리는 조용한 배경 음악처럼, 당신이 보내는 메시지를 당신의 파트너가 듣고 이해하는 것을 계속 방해하고 있는 숨겨진 정서들을 같이 살펴볼 겁니다. 그리고 이 정서들을 변화시킬 수 있는 방법을 찾아서 이 정서들을 숨겨 둘 필요가 없도록 하고, 오히려 새로운 도구를 만드는 데 사용할 겁니다. 당신이 메시지를 보낼 수 있고 서로에 대해 분명하게 들을 수 있을 때, 두 분은 서로가 중요하고 사랑받고 있다고 느낄 거예요."

6. 결론

첫 번째 변화의 전환점을 위한 토대는 1단계와 2단계에서 만들어진다. 1, 2단계에서 병리적 관점과 비난에서 벗어나 애착에 기반한 안전이 형성되면 단계적 약화가 나타나기 시작한다. 파트너들이 관계를 지배하는 다소 변형된 부정적 고리에서 나타나는 투쟁 혹은 도피를 확인하면 3단계에서 그 고리를 끌어가는 애착정서들을 분석할 준비가 된다.

7. 1단계와 2단계에서 변화의 핵심 요소 요약

애착시각은 안전을 확보하고, 관계의 과정을 평가하고, 치료 계약을 설정하며, 부정적 고리를 규명하는 초기 단계들을 안내한다.

1) 치료사가 1단계와 2단계에서 보고 듣는 것

부정적 고리에 갇힌 결합된 두 포유동물은 이 고리를 움직이는 애착두려움과 욕구를 거의 인식하지 못한다.

2) 1단계에서 치료사와 내담자가 수행하는 것

EFT 임상가는 EFT 1단계에서 애착 지향(attachment orientation) 관점을 이용하여 협력적 동맹과 안전을 만든다.

EFT 치료사는 현재 순간의 상호작용을 관찰하고, 내면적 정서 경험의 신호와 대인 상호작용 경험의 신호를 다룬다. 내담자들은 관계에 대한 그들의 경험, 치료에 대한 희망을 표현한다. 치료사는 서로에 대한 파트너의 반응성, 상호 애착의 강도에 대한 신호, 치료사에 대한 각 파트너의 개방성과 치료에 자진하여 참여하려는 것의 표지를 찾는다. 내담자들은 치료사가 제안하는 관계 회복의 과정에 자진하여 참여하려는 뜻을 나타내고 탐구한다. 평가와 동맹 형성은 분리할 수 없다. 주요한 부분은 다음과 같다.

- 회기 중 안전을 확보한다.
- 파트너 사이에서 화합할 수 있는 의제를 평가한다.
- 치료적 계약을 맺는다.
- 내용보다 과정을 우선한다.
- 개인 회기를 갖는다.

3) 2단계에서 치료사와 내담자가 수행하는 것

관계를 장악하고 있는 특정한 부정적 고리(되먹임 회로)를 협력적으로 탐구하고 이름을 붙인다.

- 주요한 애착 춤에 이름을 붙인다. 멀어지는 춤 속에서 각 파트너가 만드는 움직임, 이런 움직임을 유발하는 것과 각 파트너가 상대의 움직임에서 도출한 의미를 확인한다. 움직임, 방아쇠, 의미는 3단계에서 접근하게 될 유기 또는 거부에 대한 잠재적 공포와 관련된 힌트를 제공한다.
- 불안한 추적(애착정서와 욕구를 과활성화함) 혹은 회피적 위축(애착정서와 욕구를 무시함)의 애착 위치를 확인한다.
- 내담자들은 그들의 움직임과 방아쇠에 대한 간단한 재연에 참여한다.

4) 치료사가 1단계와 2단계를 진행하는 방법

1단계와 2단계 내내 EFT 치료사는 각 파트너와 그들의 순환적 역동에 밀접하게 마음을 조율하고, 반응적으로 참여한다. 추적과 위축의 위치가 드러나는 일차정서적 경험에 대해 애착 지향 관점을 유지한 채 관찰하면서 조율은 향상된다. 치료사의 태도는 치료 과정에 대한 투명성을 유지하며, 현재의 순간에 머무르는 것에 계속 초점을 맞춘다.

제5장

돌보지 않은 애착두려움의 횡포:
단계적 약화 변화의 전환점에서 정서 풀어내기(3단계와 4단계)

"EFT에서 우리는 불화관계 안에서 '끊임없이 울리는 경고음'과 다른 신호들을 차단하는 '소음'에 대해 이야기한다."

(Johnson, 2015, p. 104)

이 장에서 나는 빠르게 펼쳐지는 과정으로서의 정서에 대해 설명할 것이다. 불화커플에서 부정적 상호작용 고리를 추동하는 기저의 (말하지 못한) 연약한 정서와 애착두려움에 접근하기 위해서는 정서라는 과정을 조심스럽게 풀어내고 탐색할 필요가 있다. 단계적 약화의 변화의 전환점에서 EFT 치료사에게는 두 가지 과제가 있다.

치료사의 첫 번째 과제는 커플을 춤추게 하는 (위험을 알리는) 음악, 즉 대개 개인이 인식하지 못하고 있고 파트너와 상호작용 시 명확하게 표현되지 않는 일차정서에 접근하는 것이다. 두 번째 과제는 정서적 반응과 그 반응이 반영하고 있는 애착욕구를 이용하여 커플 문제의 맥락을 확장하는 것이다. 문제는 커플이 상호작용하는 방식과 그 상호작용을 조직하는 정서적 반응의 틀로 표현된다(Johnson, 2004, pp. 131-132).

커플이 그들의 문제를 간과된 정서와 그 정서가 이끄는 상호작용의 패턴이라는 확장된 틀로 인정하고 받아들일 때, 첫 번째 변화의 전환점인 단계적 약화(4단계)가 완료된다. 단계적 약화가 이루어지면 자동적이고 부정적이며 경직된 상호작용보다 빠르지 않고 조심스러우며 차분한 상호작용의 횟수가 눈에 띄게 늘어나게 된다. 부정적 반응성이 줄어드는 것이다. EFT 치료사는 먼저 파트너들이 그들 관계의 춤 동작에 이름을 붙이는 것을 돕고(이전 장의 2단계), 그 후 파트너들을 춤추게 하는 정서적 배경 음악에 귀 기울이며 이름을 붙이도록 돕는다(3단계). 이는 관계 문제에 대한 확장된 틀, 즉 4단계의 단계적 약화로 이어진다. 파트너들은 그들의 전형적인 패턴 아래에 훨씬 더 많은 일이 일어나고 있음을 인식하면서 말하지 못한 애착두려움과 충족되지 않은 욕구에 의해 작동되는 부정적 고리가 진짜 문제라는 것을 감지한다. 부정적 고리 속에 있는 깊은 이야기를 알게 되고 자동적으로 나오는 움직임을 인식하게 되면, 커플은 패턴에 의해 통제되기보다는 패턴을 중단시킬 수 있게 된다.

나는 3단계와 4단계에 대한 간략한 개요에 따라 EFT에서 정서가 어떻게 개념화되는지 탐색할 것이다. 정서를 설명한 후에는 3단계와 4단계의 단계적 약화에서 EFT 치료사가 보고 듣는 것, 치료사와 내담자들이 하는 작업 그리고 그것이 수행되는 방법에 대해 제시할 것이다. 2, 3, 4단계 사이에는 지속적으로 오고 가는 흐름이 있지만, 독자들이 각각의 기능을 이해하는 것을 돕기 위해 이들을 구별하여 설명할 것이다.

1. 3단계와 4단계

부부는 고통을 영속시키는 부정적 반응의 고리에 갇힌 채 치료를 받으러 온다. 표현되지 않은 두려움은 부정적 반응을 촉발하고, 부정적인 반응은 상실에 대한 애착두려움과 절망을 강화한다. 2단계에서 불화커플의 전형적 춤(추적-위축의 일부 버전)을 규명하는 것은 부부를 앞으로 나아가게 만드는 첫걸음이다.

1단계와 2단계 이후 카일과 타라는 그들의 움직임과 그들이 갇히게 되는 반복적 패턴을 인식한다. 그러나 무엇이 그들로 하여금 빠르게 균형을 잃고 반복되는 부정적 춤에 빠지게 하는지는 불분명하다. 커플의 유대관계를 계속 약화시키고 파괴하며, 비판적이고 자기보호적인 행동을 반복하게 만드는 정서적 배경 음악은 무엇인가? 상대방의 행동에 의해 어떤 애착두려움이 촉발되는가? 파트너들이 어떤 음악에 맞추어 춤을 추고 있는지 찾기 위해 귀 기울이는 것(Johnson, 1998, 2004)은 정서의 다면적 과정을 다듬어 이해하기 쉬운 이미지에 비유한 것이다.

3단계는 파트너들이 이 정서적 배경 음악을 발견하는 것, 즉 불안한 추적 혹은 회피적 방어와 위축이라는 상호작용적 위치 아래 숨겨진 정서에 접근하는 것을 촉진한다. EFT 치료사가 커플의 상호작용 패턴을 신중하게 추적하면 애착위협의 경고음에 대응하기 쉬워진다. 경고음을 유발하는 애착두려움과 충족되지 못한 욕구는 대체로 인식되지 못하고 있고 아직 말로 표현되지 못하고 있다. 그러나 이들이 만들어 내는 소음이 너무 큰 나머지 파트너들은 종종 연결과 회복을 위해 최선을 다하는 것을 눈에 띄지 않게 한다. 애착두려움과 욕구에 생사의 긴박함이 내포되어 있음은 강력한 이미지들을 통해 드러날 수 있다. 심란하고 불안하여 추적하는 파트너인 소피는 "내가 만약 물에 빠졌다 해도 그녀는 저를 구하기 위해 뛰어들지는 않을 거예요."라고 불평하며, 자신이 필요로 할 때 파트너가 손에 닿지 않을 것이라는 애착두려움을 간접적으로 나타낸다. 회피적인 파트너인 엘라가 "내가 카펫 위에서 피 흘리며 죽어 간다면, 당신은 나보다 카펫에 더 신경을 쓸 거잖아."라고 몹시 방어적으로 대꾸하는 것 역시 거절과 받아들여지지 않는 것에 대한 잠재적인 두려움을 보여 준다. EFT 치료사는 먼저 파트너들이 애착 경고음(정서적 과정이 시작되는 신호)을 주의 깊게 들을 수 있게 한다. 그 후 정서적 음악과 정서적 움직임을 풀어내어 단절의 문제를 추동하는 기저의 일차적 두려움을 발견하고 표현하도록 돕는다. EFT 치료사와 파트너들은 정서적 과정의 통로를 함께 열고, 과정을 이끄는 핵심적 애착정서로 나아가고 있지만, 이 핵심적 애착정서는 아직 인식되지 않았고 언어로 공식화되지 못했다.

이 정서적 발견은 커플의 자각을 향상시키고, 그들의 관계를 파괴하려는 위협을 가하는 부정적 고리를 멈출 수 있는 도구를 제공한다. 그들은 이 고리가 그들에게 몰래 다가와 강제로 쓰러뜨려 균형을 잃게 하고, 번번이 정서적 소용돌이에 휘말리게 하는 과정을 이해하기 시작한다. 4단계에서 단계적 약화의 변화의 전환점이 완성된다. (중요하지 않고, 사랑받지 못하며, 필요하지 않은 존재가 되는 것에 대한) 애착두려움과 불안을 더욱 명확하게 인지하고 공유하면서 파트너들은 서로를 다르게 보기 시작한다. 커플은 힘든 시간을 되돌아보고(Johnson, 2008) 그들이 어떻게 익숙한 자기보호적 춤에 끌려들어 가는지 논의할 수 있다. 때때로 그들은 힘든 순간들에서 생각하지 않으려 했던 애착두려움에 대해 공유하고 다시 연결될 수 있다. 그들은 진짜 문제가 끊임없이 반복되는 부정적 고리임을 함께 인식한다. 즉, 추적-요구 혹은 방어-위축의 행동화 경향은 충족되지 않은 상대의 애착욕구와 두려움을 촉발하고, 그렇게 계속 돌아간다. 그들은 그들이 고리를 만들었다면, 그것을 변화시킬 수 있음을 이해하게 된다(Johnson, 2004).

에밀리는 마음속에서 단계적 약화의 과정을 검토한다. '2단계: 그들의 멀어지는 춤의 스텝에 이름을 붙이게 돕는다. 3단계: 각 파트너가 자신의 정서적 반응을 풀어내도록 돕고, 그리하여 이 고통스러운 춤을 추게 하는 정서적 배경 음악에서 그들의 핵심적 두려움을 듣고, 느끼고, 표현할 수 있도록 돕는다. 4단계: 춤에서 그들의 움직임과 그들이 서로의 두려움을 촉발하는 것이 어떻게 연결되어 있는지 인식하도록 돕고, 의도적으로 부정적 고리를 지배하도록 돕는다'. 에밀리는 단계적 약화 과정을 경험하며 설렘을 느꼈다. 부부가 고통과 외로움의 원인이 배우자나 자신이 아니라 숨겨진 두려움에 의해 빠져들게 된 고리로 이해하고, 이를 자신들의 '공공의 적'으로 경험하기 시작할 때 그녀는 엄청난 안도감을 느낄 수 있었다.

2. EFT에서의 정서

EFT는 변화의 목표이자 매개체가 되는 정서에 집중한다. 그러므로 정서가 느낌, 생각과 행동을 포함하여 개념화된다는 것을 인식하는 것이 중요하다.

> 정서 역시 이성을 수반한다는 생각은 대부분의 사람을 놀라게 할 것이다. 과거에 정서는 절대적으로 우뇌('느끼는' 쪽)에서 유래되고 사고는 좌뇌('이성적인' 쪽)에서 유래된다고 믿었다. …… 오늘날 우리는 훨씬 미묘하고 통합적인 그림을 가지고 있다. …… 정서는 긍정적이든 부정적이든 간에 보통 뇌의 양쪽 모두를 활성화하며, 한때 이성의 배타적 영역으로 고려되었던 이마엽(전두엽)은 정서적 신호를 처리한다(Johnson, 2013, pp. 71-72).

1) 대인관계의 역동적 과정으로서의 정서

정서는 느낌 혹은 감정적 경험 그 이상이다. 그것은 행동에 동기를 부여하고 상호작용에 영향을 미치면서 펼쳐지는 대인관계적 과정이다. '정서(emotion)'는 '움직이다'라는 뜻의 라틴어 emovere와 '휘젓다'라는 뜻의 12세기의 프랑스어 emouvoir에서 유래했다(Harper, 2001-2016). "정서는 명사가 아니라 동사다."(Siegel, 2009, p. 148) 다양한 요소가 빠르게 펼쳐진다. 환경적 단서가 좋은지 또는 나쁜지의 전의식적 평가로 시작하며, 신체적 각성, 의미 구성 그리고 행동화 경향이 뒤따른다(Arnold, 1960; Ekman, 2007).

정서 과정의 첫 번째 핵심적 특징은 정서가 발생하는 때와 관련이 있다(Gross, 2014). (정서 과정이 행동으로 나아가게 하는 신호는 언제 인식되는가?) 불화관계에서 애착 대상을 잃을 것이라고 위협하는 신호가 있거나 위협을 경험하거나 애착 대상에 도달하지 못할 때 정서는 시작된다. 볼비(Bowlby, 1973)에 따르면, 친밀한 관계에서는 인간이 공포와 회피로 대응하게끔 유전적으로 준비된 상황들이 있다. 사실상 이런 상황들은 공습경보 사이렌이나 적신호와 같다. 위험 상황에 대한 신호들에는 "소음, 낯섦, 기습, 고립 그리고 많은 종의 경우 어둠"이 포함된다(p. 110). 우리는 위험한 시기에 신뢰하는 애착 대상에게 접근하여 위안과 지지를 구하는 성향이 있고, 받아들여질 때 얻게 되는 이 안전은 "성역의 안식처"가 된다(p. 168). 볼비는 사람이 애착 대상으로부터 원치 않게 분리될 수 있다는 신호는 일생 내내 위험 신호라고 주장했다.

정서 과정의 두 번째 핵심적 특징은 그것이 여러 단계로 빠르게 펼쳐지는 역동적 과정(Arnold, 1960; Gross, 2014; [그림 5-1] 참조)이라는 점이다. 여기에는 단서를 인지한 후 좋은지 또는 나쁜지, 위험한지 또는 안전한지에 대한 언어 이전의 즉각적 평가, 행동을 준비하기 위한 신체적 각성, 강렬한 행동화 경향 혹은 행동적 반응 그리고 자신이 사랑받을 수 있을지와 상대를 믿을 수 있을지에 대해 의미를 구성하는 의식적 새겉질적(신피질적) 재평가가 뒤따르는 것이 포함된다. 다면적 과정으로서의 정서는 우리가 느끼도록 하고, 신체가 투쟁 혹은 도피를 준비하게 하고, 우리를 행동하게 하며, 자신과 타인 그리고 맥락에 대한 사고를 활성화하고, 지각에 색을 입힌다(Johnson, 2004).

르두(Ledoux, 1996)는 빠르게 펼쳐지는 정서적 과정의 간단한 예시를 제시했다. 숲의 오솔길에서 구불구불한 형체를 우연히 만났을 때, 생각할 시간이 있기도 전에 순간

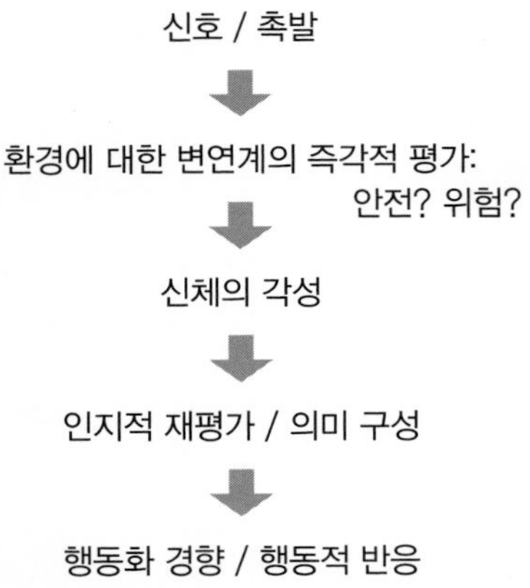

[그림 5-1] 정서의 역동적 과정의 여러 단계

적으로 나의 정서적 뇌는 '감각'의 비언어적 평가—좋은가/나쁜가? 안전한가/위협적인가?—를 수행한다. 만약 나의 신체가 안전하다고 느낀다면 긴장이 풀린다. 그러나 만약 나의 신체가 위협을 감지한다면 투쟁 혹은 도피를 준비한다. 다른 방향으로 도망가는 강력한 행동화 경향 이후에 나는 의식적으로 '그것은 뱀이었어!'라고 생각하고는 두려움에 몸서리치며, 그 뜻밖의 마주침에 대해 더 혐오스럽다는 생각을 한다.

이러한 정서에 대한 평가/정보 처리 관점(Arnold, 1960)은 애착관계에서의 정서에 대한 볼비(Bowlby, 1982)의 의견과 일치한다. 숲의 바닥에 있던 구불구불한 형태를 당신 파트너의 비난하는 표정 혹은 어조로 바꾸면, 어떻게 그 과정이 펼쳐질 것인지 상상할 수 있다(Brubacher & Lee, 2014 참조). 볼비는 위협이 인식된 순간 애착체계가 활성화된다고 설명했다. 그리고 위협은 거부나 유기에 대한 두려움부터 생명을 위협하는 공격의 끔찍한 상황까지 신체적 혹은 정서적 위협의 전체 범위를 포괄한다고 주장했다. 정서신경과학자 판크셉(Panksepp, 2010)은 포유동물에게 가장 최악의 상황 두 가지는 고립과 구속이라고 주장했다. 이것은 어려움에 처한 개인이 두려움, 스트레스 그리고 불확실성을 조절하기 위해 닿을 수 있는 안전기반 애착 대상이 없을 때 가장 큰 위협을 경험한다는 애착 관점을 보완해 준다.

2) 기본적 정서란 무엇인가

EFT는 에크만(Ekman, 2007)과 다른 정서 이론가들에 의해 규정된 기본적인 6~8개의 보편적 정서를 다룬다. 부부치료에서 분노는 전형적으로 파트너의 무응답에 대한 이차적인 반응적 분노다. 기쁨과 놀라움은 연결되고자 다가가는 것에 파트너가 반응할 때 나타난다. 슬픔과 괴로움은 자기 자신의 외로움 또는 파트너의 고통에 대해 존재한다. 죄책감이나 수치심은 자기 자신에 대한 부정적 모델이나 무가치하고 사랑받을 수 없는 존재라는 두려움이 촉발될 때 나타난다. 그리고 유기와 거부에 대한 공포와 극심한 두려움이 존재한다. '원초적 공포'라는 이 특별한 종류의 두려움(Panksepp, 2003)은 중요한 타인의 상실 혹은 상실할 것이라는 위협에 의해 촉발된다. 이러한 위협들은 위험 신호로 뇌에 등록되어 있다. 애착관계에서 두려움은 핵심적 정서다. 상실과 사회적 거절에 대한 두려움은 개인이 타인과 가까워지려고 하는 동기를 부여하는 기본적인 생존 본능이다(Bowlby, 1973). 사회적 연결이 없다면 우리는 고통과 고립 속에 살게 되기 때문에(Eisenberger, 2016) 위안과 안전을 위해 연결될 수 있는 안전기반 애착 대상이 유지되어야 두려움이 조절된다(Johnson, 2013, 2015).

상처 혹은 정서적 고통과 고뇌는 분노, 슬픔(애도) 그리고 관계 상실에 대한 두려움의 복잡한 혼합물로 밝혀졌다. 일반적으로 그것은 관계의 중요성이 무시당했을 때의 느낌과 관련이 있다(Vangelisti, 2009). 사회적 거절의 고통은 육체적 고통처럼 뇌의 동일한 영역 일부를 활성화하는 것으로 판명되었다(Eisenberger, 2016). 뇌는 '사랑하는 사람들로부터 너무 멀리 벗어나지 마라'라고 생존 메시지를 보낸다. 분리되는 것은 고통스럽다. 심장을 찌르는 상실감은 실제로 존재한다.

3) 정서는 욕구에 대한 메시지와 행동하려는 동기를 포함한다

정서는 마치 내면적인 GPS처럼 개인이 자신의 세계로 향하게 하며, 그들이 살아남고 성장하기 위해 필요로 하고 원하는 것을 말해 준다. 핵심 정서에는 개인의 욕구에 대한 메시지가 내재되어 있으며, 욕구를 충족시키기 위해 할 일에 대한 적응적 행동화 경향이 포함되어 있다. 다음은 정서에 내재된 욕구와 핵심 정서에 의해 동기부여된 적응적 행동화 경향들의 예시다. 두려움에는 보호에 대한 욕구가 내재되어 있으며, 안전과 지지를 구하거나 투쟁하거나 도피하는 적응적 행동화 경향이 포함되어 있다. 분노에는 경계와 안전에 대한 욕구가 내재되어 있고, 자기주장을 하려는 적응적 행동화 경향이 포함되어 있다. 슬픔에는 위로를 받으려는 욕구와 위안을 구하거나 물러나려는 적응적 행동화 경향이 내재되어 있다. 즐거움과 호기심은 발견에 대한 욕구와 타인에게로 나아가려는 행동화 경향을 포함하고 있다. 수치심에는 사라지고 싶은 욕구가 내재되어 있고, 숨거나 눈에 띄지 않으려는 행동화 경향이 포함되어 있다.

안정된 개인은 정서에 내재된 욕구를 경청할 수 있고, 필요할 때 적절하게 타인에게 지원을 요청할 수 있다. 사람들은 위협과 스트레스를 받을 때 애착 대상이 자신을 지지해 줄 수 있다는 경험을 반복하면서 충분한 내면적 평정을 가지게 되고 당황하지 않게 된다. "안정된 사람들은 힘들 때 도움을 받을 수 있다는 확신이 있기 때문에 어려운 상황에서 모호함과 불확실성을 감수하면서 창의적으로 탐색할 수 있다"(Mikulincer & Shaver, 2016, p. 189). 안정된 사람들은 일차적 핵심 정서(다음에 나오는 이차정서와 구분됨)에 내재된 욕구의 적응적 메시지를 인식할 수 있고, 지지가 필요하다고 명료한 메시지를 보낼 수 있다.

지지받는 안정된 결합이 없는 파트너들은 눈 깜짝할 사이에 즉각적 인지 없이 정서적 연쇄 반응에 갇히거나 정서에 휘둘리게 된다(Ekman, 2007). 파트너의 긴장한 표정 같은 신호가 감지되는 즉시 신체적 반응, 행동 충동, 자기 자신과 파트너의 내면에서 일어나는 일에 대한 해석의 변화 그리고 얼굴과 음성의 신호 및 행동의 변화가 이어진다. 위협을 느껴 정서에 휩싸일 때, 파트너들은 점점 더 부정적 감각을 경험하고 다른 파트너의 신호에 대해 훨씬 더 경직된 해석을 한다. 반응적 이차정서와 맹렬한 자기보호적 행동들은 핵심 정서와 욕구를 가리고, 엇갈리는 메시지를 전달한다.

타라와 카일 같은 애착관계에서 카일의 외면은 타라의 대뇌 변연계에 위협에 대한 경각심을 불러일으킨다. 그리하여 그녀의 몸은 싸울 준비를 하고, 기저의 애착공포는 외견상 분노에 찬 항의로 드러나며, 그녀는 그가 관심이 없다고 생각한다.

파트너들은 불화의 고리가 주는 정서적 고통에 사로잡혀 있기 때문에 고리 안에서 나타나는 애착공포의 감각을 거의 표현하지 못한다. 예를 들어, 에밀리가 줄리아와 필의 위축-위축형 고리(〈표 4-2〉 참조)에서 끌어낸 시각적 이미지를 생각해 보라. 트라우마 생존자인 그 둘은 기저의 두려움과 애착욕구에 대해 거의 인식하지 못한 채 생존 전략으로 억제와 무감각 모두를 사용한다.

4) 일차정서와 이차정서의 구별

EFT 치료사는 일차정서와 이차정서를 구별한다(Safran & Greenberg, 1991). 일차정서는 순환적인 정서적 연쇄 반응에 갇혀 있을 때 파트너의 관심 밖에 있는 암묵적 혹은 잠재적 정서다. 일차정서는 보통 파트너의 불만스러운 표정 혹은 멀어지는 움직임과 같은 환경적 신호에 대한 즉각적 · 본능적 · 무의식적 반응이다(Stern, 2004). 이차정서는 파트너들 사이에서 흔히 보이는 외현적인 반응적 정서다. 그것들은 보통 의식하지 못한 위협적인 일차정서와 이에 동반된 신체적 각성(가슴이 답답함) 또는 인지적 해석("내가 마음에 들지 않는군요." 혹은 "당신은 나에게 관심이 없어요."처럼 자신 혹은 타인에 대한)에 대한 반응으로 느껴진다.

이차정서는 종종 처음의 일차정서적 반응을 감추고, 일차정서와는 달리 충족되지 않은 욕구에의 접근으로 이어지지 못한다. 욕구는 일차정서에 내재되어 있다. 일차적 두려움은 내게 보호가 필요하다고 말하고, 일차적 슬픔은 내게 위로가 필요하다고 말한다. 하지만 내가 반응적 (이차적) 분노 혹은 무감각에 사로잡혀 있다면, 내가 필요로 하는 것이 명확하지 않다. 나는 앞뒤가 맞지 않는 소용돌이에 갇혀 있다. 이차정서는 인지하지 못한 일차정서에 의해 자극되는 부정적 평가와 해석을 강화한다. 누군가 극심한 정서적 고통에 사로잡혀 있다면, 어떤 인지적 사고도 정서가 부추기는 해석을 반박할 수 있을 만큼 강력하지 못하다.

3. 3단계와 4단계에서 EFT 임상가가 보고 듣는 것

1) 3단계의 위험 신호 및 경고음

EFT 치료사는 파트너들이 상대로부터 그들의 안전감과 수용성을 위협하는 경고음을 듣게 되는 위험 신호와 표지를 찾기 위해 항상 주의를 기울인다. 감지된 위협의 신호는 얼굴 표정, 목소리 어조 그리고 다른 비언어적 제스처에서 발견할 수 있다. 파트너가 외면하거나 등을 돌린다는 신호는 파트너의 치켜 올린 눈썹이나 아주 약간 몸을 돌리는 신체적 움직임처럼 미묘할 수 있다. 3단계에서 치료사는 고리가 시작될 때의 신호와 커플의 상호작용 패턴에서 기저의 애착두려움을 촉발할 수 있는 신호를 보고 듣고 감지한다.

2) 정서의 과정이 시작될 때의 신호

3단계에서 EFT 치료사의 애착시각은 치료사의 편도체(amygdala: 대뇌 변연계의 두려움 중추)에 주의를 기울이고 즉각적이고 신속한 평가를 하라고 신호를 보낸 파트너의 얼굴의 변화, 갑작스러운 신체적 움직임 혹은 목소리 톤의 표지를 치료사가 보고 들을 수 있게 돕는다. 즉각적 평가 혹은 판단은 '좋은지 또는 나쁜지' 혹은 '안전한지 또는 위험한지'에 대한 감정적 느낌과 함께 언어로 표현되기 이전의 전의식적 수준에서 이루어진다. EFT 치료사는 정서의 과정이 펼쳐지기 시작할 때 내담자가 이를 어떻게 경험하는지에 대해 당연히 모르기 때문에 커플의 부정적 고리 내에서 전형적으로 나타나는 방식으로 정서의 과정이 시작되었다는 신체적 신호를 보고 이에 맞추어 마음을 조율한다([그림 4-1] 참조). 예를 들어, 타라의 목소리가 날카로워질 때 카일은 의자에 풀썩 주저앉아 외면하고, 카일이 외면하기 직전 그의 몸이 구부정해질 때 타라는 격분하여 한숨을 쉰다. EFT 치료사는 이 신호들이 얼마나 중요한지 이해하고, 두 사람에게서 애착두려움이 활성화되는 것을 감지한다.

이어지는 소피와 엘라의 예시는 정서가 시작되는 때(신호)와 행동의 충동 사이의 즉각적 연관성을 보여 준다. 추적자인 소피에게 정서적 연쇄 반응의 가장 큰 도화선 중 하나는 통화 중인 엘라를 보는 것이다. 즉시 그녀는 피가 끓어오르고 스스로에게 "봐, 그녀는 다시 자기 가족과 이야기하는 중이네. 그 사람들이 그렇게 나를 함부로 대하고 난 이후에도! 그녀에게 누가 제일 중요한지 알겠어!"(의식적 의미 구성)라고 말한다. 소피의 행동 충동은 분노와 비판, 엘라에게 그녀의 가족으로부터 멀어지라고 요구하는 것으로 반응하는 것이다.

위축자인 엘라에게 가장 큰 도화선은 그녀가 '벌에 쏘이기 직전에' 전형적으로 보게 되는 소피의 얼굴에 떠오른 표정이다. 소피가 한숨을 쉬고 방 밖으로 뛰쳐나가기 직전의 그 얼굴 표정(신호)은 엘라에게 "다시 그녀는 내게 질렸어. 내가 무엇을 해도 충분치 않고, 나는 그녀에게 영원히 골칫거리야!"(의식적 의미 구성)라고 이야기한다. 엘라의 행동화 경향은 전형적인 위축자의 이중적 반응이다. 첫째, 그녀는 무감각하고 조용해졌으며, 평상시대로 행동하는 것처럼 보이지만 내면적으로는 소피를 만족시키기를 원한다. 둘째, 그녀가 소피의 요구에 지치면 그녀는 자기방어를 위해 반격하고 비난하며, 이후 길고 적대적인 침묵이 뒤따른다.

3) 3단계로의 관문: 인식되지 못한 정서

EFT 임상가는 애착시각을 통해 표면 아래의 상황을 '보고 들으며' 회피적인 파트너와 불안한 파트너 양쪽 모두에게 위험하게 들리는 경고음을 인식하게 된다. EFT 치료사는 부정적 고리에 갇힌 두 파트너가 상대의 사랑을 잃는 것에 대한 잠재된 공포에 대해 거의 의식하지 못한 채—그들의 목숨(그들의 관계)을 걸고 싸우는—비상 대응 모드로 움직이고 있음을 이해한다. 치료사는 애착시각을 통해 반응적이고 비판적인 추적과 방어적 위축이 상실과 거부에 대한 두려움과 비통한 외로움에 의해 움직이는 것을 보게 된다. 또한 치료사는 무감각, 좌절, 노골적인 분노의 이차적인 반응적 정서가 아직 표현되지 못한 일차적 애착정서—거부와 유기에 대한 연약한 두려움—의 신호임을 인식하게 된다.

표면상으로 치료사는 각 파트너가 다른 파트너에게 보내는 신호와 상대방에게서 일으키는 전형적 반응을 본다. 또한 치료사는 애착두려움이 고조된 상태에서 만들어지는 상대방의 행동에 대한 위협적인 해석을 듣는다. 파트너들은 그들의 자동적이고 부정적인 춤의 스텝을 인식하기 시작한다. 그러나 치료사는 그들 스스로는 자동적인 자기보호적 춤에 지나치게 갇혀 있어서 이를 인식하고 자신의 핵심 두려움과 욕구에 대해 명확한 신호를 보내지 못한다는 것을 안다. 파트너들에게는 그들의 춤을 지켜보고, 음악에 귀를 기울이며, 그들의 발을 움직이게 하는 내재된 일차적 애착정서(두려움)를 발견하고 표현하도록 돕는 과정전문가가 필요함이 명백하다.

일차정서는 인식되기 어렵다. 왜냐하면 이런 두려움을 인식해서 비상 대응 모드에

[그림 5-2]

취약해지는 것은 안전하지 않기 때문이다. 그러나 정서의 각 요소는 핵심적이고 취약한 내면으로 진입하여 고리를 끌어가는 인식되지 못한 일차정서를 드러내는 통로가 될 수 있다.

위축자인 엘라가 추적자인 그녀의 파트너 소피의 얼굴에서 실망한 표정을 보고 분노하여 방 밖으로 뛰쳐나갈 때 그녀의 인지되지 못한 핵심적 정서 경험으로 내장된 문이 4개 달린 차([그림 5-2] 참조)를 상상해 보라. 운전석의 문은 인식된 신호(소피의 표정)와 그녀의 즉각적 · 무의식적인 위기감을 상징한다. 이것이 운전석의 문이라는 점은 중요한데, 왜냐하면 이 위기감이 과정을 몰고 가는 정서의 일부분이기 때문이다. 뒤에 있는 탑승석의 문은 투쟁 혹은 도피 모드에서 엘라의 신체적 각성을 상징한다. 세 번째 문은 의미 구성("내가 또 그녀를 실망시켰어요!")을 상징하며, 네 번째 문은 엘라가 손을 들어 올리고는 방 밖으로 뛰쳐나가면서 이차적인 반응적 분노를 표현하는 행동화 경향을 상징한다. 치료사인 에밀리는 엘라의 정서적 과정에서 인지된 각 요소를 반영하고 환기하고 머물기 위해서 열어야 할 문을 볼 수 있다. 이 문을 통해서 엘라는 자신이 소피를 이해시키지 못하여 결국 그녀를 잃게 될 것을 깊이 두려워하고 있다는 것을 깨닫고, 그 상처받기 쉬운 두려움을 소피와 나눌 수 있게 될 것이다.

치료사가 감정을 풀어내는 다면적 과정을 강조하는 또 다른 은유는 집의 중심부—

내재된 일차정서를 상징하는 핵심적이지만 취약하여 조심스럽게 보호되고 있는 열과 에너지의 근원—에 접근하기 위해 복도를 따라 일부 혹은 모든 문을 여는 것이다. EFT 치료사는 다음과 같은 문을 열 것이다.

① 인지된 위험 신호
② 그 신호로부터 만들어진 인지적 의미
③ 신호가 인지될 때 경험한 신체적 감각(뱃속의 감각, 심장 박동, 호흡, 근육, 어디든지 신체적 각성을 경험한 곳)
④ 신호 인지에 대응한 자동적 행동화 경향과 반응적 이차정서 표현

각 문은 닫힌 문 뒤에 숨겨져 있는 일차적 애착두려움을 발견하고 표현하는 통로다 [정서적 과정을 문을 여는 것으로 비유한 것은 Katz와 Lee의 개인적 의사소통(2016)에서 인용].

4) 4단계의 새로운 수준의 안전과 희망

4단계의 단계적 약화가 끝날 무렵, EFT 치료사는 비록 때로 고리가 다시 나타날 수 있다고 해도 새로운 수준의 안전과 희망의 출현을 보게 된다. 소피와 엘라는 그들의 불안정한 공격-공격형 고리의 기반이 되는 새로이 알게 된 두려움을 위한 단어를 찾기 시작한다. 소피는 엘라에게 자신이 전혀 소중한 사람이 아닐 것이라는 두려움이라 표현하고, 엘라는 소피가 파트너로서의 자신을 포기할 것이라는 두려움이라고 묘사한다. 그들은 그들의 고리를 '사나운 폭풍우'라고 명명한다. 필과 줄리는 그들의 고리를 '얼어붙은 호수'라고 이름 짓고, 그들의 무감각과 억제 아래에 있는 거부당하는 것(줄리)과 망가지는 것(필)에 대한 연약한 두려움에 접근하기 시작한다.

타라와 카일은 따뜻한 미소를 지으면서 그들이 어떻게 자동적으로 '엎지른 우유 탱고' 속으로 빠져들게 되는지에 대해 이야기했다. 그리고 각자에게 내재되어 있는 취약한 정서를 알게 되고, 상대에 대해 다시 사랑을 표현하게 되었다.

카일: 그녀가 미친 것처럼 **보일 때** 달아나고 싶은 제 욕구를 그녀가 이해한다는 것은 저에게 큰 의

미가 있어요. 당신도 알겠지만, 정말로 미친 것처럼 느껴지거든요.

타라는 "그가 너무 멀리 있는 것처럼 느껴지면 정말 저는 제정신이 아니게 되는 것 같아요. 제 첫 남편도 늘 멀리 있는 것처럼 느껴졌지만, 카일은 너무 달라요. 그가 멀어지면 저는 기겁을 하고 정말로 미치게 돼요."라고 주장한다.

카일은 "제가 그녀로부터 도망치려고 사라져서 지하실에 숨어 있을 때 그녀가 어떻게 격분하게 되는지도 이해합니다."라고 덧붙였다.

타라: 제가 시끄럽게 그를 밀어붙일 때, 남편이 속으로 끔찍한 기분이 든다는 걸 저도 알게 되었어요. (그녀의 눈에 눈물이 차오른다.) 단지 **나와 같이 있으려고** 노력하는 것만으로 그를 그렇게 기분 나쁘게 할 수 있다는 것이 싫어요. 내가 화내는 것이 그의 어머니의 꾸지람만큼이나 그를 기분 나쁘게 만든다는 것이 싫어요. 그리고 정말 좋은 점은 이제 나로 인해 남편이 변화하고, 남편이 나와 계획을 의논하는 것을 경험할 수 있다는 거예요. 지난주에 우리는 우리의 고리에서 벗어났어요. 저는 더 이상 빨리 폭발하지 않아요. 남편이 사라지려고 할 때 그렇게 빨리 겁에 질리지도 않고요. 그리고 그 역시 그렇게 많이 사라지지 않아요.

카일: 맞아요! 지금은 그녀 옆에 머무르는 것이 훨씬 더 쉬워졌어요!

그는 그녀에게 매력적으로 씩 웃어 보이며 고백했다.

4. EFT 임상가와 내담자가 3단계와 4단계에서 수행하는 작업

1) 3단계: 인식하지 못한 정서 풀어내기

3단계의 과제는 파트너들이 그들의 '느낌-의미-행동' 반응들을 풀어 보고, 단절의 부정적 고리를 움직이는 내재된 일차정서에 접근하는 것이다. 3단계의 본질은 두 파트너 모두가 거의 인식하지 못하는 이러한 인정받지 못한 핵심적 정서를 발견하는 것이다. EFT 치료사가 정서적 과정—위협적인 신호, 행동화 경향, 신체적 감각 그리고 구성된 의미—의 일부 관문을 여는 것은 파트너들이 애착위협에 대한 암묵적 · 내면적 경험에 진입하고 이러한 일차적이고 연약한 경험을 단어로 표현하도록 돕는 방법이다.

치료사는 파트너들이 그들의 마음 아프고 고통스러운 움직임(행동화 경향)과 해석을 그들이 아직 표현할 수 없는 애착두려움이라는 배경 음악에 연결하도록 도와준다. 일차적 애착 경고음을 설명할 단어를 찾는 것은 충분하지 않다. 자기보호적인 춤에서 각 파트너의 스텝을 이끄는 두려움 혹은 고통의 음악을 느끼는 데 충분할 정도로 오랫동안 그 무서운 장소에 머무르는 것이 중요하다.

(1) 3단계에서의 개입

추적하는 반영은 여러 차례 이루어지지만, 특히 각 파트너에게 정서적 반응의 연쇄반응에 시동을 거는 신호에 대해서 반복적으로 이루어진다. 또한 파트너가 상대의 움직임을 해석하는 것에 대해 공감적 반영을 한다. 애착적 의미(그는 나를 신경 쓰지 않는 것이 분명하다)를 만드는 신호(그가 외면한다)의 공감적 반영은 흔히 잠재된 일차적 고통과 두려움의 감각을 불러일으킨다. 이차적인 반응적 정서와 행동은 고리의 맥락 안에서 인정해 준다("그의 어깨가 축 처져 있을 때, 이것은 보통 그가 당신을 외면하고 홀로 남겨 두려고 한다는 걸 의미하죠. 그러면 당신은 '그는 나를 신경 쓰지 않아!'라고 생각하고 당연히 빠르게 화를 내며 반응하는군요."). 환기적 질문(무엇을, 언제, 어디서, 어떻게. 그러나 왜는 제외한다)은 정서의 요소를 분석하고 추적과 위축의 위치 아래에 스쳐지나가는 인식하지 못한 정서에 접근한다("당신이 돌아서기 직전에 혹은 당신이 분노로 폭발하기 직전에 무엇을 느꼈나요?"). 인정은 이런 정서와 반응을 정상화하고 그들에게 '애착 감각'을 만드는 기능을 한다. 공감적 추측(애착경험의 최첨단에 있는 공감적으로 조율된 직감) 역시 내재된 정서에 접근하기 위해 사용된다("그녀가 발을 쾅쾅 구르면 당신이 느끼는 무감각 아래에 그녀가 파트너로서의 당신에게 실망했는지에 대한 두려움을 혹시 느끼는지 궁금해요."). 부정적 고리 내에서 움직임을 추적하는 반영이 이루어지며, 신호, 신체적 각성, 애착적 의미, 행동화 경향과 새로 출현한 잠재된 일차정서 사이의 연결을 인정한다. 일차정서에 접근했을 때, 치료사는 이와 함께 머무르며 이를 고조시킨다.

일차정서를 고조시킨 후, 3단계 정서의 재연이 형성된다. 일단 파트너들이 그들의 근원적 정서의 감각을 발견하면, 재연은 이 경험의 소유권을 강조하고, 또한 더 상처받기 쉬운 접촉의 새로운 경험을 파트너들 사이에서 창조한다(Tilley & Palmer, 2013). 치료사는 각 파트너들이 춤에서의 그들의 스텝(요구-추적 또는 방어-위축의 행동화 경향)과 잠재된 애착두려움 혹은 고통 간의 관계를 밝히도록 재연을 연출한다.

치료사: 소피, 엘라를 향해 당신의 폭발 아래에 있는, 당신이 "그건 절대 나타나지 않아요."라고 했던 두려움에 대해서 이야기할 수 있나요?

소피: 내가 바로 화를 내고 당신을 비난하기 시작한다는 것을 나도 알아. 당신이 나한테 반응하도록 할 수 없을 때, 당신이 나를 전혀 신경 쓰지 않는다는 것이 무섭고 너무 화가 나!"

2) 정서 풀어내기

EFT 치료사들은 신호를 규명하면서 정서를 풀기 시작한다. 공감적으로 참여하여 위험 신호를 반복하면서 그다음의 다른 요소들도 풀어낸다. 정서는 다른 무엇보다도 행동을 준비시키는 것(Frijda, 2007)이므로 정서를 풀어내는 것은 정서가 시작될 때(신호)와 행동의 충동을 관련시키면서 시작된다(예: "타라의 목소리가 커지고 분노한 것처럼 들릴 때 카일은 외면해요. 카일이 외면할 때 타라는 더 시끄러워지고 화를 내죠."). 파트너로부터의 신호와 전형적 행동 반응 사이의 이 고리(2단계)가 두 파트너 모두에게 인식되고 인정받은 이후, 일차정서로 향하는 다른 통로가 열릴 수 있다. 3단계 풀어내기는 각 파트너들이 인지하지 못한 일차정서를 발견할 때까지 계속된다. 3단계에서 치료사는 파트너들이 아직 언어로 표현되지 못한 정서적 경험의 최첨단—위협의 비언어적인 일차적 감각—에 접근하도록 돕는다. 파트너의 세계에서 정서로 향하는 통로들 중 어떤 것이든 가장 접근하기 쉬운 것을 열면서 정서의 확장은 시작된다.

3단계에서 에밀리는 커플이 그들의 부정적 고리를 약화시키는 것을 돕기 위해 정서의 과정을 추적한다. 에밀리는 카일이 움츠러들어 외면한 이후 어떻게 카라가 즉시 격노하여 소리를 키우는지에 대해 진심으로 호기심을 가지고 비판단적으로 추적한다. 이 방아쇠(카일이 움츠러들고 외면하는 것)에 대한 타라의 의미를 환기시키기 위해 에밀리는 "카일이 어깨를 으쓱하면서 창문을 향해 돌아섰을 때 당신은 뭐라고 말했나요?"라고 묻는다. 타라는 자신이 그의 움직임을 자신에게 관심이 없고 전혀 개의치 않는다는 의미로 받아들였음을 분명히 했다. 에밀리는 "그가 어깨를 으쓱하는 것이 그가 당신에게 관심이 없다는 뜻으로 여겨졌다면 당신은 깜짝 놀라고 그를 따라가서 다시 끌어오고 싶어지는 것이 이해가 되네요. 그렇죠?"(여기서 에밀리는 애착적 요소를 덧붙이거나 타라의 비판적 추적을 긍정적 애착 의도—그가 그녀로부터 등을 돌리는 것이 두려울 때 사랑하는 사람을 다시 가까이로 끌어당기기 위한—를 가진 것으로 재구조화한다.) 애착의 틀을 상정하는 것은 아무리 적대적이거나 냉정한 행동일지라도 따뜻하고 수용적인 빛을 비춘다. 에밀리는 카일의 움츠림과 외면이라는 방아쇠를 재생하는 것을 지속하면서 정서적 과정의 문을 열어 간다. 그녀가 카일에게 중요하지 않거나 소중하지 않다는 타라의 애착적 의미, 소리를 지르고 압박하는 행동화 경향 그리고 그녀의 신체적 각성('심장을 찌르는 것')의 요소들과 머무르고 개방하면서 에밀리는 타라가 카일 없이 혼자 남는 것에 대한 잠재적 두려움에 접근하는 것이 가능할 때까지 정서를 확장한다.

카일이 없다는 이미지에 심장을 찔린 것 같은 타라의 두려움에 머무른 후 에밀리는 재연을 만들어 나간다. 그녀는 심장을 찌르는 고통의 내적인 경험을 반복하고, 카일이 움츠리는 것과 카일이 없는 상황 사이의 이미지를 반복한다. 그러고 나서 그녀는 타라에게 그녀의 근원적 두려움에 대한 이 신호와 고리 안에서 그녀의 행동을 관련시키도록 질문한다. "카일을 향해 몸을 돌려서 '나는 당신이 돌아서거나 조금이라도 어깨를 으쓱하는 것을 볼 때 당신을 잃어버렸다는 고통에 심장을 찔린 것만 같았어. 그래서 소리를 치고, 당신이 나에게 말을 하게 만들기 위해 밀어붙이게 돼.'라고 이야기할 수 있나요?"

치료사는 인정받지 못한 일차정서에 접근하기 위해 정서를 풀어낸다. 즉, 정서적 과정으로 향하는 통로를 연다. 에밀리는 방아쇠가 되는 소피의 표정(인식된 신호)을 반복하며 이 방아쇠를 다른 요소들에 연결시키는 각 문을 천천히 연다. 이를 통해 잠재적인 위협감을 느낄 수 있게 되고 일차적인 핵심 애착두려움이 드러날 때까지 경험의 인식을 확장한다. "당신이 소피 얼굴에서 그 표정을 볼 때, '어, 어!'(변연계의 위험) 하고 1초 만에 당신의 심장이 가라앉는군요(신체적 각성). 그리고 '내가 또 그녀를 실망시켰어. 나는 그녀를 행복하게 만들기에 충분하지 않아'라고 이야기해요(구성된 의미). 당신은 격분하여 두 손을 들고 방에서 뛰쳐나오죠(행동화 경향과 이차정서)." 운전석으로 가는 통로를 반복하여 다룬다. "당신은 그녀에게 충분한 사람이기를 원하는데, 소피가 불편해 보일 때마다 좌절하게 되는 것이 이해가 돼요(표면의 이차정서 인정). 당신이 그녀의 얼굴에서 불행한 표정을 보았을 때, 그 순간 [운전석(변연계의 위험 신호)]으로 우리가 되돌아갈 수 있을까요?" 에밀리가 엘라와 함께 그 순간을 천천히 풀어낼 때, 경고음을 울리는 위험에 대한 내적 경험이 살아 움직인다. 그녀는 자신이 소피를 실망시켰다는 것을 듣는 것에 대한 일차적 두려움을 좌절과 위축의 이차적 반응으로 빠르게 회피하는 방법에 대해 인식하기 시작한다.

정서 과정의 통로를 열면서 근본적인 일차적 두려움에 대한 점진적 접근이 가능해진다. 에밀리는 운전석 문(신호-위험에 대한 정서적 경고음으로 정서 과정에 시동을 건다)이 중요하다는 점을 반복해서 확인하게 된다. 내담자들이 일차정서 경험에 진입하도록 돕기 위해 먼저 그 신호를 반복하고, 좋은지 또는 나쁜지, 안전한지 또는 위험한지에 대한 초기의 감각을 되살린다. 그리고 핵심적인 일차적 애착정서에 들어서서 그 경험을 포착할 단어를 찾을 때까지 정서 과정의 모든 문을 그들과 함께 여는 것이 도움이 된다. 그 경험은 일반적으로 소중하지 않거나 사랑받지 못하거나 필요하지 않거나 혹은 받아들여지지 않는 것을 두려워하는 형태로 표현된다.

(1) 이차정서

분노와 무감각은 응답하지 않는 애착 대상에 대한 대응으로 나타나는 전형적인 반응적 · 방어적 이차정서다. 파트너들이 분노를 표현하거나 '아무것도 느껴지지 않는다'라는 감각을 표현할 때, EFT 치료사는 이러한 이차정서들을 인정하기 시작한다. 이차정서를 인정하는 것은 일차정서로 향하는 길이다. 내담자들은 그들의 관계에서 불확실함을 느낄 때, 좀 더 취약한 일차정서는 '바로 스쳐지나가고' 사라지며 '자신이 곧장 화가 나거나 무감각해진다'는 것을 발견한다. 이차적인 반응적 정서에 대한 EFT 치료사의 인정은 안전을 만들어 내고, 그들이 무엇에 그렇게 화가 났는지 혹은 그들이 어쩔 줄 모르겠다고 느끼거나 무감각해질 정도로 다른 파트너의 행동의 어떤 점이 그렇게 힘들었는지 치료사가 이해한다는 것을 전달한다.

에밀리는 타라가 카일에 대한 실망감을 표현할 때, 카일이 느끼는 이차적 무감각을 인정하여 그의 일차정서의 일부로 향하는 통로를 연다. "타라가 당신을 거의 포기했다는 이야기를 당신이 들었을 때 무감각해지고 지하로 가라앉는다는 게 일리가 있어요!"

에밀리는 '엎지른 우유 탱고'에서 타라의 폭발을 인정해 준다. "당신이 거의 반응을 얻지 못할 때 화가 나는 것은 이해가 돼요." 그녀는 타라의 이차적 분노를 카일의 갑작스러운 지하실로의 잠적이라는 방아쇠와 연결한다. 그녀가 타라의 정서를 풀어낼 때, 그들은 서서히 표현되지 않은 핵심적이고 부드러운 일차정서에 접근한다. 우선 타라는 그녀가 사랑에 빠졌던 남자가 이제 더 이상 자주 나타나지 않는 것에 대한 일차적 슬픔에 접근한다. 그리고 그녀는 그가 그의 파트너로서 그녀를 원하지 않는 것에 대한 두려움에 접근한다.

(2) 다듬어지지 않은 정서

일단 일차정서들에 접근하여 다듬는다면, 이를 맛보고 즐기고 고조시킨다. 변화를 창조하는 힘을 가진 것은 근원적이고 더 취약한 일차정서들이다.

EFT 치료사가 강조하지 않는 단 하나의 일차정서는 수치심이다. 대신 수치심에 감춰진 숨으려는 행동화 경향 및 다른 일차정서에 접근하기 위해서 수치심을 인정해 준다. 에밀리는 필과 줄리의 숨으려는 충동을 인정해 주었다. "당신의 생존이 거리를 유지하는 것에 달려 있다고 생각할 때 가까이 가는 위험을 감수하는 것보다 숨는 것이 안전하게 느껴집니다. 누군가에게 기대는 것은 항상 고통스러웠어요. 그렇죠?" 필과 줄리가 그들의 수치심 안에 숨겨져 있던 고통—분노, 두려움과 애도—을 인정하기까지는 오랜 시간이 걸린다.

앞서 슬픔, 분노, 상실에 대한 두려움의 복합으로 정의되었던 상처 혹은 고통은 임상가가 다듬어야 할 복잡한 정서적 경험이다. EFT 치료사는 시간을 들여 충분히 조율하고, 상처받은 파트너가 상처 경험의 최첨단을 탐색하도록 돕는다. 이를 통해 그 파트너가 상처의 분노 측("왜 당신은 나에게 응답하지 않죠?")에 가까운지 아니면 상처의 슬픔 측("마치 몇 년 동안 울 수 있을 것처럼 외로움을 느꼈어요.")에 가까운지 발견할 수 있다. 아니면 그 상처 혹은 고통의 경험은 자신이 이미 상실했을까 봐 두려워하는 공포 측["가슴을 꿰뚫는 날카로운 통증에 그(혹은 그녀)가 떠났다는 것을 알았어요. 나는 그(혹은 그녀)를 잃어버려서 무서웠어요. 이제 끝났어요."]일 수도 있다. 정서적 고통 혹은 상처의 복잡성에 대한 이 틀은 또한 일부 매우 극단적인 정서적 행동화 경향의 내적 경험을 분명하게 하므로 EFT 임상가에게 유용하다. 그것은 우리가 반응적 분노, 잠적하는 수치심 그리고 멈

춤 수 없는 흐느낌에 숨어 있는 내재된 괴로움과 고통을 이해하도록 도와준다.

(3) 행동화 경향

가끔 정서의 행동화 경향 부분('내가 하는 것' 혹은 '내가 한다고 느끼는 것' – 불화커플의 춤 안에서의 움직임)은 회피적인 위축자가 인식하는 정서의 유일한 부분이다. 그러므로 행동화 경향 통로는 커플의 부정적 고리에서 위축된 파트너의 정서를 풀기 시작하는 데 매우 유용한 방법이다. 예를 들어, 카일은 "실제로 무엇도 느껴지지 않아요. 저는 그냥 차단하고 싶어요."라고 말할 수 있다. 여기서 치료사는 어떤 것이 차단하고 싶다는 그의 욕구를 촉발하는지 탐색할 수 있다. 그에게 차단하고 무감각해지라는 신호를 주는 것은 타라의 얼굴에서 실망스러운 표정을 보는 것일 수 있다. 규명된 방아쇠(타라의 실망스러운 표정)와 그의 즉각적 행동 충동(차단하고 사라지는 것)으로부터 치료사는 그가 그녀의 표정에서 만들어 낸 의미("끝났어요! 제 마지막 기회였어요. 그녀는 절대 나를 받아 주지 않을 거예요.")를 표현하도록 통로를 열 수 있다.

에밀리는 이렇게 카일의 일차정서를 다듬어 타라를 실망시키고 그녀를 완전히 잃는 것에 대한 그의 핵심적 두려움까지 갈 수 있다. 그녀는 공감적으로 참여하며 느리고 낮은 톤으로 과정을 재생(추적)해 주면서 내재된 정서를 불러온다. "그래서 그녀의 얼굴에서 당신이 그 표정을 보았을 때, 당신은 '어! 벌어졌구나. 나는 방금 내 기회를 날려 버렸어. 이게 끝이야. 그녀는 나를 영원히 포기할 거야.'라고 이야기하는군요. 그런가요?"(승인을 확인함) 카일이 이것이 정말 심각하다는 것에 동의한 이후, 치료사는 인정하고 반복하여 강조한다. "와, 당신이 그 표정을 보고 그녀의 한숨을 들으면 즉시 당신은 이 위험한 회전, 이미 그녀를 잃어버렸다는 끔찍한 기분에 빠져서 무감각해지는군요. 당신은 겉으로는 멍해 보이겠지만(이차적 무감각) 안으로는 춥고 외로움을 느끼네요(일차정서). 당신은 그녀의 온기와 수용을 다시 얻지 못할까 봐 너무 두렵군요. 그런가요?"

카일과 타라는 그들의 엎지른 우유 탱고에서 유기와 거부를 알리는 경고음을 확인했다. 다음 4단계에서는 이를 모두 종합하여 문제를 부정적 고리로 명확하게 기술한다.

3) 4단계: 문제를 고리로 묘사하기

4단계에서 문제는 부정적인 고리, 즉 근원적인 애착두려움과 소망에 의해 자극되어 파트너들이 만들어 온 반복적인 부정적 움직임과 의미들로 재구조화된다. 4단계의 본질은 요소들을 일관성 있는 전체로 연결시키는 것이다. 여기서는 누구도 나쁜 사람이 아니고, 다만 양 파트너가 그들의 관계를 보호하기 위한 최선의 시도들에 고통스럽게 갇혀 있을 뿐이다. 단계적 약화라는 첫 번째 변화의 전환점을 만들기 위해서 EFT 치료사는 "공만 바라보는 것을 넘어서 전체 게임을 볼 수 있어야 하고"(Johnson, 2014), 그 경험을 만들어 내는 일차정서와 전체 게임을 연결해야 한다.

4단계에서 에밀리는 고리의 요소들을 합쳐 관계 불화의 긍정적 틀로 연결한다. 카일과 타라는 이 6회기 동안 정말 많은 진전을 보였다. 그들의 초점은 아이들, 집안일, 그리고 시댁/처가 식구들을 둘러싼 싸움으로부터 그들이 균형을 잃게 하는 두려움과 걱정으로 옮겨 갔다. 에밀리는 타라가 접촉과 반응을 구하기 위해 더 많이 추격할수록 카일이 더 많이 움츠러들었던 그들의 경직된 패턴을 회상한다. 그녀는 분노한 타라가 어떻게 위축하기 시작했는지도 역시 기억한다. 카일은 덜 마비되고, 그렇게 빨리 좌절하지 않는다. 그의 떨던 발은 상당히 차분해졌다. 타라는 아직 분노와 눈물이 폭발하기는 하지만, 분노와 눈물 사이에서 급변하는 것은 눈에 띄게 느려졌다.

그들이 4단계를 완료했음을 알리는 표지가 나타난다. 치료 초반, 카일은 곧바로 방어하고 반격하도록 촉발되지 않고는 타라의 두려움을 들을 수 없었다. 이제 그는 흥미를 가지고 몸을 앞으로 기울이고, 적합하게 이야기하며, 타라가 듣기 싫어할지도 모르는 말들, 이를테면 "나도 고군분투하고 있어. 지금 당장은 당신의 이야기를 듣는 것이 너무 어려워. 바로 도망치고 싶을 만큼 기분이 나빠. 내가 얼마나 당신을 실망시켰는지 들을 때, 피하는 것이 훨씬 안전할 거야."라는 것도 말할 수 있다. 이어서 타라는 그의 정직함에 놀란다. "나는 그가 기분 나쁘기를 바라지 않아요. 하지만 그에게 일어나는 상황에 나를 들여보내 주다니 정말 좋아요! 정말로 카일을 만나고 있어요!"

그들은 무엇이 자신의 균형을 잃게 하고, 고리 안으로 끌어들이는지 인식한다.

예를 들어, 단계적 약화 중 타라가 "알겠어! 내 외로움이 나를 화나게 만들어. 그리고 그것은 나를 잃는 것에 대해 당신을 두려워하게 하고, 그건 당신을 멀리멀리 가라앉게 하지. 그것은 절대로 당신이 나와 같이 있지 않을 것이라는 나의 두려움과 외로움을 자극해. 그리고 이것 때문에 나는 더 화가 나고, 더 비난하게 되고, 그게 계속되는 거야."

카일이 합류한다. "그래, 당신이 흥분할수록 나는 더 멀어져. 내가 당신을 불안하게 한 정도에 나도 깜짝 놀랐어. 나한테는 더 이상 가망이 없어. 나는 그저 도망가야 해. 하지만 내가 사라지는 것이 당신에게 얼마나 끔찍한 일인지, 그리고 왜 당신이 돌아오라고 더 크게 소리 지르는지 알아. 그렇지만 효과가 없어. 당신이 하지 말라고 이야기하는 것을 나는 점점 더 많이 하는군." 그는 빙그레 웃으며 말한다.

그들은 이러한 두려움을 공유했고, 각자에 대한 그들의 행동화 경향을 받아들였다. 고리는 전보다 발생하는 횟수가 줄어든다. 가끔 그들은 그것을 중간에 멈출 수 있고, 가끔은 시간이 걸리기는 하지만 그 이후에 다시 연결될 수 있다. "정말로 바뀐 것은 없어요. 그런데 모든 것이 달라요." 이것이 고리의 단계적 약화다. 에밀리는 카일과 타라가 그런 말을 했던 순간의 기쁨을 기억한다.

5. EFT 치료사가 3단계와 4단계를 수행하는 방법

① 치료사로서의 자신에 기반을 두라. EFT 치료사가 고통스러운 파트너들의 정서적 경험을 처리하기 위해 정서적으로 균형을 유지하고 내면적으로 잘 조율되는 것은 중요하다. EFT 모델의 무조건적인 수용을 신뢰하고 따르면 EFT 치료사가 평온하고 소중한 내면을 발견하기 수월해진다.

동료 혹은 슈퍼바이저가 "괜찮아요. 당신은 현재에 머무르고 있어요. 그것이 가장 중요한 것이에요."라고 말하는 것을 떠올리면 정서적 균형을 유지하는 데 도움이 될 수 있다. EFT 치료사는 '나는 내 심장이 두근거리는 것을 느낄 수 있고, '어 어' 하는 위험한 순간을 감지할 수 있다'라고 인식할 수 있다. 그리고 안심이 되는 존재가 진심을 담은 평온한 목소리로 "괜찮아요. 그저 당신이 지금 긴장한 것을 알아차리세요. 현재에 머무르세요. 그것이 당신의 최고의 재능이에요. 아마도 당신의 불안 또한 파트너들의 경험일 것입니다."라고 이야기하는 것을 상상한다. EFT 치료사가 타인의 느낌을 알아채는 거울 뉴런의 힘을 알고 있다면, 자신이 경험하는 불안의 일부가 한쪽 혹은 양쪽 파트너의 경험에 공명하는 것임을 확신할 수 있다.

② 정서적 경험에 대한 감각에 공명하라. 정서적 경험을 감지하고 경험하고 느끼기 위해 그 안에서 거닐라. 이 경험의 실존하는 심각함을 파악하라(예를 들어, 한 사람은 상대가 관심 없는 것 혹은 그녀의 파트너에게 자신이 중요하지 않다는 것을 두려워한다. 다른 한 사람은 그에게 상대의 사랑에 대해 확신할 기회가 전혀 없다는 것, 즉 그녀를 영원히 파트너로 두기에는 자신이 충분하지 않다는 것을 두려워한다).

③ 당신 자신의 실재하는 두려움, 당신 자신의 무력함에 마주하면서 '진심으로' 반영하라. 이 부정적 고리에서 각 파트너들이 어떻게 느끼고 경험하는지, 파트너들 고유의 방식으로 반응하는 것이 왜 일리 있는지를 이해하기 위해 공감적 상상력을 사용하라. 경험으로부터 거리를 둔 채 정서의 명칭만 반복하는 것이 아니라 몸을 기울이고, 내담자의 다듬어진 정서적 경험의 감각을 함께 가지면서 부드럽고 느린 톤으로 반영하라. 목소리 톤과 속도를 통해 환기시키고 진정시킬 수 있다. 민감한 어머니가 역정이 난 아이에게 공명하듯이 각 내담자와 공명하라. 파트너가 현재의 순간을 경험할 수 있도록 정서적 경험을 반영하고, 경험하고, 탐색하고, 강조하고, 인정하라.

④ 각 파트너의 정서적 경험을 풀어내는 과정에 몰입하고, 연쇄 반응을 일으키는 신호의 중요성으로 계속해서 돌아오라. 이 정서 과정이 언제 시작되는가? 각 파트너에게 정서 과정을 촉발하는 것은 무엇인가? EFT 치료사는 정서의 행동화 경향 요소를 분명히 드러나게 한다. 그리고 그것이 커플의 부정적 고리 안에서 신호 및 신호의 의미 해석과 어떻게 연결되어 있는지에 대해서도 명료하게 한다.

⑤ 정서의 각 요소에 대한 호기심을 유지하라. 커플과 함께 참을성 있게 반복적으로 이 요소들을 추적하고, 신호를 반복하며, 그것을 2단계의 행동화 경향과 연결한다. 기저의 경험을 끌어낼 수 있을 때까지 지속한다. EFT 치료사는 끊임없이 호기심을 가져야 하고 또 공감해야 한다.

6. 결론

이러한 단계들은 커플의 첫 번째 변화의 전환점인 고리의 단계적 약화로 이어진다. 여기서 그들은 관계에서의 진짜 문제가 그들 중 하나가 아니라 실제로는 그들의 사랑의 유대관계가 위협받을 때 그들이 끌려 들어가는 이 자동적인 생존 춤이라는 것에 대한 명확한 그림과 내적 감각을 가진다. 이 지점에서 그들은 부정적 고리가 그들의 애착결합을 풀고 그들의 연결을 손상시키는 것을 막는다.

혹자는 EFT의 첫 번째 변화의 전환점을 거친 파도를 가라앉히는 것으로 보기도 한다. 커플이 정말로 더 차분해지기 때문에 이는 다소 일리가 있다. 그들의 싸움은 덜 적대적이며, 차단하는 시간은 짧아지고 덜 경직된다. 평온한 순간들과 웃음이 나타난다. 더 많이 비난하는 배우자가 덜 비난하고 때로는 다소 부드러워진 것처럼 보인다. 더 위축하던 파트너는 덜 방어적이고 다소 참여하는 것처럼 보인다.

한편으로, 애착결합은 아직 쌍방향으로 도달하고 반응하는 안전하고 안정적인 유대관계로 재구성되지 않았다. 기본적 체계는 변화하지 않았고, 만약 더 깊고 체계적인 정서적 변화가 만들어지지 않는다면 오래되고 친숙한 고리는 매우 거친 파도와 함께 다시 떠오를 수 있다. 새로운 정서적 음악이 새로운 춤의 스텝을 이끄는, 지속적인 변화의 단계는 아직 일어나지 않았다. 1기는 자동적인 부정적 고리를 멈추는 것으로 이어지고, 그렇게 함으로써 2기의 변화의 전환점이 시작되는 안정적인 기반이 만들어진다. 고리 내 추적과 위축 이면에 숨어 있었던 정서는 새롭게 발견되고 인정받으며, 2기에서 확장되고 재처리된다. 이러한 정서는 접근과 반응을 하는 데 따르는 새로운 위험을 감수할 때 사용되고, 이를 통해서 서로 관심을 가지고 위로할 수 있는 긍정적인 애착결합이 만들어진다.

긴 하루 일과가 끝난 후 에밀리는 그녀의 차 창문에서 눈 조각들을 털어내면서 자신이 EFT를 배우기 시작한 이후로 얼마나 전진했는지 생각했다. 그녀는 깨끗해진 차창처럼 정서를 향한 그녀 자신의 창문 역시 깨끗하다는 점을 알게 되어 행복했다. "나는 정서와 느낌이 동일하다고 생각했고, 그래서 EFT를 하기 위해 무엇보다 내가 필요로 하는 것은 사람들이 느낌에 대해 이야기하게 하는 것이라고 생각했던 것에서 많이 발전했어요.” 정서가 다면적인 과정(안전 혹은 위험을 인지하고, 신체적 각성을 감지하며, 인지적으로 재평가하고, 행동하려는 동기가 부여되는 것)임이 의미하는 바를 통합하면서 변화의 대상이자 주체로 정서를 사용하는 것에 대한 그녀의 자신감은 성장하고 있다. 에밀리는 각 파트너가 그들만의 미묘한 애착두려움을 표현할 단어를 찾을 수 있을 때까지 커플들과 이 과정을 참을성 있게 풀어내는 것에 대해 역량이 있고 자신감이 있다고 느낀다. 또한 그녀는 추적과 위축의 위치가 드러나는 일차정서적 경험을 애착적 관점에 기반하여 이해하고 있다.

7. 3단계와 4단계에서 변화의 핵심 요소 요약

1) 3단계에서 치료사가 보고 듣는 것

- 순환적 되먹임 회로 안에서 파트너들 간의 위협 반응을 촉발하는 정서적 위험 신호
- 파트너들 간의 부정적 상호작용 패턴을 촉발하는 정서 요소들이 빠르게 펼쳐지는 과정에서의 신호들: 인지된 대인관계의 신호, 신속한 평가, 안전 혹은 위협의 감지, 신체적 각성, 의식적 의미 구성, 행동화하려는 충동과 행동

2) 4단계에서 치료사가 파트너로부터 보고 듣는 것

- 그들이 부정적 고리에 끌려 들어가는 과정 그리고 그들의 행동이 상대를 고리로 끌어들이는 과정에 대해 인식하고 자신이 하는 일임을 받아들인다.
- 추적과 위축의 위치 아래에 있는 취약한 정서들을 발견하고 명명하고 표현한다.
- 두 사람의 고유한 상호작용적인 춤을 감지하고, 이에 대해 이름을 붙이고 설명하며, 그들 관계의 문제에 대한 재구성으로 받아들인다.
- 단계적 약화가 이루어져 덜 적대적이고 더 참여적이며 희망적인 관계가 된다. 부정적 고리가 나타나더라도 경직되는 정도와 고통스러운 정도가 완화된다.

3) 3단계에서 치료사와 내담자가 수행하는 작업

- 2단계에서 확인된 부정적 고리 혹은 춤을 더 자세히 탐색한다. 치료사는 춤에서의 자기보호적 움직임의 신호를 재생하여 부정적 고리를 만드는 파트너들의 정서 과정의 요소들을 환기시킨다.
- 파트너들은 그들이 상대 파트너의 움직임에 의해 어떻게 촉발되는지 인정한다.
- 커플의 부정적 고리 내에서 촉발되는 정서의 과정을 풀어낸다.
- 치료사는 환기적 질문, 공감적 반영, 이슈와 반응 사이의 연관성 추적, 작은 추측을 통해 인정받지 못한 일차정서로 향하는 통로를 개방한다. 치료사는 이차적인 반응적 대응을 인정하고, 서로에게 중요한 사람이 되고자 하는 파트너들의 애착 맥락에서 반응적 행동과 정서를 이해한다.
- 파트너들은 정서에 대한 그들의 경험을 확장하여 이전에 인식하지 못했던 취약한 일차정서를 발견하고 경험한다. 그들은 치료사가 조직한 재연을 통해 그들의 추적-비판 혹은 방어-위축 행동 아래에 있던 일차정서를 드러낸다.

4) 4단계에서 치료사와 내담자가 하는 작업

지금까지 언어로 명료하게 표현되지 못했던 강력한 정서적 음악에 따라가는 단순한 춤으로 문제를 재구조화한다.

- 치료사와 파트너들이 부정적 고리의 요소들을 기술한다.
- 파트너들은 그들의 정서 경험과 그들이 어떻게 촉발되는지 그리고 그들이 어떻게 다른 파트너를 부정적 상호작용 패턴으로 들어오게끔 촉발하는지에 대한 인식을 확장한다.
- 치료사들은 커플의 특정한 부정적 상호작용 패턴을 관계에서의 정서적 결핍과 고통의 근원으로 강조하고 재구조화한다.
- 커플이 그들의 고통을 고리로 재구성하는 것을 받아들일 때 단계적 약화는 완료된다. 그들은 관계가 아무리 망가졌다 할지라도 서로 유대감을 가지고 있음을 인식

한다. 그리고 그들의 근원적 정서가 어떻게 그들로 하여금 파트너가 상처나 위협으로 경험하는 메시지를 보내게 하는지에 대해 인식한다.

5) 3단계와 4단계에서 치료사가 작업하는 방법

치료사는 EFT에서 공감적으로 호기심을 가지고, 긴밀히 마음을 맞추며, 반응적으로 참여하는 존재로서의 태도를 유지한다. 그리고 현재 순간에 나타나는 커플의 순환적 역동을 추적한다. 정서적 과정을 풀어내고 기저의 정서에 접근하기 위해, 치료사는 의식적으로 자신의 정서적 균형을 돌본다. 또한 각 파트너의 정서적 과정이 펼쳐질 때 자신이 이에 충분히 공명하고 몰입하는지 관찰한다. 치료사는 상호작용이 조직되는 전형적 패턴의 정서적 경험을 생생하게 겪고, 추적과 위축이라는 대표적 위치로 나타나는 근원적 정서와 두려움에 마음을 맞춘다. 치료사는 공통적 부분에 대한 각 파트너의 고유한 경험에 사려 깊게 다가가야 한다.

제
3
부

지속적인 변화를 만드는 정서의 역할:

EFT의 2기에서 애착결합 재구성

제3부에 대한 소개

EFT 2기를 통해 내담자가 자신의 정서를 개방하는 것에 익숙해지면 큰 변화가 일어난다. 점차 상대방의 약점 혹은 상대방의 요구에 정서적으로 반응할 수 있게 되는 것이다. 그리고 결국에는 사랑이 몹시 정서적이라는 것을 잘 알게 된다(Johnson, 2016c).

1. 커다란 변화

이 부에서는 변화를 만들고 애착결합을 재구성하는 정서의 역할을 소개한다. EFT 치료사는 정서를 통해 파트너가 가졌던 절망과 단절을 미소와 보살핌, 편안한 느낌으로 가득한 사랑스럽고 지속적인 관계로 재구성하도록 돕는다. 1기에서는 정서를 통해 상호작용의 패턴을 만드는 데 집중하는 반면, 2기에서는 정서를 통해 위축자 재개입과 비난자 순화라는 두 가지 변화의 전환점에 힘을 쏟는다. 그 결과, 두 사람의 관계는 안전한 피난처, 안정감을 주는 기반으로 변화한다.

"강력한 상호작용의 고리를 변화시키고 그 변화를 지속시키기 위해서 치료사에게는 '다이너마이트'가 필요하다."(Nichols, 1987) "정서적 반응의 힘을 이용하는 것은 변화를 일으키는 가장 효과적인 방법이 될 수 있다."(Johnson, 1998, p. 2) 2기에서 치료사는 파트너의 깊은 두려움과 요구에 진정으로 접근한 후 이를 서로 공유하고 반응할 수 있도록 돕는다. 치료사는 내담자들이 내재된 정서에 새로이 접근하도록 돕고, 그 욕구와 정서에서 출발하여 새로운 방식으로 상대방에게 다가가는 교정적 정서 경험을 만들어 간다. 이러한 새로운 접근 방식과 반응들은 관계에서 정서라는 음악을 변화시키고, 자신과 다른 사람들에 대한 새로운 시각을 가질 수 있게 한다. 치료사는 새로운 접근 방식과 반응을 요약하고 평가하여 파트너가 안전하고 안정적인 상호작용 안에서 어떻게 새롭고 긍정적인 춤을 만들어 나가는지 밝힌다.

이를 커다란 변화라고 부르는 것은 과장이 아니다. EFT의 목표라고 할 수 있는 관계의 어려움을 재구성하고 불안정한 애착을 안정적인 애착관계로 바꾸어 놓는 것이 바로 2기에서 달성된다. 애착 뇌과학에 따르면, 안정적인 결합은 중요한 감정조절기능을 가질 뿐만 아니라(Coan & Maresh, 2014) 뇌가 위험에 반응하는 방식마저 바꾸어 놓는다(Johnson et al., 2013). 한때 인정받거나 표현하지 못한 채 거절에 대한 두려움이 지배했던 관계는, 그리고 스스로가 사랑스럽지 못하며 상대방이 위험하고 믿을 수 없는 사람이라는 확고한 시각은 결국 안전감과 편안함으로 바뀌게 된다. 안전과 안정감으로 변화하는 과정에서 자신은 가치 있고 사랑스러우며, 파트너는 안전하고 믿을 수 있는 사람임을 경험한다.

이 부에서는 2기에서 일어나는 두 가지 변화의 전환점을 각각 위축자 재개입과 비난자 순화라는 개별적인 장으로 소개한다. 두 변화의 전환점은 세 가지 단계로 이루어진다. 먼저, 5단계에서는 한 파트너가 자신의 일차정서를 잘 다듬은 뒤 상대방에게 보여 준다. 그러고 나서 6단계에서는 이를 확인한 상대 파트너가 '새로운' 파트너를 이해하고 받아들일 수 있도록 도와준다. 새롭게 넓어진 정서 덕에 상대 파트너에 대해 매우 새롭고 다른 시각을 가지기 때문에 받아들이는 파트너는 상대방이 마치 '새로운' 파트너인 것처럼 느끼게 된다. 변화가 일어나는 7단계에서 EFT 치료사는 자신을 드러내는 데 두려움을 느끼는 파트너와 함께 머무르고 그 핵심적 두려움 속에 내재된 애착욕구를 환기시킨다. 파트너 사이의 이러한 접근과 상대방의 반응 촉진은 이 변화의 전환점에서 변화를 일으키는 주요 요소다. 파트너를 도와 상대 파트너에게 애착욕구를 드러내고 또한 도움을 요청하도록 돕는 것이 7단계 커다란 변화의 핵심이다.

2. 중요한 차이점

치료사는 주요 애착에 대한 두려움과 욕구에서의 위축자와 추적자의 흔한 차이점들을 보고 듣는다. 위축자들은 보통 거절을 두려워하는 반면, 수용해 주기, 공격으로부터의 보호, 자신이 상대방에게 필요하고 원하는 사람이라는 확신을 바란다. 반면에 추적자들은 일반적으로 유기를 두려워하고, 자신이 중요한 사람이고 사랑받으며 상대 파트너와 함께하고 있다는 확신을 원한다. 회피적 위축자와 불안한 추적자는 정서가 변화하는 과정에서 다소 다른 회복 과정을 보인다. 위축된 쪽의 파트너는 치료가 지속되면서 조금씩 변화하지만, 추적자 파트너는 치료 후반에 훨씬 많은 변화가 일어난다(Burgess Moser et al., 2015). 치료 과정에서 회피가 감소하는 것으로 밝혀졌지만, 관계와 관련된 애착불안은 비난자 순화의 변화의 전환점이 일어나기 전까지는 크게 변화하지 않는다. 이전에 위축자였던 파트너가 관계에 지속적으로 참여하고 있더라도 추적자인 파트너에게 비난자 순화의 변화의 전환점이 있기 전까지는 불안과 비판 그리고 불신이 남아 있을 수 있다. EFT가 어떻게 애착불안과 회피에 영향을 주어 변화시키는지의 미묘한 차이를 알게 된다면, EFT 치료사는 이전보다 인내심을 키우고 EFT 모델을 신뢰하는 데 도움이 된다.

7단계에서 위축자들과 추적자들이 자신의 애착욕구를 충족시키기 위해 상대 파트너에게 무엇인가를 요구할 때에도 차이점이 있다. 7단계에서 위축자는 관계를 유지하기 위해 무엇이 필요한지 상대방에게 용기 있게 이야기할 수 있게 된다. 이는 파트너가 '다른 사람'이 될 필요가 없이 온전히 자신이 수용해 줄 수 있다고 받아들이기 때문에 중요하다. 다른 한편으로, 추적자가 약점을 드러내고 부드러운 모습으로 파트너에게 새로이 접근을 한다면 이는 상대 파트너에게 안정감을 얻고 싶어 하는 것이다.

이전의 장들과 같은 방식으로 EFT 치료사가 무엇을 보고 들을 것인지, 치료사와 내담자가 무엇을 하는지 그리고 어떻게 하는 것인지에 대해 계속 알아보도록 하겠다.

제6장

위축자 재개입 변화의 전환점을 형성하기 위해 정서를 통한 작업하기(5~7단계)

"정서란 친밀감이라는 춤에서 배경 음악과 같은 것이다. 음악을 바꾸면 춤도 달라진다."

(Johnson, 2004, p. 67)

2기의 두 변화의 전환점 중 첫 번째는 위축자 재개입(Withdrawer Re-Engagement: WRE) 과정이다. 이 과정에서 이전의 위축자는 적극적으로 교감하려는 태도로 파트너와 애착두려움과 욕구를 나누고, 안전하고 안정적인 관계를 유지하기 위해서 무엇이 필요한지 표현할 수 있어야 한다. 위축자가 이 과정에서 이루어 나가야 할 목표는 다음과 같다. 먼저, 자신의 정서적 경험과 애착에 대한 두려움을 상대방에게 전달한다(5단계). 그리고 상대방은 위축자의 그러한 감정을 알게 된 상태에서 관계 개선에 적극적으로 참여하고, 결국 위축자는 관계에서 안전감을 느끼고 더 가까워질 수 있게 되는 것이다(7단계; Johnson, 2004; Johnson & Brubacher, 2016c).

1. 2기 과정에서 치료를 이끌게 되는 위축자

2기의 과정은 위축자가 자신의 정서에 접근하고 이를 확장하는 것으로 시작한다. 커플의 변화 과정을 상향식 모델을 통해 관찰한 결과(Johnson, 2004), 위축자 재개입 과정이 비난자 순화보다 먼저 나타난다. 만약에 비난적인 추적자가 위축자보다 먼저 자신의 취약한 감정을 드러내고 필요한 것을 요구한다면 두 사람 모두 안전하다고 느낄 수 없게 된다. 비난자가 노출한 취약한 감정들이 위축자를 더욱 위축시킬 위험이 있기 때문이다. 화내고 비난하는 것만이 회피적인 파트너를 위축시키는 것은 아니다. 추적자가 고통을 표현하거나 조금만 눈물을 흘리는 상황일지라도 이는 위축자로 하여금 자신을 크게 비난하고 있다고 느끼게 할 수도 있다. 그 결과, 위축자는 치료에서 뒷걸음을 치고 자신의 고통을 마주하기 어려워질 수 있다.

은유적으로 표현하자면, EFT 치료사들은 춤을 추는 무대(치료라는 무대) 위로 위축자를 먼저 초대한다(Johnson, 2004). 치료사는 새로운 방식으로 상대방과 관계를 맺을 수 있도록 위축자를 돕는다. "자아(the self)가 기존과 다른 방식을 경험하면 자기를 표현하는 방법이 변한다. 그러면 한때 움츠러들기만 했던 위축자는 화를 내고 단호해질 수 있다."(Johnson, 2004, p. 147) 위축자 재개입 과정 이후 두 파트너가 춤을 추는 무대 위에 오르면 두 사람은 안정적인 관계를 유지하고 서로에게 반응할 수 있는 새로운 춤을 출 준비가 된 것이다.

필과 줄리처럼 두 파트너 모두 회피하고 독립적인 태도를 유지하는 위축자-위축자형 고리의 경우가 있다. 이때 EFT 치료사는 위축자인 두 사람 중 더 접근하기 쉬운 사람(덜 위축적인 사람)에게 먼저 접근을 시도한다. 두 파트너 모두 관계에서 애착위협과 두려움에 대처하기 위해 방어와 회피를 사용하므로 먼저 위험을 무릅쓰는 것이 안전하지 않다고 여길 것이다. 하지만 치료사가 계속해서 지지(support)하고 공감(empathy)해 줌에 따라 두 위축자는 자신들이 그 이전에는 시도하지 못했던 것들을 할 수 있고, 안전하게 파트너를 따라갈 수 있게 된다.

2. 5~7단계에서 EFT 치료사가 보고 듣는 것: 위축자 재개입

EFT 치료사는 2기의 위축자 재개입 과정으로 넘어갈 적절한 시기를 관찰한다. 비록 2기는 1기의 단계적 약화 과정에서부터 연결되어 진행하지만 1기와는 차이가 있다. 때문에 EFT 치료사는 관찰을 통해 커플이 2기로 넘어갈 준비가 되었는지를 알게 된다.

1) 안전하다는 신호

커플이 단계적 약화를 계속 진행하고 있고(제5장과 제9장 참조), 두 사람 사이가 더욱 안전해지고 있다면 이는 커플이 2기를 시작할 준비가 되었다는 의미다. 치료사 에밀리는 관찰 결과, 몇몇 커플의 분위기가 이전과는 달라졌음을 알았다. 위축자들은 안전하고 익숙하게 여기는 장소로 물러나기 전에 치료에 더 오랫동안 적극적으로 참여하게 되었다. 또한 거리 두기와 방어하기 같은 위축자의 전형적인 행동은 줄어들었다. 평소의 행동대로 냉담해 보이거나 지적인 분석, 자신을 방어하고 마음을 닫기 위해 급격히 반격하는 대신, 위축자 파트너들은 그들의 파트너와 더 오래 대화를 나누게 되었다. 동시에 추적자 파트너들은 갑자기 반응하는 대신 불확실한 상황을 잘 견딜 수 있었다.

2) 위축자의 주된 두려움에 대한 정서적 단서

"무관심한 표정 뒤에는 헤아릴 수 없는 고통이 있고, 냉담한 표정 이면에는 절망이 있다."(Bowlby, 1944, p. 39) EFT 치료사는 위축자가 감추고 있는 비참한 감정과 절망감을 탐색한다. 그러고는 2기에서 위축자의 두려움이나 욕구를 더 알아보기 위해 정서적 단서를 찾는다. EFT 치료사는 1기(3단계)에서 위축자의 일차정서를 파악했는데, 위축자가 자신의 일차정서에 접근하는 신호를 찾기 위해 매 순간 지켜보고 귀 기울인다. 일차정서는 주로 위축자가 자동적으로 움츠러들고 방어적인 행동을 하게끔 만드는 두려움을 말한다. 위축자의 세계를 여는 정서적 단서로는 이미지, 신체의 움직임 감각 그리고 갑작스러운 중단이 있다.

(1) 이미지

카일은 타라를 위해 상황을 바로잡으려는 작업의 중턱까지 왔다는 것을 알았다. 그러던 중 갑자기 직감적으로 가라앉는 듯한 느낌이 들면서 다시는 타라와 함께할 수 없을 것만 같았고, 또한 패배감에 빠진 기분에 다시는 결합할 수 없을 것만 같은 느낌이 들었다. 이때 '직감적으로 가라앉는 듯한 느낌'과 '패배감에 빠진 기분'과 같은 표현은 에밀리로 하여금 카일의 일차정서에 접근할 수 있도록 도와주는 정서적 단서가 된다.

소피와 엘라의 치료에서 에밀리는 엘라가 다음과 같이 말하는 것에서 정서적 단서를 알아차렸고, 이를 통해 엘라 자신이 완전히 파괴될지도 모른다는 근원적 두려움에 접근할 수 있었다. "소피는 계속해서 요구하기만 하는데, 마치 내가 먼지 속으로 끌려 들어가 완전히 사라지기 전까지는 절대 놓아주지 않을 것처럼 나를 잡아당기기만 해요!" 에밀리는 '먼지 속으로 끌려 들어가 완전히 사라진다'는 말을 반복적으로 들으면서 이와 같은 신랄한 이미지의 표현에서 엘라의 두려움과 고통을 풀어낼 준비를 할 수 있게 된다.

(2) 신체의 움직임 또는 감각

위축자-위축자형 커플의 경우에는 정서적 단서가 매우 미묘할 수 있다. 예를 들면, 줄리의 한숨과 필의 무표정한 얼굴 같은 경우가 그렇다. 에밀리는 이와 같은 것이 위축자-위축자형 고리의 공통적인 특징임을 알아냈다. 에밀리는 정서적 단서를 통해서 두려움의 끝으로 깊숙이 들어갈 수가 있다. "제가 보기에 필의 얼굴이 무표정해질 때면 줄리는 매번 한숨을 쉬는 것 같았어요. 그리고 필이 보이지 않을 때까지 아무 말도 하지 않고 있는 것 같군요. 그럴 때면 어떤 느낌이 드나요?" 이를 통해서 파악된 '심장이 철렁하고 내려앉는 느낌' 혹은 '목 뒤를 꽉 움켜쥐는 기분'과 같은 표현들 또한 EFT 치료사가 붙잡아야 할 정서적 단서다.

(3) 갑작스러운 중단

위축자의 일차정서에 접근했다는 또 다른 징후는 위축자가 감정을 탐색하는 과정을 돌연 멈추는 것이다. 갑작스러운 탐색의 중단이나 다른 파트너의 개입을 차단하려는 것은 상대방이 자신의 취약한 부분에 접근하는 것을 막기 위해서다. 위축자는 정서의 탐색을 멈출 때 흔히 이를 매우 미묘한 형태로 표현한다. 자신이나 자신이 표현했던 것을 돌연 묵살하거나 주지화(intellectualization)하거나 주제를 갑자기 바꾸기도 한다(종료나 중단에 대해서는 제9장 참조).

정서적 단서의 의미는 내담자의 강한 정서가 스스로 인식할 수 있게끔 의식의 표면 가까이 올라와 있음을 말한다. EFT 치료사는 이러한 정서적 단서의 의미를 내담자들이 그 순간의 정서적 인식의 폭을 넓힐 수 있게끔 도와주는 절호의 기회로 인식해야 하겠다.

3) 새로운 정신 역동

2기의 위축자 재개입 과정에서 새로운 정신 역동이 드러난다. 새롭게 알게 되는 것 중 가장 두드러지는 것은 위축자가 상대방에 대해 친밀감과 연결되고자 하는 욕구가 있다는 것이다. 보통 그 이전에 위축자는 상대방과 가까워지는 것을 내켜 하지 않았다. 하지만 위축자 역시 마찬가지로 자신에게 애착욕구가 있음을 인식하기 시작한다. 마침내 7단계에서는 파트너에게 이러한 욕구를 채워 주기를 요청할 수 있는 용기를 내게 된다. "나는 우리의 관계가 안정적이라는 느낌을 받고 싶고, 당신이 나와의 관계를 포기하지 않을 것이라는 확신을 가지고 싶어! 혹시나 내가 실수하거나 실망시켜도 당신이 나를 사랑하기를 원해." "만약에 내가 당신한테 의존해도 당신이 우리 관계를 포기하거나 도망치지 않을 수 있을까?"

3. 위축자 개입: EFT 치료사와 파트너의 역할

2기에 돌입하는 과정에서 위험 요소가 증가한다. 치료사와 파트너 양쪽 모두 좀 더 깊은 정서적 과정에 참여하기 때문이다.

변화가 일어나고 있었다. 때문에 에밀리는 2기를 시작할 준비가 되었다는 표지를 보고 들으며 생각했다. '내가 이 과정을 시작할 수 있을까? 위축된 카일이 더 깊고 확장된 정서 경험을 할 수 있게 내가 도와줄 수 있을까? 타라는 자신이 얼마나 카일의 감정에 영향을 미치는지 알게 될 것이고, 절망에 빠져 웅덩이를 만들 만큼 많이 울 수도 있는

데, 내가 그녀를 감당할 수 있을까? 그럼 내가 타라를 돌보는 것에 정신이 팔려서 카일을 돕는 것에 소홀해지는 것은 아닐까?'

그럼에도 에밀리는 확실한 개입기법과 내담자들의 의지가 있기 때문에 위축자들의 재개입이 이루어질 수 있다고 안심했다. 그녀는 가장 많이 의지해야 할 개입기법이 위축자가 자신의 경험에 적극적으로 참여하게 할 수 있는 환기적 질문과 반응이라는 것을 알고 있다. 이와 함께 새로 나타난 정서적 경험에 대한 반영 및 강조, 애착적 의미가 있는 경험에 조응하여 공감적 추측을 이용하고 위축된 파트너가 자기 자신 및 상대 파트너에게 개입할 수 있도록 적절한 재연을 사용할 것이다.

1) 파트너의 역할

위축자 재개입이라는 변화의 전환점에서 파트너들이 하는 작업의 기본적 요소는 정서적 경험을 깊게 하며, 상처받기 쉽지만 자신을 분명하게 개방하고 응답하는 위험을 감수하는 것이다. 5단계에서 위축된 파트너는 자신의 깊은 곳에 위치한 애착에 대한 두려움과 욕구에 대해 더 생각해 보고 이를 상대방에게 공개한다. 6단계에서는 상대방이 파트너의 새로운 모습을 기쁘게 받아들이거나 아니면 이를 수용하기 위해 고군분투하게 된다. 그리고 7단계에서는 위축자가 나서서 관계에서 자신이 적극적인 참여자가 되기 위해 필요한 것을 말할 수 있게 된다. 추적자인 파트너는 위축된 파트너가 자신의 목소리를 내기 시작함에도 불구하고 방어적이고 불안해하는 상태로 남아 있을 가능성이 높다(Burgess Morser et al., 2015).

2) 치료사의 역할

단계적 약화라는 첫 번째 변화의 전환점에서 안전감을 얻은 덕분에 치료사는 파트너들에게 2기에서 좀 더 큰 위험을 감수하도록 요청할 수 있게 된다. 이는 두 사람이 연약한 정서경험을 확장하고, 새롭지만 서로 접근하고 반응하는 위험을 감수하는 것을 말한다. 이 과정에서 파트너가 헤쳐 나갈 수 있도록 치료사는 여러 재연을 시도하겠지만 그중에서도 의도적으로 세 가지 핵심적인 재연을 연출해야 한다. 첫째, 치료사는 위축자가 완전히 인식하지 못했던 정서, 갈망 그리고 자기 자신의 측면을 확장하도록 돕고, 이를 통해 자기 자신의 정서적 경험에 깊게 참여하도록 한다. 상대 파트너에게 이를 개방하는 것이 첫 번째 핵심적인 재연이다. 자기(the self)에 몰입하고 이를 상대 파트너에게 개방하는 것은 위축자 재개입의 5단계에서 설명하고 있다.

둘째, 위축자의 개방에 관해 상대 파트너가 어떤 방식으로든 반응하거나 응답한다. 치료사는 시간을 들여 파트너의 개방이 주는 충격과 파트너를 새로운 관점으로 바라보는 경험을 탐색하고 지지한다. 위축자가 공개한 내면적 경험을 수용하지 못하는 것을 공감하거나 혹은 수용하는 것을 장려하고, 관찰하는 파트너의 반응을 위한 재연을 만드는 것은 6단계에서 설명하고 있다. 이것이 두 번째 핵심적 재연이다.

셋째, 위축자가 자신의 애착두려움을 되돌아보며 상대방과 가까워지고 싶은 욕구가 있다는 것을 새롭게 찾는다. 또한 자신에 대해 공개하면서도 안전감을 느끼기 위해 상대방이 어떤 것을 충족시켜 주어야 하는지 깨닫는다. 이러한 관계에서의 위축자 재개입과 애착욕구 표현을 위해 적극적으로 다가가도록 고안된 재연은 위축자의 7단계에서 설명하고 있다.

5단계에서 7단계까지 많은 재연이 사용된다. EFT 치료사는 "정서에 접근하고 탐색하고 강조함으로써 그리고 회피적인 파트너가 새로운 관계적 경험을 하도록 파트너들 간의 재연을 만듦으로써" 위축자를 개입시키는 과정을 극대화할 수 있다(Dalgleish et al., 2015, p. 272).

특히 위축자 재개입을 위한 5, 6, 7단계에서 치료사의 개입은 한 번에 한 파트너를 향해 이루어지고, 파트너들 간의 새로운 상호작용을 형성하는 데 초점을 맞추어야 한다. 치료사는 위축자(표현하는 파트너, 경험하는 파트너)의 정서적 경험을 더 풀어내고 확장하는 것에 집중하면서도, 동시에 상대 파트너(관찰하는 파트너)의 반응 또한 관찰해야 한다. EFT 치료사는 파트너들이 그 순간 경험하고 있는 것들과 함께해야 한다. 치료사가 다른 파트너와 상호작용하면서 관찰하는 파트너와 눈을 마주칠 때 관찰하는 파트너는 치료 과정에 포함된다. 치료사가 표현하는 파트너의 경험에 대해 애착 틀을 사용하면서 상대 파트너의 중요성에 대해 언급할 때에도 관찰하는 파트너는 치료 과정에 포함된다("당신은 그녀의 눈에 차지 않을까 봐 두려워하는군요."). 또한 관찰하는 파트너가 재연하기 과정에 참여하도록 하는 경우에도, 역시 면담에 자신이 포함되어 있음을 느낀다. 치료 중 위축자에게 집중하면서도 상대 파트너가 참여하도록 하는 방법의 예시는 존슨(Johnson, 2004)의 마지막 장, 2개의 훈련 비디오인 〈위축자 참여(Engaging Withdrawers)〉(www.iceeft.com)와 www.SteppingintoEFT.com의 비디오에서 찾아볼 수 있다.

3) 5단계: 깊게 하기, 다듬기, 개방하기

5단계의 목표는 위축자가 무엇보다 이러한 관계 안에서 자기 자신(the self)에게 적극적으로 개입하도록(자신의 정서적 세계에 대한 인식을 확장하도록) 돕는 것이다. 이는 새로 나타난 내면적 경험을 생생하게 하고, 이 정서적 경험을 일관된 언어로 개념화하는 것을 의미한다. 치료사는 위축자의 신체적 감각, 정서에 대한 조리 있는 표현을 구체화하고 자신과 상대 파트너에 대한 확장된 시각을 개방하게끔 돕는다. 자기보호적인 부정적 고리 내에서 위축자는 보통 내면적 경험을 무시하고, 무엇보다 먼저 상대로부터 비난과 공격의 신호를 찾으려 할 것이다.

위축자들이 자기 자신이나 억눌렀던 내적 경험에 개입할 때 나타나는 독특한 표현들이 있다. 회피적인 파트너는 대체로 감정을 억누르고, '평화를 유지하기 위해 노력하고' '다툼을 피하기 위해 거리를 유지'하려는 만큼 자신의 내적 경험에 대해 알려 하지 않는다. "저는 그 사람이 못마땅해하는 표정을 지으면 스스로 너무 위축돼요. 저는 그 사람을 실망시키는 것을 못 참겠어요."라는 한 여성 위축자의 말이나 "전 뭔가 해 보는 걸 그만두었어요. 어차피 기대에 못 미칠 것을 아니까 노력해 보지도 않는 거죠."라는 한 남성 위축자의 말이 그런 독특한 표현들이다.

스스로 다른 사람과 가까워지는 것을 피해 버리고 묵살하는 것이 위축자들의 생존 전략이다. 위축자는 다른 사람들의 못마땅함이나 내적 인식으로부터 거리를 둔다. 위축자 파트너들은 대개 자신의 마음의 엉킴이나 깊은 곳에서 나오는 불평하는 소리보다 다른 파트너로부터의 실망스러운 징후들에 더 잘 반응한다. 아이러니하게도 한 파트너가 감정을 조절하려고 자신의 감정을 억누르면 이를 알아차린 상대 파트너의 뇌가 영향을 받게 됨에 따라 혈압이 상승하고 불안해하며 추적하는 행동이 뒤따른다. 파트너는 서로의 감정을 쉽게 눈치채는데, 특히나 한쪽이 감정을 억제하는 경우에 더더욱 그렇다. 감정을 억제하는 것은 서로가 가까워지는 데 방해의 요소다(Gross, 2014).

위축자들의 일반적인 일차정서는 다음과 같다. 무가치하거나 부족한 사람이라고 느끼는 고통, 충분히 좋은 사람이 될 수 없다는 무력감, 절망, 수치심 그리고 파트너를 만족시키거나 행복하게 하려고 끊임없이 노력해도 성공하지 못하여 탈진하는 것이다. 점차적으로 행동의 촉발, 행동화 경향, 신체적 각성, 내포된 의미를 탐색해 나가면서 위축자들은 두려움이라는 감정 또한 알게 된다. 흔히 두려움은 실망한 상대 파트너가 자신을 거부할 것을 두려워해서 생긴 일종의 변형된 감정이다. 이 감정은 인정받고 평화를 유지하려 끝없이 노력하는 과정에서 느꼈던 탈진과 섞이게 된다. 흔한 또 다른 변형된 두려움으로는 상대 파트너가 바라는 대로 바꾸길 요구하는 것에 대한 두려움이 있다. 상대방이 원하는 대로 바뀐다는 두려움 안에 기본적으로 함축된 생각은 다음과 같다. '지금 저 사람은 내 모습을 용납하지 못하는 거야. 만약 내가 요구에 순순히 따른다면 나 자신을 잃게 될 거야.'

에밀리가 자신을 보호하려 애쓰고 겉으로는 무심한 척하는 위축자 엘라가 자기 내면을 탐구할 수 있도록 도와주자 엘라는 다음과 같이 인정했다. "나는 매일 걱정해요. 내가 그녀를 잃을까 봐 걱정이 돼요. 그녀의 계속되는 요구가 서서히 날 죽이려 해요. 제 스스로가 마치 물이 뜨거워지고 있음을 눈치채지 못하고 천천히 끓어 죽는 개구리 같다고 느껴져요."

애착 정서와 두려움에 대해 개입하고 표현하는 것은 위축자들이 5단계에서 처음 경험하는 것이다. 일차정서의 요소들에 순간순간 깊이 개입하면서 표현, 이미지, 연관된 의미, 신체적 감각 모두가 확장되어 처음 생각했던 것보다 범위가 넓어지고 명확해진다. 5단계에서 밝혀진 두려움과 고통의 깊이 및 크기는 이전에 표현된 적이 없기 때문에 위축된 파트너가 새로운 깊이까지 도달하고 이를 재연을 통해 상대 파트너에게 개방하는 것은 위험할 수 있다.

2기에서 재연하기를 준비하기 전에 EFT 치료사는 내담자가 현재 상황에서 실제로 정서 경험을 하고 있는지 확인해야 한다. 5단계에서 에밀리는 카일이 1기에서 처음 느낀 두려움을 더 크게 느껴 보도록 했다. 이 두려움이 카일을 꼼짝 못하게 한다는 것을 알아차렸고, 자신이 아내의 인정을 받기 위해 올라야 하는 산의 밑바닥에서 허우적대고 있음을 알았다. "나는 자신이 너무나 무가치하고 미숙하다고 느껴요. 나는 그녀가 원하는 것을 하지 못해서 실망시키고 말아요. 나는 그저 실패자이고, 내가 어떻게 해도 달라지지 않을 것 같아요. 나는 그녀를 언젠가는 잃을 것 같아요. 그녀를 잃을 수 있다는 두려움 없이 살아 본 적이 없어요."

에밀리는 카일에게 말했다. "당신이 얼마나 격한 감정을 느끼는지 타라에게 말해 볼 수 있을까요? 당신이 타라를 만족시키지 못할까 봐 얼마나 두려워하는지, 또 그녀를 잃을까 봐 두렵고, 이 두려움이 당신 스스로를 마치 죽어 있는 사람처럼 느끼게 한다고 말해 보시겠어요?" 카일은 용기를 내어 말했다. "나는 감정이 격해질 때가 있어. 내가 당신을 실망시켰다는 생각이 나를 너무 힘들게 해. 나는 당신의 기대에 미칠 수 없어. 하지만 나는 아무것도 하지 않아. 뭔가 잘못했다고 질책받는 것보다 아무것도 하지 않는다고 질책받는 게 나으니까. 나는 당신이 필요해. 나는 안정감을 갖고 싶고 당신과 가까움을 느끼고 싶어." 먼저 카일과 그리고 다음으로 타라와 재연을 한 뒤에 에밀리는 카일이 말한 두려움과 새로운 변화를 더 표현해 보도록 했다. 카일은 다음과 같이 말했다. "나는 가시방석에 앉아 있는 것처럼 사는 것에 지쳤어. 나는 당신에게 내 진짜 모습을 보여 주고 싶어."

타라는 깜짝 놀랐다. 그녀는 카일의 이런 모습을 본 적이 없다. 카일의 태연하고 무심한 모습 뒤에 그가 그녀를 잃을지도 모른다는 두려움에 시달린다는 것을 알지 못했다. 그녀는 자신이 그렇게까지 카일에게 영향을 끼치고 있는지 몰랐다. 다만 카일이 그녀에게 관심이 없는 줄로만 알고 있었다.

4) 6단계: 상대방의 새로운 관점을 받아들이기

6단계에서 치료사의 과제는 관찰하는 파트너가 '이 새로운 모습을 받아들이고, 파트너에 대한 자신의 관점에 통합시켜 상대의 새로운 행동에 반응하도록' 돕는 것이다(Johnson, 2004, p. 147). 관찰자 파트너는 이 새로운 변화를 반갑게 받아들일 수도 있고, 아니면 회의적으로 반응할 수도 있다. 관찰자 파트너에게 상대 파트너의 새로운 모습은 매우 혼란스러울 수 있다. 치료사는 이 상황에서 관찰자 파트너가 상대 파트너의 새로운 모습을 보고, 듣고, 느낄 수 있도록 도와주고, 이를 통해 변화를 잘 받아들여 재연할 수 있게끔 도와주어야 한다.

관찰자 파트너가 새로운 모습을 받아들이고 이를 통합하도록 돕기 위해 에밀리는 다음과 같은 환기적 질문을 사용했다. "파트너의 새로운 모습을 알게 되니 어떤 생각이 드나요?" 치료사는 파트너가 서로 새롭게 공유한 것에 대해 직접적 · 구체적으로 질문하고, 이 새로운 모습의 몇몇 부분을 반복해서 질문한다. "당신의 파트너는 당신이 중요한 사람이기 때문에 실망시킬까 봐 두려워하고 있습니다. 이에 대해 혹시 어떻게 생각하나요?" "상대방이 당신에게서 인정받을 수 없을까 봐 두렵고, 당신을 만족시키기 위해 노력하는 것에 지쳤다고 이야기했습니다. 이것에 대해서 어떻게 생각하나요?" "이 이야기를 들은 후 혹시 어떤 생각이 드나요?"

EFT 치료사는 경험하는 파트너(위축자)의 '새로운 관점'이 끼친 영향에 대해 초점을 두고자 '새로운' 정서 경험을 계속해서 반영하고 반복한다. 동시에 관찰자 파트너의 현재 정서 경험에 대해서도 정당화해 주어야 한다. 치료사는 관찰자 파트너가 느낄 수 있는 혼란스러움("당신은 지금 몹시 화가 나거나 당황스러워 믿을 수 없다고 느낄 수 있습니다.") 또는 수용("당신이 중요한 사람이기 때문에 당신을 만족시키지 못할까 봐 두려워하는 것 같군요. 참으로 다행입니다.") 또한 타당한 감정이라 인정해 준다.

EFT를 처음 접해 보는 치료사는 받아들이는 파트너 쪽에서 상대방의 생각의 큰 변화에 대해 불확실함, 불신, 때로는 분노를 보이는 경우에 낙심할 수 있다. 하지만 이런 반응들은 파트너를 몇 년간이나 완전히 다른 모습으로 봐 왔다는 점을 생각해 보면 이해할 수 있다. '새로운 파트너'를 받아들인다는 것은 쉽지 않은 일이다. 이것은 둘의 관계를 이어 온 기본적 전제까지 영향을 미칠 수 있다. 타라가 당황해하며 말했다. "완전히 다른 사람 같아요! 저는 그 사람의 이런 모습을 전혀 알지 못했어요!"

위축자의 새로운 모습을 받아들이기 힘들어하는 파트너에게 EFT 치료사의 두 가지 방침은 다음과 같다. '받아들이지 못하는 것에 대한 공감이 해결책이다'. 그리고 '새로운 관점을 계속 보게 하라'. 공감적으로 반응함은 아직 새로운 애착적 모습을 받아들이기 힘들 수 있다는 것이 당연하다고 여기게 해 준다("맞아, 나는 중요한 사람이야. 그는 나에게 무관심한 사람이 아니었어. 그 사람은 그저 나를 잃을 것이 두려웠던 것뿐이야."). 새로운 관점은 그저 그들이 수년 동안 고통스럽게 지속해 온 고리와 맞지 않을 뿐이다. 위축자의 개방을 반복함으로써 새로운 관점을 놓치지 않는 것이 중요한 이유는, 그 새로운 관점에 결합관계를 변화시킬 애착 씨앗이 들어 있기 때문이다. 예를 들어, 에밀리는 이

'새로운' 배우자를 만나 혼란스러운 타라를 지지하면서, 한편으로 카일에 대한 새로운 관점을 반복한다. "당신은 그가 무관심하다고 생각했는데, 사실은 **당신을 잃을까 봐 두려워했다는** 것이 혼란스러울 수 있습니다."

추적자 파트너가 받아들이지 못할 때, 치료사는 이를 순화하여 천천히, 간단하고 부드러운 말투로 공감해 주어야 한다. 동시에 치료사는 수용자 파트너의 생각을 정확히 반영하고 있는지도 확인해야 한다. "그 사람이 당신을 잃을까 봐 두려워한다는 것을 받아들이기 어렵나요? 당신은 그가 두려워하는 것을 본 적이 없나요? 당신은 그가 무관심하고 냉담한 사람이라 생각했던 것이 사실은 당신을 잃을까 두려워서라는 것을 받아들이기 힘든가요? **당신의 인정이 그에게는 중요하다는** 것이 믿기 어려운가 봅니다. 그런가요?"(**굵은 고딕체**는 애착이 중요함을 말해 준다.)

EFT 치료사는 진실된 공감이야말로 파트너가 좋아질 수 있게 함을 경험적으로 배우게 된다. 5단계에서 위축자는 추적자에 의해 파괴되거나 질식당하는 것의 두려움을 드러내는데, 이는 관찰하는 파트너가 경청하기 매우 어려울 수 있다. "뭐라고요?!" 소피는 엘라가 '말라 죽을 것 같다'고 두려움을 표현하자 다음과 같이 말했다. "엘라는 내가 너무 심하다는 거죠, 그렇죠? 그녀는 내가 그녀를 망가뜨리려 한다고 생각한다는 거죠? 정말 끔찍하네요. 나의 소망이 말도 안 되는 바람이었다는 건가요?" 여기서 또 한 번, 5단계 애착두려움을 개방하기에 대한 위축자의 비수용적인 태도에 대해 치료사가 공감하는 것이 핵심이다. "엘라가 당신을 너무 사랑한 나머지 자신이 말라 죽을 것 같음에도 당신을 만족시킬 수 없어 두렵다고 했습니다. 당신은 이 사실을 인정하기 매우 힘들 수 있어요!" 에밀리는 소피가 이러한 것이 자신에게 얼마나 곤란한 일인지 인정하면서 소피가 진정되는 것을 볼 수 있었다. 또한 이것이 엘라의 두려움이라는 것의 강조를 통해 소피가 그녀를 파괴하고 싶은 것이 아니라, 소피를 너무 사랑하기에 좋은 관계를 위해 모든 것을 포기할까 봐 두려워한다는 것을 볼 수 있었다.

수용자 파트너가 위축자의 새로운 모습을 무시하고자 할 때, EFT 치료사는 이러한 새로운 모습을 믿기 어려울 수 있다는 것을 인정해 주어야 한다. 그리고 동시에 상대방이 '당신을 매우 중요하게 생각하기 때문에' 위험을 감수하고 자신의 새로운 모습을 보여 주는 것임을 말해 주어야 한다. 치료사는 '아직은 믿기 힘들 수 있다'는 것을 강조하면서 파트너의 일상, 상대방의 애착에 대한 두려움 및 욕구와 관련지어 이를 설명해야 한다. 치료사는 일반적으로 수용을 가로막는 장애물인 당혹, 혼란, 두려움, 분노를 탐색한다.

치료사는 또한 관찰자 파트너가 수용하지 못하는 것을 개방자 파트너와도 상의해 볼 수 있다. 이때 파트너가 받아들이지 못하는 상황을 이해할 수 있게끔 도와주어야 한다("당신의 파트너가 당신의 새로운 모습이 진짜라는 것을 받아들이는 것이 파트너에게 안전감을 주지 못해서 그렇습니다."). 이 시점에서 EFT 치료사는 위축자에게 파트너가 아직 받아들이기 힘들어한다는 점을 말해 주면서 희망을 심어 준다. '아직'이라는 말은 서로의 부정적이었던 과거의 신뢰가 회복된다면 다시 새로운 모습을 받아들일 수 있게 될 것이라는 희망을 주게 된다.

EFT 치료사는 관찰자 파트너가 새로운 모습을 받아들이는지 또는 아직 새로운 모습을 받아들이기 힘들어하는지에 따라 6단계의 재연을 다르게 전개해 볼 수 있다. 수용자 파트너가 새로운 모습을 받아들인 경우, 치료사는 수용자 파트너에게 다음과 같이 질문할 수 있다. "이와 같은 새로운 모습이 당신에게 얼마나 중요하고 많은 의미를 갖는지 상대방에게 말할 수 있나요?" 관찰자 파트너가 수용했다는 것을 알게 되면 위축자는 매우 안심할 수 있게 된다.

반대로 새로운 모습을 받아들이지 못하는 파트너에게는 이렇게 말할 수 있다. "이러한 변화가 아직은 너무 믿기 힘들다고 파트너에게 말해 볼 수 있을까요?" 수용하지 못하는 것을 치료사가 충분히 이해한 후 상대방에게 말해 줄 때, 종종 새로이 받아들이게 되거나 신뢰가 싹트기도 한다. 보통 위축자들은 상대방이 자신의 새로운 모습을 수용하든 그렇지 않든 간에 자신의 파트너와 계속해서 재개입을 시도하고 관계를 이어 나갈 의지가 있기 때문이다(7단계).

5) 7단계: 위축자의 욕구를 표현하고, 관계에서 적극적인 행동을 돕기 —접근하기, 반응하기, 수용하기

7단계의 과제는 위축자가 자신의 일차정서에 좀 더 오래 머무르고, 파트너에게서 자신이 필요한 것이 무엇인지를 알게 되는 것이다. 그리고 그 필요한 것을 파트너에게서 얻어내기 위해 대화를 시도할 수 있게끔 위험을 감수할 용기와 동기를 찾아내는 작업을 하게 된다. 관계에서 자신이 필요하고 원하는 것을 말하고 적극적으로 행동하려면 위험을 감수해야 하는데, 이를 위해 위축자가 스트레스를 받는 상황에서 흔히 보였던 회피와 억누름을 바꾸도록 해야 한다. 이런 단계는 7단계의 위축자 재개입 변화의 전환점에서 중요한 단계다. 이와 같은 변화의 전환점은 큰 변화처럼 보이지 않을 수 있는데, 왜냐하면 회피적 파트너는 이 치료의 첫 회기에서부터 서서히 관계에 참여하도록 진행되기 때문이다(Burgess Morser et al., 2015). 하지만 이는 매우 중요한 변화다. 그 이유는 위축자가 자신이 필요로 하는 욕구를 표현하지 못한다면 계속해서 이를 숨기는 상태에 머무르게 되어 기본적인 패턴이 절대 바뀌지 않기 때문이다.

중요한 점은 위축자가 상대방의 요구를 들어주기만 하는 위치에 있거나 상대방을 만족시키기 위해서 노력하는 역할에서 벗어나 자신이 원하는 것과 바라는 것을 충분히 표현하는 것이다. 또한 위축자는 자신이 그럴 만한 자격이 있다는 것을 알아야 한다. 위축자가 점점 더 치료에 개입하게 되는 시점에서 초보 EFT 치료사가 착각하기 쉬운 것이 있다. 위축자가 관계에 재개입되는 것이 그저 위축자가 관계에 더 많은 시간을 쏟아서, 또는 더 많은 것을 공유해서, 혹은 더 정이 많고 배려심이 깊기에 그런 것이라고 착각할 수 있다는 것이다. 더 자세히 들여다보면, 치료사는 추적자 파트너가 위축자의 변화에 아주 기뻐하기 때문에 관계가 훨씬 더 좋아지고 있다는 것을 발견할 수도 있다. 하지만 위축자 파트너는 자신의 정서나 요구를 대부분 알지 못하고 있으며, 안다 하더라도 도움을 확실히 요청하기 위해 손을 뻗거나 하는 일은 거의 없을 것이다. 회피가 주요 대처 방법으로 굳어지면 위축자는 가족의 구성원으로 중심에 있는 것이 아니라 그저 평화를 지키거나 스스로를 보호하려고 구석에 있는 상태가 된다. 그녀 혹은 그는 애착욕구에 접근하기 위해 위험을 감수하고, 공개적이고 적극적으로 관계에 발을 들여놓기 위해 지지와 영향의 필요성을 명확하게 말할 수 있는 도움이 필요하다.

일차정서의 감정적 고통의 결과로 애착욕구와 소망의 표현이 유발된다. 위축자가 파트너에게서 자신이 필요한 것을 알아내고 관계 안에서 안전감을 느낄 수 있게끔 하려면, 치료사는 위축자가 5단계에서 확대하고 다듬었던 일차정서를 충분히 경험할 수 있도록 도와주어야 한다. 이 일차정서 안에서 위축자의 욕구가 무엇인지 접근할 수 있다. 기본 정서를 충분히 느낄 수 있다면, 이는 핵심적인 욕구에 대해 가장 믿을 만한 정보가 된다(Frijda, 1986). 예를 들어, 거절에 대해 두려움을 느낀다면 파트너는 안심과 편안함을 필요로 하는 것이다. 만약 자신이 닳아 없어질 것 같은 두려움에 휩싸인다면, 자신에 대해 더 보여 주고 표현해도 괜찮다고 확신을 얻고 싶은 것이다. 또는 감정을 억누르는 데 피곤함을 느낀다면, 자신의 말을 들어 주고 관심을 주며 안전한 관계를 지속할 수 있다는 확신이 필요한 것이다.

> 연결과 위로에 대한 나의 욕구에 가장 많이 접촉할 수 있는 때는, 바로 거절이나 유기에 대한 두려움이 일어날 때다. 또한 이때는 치료사의 도움을 받아 내 파트너 혹은 다른 가족 구성원과의 연결 및 긍정적 상호작용을 촉진시키는 방법으로 나의 욕구와 두려움을 구조화하고 표현할 수 있는 때다(Johnson, 1998, p. 5).

힘든 감정에 계속 머물러 있는 것은 EFT를 처음 해 보는 치료사에게 가장 어려운 것 중 하나일 것이다. 파트너가 그 감정에 계속 머물러 있는 것을 힘들어한다는 것은 충분히 이해할 수 있다. 줄리와 필은 위축자-위축자형 고리를 가졌는데, 줄리는 2기에 들어가는 것이 두려웠다. "이런 두려움 속에 있는 것이 정말 무서워요. 무슨 말을 해야 할지 모를 정도로 더 이상 이곳에 있기 힘들어요." 에밀리는 줄리가 그 두려운 감정에 머무르며 정서를 확대할 수 있도록 도와주었고, 7단계에서 줄리는 매우 조심스럽게 말할 수 있었다. "당신은 나에게 당신이 원하는 대로 행동하도록 했어. 내 주장을 할 수 없는 상태가 여태 지속됐어. 나는 상처 받았어. 당신이 내 말을 들어 주었으면 좋겠지만, 혹시나 그래서 당신이 나를 다시 떠날까 봐 두려워."

에밀리는 줄리의 정서를 반영하고 고조시켰다. 줄리에게 애착욕구가 나타나기 시작했을 때, 에밀리는 줄리에게 필과 다시 대화해 보는 것이 어떨지 제안했다. 줄리는 자신의 의견을 말했다. "나는 당신에게 맞서기가 무섭고, 당신이 다시 가 버릴까 봐 두려워. 내 옆에 있어 줬으면 좋겠어. 그리고 내 말을 들어 주고 같이 있어 줬으면 좋겠어. 너무 가깝지 않아도 되지만 떠나지는 말아 줘. 내가 어떤 모습이든 당신이 나를 온전히 원한다는 것을 확신할 수 있을까? 너무 이성적으로만 생각하지는 말고, 혹시 내 부탁을 들어 줄 수 있을까?" 위축자가 자신의 욕구를 직설적으로 표현하면 보통 상대 파트너는 이에 반응한다. 치료사는 관찰자 파트너가 재연을 통해 위축자가 청한 도움에 반응하도록 지지해야 한다.

타라와 추적-위축형 고리에 갇혀 있었던 카일은 새롭게 알게 된 친밀해지는 것에 대한 두려움인 '상처받는 것' '당신이 원하는 모습의 내가 되지 못하는 것' '실망시키는 것'에 대한 두려움을 공유했다. 그 후 카일은 7단계의 접근하기에 진입했다. "내가 당신을 실망시키더라도 당신이 나를 계속 사랑해 줄 것이라는 확신이 나한테는 필요해. 내가 부족한 게 많더라도 당신이 나를 원한다는 확신 말이야." 에밀리는 카일이 타라에게 이렇게 다가가는 이 상황이 굉장히 좋은 기회라는 것을 알았다. 카일이 위험을 무릅쓰고 타라에게 이런 확신을 요청할 때, 에밀리는 이 순간을 고무시키고 타라의 대답을 도왔다. 타라는 새롭게 나타났던 그의 두려움을 받아 주었고, 그가 원하는 사랑에 대한 확신을 주겠다고 답변했다.

에밀리는 그녀의 슈퍼바이저가 했던 말을 회상했다. '확대된 정서는 새로운 세계로 가는 문을 열어 준다'. 그때는 이 말이 현실 세계와 동떨어져 있는 마법과 같은 이야기처럼 들렸다. 하지만 그녀는 이제 이런 경험을 할 때마다 짜릿함을 느꼈고, 슈퍼바이저의 말처럼 확대된 정서적 경험은 자신과 그리고 관계에 대한 새로운 세계로의 문을 열어 준다는 것을 알게 되었다.

타라와 같은 일부 추적자는 파트너가 적극적으로 지지를 요청하는 것에 대해서 기뻐하고 강한 확신을 주고 싶어 한다. 다른 추적자들은 소피가 엘라의 재개입에서 그랬던 것처럼, 방어적이고 혼란된 상태가 되어 확신을 주는 대답을 하지 못한다. 첫 번째 EFT 교육 DVD(Johnson, 1993)에서 혼란에 빠진 추적자인 프루(Prue)를 보여 주는데, 프루 또한 처음에는 위축자인 마크(Mark)의 적극적인 개입을 감싸 주지 못했다. 좋은 소식은 치료사가 변화 과정을 신뢰할 수 있다는 것이다. 추적자가 위축자의 변화의 전환점을 환영하거나 혹은 신뢰하지 못하는 것과 상관없이 위축자는 변화의 전환점을 거치며 관계에서 새롭게 적극적으로 참여하는 역할을 승인했고, 이는 지속적인 영향을 발휘한다.

요약하자면, 7단계에서 위축자들은 그들의 파트너와 더 가치 있고, 필요하고, 희망적이며 그리고 안전하다고 느끼기 위해 관계를 맺는 것이 필요하다고 말하기 위해 앞으로 나아가는 과정에 있다. 이전에는 거리를 두고, 가까워지기 힘들며, 수동적인 태도였다면 이제는 능률이 높고, 가까워지기 쉽고, 정서적으로 활발하게 바뀌는 것이다. 그들은 가까워지고 싶은 욕구를 밝히고, 자신들이 관계에 참여하기 위해 필요한 것을 요구할 수 있게 된다. 5단계에서 다음과 같은 내용이 있었다.

> "나는 당신과 있으면 내가 미숙하고 작게 느껴져서 당신이 나의 이런 모습을 보고 날 떠나갈 것 같다는 두려움에 살아. 그래서 나는 무감각해지고, 방어하게 되고, 위축돼."라는 이야기는 7단계에서 다음과 같이 발전하고 구체화된다. "나는 방어하고 무감각해지는 것에 지쳤어. 나는 당신에게 특별한 사람이길 원해. 나는 당신이 비난을 중단하고 떠나겠다고 위협하는 것도 멈췄으면 좋겠어. 나는 떠나지 않을 것이고, 이 관계에서 더 이상 작게 느껴지고 싶지 않아."(Johnson et al., 2005, p. 193)

위축자에게는 가까워지는 방향으로 관계가 변하는 것이 매우 큰 모험이다. EFT 치료사는 이 위험에 적절히 대응하여 위축자가 관계를 맺을 수 있는 방향으로 이끌어야 한다. 위축자가 약점을 드러내고 위험을 느끼는 것은 치료에 적극적이기보다는 한편으로 나약해 보일 수도 있다. 혹시나 눈물을 흘릴 수도 있지만, 눈물과 상관없이 애착욕구에 대해 표현하는 단계 자체는 큰 위험을 감수하는 것이다.

4. EFT 치료사가 2기의 변화를 돕는 방법

존슨(Johnson, 2016d)은 "타인을 이해하려면 당신 자신의 정서적 균형을 유지해야 한다."라고 트위터에 썼다. 2기에서 파트너는 쉽게 약해지고 또한 강렬해지는데, 이러한 2기에 효과적으로 치유하려면 치료사의 내부 감정 상태가 중요하다는 것을 강조하는 말이다. 이후에 설명하는 내용은 치료사가 2기에서 위축자 재개입과 2기의 두 번째 라운드에서 비난자 순화를 어떻게 해야 하는지를 알려 준다(제7장).

에밀리는 2기에서 파트너가 자신들의 정서적 경험을 확장하고 더 깊이 들어갈 수 있도록 돕고, 새로운 취약한 내부 경험을 이용해서 서로에게 새로운 반응을 이끌 수 있다는 것을 알아냈다. "하지만 내가 정말로 단지 이 정서들의 이름을 대는 것을 넘어 정서를 더 넓고 깊게 한다는 것이 어떤 의미인지 알고 있는 걸까?"라고 에밀리는 스스로 되물었다. "그리고 정서를 깊게 하고 다듬는 단계에 다다를 텐데(정서가 그것을 촉발하는 단서와 어떻게 연결되어 있는지, 신체의 각성, 고통스런 애착의 의미 그리고 반응적인 행동화 경향을 이해하는 것), 상호작용을 통해 새롭게 만들어진 정서를 밝히고 응답하는 것을 내가 책임지고 할 수 있을까?" 에밀리는 갑자기 불안해지며 치료사로서 자신의 능력에 대해 의구심을 품었다. "이렇게 어려운 EFT 치료를 내가 할 수 있을까?" 하지만 그녀는 자신을 격려하며 생각했다. '애착경로에 머무르면서 각자 파트너와 둘의 상호작용에 맞춰 가면 돼. 다섯 가지의 기본 행동(제2장 참조)을 반복하면서 사랑의 길이 인도해 주는 대로 따라가기만 하면 돼.'

에밀리는 EFT가 경험주의 이론과 예술적 요소를 모두 갖고 있다는 것을 알고 있었다 (Johnson & Brubacher, 2016c). 그녀는 파트너가 해야 하는 것들과 치료사의 개입에 대해 경험적 이론으로 뒷받침된 가이드라인이 있는 것을 다행으로 생각했다. 에밀리가 가이드라인에 따라 파트너의 결속을 맺어 주는 도중 어찌 할 줄 모르는 순간이 올 때가 있었다. 그럴 때마다 그녀는 자신에게 탑재된 정서적 GPS에 따라서 그녀의 직감대로 조언을 줄 수 있다는 것에 감사했다. 실은 여행 도중 지도에 있는 작은 길이나 방향까지 모두 알 수는 없는 법이다. 그녀는 서서히 펼쳐지는 이 과정을 믿으라고 배웠고, 그녀가 파트너들의 애착경로에 조금 더 집중하면 할수록 더 많은 용기와 융통성이 생기기 시작했다. 그녀가 2기에서 정서적 균형을 유지할 수 있도록 하고, 파트너를 더 잘 안내할 수 있게끔 도운 주요 도구는 다음과 같다.

① 2기 지도에 자신을 놓아 보기
② EFT 탱고의 다섯 가지 움직임
③ RISSSC를 사용하여 자신과 상대방이 위험 감수를 하도록 격려하기

1) EFT 지도에 자신을 놓아 보기

특히 2기에서 에밀리는 매 회기 전과 후에 스스로를 EFT 지도에 놓아 보고 메모를 남기는 것이 도움이 된다는 걸 느꼈다. 예를 들면, '5단계 위축자와 계속 진행' 또는 '6단계 위축자가 지난 회기에서 보인 새로운 입장에 대해 추적자가 받아들이는지 확인' 또는 '6단계에서 받아들이지 못함을 평가하기 위해서 조금 천천히 가기'를 들 수 있다. 예컨대, 엘라가 자신이 더 이상 소피의 가장 좋아하는 사람이 아닐 수 있다는 애착두려움과 고통을 확장하고 개방할 때, 에밀리는 소피로 하여금 엘라의 이러한 두려움을 이해

하도록 최대한 도와주어야 한다.

5단계와 6단계가 끝난 이후, 에밀리는 '7단계에서 위축자에게 접근하기를 권유해 보라'라고 메모해 볼 수 있다. 그리고 위축자의 7단계가 끝난 이후, 그녀는 비난자 순화의 지도 위에 그녀가 어디에 위치해 있는지 메모를 해 둔다. 에밀리는 깊게(deepen), 다듬어서(distil), 개방하라(disclose)의 3D, 다음으로는 접근하기(reach), 반응하기(respond), 수용하기(receive)의 3R이 그녀가 2기의 지도를 잘 따라갈 수 있도록 도와준다는 것을 발견한다.

(1) 5단계: 깊게 하기, 다듬기, 개방하기(3D)

에밀리는 내담자 부부들과의 반복된 경험을 통해 5단계는 경험하는 파트너가 일차 애착정서, 두려움, 소망을 깊게 하고 다듬어 상대 파트너에게 개방하는 위험을 감수하는 것을 돕는 과정임을 알게 되었다. 그 후 6단계에서는 새롭게 형성된 방식으로 공유한 것에 대해 다른 파트너가 반응하도록 도왔다. 위축자가 필요로 하는 것을 요청하려고 다가가는 시도를 하기 전, 관찰하는 파트너의 6단계 반응(그것이 수용이든 의심이든 간에)이 선행되어야 한다.

(2) 7단계: 접근하기, 반응하기, 수용하기(3R)

에밀리는 7단계가 접근하기(reach), 반응하기(response), 수용하기(receive)의 3R을 연출하는 과정임을 배워 가고 있다. 에밀리는 경험자 파트너가 접근해서 자신의 주된 두려움과 애착고통을 위안받도록 상대방에게 욕구를 말할 수 있게끔 권유하는 것에 집중해야 한다. 그녀는 5단계에서 두려움을 공개하도록, 6단계에서 상대 파트너가 이 공개를 받아들일지 그렇지 않을지 표현하도록 도왔다. 이 2개의 단계가 끝난 후, 에밀리는 접근하기가 효과가 있다는 것을 알게 되었다. 에밀리는 경험자 파트너가 7단계에서 접근하도록 권유한 이후에("상대방의 이 두려움을 어떻게 도와줄 수 있을까요?") 관찰자 파트너가 이 요청에 응답할 수 있도록 한다. 마지막으로, 경험자 파트너가 이를 받아들이고 응답할 수 있게끔 진행한다.

2) EFT 탱고의 다섯 가지 움직임

에밀리는 비유적인 표현으로 EFT 탱고라고 불리는 5개의 단순한 움직임(제2장에서 소개했음)을 매 회기 반복하면서 EFT 치료모델과 자기 자신에 대한 자신감을 점점 쌓아 올렸다. 이 움직임들을 반복하면서 정서라는 새로운 노래에 이끌리게 되고, 매번 새로운 춤의 요소가 더해진 결과, 새로운 춤이 탄생하게 된다. 존슨(Johnson, 개인적 의사소통, 2016. 1.)은 EFT의 스텝이 계단을 걷는 행동 같은 것이 아니라, 마치 춤처럼 같은 스텝을 계속하며 여기에 새로운 요소를 추가하는 것에 더 가깝다고 말했다.

에밀리는 움직임들을 다시 한 번 머리로 되뇌었다.

- 개인의(within) 그리고 두 사람 사이의(between) 과정을 반영하라.
- 한 파트너의 주된 경험을 깊게 하라.
- 새롭게 발견한 정서적 인식을 공유하기 위해 구체적으로 재연하라.
- 각 파트너와 재연을 진행하라.
- 파트너의 새로운 움직임을 요약하고 통합하여 그들 스스로가 이런 움직임을 얼마든지 만들어 나갈 수 있다는 것을 알게 하라.

파트너 사이에 일어난 상호작용을 요약하고, 치료사의 도움 없이도 두 사람이 연결된 대화를 나눌 수 있는 능력이 있다는 것을 알려 준다. 그리고 그들이 접근하고, 반응하고, 받아들일 수 있다는 것을 잘 알 수 있게 하면서 EFT 치료사들은 이런 순간들의 가치를 확대한다. EFT 탱고의 움직임은 부부치료모델의 단계나 기에 관계없이 EFT 치료사를 정서적으로 균형 있게 유지할 수 있도록 하고, EFT 치료를 진행할 수 있게 한다.

3) RISSSC를 이용하여 자신과 상대방이 위험 감수를 하도록 격려하기

RISSSC란 EFT 치료사들이 정서를 깊게 할 수 있도록 집중하게끔 하는 방법들의 머리글자다. 반복(Repeat), 이미지의 사용(use Image), 단순하게(Simple), 천천히(Slow), 부드러운 목소리로(Soft voice), 내담자의 언어(the Client's word)를 사용하는 것을 말한다.

- R: 치료사는 중요 단어와 문구를 강조하기 위해 의도적으로 반복한다. '정서적 단서(emotional handles)'는 정곡을 찌르고 정서를 가득 담은 단어와 구절을 말하는데, 예를 들어 "마음이 산산조각 났어." "그의 마음에 나란 존재는 없어." "두 번이나 데었기 때문에 불을 피하는 거야."와 같은 것들이다. 정서적 단서를 계속해서 반복하면 내담자의 경험을 깊게 할 수 있다.
- I: 치료사는 추상적인 말보다 정서를 자아낼 수 있는 이미지나 마치 그릴 수 있는 듯한 단어들을 사용한다. "당신은 마치 한 걸음만 헛디디면 떨어져 상어가 집어삼킬 널빤지 위를 걷는 듯한 감정을 느끼고 있군요." "당신은 그녀를 한 번 더 실망시키면 스스로를 망칠까 두려워 얼어붙어서 전혀 움직이지 않고 있군요!"
- S: 치료사는 내담자에게 간단하고 간결한 구절로 이야기한다.
- S: 치료사는 내담자의 정서적 경험을 깊게 하기 위해서 천천히 말한다.
- S: 치료사는 안전감을 만들고 격려하기 위해서 순화된 낮고 진정되는 톤의 음성을 사용한다.
- C: 치료사는 내담자가 말했던 단어와 구문을 다듬어 사용하여 지지하고 인정해 준다(Johnson & Brubacer, 2016b).

RISSSC의 사례 예시는 2기의 예술적인 면과 느린 속도를 함께 보여 준다. 까다로웠던 에밀리의 위축자-위축자형 커플 사례의 경우, 필이 '감정에 대한 혐오'를 '부두를 아슬아슬하게 매달려 있는'으로 비유했을 때 처음에는 이 비유를 이해하기 어려웠다. 그의 파트너 줄리가 개인적으로 어려웠던 순간을 약한 모습을 보이며 설명할 때, 필은 "부두에 아슬아슬하게 매달려 있다."라고 표현을 했다. 필은 줄리가 이야기하는 것을 듣고 있는 동안 모든 것을 포기하고 이 강렬한 정서적 경험을 그만두고 싶었지만 자신이 매달려 있었다고 말했다. 그는 자리를 유지하기 위해서 매우 힘들게 노력하고 있었다. 필이 자신의 비유를 통한 내적 경험을 공유하는 동안 에밀리는 귀를 기울이며, 천천히 그리고 순화하기를 반복했다. 필의 단어들을 간단하게 사용하며, 그의 이미지에서 필이 감수한 위험을 느낄 수 있었다. 동시에 필이 줄리의 아픔을 듣는 동안 자리를 지키기 위해 노력했던 연약함에 대해 에밀리도 무척이나 공감하고 이해했다. 에밀리는 이것이 줄리에게 그렇게나 큰 의미로 다가왔는지에 대해 놀랐다. 줄리가 기뻐하며 말한다. "와, 그렇게 파도들이 휩쓸었고 그러한 정서를 느끼고 싶지 않은데도 계속 매달려 있었다니 그가 정말 사랑한다는 걸 알겠어요!"

간단하고 순화된 느린 형태의 치료는 내담자의 변연계를 불활성화하여 2기에서 깊고 위험을 감수할 길을 열어 준다. 이와 같은 치료 형태는 부모가 갓난아기를 달래려 짓는 얼굴 표정과 목소리의 선율과 비슷하여 안정감을 가져다준다고 한다(Stern, 2004). EFT에서 내담자와 연결된 관계를 유지하고 싶은 치료사는 3개의 S를 계속해서 기억해야 한다. 앞에서 언급한 단순하게, 천천히, 부드럽게다. 이와 같은 방법은 회피적인 파트너와 연결되고 싶을 때에도 중요할 뿐 아니라 완고한 추적자의 약한 모습을 불러일으키기 위해서도 매우 중요하다(Rheem, 2012).

트라우마 생존자의 경우, 내재된 정서를 탐구하는 과정에서 두 파트너를 번갈아 가며 봐 주는 것이 도움이 될 수 있다. 예를 들면, 줄리가 필에게 자신의 주된 정서를 확장하고 안전하게 전달하는 중에 줄리를 잠시 쉬게 한다. 그러고는 필에게 줄리의 말이 그에게 어떤 영향을 미쳤는지 알아보고 동시에 그의 일차정서를 탐색하는 것이다. 천천히, 신중하게 한 파트너씩 번갈아 가며 돕는 것이 안전할 수 있다. 사다리에서 한 걸음씩 천천히 올라가듯, 유예 시간을 주면서 정서적 강도를 관리할 수 있을 정도로 유지한다. 이는 두 파트너 모두 감정에 압도되어 해리되거나 멍하게 되는 것을 막기 위해서다.

복잡한 트라우마 생존자 커플이 가끔 얼어붙는 반응을 보이는 경우, 한 파트너가 이렇게 표현하는 경우가 있다. "그의 마음이 떠났다는 것을 알겠어요." 에밀리는 한 파트너의 마음이 떠난 경우, 상대 파트너가 자신보다 더 빠르게 그 사실을 알아챈다는 것을 깨달았다. 그녀는 자신이 긴 '토론'을 해서 알아내는 것보다 다른 파트너의 평가를 믿는 것이 더 중요할 수 있다는 것을 알게 되었다. 예를 들면, 필이 정서적으로 다소 길게 설명을 하자 줄리는 "나는 그의 마음이 떠났다는 것을 알겠어요."라고 간단히 말했고, 에밀리가 필에게 물었을 때 필은 동의했다. "맞아, 나는 이제 빠져나왔어. 나는 이게 훨씬 살기 편하거든. 더 이상 정서적으로 그런 상황에 머무르기가 힘들어."

2기에서 EFT 치료사는 신중하고 천천히 정서적 과정을 밟아 가고, 언제나 내담자의 경험에 매우 가깝게 유지해야 한다. 이 상황에서 치료사는 다른 때보다 더 지속적으로 공감적 반영을 하고 상황을 추적하며 내담자의 현실을 평가해야 한다. 일차정서를 불러일으키고 깊게 하기 전에 이차정서를 먼저 인정하는 것(상대 파트너에 대한 중요성의 맥락 안에서 그 반응을 이해하는 것)이 가장 안정적이고 정중한 것이다.

정서적 강도로 생각해 보면 2기야말로 치료사가 파트너뿐 아니라 자신 또한 정서적으로 균형을 유지하는 것이 다른 때보다 중요한 것으로 보인다. 정서적 경험은 양방향이고, 거울 뉴런은 공유된 경험을 활성화시키기 때문에 치료사가 어떤 위협감이나 불편한 반응을 보이면 내담자가 이를 눈치채고 경험할 수 있기 때문이다.

5. 결론

치료사가 2기에서 어떻게 해야 하는지에 대한 마지막 부분에서는 위축자 재개입과 비난자 순화에 대한 내용을 모두 다루고 있지만, 이 장에서는 위축자 재개입에 좀 더 치중하고 있다. 이는 2기에서의 두 가지 변화의 전환점 중 첫 번째로 이루어지는 것이기 때문이다. 위축자 재개입을 요약하자면, 위축자들이 강한 독립심과 자기의존을 통해 살아남으려 한다는 것을 기억하는 것이 중요하다. 이들의 애착 전략은 자신의 애착욕구를 비활성화된 채로 유지하고, 위협이나 취약함과 관련된 감정들(예: 공포, 불안, 분노, 슬픔, 수치심, 죄책감)을 불러일으키지 않고 방해가 되는 감정 상태를 피하는 것이다. 위축자 재개입(7단계)에서 EFT 치료사는 위축자가 자신의 생존 전략과는 반대되는 행동을 하도록 권유한다. 나약함을 알게 하고 적극적인 모습을 보여 주며 파트너와의 관계 안으로 들어가기 위해 위험을 무릅쓰고 동시에 자신이 원하는 것과 필요한 것을 요구하도록 하는 것이다.

위축자는 교정적 정서 경험을 통해 자신과 애착두려움 그리고 욕구에 개입할 수 있게 되며, 뿐만 아니라 관계의 적극성, 파트너에게 접근하기 등을 할 수 있게 된다. 때로 오래된 패턴이 다시 표면으로 떠오르거나 추적자가 의심하고 비판적으로 남아 있을 수도 있지만, 그럼에도 불구하고 위축자가 선택한 새 역할은 지속적인 변화를 일으키고, 이전의 위축자는 자신과의 관계에 대해 좀 더 적극적으로 참여하는 상태를 유지한다. 이제 여기에 두 명의 참가자가 있다. 접근하고 이에 반응하는 새롭고 긍정적인 고리가 완성되었는데, 이것이 2기의 변화의 전환점을 알리는 과정의 시작인 것이다.

6. 5, 6, 7단계에서 변화의 핵심 요소 요약: 위축자 재개입

1) 5, 6, 7단계에서 치료사가 보고 듣는 것: 위축자 재개입

(1) 단계적 약화의 신호

회복의 징후: 파트너들 사이의 안정성이 높아지고 있는 것으로, 2기를 시작할 준비가 되어 있음을 나타낸다.

(2) 위축자의 일차애착정서에 대한 정서적 단서

- 상기시키는 이미지(익사, 피를 흘리며 죽어 감)
- 신체적 행동(어깨가 축 처짐, 눈이 재빨리 움직임) 혹은 신체적 느낌(가슴이 철렁 내려앉다, 목에 무언가 걸린 듯하다)을 보고
- 갑작스러운 퇴장이나 중단

(3) 새로운 정신 역동

- 위축자에게서 친밀과 연결의 욕구가 새롭게 나타난다.
- 파트너는 이 '새로운' 파트너를 반기거나 충격과 불신으로 반응한다.
- 위축자는 관계에서 적극적으로 나아가고, 자신의 요구와 애착욕구를 말할 수 있다.

2) 치료사와 내담자가 위축자 재개입을 위해 5, 6, 7단계에서 해야 하는 것

위축자가 2기를 시작하면서 자신의 정서에 더 깊게 들어가서 새롭게 발견된 깊은 속내의 경험을 다른 파트너에게 공개한다. 각각의 단계는 치료사에 의해 구체화되고 진행되는 재연을 통해 완성된다.

(1) 5단계: 깊게 하기, 다듬기, 개방하기

위축자가 스스로에게 개입하도록 하고, 새롭게 드러난 내면의 경험을 현실로 가져오

게 한다.

위축자에게 흔한 일차정서는 고통(특히 무가치함과 부적절한 느낌), 무력감(충분해지기 위해서), 절망감, 수치심, 지친 기분(파트너를 만족시키고 파트너를 행복하게 하기 위해 혹사하고 실패하면서)이 있는데, 이를 탐색하게 되면 점차 두려움이 생기게 된다(거절, 상실, 사라짐 또는 자신을 잃을 것에 대한 두려움).

5단계의 위축자 재연은 내면의 애착정서를 개방하는 것이다.

(2) 6단계: 관찰자 파트너의 반응을 탐색하기

추적자(혹은 위축-위축형 고리의 경우에는 관찰자 파트너)가 상대방의 새로운 면에 대해서 받아들이도록 돕는데, 받아들이거나 그렇지 못하는 것에 대해 공감을 해 준다. 관찰자 파트너는 현재 상황을 어떻게 받아들이는지에 대해 개방할 수 있게끔 돕는다.

(3) 7단계: 접근하기, 반응하기, 수용하기

위축자에게 자신의 애착욕구에 충분히 접근할 기회를 주기 위해 충분한 시간 동안 일차정서에 머물러 있도록 도와준다. 치료사는 위축자에게 적극적으로 관계에 참여하고, 자신이 원하는 것과 욕구를 상대방에게 표현해 보기를 요청한다. 그러면 수용자 파트너가 이 요구에 대해 반응할 수 있게끔 도와주게 되고, 새롭게 개입한 위축자는 파트너의 반응을 받아들일 수 있게끔 돕는다.

3) EFT 치료사가 2기의 변화를 촉진하는 법(위축자 재개입과 비난자 순화)

2기에서 더 깊게 정서적 작업을 하는 동안 치료사로서의 정서적 균형을 유지하고 자신과 내담자와 맞춰 가는 방법은 다음과 같다.

① 2기 지도에 자신을 놓아 보기. 깊게 하기(deepen), 다듬기(distil), 개방하기(disclose)의 3D와 접근하기(reach), 반응하기(respond), 수용하기(receive)의 3R을 기억하기

② 존슨이 EFT의 핵심이라고 설명한 EFT 탱고의 다섯 가지 움직임
 - 개인의 그리고 두 사람 사이의 과정을 반영하기

- 일차 경험을 깊게 하기
- 재연을 구체화하기
- 각각의 파트너와 함께 재연하기
- 파트너의 새로운 행동을 통합하고, 그들이 할 수 있는 능력이 있다는 것을 축하해 주기

③ RISSSC를 이용하여 파트너가 자신과 서로의 위험을 감수할 수 있도록 격려하기: 반복, 이미지, 단순하게, 천천히, 부드럽게, 내담자의 언어를 사용하기

제7장

비난자 순화 변화의 전환점을 만들기 위해 정서를 통한 작업하기 (5~7단계)

이 장에서는 5~7단계의 두 번째 라운드인 비난자 순화 변화의 전환점에 초점을 맞춘다. 이 과정에서는 추적자 파트너를 순화하고, 관계에서 새로운 위치를 받아들이도록 하는 것에 집중한다. 다시 말해서, 2기의 비난자 순화는 이전에 호전적이고 비판적이었던 파트너가 자신의 애착정서에 접근하고 깊게 경험하게 한다. 또한 "취약한 태도에서 높은 수준의 정서적 경험을 하기 때문에"(Bradley & Furrow, 2004, p. 234) 개입하고 반응하는 자신의 파트너에게 접근하여 위안과 애착을 요구하게 된다. 추적자가 파트너에게 접근하는 것, 개입된 위축자가 안심한 뒤 반응하는 것 그리고 이 반응을 추적자가 완전히 받아들이는 것을 경험하는데, 이것이 교정적 정서 경험이다. 치료사는 이와 같은 궁극적인 결합을 강조하고 통합하는데, 이러한 변화는 전체 관계를 위안과 보살핌으로 접근하고 이에 반응할 수 있도록 하는 큰 변화다.

EFT 치료사는 1기에서도 비난자 순화 변화의 전환점의 순간을 목격할 수 있겠지만, 이전의 순화는 금세 희미해지고 비판적인 요구로 다시 바뀐다. 때문에 위축자가 개입되어 있더라도 부정적인 고리는 다시 나타난다. 진정한 비난자 순화 변화의 전환점이 일어나기 전까지 추적자는 두려움과 욕구를 불분명하게 표출할 수밖에 없는 채로 불안한 애착 전략에 매달려 있을 것이다. 위축자는 안락함을 원하지만 이에 대한 충족되지 않은 갈망은 융통성 없고 자기방어적이어서 결국 추적자의 행동에 불을 붙인다. 하지만 비난자 순화 변화의 전환점은 이 관계를 안전하게 바꾸고, 관계를 "영원한 회복 과정"으로 바꾸어 놓는다(Johnson, 2013, p. 215).

비난자 순화 변화의 전환점은 EFT의 성공에 매우 중요한 것으로 확인되었으며(Johnson & Greenberg, 1988), EFT 과정에서 안전한 결합을 형성해 가는 데 있어 분수령과 같은 중요한 사건으로 알려져 있다(Bradley & Furrow, 2004; Dalgleish et al., 2015; Johnson & Greenberg, 1988).

> 비난자 순화를 마친 파트너는 그렇지 않은 파트너와 비교했을 때 더 높은 정서 경험과 표현을 한다. 또한 더욱 서로 맞추어 반응할 수 있고, EFT 막바지에는 곤란했던 관계에서 결국 빠져나가는 것으로 보인다(Burgess Moser et al., 2015, p. 233).

연구자들이 32쌍의 커플을 대상으로 매 회기의 변화를 확인한 결과, 관계에서 애착에 대한 회피를 줄이고 비난자 순화를 마친 파트너는 관계에서 기인한 애착불안 역시 줄어드는 것으로 나타났다(Burgess Moser et al., 2015). 다시 말하면, 회피적인 모습은 치료 과정 도중에 계속해서 줄어들지만, 애착불안을 줄이기 위해서는 비난자 순화 변화의 전환점이 반드시 필요하다는 것이다. 이 과정이야말로 가장 어려운 변화로 여겨지기도 하고, EFT 치료사가 가장 흔히 겪는 어려움이기도 하다(Johnson & Talitman, 1997). 제11장에서 비난자 순화 도중에 겪는 흔한 어려움에 대해서 더 알아볼 것이다.

앞의 장들에서 변화의 전환점들을 보여 주었던 바와 같이, 나는 EFT 치료사들이 보고 듣는 것, 치료사와 내담자들이 하는 것 그리고 치료사들이 어떻게 내담자들이 비난자 순화를 함께 만들어 가는 데 도움을 주는지에 대해 이전 장에서 논의한 것을 보완함으로써 이 변화의 전환점의 측면을 확대해 나가겠다.

1. 비난자 순화에서 EFT 치료사가 보고 듣는 것

파트너가 2기의 비난자 순화 과정을 시작할 준비가 되었다는 의미를 치료사가 듣고 보는 방법에 대해 알아볼 것이다. 또한 순화 과정에서 그리고 순화 사건이 끝날 때까지 이어지는 과정 동안 그들이 보고 들어야 할 것 또한 탐구할 것이다.

1) 위축자의 개입

2기의 두 번째 라운드를 시작할 준비가 되었다는 표지는 위축된 파트너가 개입하는 것이다. 위축자 재개입 변화의 전환점 이후에는 그 이전의 위축자의 모습과는 달라진다. 그들은 상대 파트너에게 좀 더 주의를 기울이고 더 반응을 보일 뿐 아니라 더 참여하고, 주장을 더 자유롭게 하며, 방어적인 태도를 덜 보이게 된다. 이 말은 추적자 파트너가 위험을 감수하고 접근할 수 있는 안정된 애착 대상이 되고 있다는 것을 의미한다(Bradley & Furrow, 2007).

2) 추적자의 위축

EFT를 처음 접하는 치료사에게는 추적자가 위축되는 상황이 혼란스러울 수 있다. 하지만 추적자가 위축될 수 있는 데는 여러 가지 이유가 있다. 첫째, 추적자들의 불안한 전략에는 종종 회피의 패턴이 포함된다(Johnson & Tronick, 2016 참조). 추적자가 며칠 동안 파트너를 차단하는 일뿐만 아니라 회기 중 갑자기 차단하는 일은 드물지 않다. EFT 치료사는 추적자가 가까워지고 싶은 사람을 마음에서 배제하거나 밀어내는 이 행동이 매우 불안한 마음을 안전한 느낌으로 바꾸어 보려는 행동이라고 이해한다.

둘째, 추적자는 새롭게 개입한 파트너에게 종종 방어적이고 조심스럽다. 그들에게는 새롭게 개입한 파트너의 모습이 지속될 것이라고 믿기 어렵다고 느끼고, 자신이 변화된 파트너를 받아들일 만한 사람인지 확신이 없어 힘들어한다. 이후에 설명할 주제 5의 '접근하기에 대한 두려움의 처리 과정'을 통해 이 두려움에 대해 더 설명하고, 그것이 어떻게 추적자에게서 위축을 야기할 수 있는지를 이야기하겠다. 추적자가 보이는 위축이 애착두려움에 대한 반응의 결과임을 이해할 수 있다고 치료사가 알아 줘야 한다. 그렇게 되면 추적자가 자신의 두려움에 접근하고, 깊게 하고, 표현할 수 있도록 EFT 치료사가 내담자를 돕는 능력을 키울 수 있다.

3) 정서에 접속하고 다듬기

치료사는 내담자가 현재의 내적 경험에 개입하고 있다는 언어적 · 비언어적 표지를 보고 들어야 한다. 이 말은 내담자가 자신의 정서에 접속되어 있는 것을 확인해야 한다는 것이다. 어떤 것에 접속되어 있다는 의미는 이를 이용하는 여러 시스템에 접속 가능하다는 것이다. 만약 감정이 개인의 정서에 접속되어 있는 상태라면, 이는 정동, 감각, 인지, 행동욕구 모든 곳에 접근이 가능하다는 것을 의미한다. 이것이야말로 완전히 느끼고 있는 것을 뜻한다.

핵심 애착두려움이 접속 중이라는 것을 말해 주는 표지는 내담자가 정서에 관련된 신체적 느낌을 설명하는 것(가슴이 쿵쾅거린다, 배가 아프다, 목에 무언가 걸린 듯하다), 정서를 밖으로 표현하는 것(한숨 쉬기, 눈물 흘리기, 삼키기)이다. 핵심 애착두려움을 다듬고 있다는 표지는 내담자가 자신의 정서를 다른 요소들과 관련지을 수 있는 것으로, 예를 들어 애착의 의미, 경험과 연관 짓거나 행동화 경향을 보이는 것이다(소피는 엘라에게 자신이 아무 의미가 없을까 봐 두려웠다는 이야기와 함께 "목구멍 뒤로 두려움이 가득 차는 것을 느꼈고, '조심해, 강하게 행동해야 해.'라는 생각이 들었어요. 만약 저한테 엘라가 얼마나 필요한지 엘라가 알게 된다면, 아마 그녀는 저를 떠날지도 몰라요."라고 말했다). 치료사는 이런 징후들을 조심스럽게 듣고 보아야 한다. 성공적인 순화를 위해서는 정서가 접속되어 있고, 또한 다듬어질 필요가 있기 때문이다.

4) 속마음은 결국 서로 다르지 않다

위축자와 추적자의 대처 전략과 애착두려움을 표현하는 것이 매우 달랐음에도 불구하고, 파트너가 2기 끝에 도달했을 때에는 둘 다 비슷한 애착욕구와 갈망을 보인다는 사실에 에밀리는 놀랐다. 불안해하는 추적자와 회피하는 위축자는 이제 별로 다르지 않다. 개입된 위축자는 연결되기를 갈망하고, 순화된 추적자는 받아들여지기를 갈망한다. 추적자와 위축자가 치료의 전반기에는 그들의 정신적 괴로움을 서로 다른 언어와 이미지, 행동으로 보였다. 하지만 그들이 거부와 유기에 대한 두려움을 다듬고 자신들의 가장 깊은 곳에 있는 욕구에 접근했을 때, 그들은 서로 같은 욕구를 가지고 있는 것을 알게 되었다. 서로 같은 욕구란 상대방에게 정서적으로 접근할 수 있고, 개입 가능하며, 반응해 주고, 상대가 자신 곁에 있다는 것이었으며(Johnson, 2008), 에밀리는 이런 모습을 관찰하는 것이 매우 황홀했다. 2기의 끝에서 파트너는 둘 다 두려움과 욕구를 표현할 수 있고, 안정감을 위해 다가가는 행동을 이전보다 더 편하게 느낀다(Greenman & Johnson, 2013).

파트너가 비슷한 갈망과 욕구를 갖게 된다는 예시는 마크와 프루의 비난자 순화 변화의 전환점의 끝부분에서 관찰된다. 치료사 존슨은 순화된 추적자인 프루에게 다음과 같이 말했다.

> 아마 그가 위험하지 않고 당신을 비난하지 않을 것이라는 느낌이 들기까지는 조금 시간이 필요할 거예요. 당신이 자신을 거의 비난하지 않는 만큼, 그도 당신을 비난하지 않게 되겠지요. 마크가 초반에 당신이 받아들이고, 인정해 주고, 지지해 주는 것이 필요하다고 말했던 것으로 기억하는데, 이제는 당신이 그와 똑같은 말을 하고 있는 것이 참으로 흥미롭군요. 프루, 당신도 그 사람이 당신을 받아 주는 것이 얼마나 필요한지를 말하고 있네요(Johnson, 1993).

2. EFT 치료사와 내담자는 비난자 순화 변화의 전환점에서 무엇을 하는가

초보 EFT 치료사는 EFT에서 제일 중요한 비난자 순화 변화의 전환점에 치료사가 언제 개입해야 하는지 어려울 수 있다. 때문에 EFT 치료사들과 연구자 브래들리(Bradley)와 퍼로우(Furrow)는 비난자 순화가 성공적으로 이루어진 사례들을 검토해 보기로 했다. 성공적인 순화 변화의 전환점의 비디오를 검토해 보면서 그들은 비난자 순화 변화의 전환점의 작은 이론을 개발했다.

1) 카일과 타라의 비난자 순화 변화의 전환점에 대한 짤막한 묘사

비난자 순화는 2기의 두 번째 라운드와 비슷하다. 2기의 위축자 재개입에서 위축자인 카일은 경험자 파트너였고, 추적형인 파트너 타라는 관찰자이자 반응자였다. 이번 두 번째 라운드에서는 추적하는 파트너인 타라가 자신의 애착두려움과 표현 욕구에 대해 정서적 탐색을 통해 개입할 차례다. 그녀가 스스로를 개방하고 자신이 몰두하고 있는 카일에게 접근하여, 그녀의 깊은 애착두려움과 욕구를 충족시켜 달라고 요청하는 위험을 감수할 수 있는 상호작용이 만들어져 있는 상태다. 5단계에서는 타라가 그녀의 정서를 깊게 하고, 다듬어 카일에게 그녀가 버려지는 것에 대해 두려워한다는 것을 알린다. 그러고는 카일과 연결되고 싶은 갈망을 정서적으로 확대하여 견고하지 않은 채로 공개하도록 치료사가 도와준다. 6단계의 반응 과정에서는 카일이 상대방의 새로운 관점에 대해 이해하고 받아들여 이에 반응하도록 돕는다. 7단계의 중요한 순간은 절벽에서 뛰어내리는 것에 비유되는데, 자신의 생명을 다른 사람의 손에 맡기는 것과 비슷하기 때문이다. 타라는 새로운 정서적 경험을 개방하여 카일의 새로운 반응을 받아들이고, 그녀의 두려움에 대한 취약한 경험을 바탕으로 카일에게 접근하여 욕구를 충족할 수 있도록 한다. 카일은 타라의 이런 새로운 경험을 받아들이고 새롭게 '순화된' 상태야말로 그가 반응할 수 있게 영향을 줬음을 알 수 있도록 돕는다. 보통 순화는 파트너가 공감적 반응을 보이게 한다(Johnson, 2015). 카일은 타라에 대해 위안이 되고 사랑스럽게 응답하며, 결합되고 변화된 가장 중요하고 강력한 순간을 통합하고 강화한다.

2) 비난자 순화의 사례 예시

나는 엘라와 소피의 사례를 들어 비난자 순화 변화의 전환점에서 EFT 치료사와 파트너들이 하는 일을 설명할 것이다. 이를 위해 비난자 순화 변화의 전환점의 작은 이론을 바탕으로 소피의 순화를 보여 줄 것이다(Bradley & Furrow, 2004, 2007, 2010). 브래들리와 퍼로우는 EFT를 처음 해 보는 치료사들을 위해 쉽게 접근할 수 있는 실용적인 순화 변화의 전환점의 지침을 제공했다(치료사가 각 주제에서 사용한 개입기법은 각 주제 설명 이후 괄호 안에 설명해 두었다).

이전에 위축자였던 엘라는 재개입 이후, 자신의 목소리를 낼 수 있게 되었다(Johnson, 1993 참조). 엘라가 컴퓨터를 하거나 아들과 전화하는 데 많은 시간을 쓰자 소피는 인내심이 한계에 다다랐다. 그런 소피에게 엘라는 자신의 애착욕구와 갈망을 확실하게 말했다. "당신은 너무 많은 걸 요구해서 나를 지치게 만들어. 나는 당신과 가까워지고 싶고, 당신을 버리고 싶지 않아. 하지만 당신의 비난에 상처를 받아. 내가 당신에게 충분하다는 것을 알고 싶어." 그녀는 가까워지고 싶다고 말하고, 자신이 필요한 사람이라는 것을 느끼고 싶어 했다. 소피가 이에 공감적으로 반응해 주자 엘라는 몹시나 기뻐했다.

하지만 고리는 다시 나타났고, 소피는 다음 회기의 시작에 평소와 마찬가지로 불평을 늘어놓았다. "이번 주도 똑같은 일이 일어났어요! 그녀가 필요해서 같이 시간을 보내고 싶어 하던 딱 그 순간에 나를 떠나서 저녁 내내 컴퓨터로 일을 하더니 아들의 전화를 받고는 한 시간이나 통화했단 말이에요!" 에밀리는 소피의 전형적인 불평과 투덜거림을 주목하는 동시에 엘라가 없이 혼자 남겨졌다는 애착적인 경로에 집중했다. 소피가 겪은 일을 가장 잘 느끼기 위해 에밀리는 자신의 내면에서 혼자 남겨져 살면서 가장 중요한 사람과 떨어져 있는 느낌, 즉 하루 종일 그리워했던 사람, 감정적으로 부재하게 되고 그녀보다 자신의 일과 가족에 더 관심을 갖게 되는 느낌을 느낀다. 에밀리는 홀로 남겨진 느낌에 대해 자신의 삶의 경험을 그려 보았다.

에밀리는 소피가 엘라와 연결되지 못했다고 느끼면 얼마나 외롭고 화가 났을지 공감했다. 그녀는 소피에게 자신의 감정이 어떠한지 탐색해 보도록 요청했다. "엘라에게 그런 말을 할 때면 어떤 느낌이 드나요?" 소피가 말했다. "정말 화가 나요!"

소피가 그렇게 느낄 수 있다고 에밀리가 충분히 인정해 주자 소피의 눈이 한층 부드러워졌다. 에밀리는 추측하며 물었다. "당신의 눈이 슬퍼 보이는군요. 혹시 당신의 화가 나는 감정 아래에는 깊은 슬픔이 있는지도 모르겠습니다." 치료사는 정서의 요소를 따라가면서 근본적으로 자리 잡고 있는 두려움을 떠올려 주고자 했다. "당신은 엘라가 저녁 내내 컴퓨터를 한 뒤 아들과 한 시간 동안 행복하게 전화 통화하는 것을 들었어요(단서 되짚기). 당신은 이렇게 이야기했지요. '당신은 또다시 나를 홀로 있게 했어. 나는 그냥 당신에게 중요하지 않은 거야!'(소피가 만든 자동적인 애착 의미 반영) 그러고서 당신은 분노와 불평을 하게 되었지요(그녀의 이차정서와 행동화 경향 반영). 사실은 속으로 외로움을 느끼기 때문에 그녀에게 당신이 중요한 사람이 아닐까 봐 두려운 것은 아닐까요?(잠정적인, 부드러운 톤으로, 내면에 자리 잡은 일차정서를 추측하면서) 혹시 그런가요?"(애착에 대한 추측이 그녀의 현재 경험과 상응하는지 소피의 확인을 받으며) 이처럼 접근하게 되면, 비난하는 파트너의 주된 애착두려움에 접근하는 첫 번째 주제로의 통로가 되는 것이다.

3) 주제 1: 비난자 두려움에 접근하기(환기적 반응하기와 구체적으로 재연하기)

에밀리(환기적 반응): 당신 말처럼 당신은 지금 화가 나 있군요. 당신이 "엘라의 언니와 아들만 그녀의 진짜 가족이고 나는 가족에 속해 있지 않아! 아무리 노력해도 나는 가족에 속해 있지 않잖아!"라고 말했던 것이 기억납니다(애착에 대한 갈망 불러일으키기).

소피: 맞아요. 저는 그녀의 친밀한 사람의 범위에 포함되지 않아요. 저는 그녀의 진짜 가족이 아니에요! 저는 거기에 속해 있지 않아요!(치료사의 환기적 반응을 통해 소피가 자신의 가장 심한 애착두려움을 보여 주도록 명확하고 적절한 메시지를 표현하게 돕는다.)

에밀리: 엘라의 세계에 속하기를 갈망하는 이 깊고 무서운 곳에 닿게 되면 어떻게 될까요? 당신은 함께하고자 노력하다가 '내가 만약 하나라도 실수하면 모든 것이 사라지게 될 거야. 그녀는 떠나고 나는 의지할 곳 없이 혼자가 될 거야.'라는 생각을 하고 있을까요? 엘라와 그걸 나누기 시작하더니 갑자기 아무 말이 없군요. 혹시 지금 어떤 생각이 드나요?

소피: (그녀의 가슴을 가리키며) 여기가 돌로 막힌 것 같은 느낌이에요.

에밀리: 돌이 가슴을 막고 있는 것 같군요. (말을 멈춘 채 소피를 지긋이 쳐다보고, 지금 순간에 충분히 동조하며) 눈에 눈물이 가득 찼군요. 돌에 어떤 의미가 있는지 더 말해 주시겠어요?(환기적 질문)

소피: 기다림이요.…… 누군가…… 누군가가 나를 떠날 때까지 가만히 기다리고 있는 기분이 들어요.

에밀리: 그게 당신이 항상 느끼고 있는 감정이군요. 두려움. 당신 가슴에 있는 무거운 돌은 두려움을 의미하는군요. 당신이 누군가를 잃을지도 모른다는 두려움. 특히 엘라를 잃을까 봐 두려워하는 것 같습니다.

소피: 네, 맞아요!

에밀리: 아마도 이것은 오래전부터 가지고 있던 감정인 것 같군요. 어머니의 관이 묻힌 이후부터 두려움을 느꼈다고, 또 어머니가 돌아가신 이후로 당신은 몹시 외로움을 느꼈다고 했지요. (7세 때 그녀의 어머니가 자살했고, 그녀의 삶 대부분 동안 아버지는 병원에서 지냈다.) 그리고 옛날에 느꼈던 그 외로움에 대한 두려움이 엘라와의 관계에서 계속해서 나타나는 것 같습니다. 그렇지 않나요?(버려진 이후 느낀 두려움을 반복해서 불러오며 환기적 반응 활용하기) 엘라는 곁에 있지만, 당신의 부정적 고리에서는 계속해서 그녀가 사라진 것처럼 느껴지기 때문에 두

려움과 공포가 다시 살아난 것 같군요.

소피: (끄덕이며) 그리고 제 속에서 '그녀는 가버렸어. 영원히 가 버린 거야.'라는 말이 들려요.

에밀리: 그래서 당신은 누군가를 잃을지도 모른다는 이 기분을 알고 있군요. 당신은 이 기분을 정말 많이 느끼면서 살고 있어요. 당신은 누군가를 잃을까 봐 너무 두렵고, 그래서 가슴속에 돌이 있는 것처럼 느껴요. 너무 많은 것을 잃어서 이 순간에도 당신은 엘라를 잃을까 봐 두려워하고 있어요. 혹시 엘라에게 당신 가슴속의 돌에 대해 이야기할 수 있나요? "난 항상 이 위험의 가장자리에 있어. 내가 다가갈 수 있는 사람이 없어지는 것, 당신이 나를 떠나 버릴 것이 두려워."라고요.

소피: 못하겠어요, 엘라에게 그렇게 말 못해요. 그녀가 제 슬픔이나 외로움을 보게 하고 싶지 않아요. 그녀는 듣고 싶지 않을 거예요. 그 누구도 죽음이나 상실에 대해서 듣고 싶어 하지 않잖아요. 엘라는 행복한 면만 보고 싶어 해요.

에밀리: 당신의 행복한 면만 보여 주고 싶어 하는군요. 그럼 당신이 슬프거나 외로울 때면 그 모습을 보여 주고 싶지 않아서, 또 보여 주지 않기 위해서 노력하고 있는 것이군요. 그런가요?

소피: 네, 맞아요. (고개를 세차게 끄덕이며 이야기한다.)

에밀리: 당신은 자신을 두렵게 하는 마음속의 무거운 돌을 그녀가 보지 않았으면 좋겠다는 건가요?

소피: 네, 절대로요.

에밀리: 그렇다면 그 고통이라는 것이 두 사람이 이야기했던 '소방 호스 같은 비난'으로 쏟아져 나오게 되는군요. (이전에 표현한 그녀의 내재된 두려움이 비난의 형태로 물처럼 쏟아져 나오는 소방 호스의 이미지를 불러오면서) 홀로 남겨질 두려움이 너무 커서 그녀와 공유하기 힘들 정도라고 엘라에게 말해 보는 것은 어떨까요? 지금의 두려움을 참고 그저 행복해 보이는 것처럼 노력하는 것이 더 안전하게 느껴진다고. 그녀가 당신의 두려움을 듣지 못할까 봐 무서웠다고 말해 보는 것이지요.

4) 주제 2: 개입된 위축자 지지하기(환기적 반응과 애착경험에 대한 공감적 추측)

위축자를 지지하고 안전한 재연의 단계를 준비하기 위해서 치료사는 엘라가 적극적으로 참여 중이라고 말해 주며 주의 깊게 이야기를 들었다. 엘라의 개입과 소피에게 반응하고 싶은 욕구를 떠올리게 하려고 했다. 그 때문에 에밀리는 신체적 표현에서 느껴진 갈망에 대해 추측하며 말했다. "엘라 당신은 지금 면담에 적극적으로 참여하고 있어요. 당신은 이렇게 말하는 것 같군요. '당신의 말을 듣고 싶어. 당신의 가슴을 막고 있는 돌에 대해서 더 알고 싶어. 나는 당신의 두려움에 대해 알고 싶어.' 혹시 그런가요?"

엘라: 네, 정확해요! 저는 슬픔을 피하고 싶지 않아요. 두려움을 피하고 싶지도 않고요! 저는 비난받는 것을 피하고 싶을 뿐이에요(부정적 고리에서 그녀는 소피의 불평과 비난으로부터 도망가고, 위축되고 있었다).

에밀리: 당신은 슬프고 외로운 그녀의 상황으로부터 도망가고 싶은 것이 아니었군요. (엘라: 네, 아니에요!) 그녀에게 달려가고 싶은 것처럼 보이네요. (맞아요!) 곧장 달려가고 싶은가요? (당연하지요!) 소피가 당신을 즉시 받아 줄 것임을 알고 있는 것이지요?(추측과 애착 이미지 강조하기)

엘라: 당연하지요. 저는 어디도 가지 않아요! 저는 소피의 모든 것을 알고 싶어요! 저는 그녀가 완벽하길 바라지 않아요. 저는 그저 '소방 호스' 같은 감정 아래 어떤 감정이 숨어 있는지 알고 싶을 뿐이에요. 저는 어디로도 도망가지 않아요. 그녀에 대해서 알고 싶을 뿐이지요!

5) 주제 3: 다가가는 것을 경험적으로 상상해 보기(애착 씨 뿌리기, 다가가고 위로받을 수 있는 새로운 그림을 그리기 위한 환기적 반응)

안전한 연결에 대한 묘사는 현재의 순간에서 경험하고 있는 두려움을 고조시킨다. 치료사에게는 애착안정이라는 씨를 뿌리고, 두려움을 고조시킨 뒤 이를 생생하게 만드는 것까지의 모든 과정이 중요하다.

에밀리: 이렇게 말하는 것을 상상하기는 힘들겠지요? "나는 두려워, 엘라, 와서 나와 함께 있어 주겠어? 함께 있다는 것을 느끼고 싶어. 당신이 나를 사랑한다는 것을 알고 싶어." 그리고 이렇게 말하는 것은 어려울까요? "엘라, 나는 모든 것이 무너질까 봐 두려워. 나는 '아무것도 잡을 곳이 없는 하얀색 대리석 벽'(소피가 자신의 인생과 관계에서 느낀 외로움을 설명할 때 쓴 이미지를 반복해서 사용하며)이 두려워. 나에게 와서 당신이 절대 떠나지 않을 것이라는 것을 보여 주면 안 될까?" 절대로 이렇게 말하는 것은 어려울까요?

6) 주제 4: 접근하기에 대한 두려움 처리하기(고조시키기, 공감적 추측, 환기적 반응, 내재된 정서 반영, 애착욕구의 맥락으로 재구성)

여기서 EFT 치료사가 확대하고 처리하는 두려움이란 자신과 다른 사람에 대한 부정적인 작동 모델을 기반으로 만들어진 두려움이다. 다른 사람과 관련된 두려움은 그들이 반응하지 않거나 상처 주는 방식으로 반응을 할 것이라는 두려움이다. "당신이 나를 위해 있어 줄 것이라는 것을 어떻게 믿지? 내 주변에 아무도 없을 때 당신이 나를 진짜 사랑할 것이라고 어떻게 믿을 수 있어?" 자신과 관련된 두려움은 자신이 사랑받지 못할 존재라는 것과 안정된 대답을 받을 가치가 없는 사람일 것이라는 두려움이다. "내가 이렇게 비판적이고 약하고 애정에 굶주렸고 한심하기까지 한데 어떻게 당신이 날 사랑할 수 있겠어?" 자신과 주변의 두려움과 작동 모델이 생생히 다가오게 되면서 이 관계에서 그리고 이전의 관계에서 비슷하게 겪었던 정서와 기억이 촉발된다.

(1) 타인을 보는 관점과 관련된 두려움 확장하기

소피: 사람들은 언제나 나를 떠나요. 모두 외로움에 대해서는 얘기하고 싶어 하지 않는 것 같아요. 저는 아무것도 붙잡을 수 없는 차갑고 하얀 대리석 벽을 마주보고 홀로 있는 것 같은 느낌이에요.

에밀리: 모두가 당신을 떠나길 기다리는 것 같군요. 마치 외롭고 차가운 그리고 아무도 신경 쓰지 않을 하얀 대리석처럼요. 심지어 엘라마저도 떠나갈지 모른다고 생각하는군요(고조시킴). 엘라가 친밀하게 생각하는 범위에 속하지 못할까 봐 그리고 그녀가 나와 함께 있을지 확실하지 않아서군요. 그런가요?(애착의 문맥에서 공감적 추측을 하며)

에밀리: 엘라의 세계에 속하지 못한 이 차갑고 힘든 두려움 속에서 혹시 당신 안에서는 무슨 일이 일어나고 있나요?(근원적 두려움에 대해 반영하고 환기시키는 질문을 하며, 근원적 두려움에 대해 신체적 각성으로 접근하기 위해서)

소피: 목구멍 안에서 두려움이 느껴져요. 마치 누군가를 묻고 난 뒤 이제 너의 인생에서 영원히 그들을 볼 수 없을 거라고 알게 된 순간처럼요…….

에밀리: 당신은 항상 위험한 벼랑 끝에 서 있군요. 의지할 사람이 아무도 없을 것 같아서. 그리고 함께할 사람이 없을까 봐. 그래서 엘라가 바쁠 때, 특히나 그녀의 아들과 행복하게 통화할 때면

당신은 목에 무언가 걸린 듯한 느낌을 받는군요. 그리고 이렇게 말하겠군요. "그녀는 떠나버렸어. 나에게는 관심이 없어. 나를 사랑하지 않아." 혹시 그런가요?(고리 안에서 깊어지고 다듬기)

에밀리는 부드럽고 느리고 다정한 목소리로 소피가 언제나 느끼는 엄청난 두려움, 즉 엘라가 떠나 버릴 것이라는 두려움(다른 사람을 믿지 못하는 관점)에 대해 엘라에게 재연하게 한다. 치료사가 재연을 진행하고, 개입된 위축자에게서 떠나지 않을 것이라는 확신을 받아 낸 후, 추적하는 파트너의 두려움은 보통 자신에 대한 부정적인 생각으로 옮겨 간다. 그것은 사랑받지 못하고 무가치할지도 모른다는 두려움이다.

(2) 자신을 보는 관점과 관련된 두려움 확장하기

소피: 아마도 그녀는 제 옆에 있어 줄 거예요. 그런데 제가 문제예요. 제 머리에 '날 떠나'라고 메모를 붙이고 있는 것 같아요. 저는 중요치 않은 사람 같고 한심해요. 제 슬픔과 외로움은 너무 심해서 보기 좋지 않아요! 역겨워요.

에밀리: 당신이 얼마나 엘라를 필요로 하는지에 대해 그녀가 알게 되면 그녀가 당신과 가까워지고 싶어 하지 않을까 봐 많이 두려운가요? 애정에 굶주린 듯한 당신의 모습을 원하지 않을까 봐 그런가요?

소피: 맞아요. 제가 사람들을 떠나보내는 가장 큰 행동은 "나는 슬퍼." 혹은 "나는 상처받았어."라고 말하는 거예요. 그게 사람들이 떠나길 원할 때 당신이 하는 어떤 행동이지요. 아마 그녀는 등을 돌릴 거예요. 그녀는 이런 말을 듣고 싶어 하지 않아요.

에밀리: 만약 엘라가 당신이 얼마나 외로운지, 혼자 남겨지는 것을 얼마나 무서워하는지 알게 된다면, 또한 당신에게 그녀가 옆에 있어 주고 위로해 주는 것이 정말로 필요하다는 걸 알게 된다면, 그녀가 당신을 사랑스럽지 않다고 생각하고 가까워지려고 하지 않을 것이라 생각하는군요. 그게 당신의 가장 큰 두려움이군요(잠정적인 말투로, 이 단어들이 소피의 내적 경험에 알맞은지 확인을 하며).

(3) 접근하기에 대한 두려움 확장하기

소피: 제 슬픔을 그녀에게 보여 줄 수 없어요. 외롭다고 말할 수 없어요. 못할 것 같아요.

에밀리: 당신의 두려움은 이런 것이군요. 당신이 다가가도 그녀는 없을 것 같아. 그녀는 너무 바쁠 거야. 나의 마음속의 끔찍한 돌을 보여 주어도 그녀는 한 번 힐끗 보고는 '웩!' 이럴 거야.

소피: 다가갈 수가 없어요. 그녀가 외면할 것 같아요. 모두가 그래 왔듯이, 그녀도 그럴 거예요.

에밀리: (개입한 위축자를 다시 한 번 확인하며) 소피의 이야기를 몸을 기울여서까지 굉장히 열심히 들었는데, 좀 어떤 생각이 들었나요?

엘라: 소피의 외로움과 두려움에 대해 들어 봐야겠다는 생각이요. 저는 그녀 옆에 있을 거예요. 그녀가 그렇게까지 저를 필요로 하는지 몰랐어요. 저는 단지 그녀가 분노와 실망감을 느끼는 것을 참을 수가 없어요. 하지만 저도 정말로 우리가 가까워지기를 바라요.

소피: 아냐, 아냐, 믿을 수 없어요!

에밀리는 다시 한 번 부드럽고 느리게, 단순한 단어를 사용하여 엘라의 눈에 자신이 부담스럽고 사랑스럽지 않을 것이라는 소피의 스스로에 대한 관점과 커다란 두려움을 엘라에게 직접 이야기하도록 요청했다. 그녀는 '사랑받지 못하는' 외로운 상황에서 상대에게 다가가는 것을 단지 상상하는 것만으로도 굉장히 무서울 수 있다.

7) 주제 5: 비난자의 접근(연약하고 두려운 위치에서 접근하기를 구체화하기 위한 환기적 반응)

경험자 파트너가 아직 두려움이 있는 상태에서 상대방에게 접근하고 자신의 욕구를 충족시켜 주기를 부탁하는 것이야말로 7단계의 직접적인 변화의 전환점이다. 에밀리는 소피의 애착두려움이 "끓고 있는 상태"라는 것(Bradley & Furrow, 2004)과 엘라가 접근 가능하다는 것 그리고 개입되어 있다는 것을 확인했다. 에밀리는 추적자가 다가가는 동안 위험한 느낌을 경험하는 것의 중요성을 이해하고 있었다. 두려움은 실제로 생생하게 가져와야 하고, 현재 순간에서 완전히, 또한 신체적으로 경험해야 한다. 소피가 완전하게 두려움을 느끼는 상태에서 엘라에게 다가가 엘라의 위로하는 반응을 경험해야 한다. 소피에게는 이러한 시도가 마치 엘라가 붙잡아 주기를 기다리며 벼랑 끝에서 뛰어내리는 것과 같은 경험일 것이다.

이것은 해독제와 같은 역할을 하는 단계이고, 파트너의 내적 세계와 관계를 재구성하는 단계이기도 하다. 소피가 더 큰 위험을 감수할수록 엘라의 적극적인 반응은 그녀의 두려움에 더욱 강력한 해독제가 되어 줄 것이며, 결합은 더욱 강해질 것이다.

엘라에게 다가가는 것에 대한 소피의 두려움이 커졌을 때, 에밀리는 그녀에게 도약해 보도록 요청했다. "당신의 목구멍에 있는 무서운 외로움과 슬픔의 혹을 없애기 위해서 필요한 것이 뭔지 엘라에게 말할 수 있을까요? 당신이 그녀에게서 원하는 것을 말해 보시겠어요?

소피: 그녀가 저를 봐 주길 원해요.

에밀리: (소피가 다가가도록 계속해서 요청하면서) 그러면 그 부탁을 해 보시겠어요? 지금 그녀가 옆에 있으니까요. 물어보세요. 엘라는 지금 "나에게 말해 봐. 내가 여기 있다는 것을 너에게 알려 줄 기회를 줘."라고 말하며 적극적으로 치료에 참여 중이니까요.

소피: (머뭇거리며, 부드럽고, 아주 작은 목소리로) 내가 크레이그(엘라의 아들)나 록시(엘라의 언니) 그리고 직장 동료들만큼 당신에게 중요한 존재이길 원하는 게 느껴져? 나는 당신에게 사랑받기를 요구하는 불편한 존재일 수도 있지만, 나를 위해 시간을 내줄 수 있겠어? 내가 당신에게 중요한 존재라는 것을 확인받고 싶어.

에밀리: 당신이 중요한 존재라는 것을 그녀가 어떻게 확인시켜 주는 것이 좋을 것 같나요?

소피: 저에게 와서 안아 주고 그 말을 해 줬으면 좋겠어요.

에밀리: 그렇다면 직접 그렇게 부탁해 보시겠어요?

소피: (떨며) 그래 줄 수 있을까?

엘라: 당연하지. (소피에게 가까이 가며) 당신은 나에게 소중한 존재야!

8) 주제6: 개입된 위축자를 도와 다시 접근하기(파트너 사이의 재연을 구체화하고 진행하기)

여기서 치료사는 순화된 추적자의 접근에 대해 개입된 위축자의 반응을 고조시킨다.

엘라는 소피가 흐느끼는 동안 그녀를 감싸 안아 주면서 이러한 소피의 모습이 그녀가 특히나 사랑하는 모습이라는 것을 안정된 톤으로 말해 주었다. 에밀리는 엘라가 소피에게 주는 애정 어린 반응을 더 고조시켰다.

9) 주제7: 개입된 위축자 및 순화된 비난자와 함께 접근하기 진행(환기적 질문과 반영)

파트너들 사이에 교정적 정서 경험이 만들어지기 위해서는 위기에 대한 느낌과 이를 해소하는 과정이 있어야 한다. 치료사는 위험과 두려움을 바꿀 수 있게 상대방이 개입하여 반응하는 것에 대해 반영을 시도한다. 치료사는 접근하기와 반응하기에 이어서 각 개인의 경험을 환기하고 위험을 감수하며 접근하는 것 그리고 그것이 두 사람 간의 신뢰와 결합을 어떻게 강화하는지에 대해 반영하고 강조한다.

소피가 엘라의 반응을 어떻게 받아들이는지 보기 위해서 에밀리는 접근과 반응하기가 두 파트너에게 어떠한 영향을 미쳤는지 서로 공유하도록 돕는다.

소피: 저는 그녀가 그렇다고 답할 거라 생각했지만 그래도 물어보는 게 너무 위험하다는 느낌이 들었어요.

에밀리: 지금 마음은 좀 어떻습니까?

소피: 가벼워요.

엘라: (위축자들이 대부분 이 시점에서 그러하듯이 반영하며) 나에게도 도움이 되었어. 당신이 날 필요로 한다는 사실을 알고 싶었어. 당신은 화가 나 보이고 나를 밀어내는 것 같이 느껴졌거든. 나도 감정이 있으니까 당신의 두려움과 외로움을 느낄 수 있단 말이야. 당신의 이런 면모가 나를 힘들게 할 것이라고는 생각하지 않아!

에밀리는 그들이 오랫동안 차갑고 외로운 하얀 대리석처럼 지냈지만 이제는 다가가기와 반응하기를 통해 서로에게 위로가 되고 안심이 되는, 손을 꼭 잡은 밝고 따뜻한 모습이 되었음을 강조했다.

10) 주제 8: 애착욕구의 확인(새로 경험한 정서 및 애착욕구의 확인, 공감적 조율)

에밀리는 두 사람이 함께 만들어 간 새로운 경험들을 확인한다. 소피가 말한 불안정하고 취약한 면들이 엘라에게 새롭게 다가오는지를 확인했다. 치료사는 소피가 얼마나 엘라와 가까워졌는지를 반영했다. 소피가 자신을 필요로 한다는 솔직한 표현을 들은 후, 엘라는 더 강렬하고 더 깊은 사랑을 느끼게 되었다. 치료사는 소피를 위해 함께 있고 싶은 엘라의 이러한 욕구를 강하게 만들어 주었다. 치료사는 두 사람이 애착에 대한 두려움에 점점 깊게 들어가 이를 서로 공유할 수 있게끔 돕고, 서로 위로와 지지를 얻게끔 해 주었다.

3. 파트너와 치료사의 작업에 대한 메타적 관점

앞서 언급했던 주제들이 따라야 하는 고정된 단계는 아니지만, 이 주제들이 EFT의 2기에서 성공을 예측하게 하는 두 가지 핵심 요소—정서적 경험을 깊게 하는 것, 애착두려움과 욕구를 개방하기 위해 친화적 재연을 형성하는 것—를 촉발하는 지침을 제공한다. 주제 1~4는 애착의 두려움에 대한 정서적 경험을 심화함을 그리고 주제 5~8은 접근하기와 반응하기를 증진함을 설명한다.

> 경험 지향적인 중재법(experientially oriented intervention)은 추적자가 취약함에 접근하여 표현하도록, 위축자는 정서적으로 재개입하도록 돕는다. 반면에 체계 지향적인 중재법(systemic-oriented intervention)은 상호 간의 접근 가능성과 반응성을 증가시키는 특성이 있는 재연을 만들어 가는 것을 돕는다(Zuccarini et al., 2013, p. 149).

EFT 치료사는 공격자 순화 과정 동안 신뢰할 수 있는 치료법들을 가지고 커플을 안내한다. 다음과 같은 EFT 개입기법이 공격자 순화에서 사용하는 주된 개입기법들이다. 반영(reflecting), 인정(validating; 그 순간과 근본적인 정서), 환기적 질문과 환기적 반응(애착두려움, 자신과 다른 사람에 대한 내적 작동 모델, 애착요구, 파트너에게 다가가는 경험), 고조시키기(특히 자신과 타인에 대한 공포와 접근하기에 대한 두려움), 현재의 애착두려움과 갈망에 대한 공감적 추측, 애착두려움과 요구 그리고 안정감을 향한 관계를 재구성(restructure)하기 위한 구조조정과 상호작용 형성(다듬기와 과정의 재연)의 모든 중요한 중재의 맥락에서 재구성(reframing)한다.

비난자 순화 과정은 치료 중에 한 번 진행되기도 하고, 시간이 지남에 따라 여러 번으로 나누어 이루어지기도 한다. 그리고 때로는 치료 회기 사이에 비난자 순화가 이루어지기도 한다. 그럼에도 불구하고 EFT 치료사는 커플의 그러한 변화의 전환점이 잘 진행되고, 고조되며, 처리될 수 있도록 언제나 신경을 써야 한다.

4. 비난자 순화를 함께 만들기 위해 치료사가 내담자를 돕는 방법

치료사가 공격자 순화 변화의 전환점을 통해 파트너를 돕는 방법은 제6장에서 2기에 대해 설명한 것과 밀접한 관련이 있다. 치료사는 주로 정서를 유지하고 감정을 깊게 만들며 취약하고 변화하는 관계를 조율하는 데 중점을 둔다. 여기서 주의해야 할 점은 내담자뿐만 아니라 치료사에게도 해당되는데, 집중력을 유지하고 변화의 범위와 반응을 고려해야 한다는 것이다. 제6장에서 치료사가 정서적 균형을 유지하면서 자신과 상대에게 조율하는 것에 대해 설명했는데, 이는 치료사가 창조적이고 지지적으로 순화를 촉진하기 위해 필요한 것들이다.

EFT 치료사는 성공적인 내담자 순화를 위해서 목소리, 말의 속도, 고저를 이용하여 RISSSC 방식을 통해 애착의 두려움을 강조 및 재처리함을 의식한다. 안전하게 진행되는 5단계와 7단계를 통해 애착두려움에 개입하고 강조한다. 치료사의 목소리 톤과 속도는 내담자를 진정시키고 안전하다는 느낌을 지속적으로 주는 동시에, 추적자와 가장 위험한 정서를 다루고 회복하게끔 발걸음을 내딛게 한다. EFT 치료사는 따뜻한 마음에서 비롯된 자신의 음성과 신체를 통하여 내담자가 커다란 두려움을 찾고 정서적 취약성과 친밀감에 접근하며 반응할 수 있는 용기를 가질 수 있도록 안전한 환경을 만든다.

5. 2기의 요약

EFT 전반에 걸쳐 EFT의 과학과 기법은 불가분하게 연결되어 있다. 2기는 각 파트너의 그 순간의 주관적인 경험을 토대로 두 사람에게 가장 깊은 결합과 조율이 이루어지는 과정이다. 애착이라는 지도에는 위축자 재개입과 비난자 순화를 용이하게 하기 위해 따라야 할 단계를 서술했다.

파트너들 내면에 대한 심층적인 정신 내적 탐색 그리고 좀 더 상처받기 쉬운 파트너들 간의 개방 및 반응을 촉진하는 기술을 사용하기 위해서 치료사는 1기에서 규명된 각 파트너들의 독특한 고통과 두려움을 깊이 있게 이해해야 한다. EFT 치료사는 객관적인 거리를 유지하며 지도를 따라갈 수 없다. 그보다는 이 보편적인 애착두려움과 욕구를 각 파트너들이 경험하는 주관적이고 고유한 방식에 맞추어야만 한다.

2기에서는 이전의 위축자와 추적자가 자신의 애착두려움과 요구를 충분히 표현하게끔 한다. 또한 그들의 가장 깊숙한 곳에 자리 잡은 애착욕구를 상대방에게 요구하기 위해 이러한 두려움을 무릅쓰게끔 동기를 부여하고 용기를 북돋아 줄 필요가 있다. 또한 파트너와 함께 이전의 위축자가 관계를 지속할 수 있는 안전한 관계를 만들고, 추적자는 부드럽고 열린 마음을 유지할 수 있도록 한다. 치료사는 상대방의 가장 취약한 부분에 접근할 수 있도록 두 사람을 연결시키고, 이를 지지하며 이끌어 준다. 이전에 공격적이었던 파트너는 보다 적극적으로 상대방을 수용하고 감사해하며, 위축자는 새롭게 시작하는 위치에서 상대 파트너에게 반응, 참여 및 개방적인 모습을 보여 준다.

에밀리는 어떤 커플은 2기에서 예상보다 오래 머물러 있는 것을 알았지만, 이 치료모델에 대한 인내와 믿음을 통해 그 효과를 알 수 있었다. 이 치료모델은 선형적이면서 순환적이었다. 때로는 위축자가 관계에 참여하고 순화가 시작된 이후에도 위축자의 참여가 계속해서 넓어지고 있는 것을 보는 것이 만족스러웠다. 새롭고 긍정적인 고리가 확대되고 만들어짐에 따라 파트너는 서로 순환적으로 영향을 미친다(Mikulincer & Shaver, 2015). 관계에 더 많이 참여하는 것은 순화를 촉진하고, 더 많은 순화는 또다시 더 많은 관계에 참여할 수 있게 만드는 것이다.

나는 비난자 순화 과정을 통한 변화의 전환점이 필요하다는 연구를 인용하며 이 장을 열었는데, 이는 애착불안을 줄이고 애착결합을 성공적으로 재편하기 위해서였다. 또한 최근의 연구는 지속적인 변화를 위해서는 위축자 재개입의 변화도 중요하다는 것을 입증하고 있다. 2년의 추적 조사에 의하면, "추적 기간 동안 관계 만족도의 차이를 설명하는 변수는 치료 중 애착회피의 감소였다."(Wiebe & Johnson, 2016, p. 400) 만약에 위축자가 관계에 완전히 개입하지 않았다면, 시간이 지남에 따라 관계 만족도가 떨어지는 것의 원인이 될 가능성이 높다. "치료사가 명심해야 할 것은 치료에서 애착회피가 일어나지는 않는지, 치료 종결 전까지 애착회피에 변화가 있는지를 지켜보는 것이다."(p. 400)

2기에서 달성한 안정애착결합은 위협에 대한 인식을 수정한다. 그렇게 함으로써 파트너들이 서로의 위안과 지지, 정서적 조절의 근원이 되는 안전한 피난처와 안정기반이 만들어진다. 새롭게 재구성된 안정애착결합 내에서 파트너들은 그들의 애착욕구에 대해 명료한 메시지를 보내고, 상대의 표현된 욕구에 대해 이해하고 반응하는 것이 가능해진다. 애착 신경과학의 최근 연구에 따르면, 안정적 결합은 중요한 정서조절기능을 가지고 있으며, 파트너들이 각자 서로의 생리적 · 정서적 세계의 숨겨진 조절자임이 확인되고 있다(Coan & Maresh, 2014; Coan et al., 2006).

6. 5, 6, 7단계에서 변화의 핵심 요소 요약: 비난자 순화

1) EFT 치료사는 무엇을 보고 듣는가

- 개입된 위축자
- 때로 위축되는 추적자
- '연결되어 있는' 취약한 정서

2기의 두 번째 변화의 전환점 이후, 이전에는 서로 다르게 보였던 위축자와 추적자의 욕구와 소망(위축자는 수용과 거리를 원하고, 공격자는 연결과 친밀감을 원한다)이 상대가 자신을 위해 온전히 있어 주기를 바라는 것과 같은 기본적 욕구임이 드러난다.

2) 치료사와 내담자는 무엇을 하는가

다음의 주제들이 따라야 하는 고정된 단계는 아니지만, 변화의 전환점을 보여 주고 있다.

(1) 주제 1: 비난자의 두려움에 접근하기

- 치료사는 환기적 반응과 재연 과정을 통해 추적자의 두려움에 접근한다.
- 추적자는 자신의 애착두려움을 깊이 있게 그리고 다듬어서 이를 상대 파트너에게 적절히 개방한다.

(2) 주제 2: 개입된 위축자 지지하기

- 치료사는 애착경험에 대한 환기적 반응과 공감적 추측을 이용하여 개입된 위축자를 지지한다.
- 개입된 위축자는 자신이 함께하고 있고, 상대 파트너를 돌보고 있음을 확인해 준다.

(3) 주제 3: 접근하는 것을 경험적으로 상상하기

- 치료사는 안전하게 접근하고 위로를 받는 것에 대해 환기적으로 묘사하면서 애착씨 뿌리기를 하여 접근하기를 경험적으로 상상하게 한다. 또한 안전한 연결에 대한 이런 묘사는 현재의 순간에 경험하는 두려움을 강조한다.
- 추적자는 증가하는 취약함을 견디고, 상대에게 접근하는 위험을 감수하는 것을 상상한다.

(4) 주제 4: 접근하기에 대한 두려움 처리하기

- 치료사는 강조, 공감적 추측, 환기적 반응, 내재된 정서의 반영, 애착욕구의 맥락에 따른 재구조화를 이용하여 접근하기에 대한 추적자의 두려움을 처리한다.
- 치료사와 추적자는 함께 다음과 같은 두려움을 명확하게 탐색하고 확장시켜 추적자가 상대 파트너로부터 이 관계가 안전하고 안정적이라고 느끼게 한다.
  - 타인을 보는 관점과 관련된 두려움("당신은 거기에 없을 거야.")
  - 자신을 보는 관점과 관련된 두려움("나는 사랑받을 가치가 없어.")
  - 위로와 안심을 구하기 위해 접근하는 것에 대한 두려움

(5) 주제 5: 비난자가 실제로 접근하기

- 치료사는 환기적 반응을 이용하고, 추적자가 취약한 위치에서 다가가는 것을 직접

적으로 준비하여 실제로 '비난자 접근하기'를 요청한다.

- 애착두려움에 완전히 빠져들어 있는 추적자는 상대 파트너에게 다가가서 관계에서 안전함과 안정을 느끼기 위해 필요로 하는 것을 분명하게 요청하는 위험을 감수한다.

(6) 주제 6: 개입된 위축자가 상대를 지지하면서 접근하기

- 치료사는 파트너 사이에서 재연을 형성한다.
- 개입된 위축자는 상대를 지지하면서 다시 접근하고, 파트너들은 최종적인 결합을 경험한다.

(7) 주제 7: 접근하기의 진행

- 치료사는 개입된 위축자, 순화된 비난자와 함께 접근하기를 진행하고, 환기적 질문과 반영을 이용한다.
- 양쪽 파트너 모두 새로운 안전과 연결에 대한 현재 순간의 경험을 표현하는 것에 적극적으로 참여한다.

(8) 주제 8: 애착욕구 인정하기

- 치료사는 공감적 조율, 반영, 추적, 파트너들이 결합 순간을 어떻게 만들었는지를 강조하는 방법을 통해 두 사람의 애착욕구를 인정한다.

3) 치료사가 비난자 순화를 촉진하는 방법

2기에서의 위축자 재개입(제6장 참조)과 비슷한 방식으로 치료사는 따뜻한 마음에 바탕을 두고 자신의 정서적 균형을 유지하면서 정서적 깊이를 견디고 결단력 있게 지휘한다. 취약한 정서에 머무르고, 정서적 경험을 깊이 있게 하며, 조심스럽게 지시하고 진행하는 재연을 통해 애착두려움을 재처리하는 교정적 정서 경험이 만들어진다. 이를 위해 RISSSC 방식의 목소리 및 속도 조절은 특히 중요하다.

제4부

통합과 강화

제8장

EFT 3기에서 안전한 결합 강화하기 (8, 9단계)

"이 관계가 이제는 세상을 탐험하고 세상이 제시하는 문제를 다루는 안전기지, 피난처와 보호를 제공하는 안식처가 되어 간다."

(Johnson, 2004, p. 187)

EFT 치료사가 치료의 종착점인 부부의 안전한 결합에 대한 명확한 그림을 가지고 있으면 부부치료의 목표에 희망적일 수 있다. 이 장에서는 3기의 강화에 대한 전체적인 개요를 제시한다. 여기서 치료사는 부부가 만들어 온 변화들을 통합하고 강화하도록 안내하여 부부가 지속적으로 애정관계를 만들고 성장하도록 돕는다. 8단계와 9단계를 설명하기 위해 이전의 4개 장에서 사용한 동일한 형식을 사용하는데, 8, 9단계에서 EFT 치료사는 무엇을 보고 듣는지, 치료사와 부부가 무엇을 하는지, 어떤 방식으로 이 단계들이 실행되는지를 논의한다.

3기에서는 축하, 만족, 행복을 나눈다. 부부는 현실 문제들을 해결하기 위해 협력하고, 부부의 차이에도 불구하고 안전한 애정결합을 활력 있게 유지하기 위한 방법을 만들어 간다(Johnson, 2008). 부부가 치료 종결을 준비하는 과정에는 새로운 상황으로 나가는 것에 대한 두려움이 섞여 있다. 부부는 3기에서 또한 그들의 정서적 변화를 생생한 이야기와 이미지로 확고하게 만들어 나간다. 명확하지는 않지만 혁신적인 변화를 부부가 개인적인 사랑 이야기 또는 낭만적 영화로 만들고, 마음대로 재구성하거나 재편집한다.

3기에는 두 단계가 있다. 8단계에서 부부는 중요한 현실 문제의 주제와 입장 차이를 재검토하는 데 도움을 받을 수 있다. 새롭고 안전한 결합 속에서 부부는 이러한 주제에 대해 명료한 대화를 나눌 수 있고, 진행 중인 관계 문제를 해결할 수 있다. 9단계에서 새로운 애착안정감은 강화된다. 애착행동으로 확장되고 견고해진 고리(Mikulincer & Shaver, 2016)는 더욱 강력해졌다. 9단계 목표는 부부가 결합을 튼튼히 하고 생기 있게 유지하는 대화를 지속하도록 긍정적인 변화를 강화하는 것이다. 추적 조사에서 입증된 것처럼, 긍정적인 고리는 스스로 강화하는 힘이 있다. 치료가 끝난 후에도 많은 부부는 관계를 개선시켜 나간다(Wiebe & Johnson, 2016).

부부가 3기로 진행할 준비가 되어 있는지를 아는 것은 에밀리에게 중요하다. 에밀리가 치료하는 부부가 모두 순탄하게 치료 과정을 밟아 나가는 것은 아니다. 어떤 부부는 단계적 약화 과정에서 너무 오래 머무르지만, 부부와 에밀리는 같이 단계적 약화를 향해 지속적으로 과정을 밟아 나간다. 때때로 치료 도중 파악되지 않은 중독행동들이 나타난다. 한 배우자가 거짓(faux) 애착 대상(Flores, 2004)에 의지해 온 사실은 단계적 약화가 완성되기 전에 고리의 명확한 부분으로 파악되고 다루어질 필요가 있다(제10장 참조). 위축자가 재개입하여 적극적으로 부부관계를 형성하고, 재개입 상태를 유지하기 위해서 무엇이 필요한지 이야기하는 단계적 약화가 된 어떤 부부가 있었다. 에밀리는 때때로 이런 부부에서도 치료의 전환점이 되는 순화 과정을 통해 새로운 단계로 가기 전에 해결되지 않은 관계 손상이 재처리되고 손상된 신뢰감이 회복되어야 한다는 것을 발견한다(제11장 참조). 시간에 상관없이 에밀리는 지속적으로 새로운 모델을 그녀의 부부치료 방식에 통합했고, 부부가 3기로 진행할 준비가 되었다는 징후들을 발견했다.

1. 치료사가 3기에서 일반적으로 보고 듣는 것

부부가 새로운 감각으로 안전과 유대에 대해 은연중에 표현하고 이야기하는 것이

3기의 통합과 강화를 위한 준비를 나타내는 주요한 표지다. 여기서의 새로운 변화는 1기 단계적 약화의 끝에서 보이는 긍정적인 변화와는 질적으로 다르다. 그것은 부정적 고리에서 보이는 혼란이나 침체가 일시적으로 중단된 것을 넘어선 것이다. 2기에서 나타나는 어려움(transformation)은 "파국적이라기보다는 미래에 있을 수 있는 실수이고 불편한 단절이다. 분리고통이 발생했을 때 그것은 처리되고 해결될 수 있다"(Johnson, 2013, p. 231).

1) 새로운 결합 고리

부부간에 안전감이 증가하고, 능동적으로 개입하며, 돌보는 반응을 알려 주는 명확한 조짐들이 있다. 순화된 비난자는 비판이나 격분 없이 명확하고 일관되게 자신의 욕구를 표현하고, 다른 배우자의 적극적이고 교감적인 변화에 대해 수용하고 감사를 나타낸다. 새롭게 교감적으로 변한 이전의 위축자는 다른 배우자의 고통, 두려움, 흥분에 대해 적절한 반응과 개입을 보이고 견고하게 옆에서 지켜 준다. 부부는 다른 배우자의 정서 표현에 접근하여 반응을 보이고, 다른 배우자가 표현한 욕구에 호기심을 가지고 다가가서 돌봐 준다. 이전의 낡은 고리가 작동하여 가끔씩 "작은 위기의 순간"(Johnson, 2008, p. 207)이 있지만, 결국 부부가 함께 협동하여 위기를 잘 극복할 수 있다.

이전의 비난자는 다른 배우자가 회피할 때 느끼는 고통을 잘 견딜 수 있으며 애정을 가지고 지켜볼 수 있다. 이전에는 엘라가 가볍게 어깨를 으쓱하거나 반응을 보여 주지 않으면 소피는 심한 공황과 분노에 빠져들었다. 지금은 소피가 배려와 관심을 가지고 그 상황에서 반응할 수 있다. 부드러운 태도로 소피는 말한다. "그 상황은 내가 먼 거리를 두고 불안의 폭포를 느끼고 들을 수 있는 것과 같아. 당신이 무언가로 인해 불편하고 나에게서 약간 물러날 때에도 나는 당신의 사랑 안에 견고하게 자리 잡고 있고 당신도 나를 원하는 것을 알아."

상호작용의 긍정적 고리가 나타난다. 파트너는 다른 파트너의 욕구에 접근하여 반응을 보이고, 다른 파트너의 반응을 대부분 긍정적으로 받아들인다. 파트너는 자신의 욕구를 충족시켜 주도록 적절한 방식으로 요청함으로써 다른 파트너가 따뜻하게 반응할 수 있도록 한다. 고리들이 확장되고 견고해지면 안전한 결합이 지속적으로 자라난다.

3기에서 파트너는 자신들이 새롭게 결합하면서 치료사의 안내 없이도 어떻게 스스로 발전하고 성장할 수 있었는지 설명한다.

2) 자기와 타인에 대한 새로운 관점

부부가 새롭게 애착결합을 하면서 애착위협 없이 차이와 갈등에 대해 이야기할 수 있게 된다. 부부치료 초기에는 부부가 차이점을 이야기하면 애착에 대한 공포와 자기방어적 행동이 나타났지만, 지금은 실제 주제에 대해서 이야기를 한다. 소피와 엘라에게 가족용 오두막은 지속적으로 부정적 고리를 유발하는 주제였다. 지금은 그들이 가족용 오두막을 유지하는 방법이 달라도 건설적으로 여러 방법을 고려할 수 있다. "그녀가 나를 위해 신경을 쓰고 최선의 것을 원한다는 것을 알아요. 그래서 나는 차분해지고, 그녀와 함께 문제들을 유연하게 바라볼 수 있게 돼요."라고 소피가 말했다. 이전에는 오두막에 대한 다툼이 실제로는 애착두려움에 대한 문제였지만, 그들이 새롭게 안전한 결합을 하면서 오두막을 수리하는 최선의 방법에 대한 의견 차이는 오두막 문제로 국한되었다. 지금 오두막에 대한 주제는 다음과 같은 애착두려움을 촉발하지 않는다. "나를 위해 그곳에 있어 줄 거야?" "내가 당신에게 소중해?" 이제 그들은 함께 이 문제와 다른 복잡한 재정 문제, 가족 문제를 다룰 수 있다.

EFT로 불안과 회피가 줄면서 서로에 대한 자동적인 반응이 많이 감소되었다(Burgess Moser et al., 2015). 기대와 반응의 근거가 되는 자기와 타인에 대한 내적 작동 모델이 새롭게 바뀌었다. 즉, 사랑스럽고 가치 있는 자기 모델과 신뢰할 수 있고 돌봐 주는 타인 모델은 "타인과의 밀접한 결합에 대한 그들의 무의식적인 청사진을 긍정적으로 변화시켰다. 새로운 청사진은 그들이 과거 관계나 이전의 부정적인 고리에 얽매여 싸우기보다는 파트너와 함께 진정으로 현재에 머물게 도와준다"(Johnson, 2008, p. 226).

3) 늘어난 축하와 기쁨

3기에서 파트너는 스스로 문제를 조절할 수 있다는 것을 알고 놀라움과 기쁨을 느꼈다. 파트너는 자주 회기 사이에 그들의 결합을 위태롭게 하지 않으면서 오래 지속된 차이를 스스로 해결한 것에 대해 치료 시간에 자랑스럽게 이야기를 했다.

카일과 타라는 이전에 골치 아팠던 주제를 스스로 처리하여 매우 놀랍고 기쁜 마음으로 치료를 받으러 왔다. 그들은 과거에는 수일 동안 대화를 하지 않는 것으로 끝나는 '엎지른 우유 탱고'로 나아가는 상황을 설명했다. 지금은 서로에게 직접 욕구를 표현하고 차이를 해결하면서 서로가 더욱 친밀하고 소중한 존재가 되었다. 그들은 카일의 가족과 함께 산속 별장에서 매년 일주일씩 여름을 보냈다. 그러나 올해는 타라가 일하는 발레 학교의 홍보 업무로 특별히 바빴기에 휴가를 가지 않기를 원했다. 카일이 보다 적극적이고 개방된 새로운 방식으로 말했다. "나는 당신이 너무 바빠서 가족 모임에 올 수 없다고 느끼는 것을 이해해. 그렇지만 당신이 업무 때문에 많이 바쁘고 시간이 필요하다고 가족에게 잘 설명해도 당신이 모임에 오지 않으면 가족은 우리가 잘 지내지 못한다고 생각할 거라는 걸 당신이 알았으면 좋겠어. 나는 당신이 잠시라도 얼굴을 비추고 가족을 만났으면 좋겠어." 타라는 남편의 요청과 배려를 듣고, 잠시라도 산속 별장에 가서 시댁 식구를 만나야겠다는 욕구를 새롭게 느꼈다. 또한 남편의 욕구를 알 수 있게 도와준 것에 대해 감사를 느꼈다. "나의 시간 손실이 얼마나 많은지 당신이 이해하는 것을 알고, 내가 산속 별장에 가면 당신이 더 사랑받는다고 느낄 거라는 걸 깨달으면서 산속 별장에 갈 동기를 얻고 결심을 하게 되었어. 당신이 원하는 것을 나에게 말하면 하고 싶은 마음이 생겨!" 타라는 이전에는 며느리로서의 '의무에 분개했고' 희생만 당한다고 생각해 왔다. 반면에 지금 그녀는 카일의 사랑과 자신이 그에게 소중한 존재라는 기쁨, 동기부여 그리고 확신을 경험하고 있다. 새로운 속성은 새로운 긍정적인 고리의 부분이다.

2. 3기에서 EFT 치료사와 내담자가 하는 것

3기에서 치료사는 덜 지시적이고, 과정은 이전보다 부드럽다. 치료사는 부부가 새롭게 만든 안전결합에서 유래하는 새로운 질의 부부 상호작용에 공감적으로 반응하고 개입한다.

새로운 애착결합을 하면서 부부는 스스로 더 많이 성장해 나가고 있다. 그렇지만 치료사는 지속적으로 재연을 공명하고, 반영하고, 추적하고, 환기하고, 강조하며, 촉진한다. 치료사가 결합을 통합하고 강화하기 위해 새로운 결합 경험을 추적하고 심화하며 재연을 준비할 때 다섯 가지 EFT 탱고 움직임(The five EFT tango moves)은 여전히 유용하다. 8단계의 한 가지 주요 과제와 9단계의 세 가지 주요 과제에 대해서 설명하겠다.

1) 8단계: 현실적인 문제에 대한 해결책

EFT 치료사는 지속적으로 이전 위축자가 개입하고 이전 비난자가 수용하고 개방하도록 격려하면서 부부가 현실적인 문제와 오래된 관계 문제를 해결하도록 지지한다. 새로운 긍정적인 고리가 치료 과정이나 치료 과정 밖에서 나타나면 치료사는 그것을 추적하고 강조하고 축하하면서 지지한다. 부부와 함께 치료사는 부부가 부정적인 고리를 벗어나기 위해 발견한 방법에 주목한다. 부부는 그들이 이전에는 애착위협이 되고 부정적인 고리의 촉발이 되었던 문제들을 지금은 어떻게 해결하고 있는지 설명한다. 치료사는 그들의 용기와 그들이 감내한 위험을 인정한다.

이전에는 부정적인 고리를 촉발시켜 왔지만, 8단계에서 새로운 안정애착결합의 관점으로 새롭게 다루어지는 현안 문제에는 성 문제, 종교 문제, 확대된 가족관계, 의붓자식, 거주지, 자녀의 학교 선택과 많은 다른 주제가 포함된다. 더욱 안전하고 친밀한 유대감을 느끼는 부부는 아직 미해결된 문제를 해결하기 위해 치료사와 함께 노력할 수 있다. 여기서 치료사는 새로운 해결책을 찾는 동안 부부 내부와 관계의 감정을 반영하고, 핵심 경험을 심화하고, 재연을 구조화하여 진행하고, 유대감을 유지하는 능력을 강화하면서 EFT의 다섯 가지 움직임을 지속적으로 사용할 것이다. "섹스와 터치를 통한 결합"(Johnson, 2008, p. 200)과 같은 연습은 3기에서 부부에게 도움이 될 수 있다.

2) 9단계: 새로운 반응적인 태도와 고리의 강화

존슨(Johnson, 2008)은 부부에게 긍정적인 변화를 어떻게 유지할 계획인지를 물어보는 것이 EFT의 비교적 최신 방법이라고 말했다. EFT 치료사는 부부가 관계를 접근하기 쉽고 반응적이며 정서적으로 교감된 관계로 새롭게 만들고, 새로운 관계 속에서 애착과 사랑에 대한 욕구를 충족시켜 주도록 배우자에게 요청하는 방법을 알면 부부관계가 자연스럽게 잘 성장할 것이라고 믿어 왔다. 그러나 부부가 그들의 결합을 계속적으로 성장시키며, "새로운 감정, 지각, 반응을 받아들이고, 그것들을 모든 변화를 포함하는 이야기로 통합하는 것"(p. 223)이 중요하다는 것을 알게 되었다. 존슨은 부부가 그들의 안정애착결합을 강화하고 안전하게 보호할 수 있는 세 가지 활동을 제안했다(Johnson, 2008, p. 206).

(1) 회복적인 관계 이야기 만들기

EFT 치료사는 부부가 어떻게 이전의 고통스러운 상태에서 지금의 안전한 결합으로 옮겨 갔는지에 대한 이야기를 만들도록 격려한다. 부부는 그들의 관계를 변화시켰던 교정적 정서 경험을 생생한 이야기와 영화로 바꾸는 데 도움을 받는다. 이것은 위험 신호가 나타나고 경고음이 울릴 때 활용할 수 있는 자원이 된다. 정서 경험을 추적하고 반영하면서 치료사는 부부가 익숙한 위험 단서에 직면하여 어떻게 이전과 다르게 받아들이고 반응하는지를 추적한다. 부부의 편도체(amygdala)는 다르게 반응한다(위험보다는 안전으로 받아들인다). 그러나 전전두엽 피질(prefrontal cortex)은 명확하게 말로 표현된 이후에 부부의 변화를 충분히 통합할 수 있다. 부부가 관계 변화에 어떻게 기여하는지, 불화와 위협의 순간을 어떻게 다루는지 환기하고 추적하면서 그들의 변화를 강화할 수 있다.

환기적 질문, 반영, 인정, 공감적 추측도 사용된다. 예를 들면 다음과 같다. "치료를 시작할 때 부부관계가 너무 고통스러워 관계를 거의 포기할 정도로 실망하다가, 지금은 배우자에게 개방적으로 다가가서 반응하는 희망적이고 긍정적인 관계로 어떻게 변화했는지 함께 살펴봅시다." 에밀리는 이전의 위축-위축형 부부인 필과 줄리에게 말했다. "이전에 당신들은 자신을 드러내는 것에 위축되고, 안전하지 않고, 무의미하다고 느낄 때 서로에게서 숨었지요. 지금은 무인도로 가서 숨어야겠다고 위협을 느낄 때 서로에게 가까이 다가가죠. 그 상황들이 어떻게 다른지 설명해 줄 수 있나요? 당신이 '혼란스러울 때' 지금은 배우자에게 가까이 다가가는 것이 안전하다고 어떻게 느끼게 되었나요?"

부부는 애착행동에 대한 자신들의 이야기를 함께 만든다. 이야기를 몇 번이고 반복하면서 부부는 어떻게 문제와 차이를 직면하고 해결해 나갔는지를 알려 준다. 긍정적인 결합 고리 속에서 새로운 접근과 반응을 튼튼히 하고 강화하면서 이야기를 통해 새롭게 성장하는 유대감의 씨앗을 키우고 애착을 강화한다. 부부의 독특한 이야기의 뉘앙스를 담고 있는 이미지는 옥시토신 생산을 촉진하여 부부를 차분하게 하고, 진정시키며, 서로 가깝게 만든다. 회복적인 이야기는 또한 "사랑하고 사랑받는 것이 무엇인지에 대한" 새로운 관점을 일깨워 준다(Johnson, 2008, p. 226). 새로운 관점을 가지면서 변함없이 배우자를 신뢰하고, 사려 깊고 용기 있게 배우자에게 다가갈 수 있게 된다. 부부는 그들이 서로에게 어떤 존재인지, 그들이 어떻게 무의식적으로 접근하고 반응하는지에 대한 새로운 뇌 신경회로를 만들어 가고 있다.

필과 줄리는 위험한 다리를 함께 안전하게 건너는 이미지로 가득한 그들의 회복관계 이야기를 쓰고 있다. 자신들의 사랑 이야기를 수없이 반복해서 보아 온 이미지 속의 낭만적인 영화로 만들었다. 위험한 순간의 한가운데서 위협하고 판단하는 낡은 인식이 나타났고, 줄리는 문을 닫고 사라지려고 했다. "도보 여행을 포기하고 홀로 집으로 돌아왔을 때 필립을 보았어요. 나는 이 남자가 나를 사랑하고 내가 달아나지 않으면 사라지지 않을 것이라는 것을 알았어요. 그래서 나는 다가가서 말을 했어요. '당신이 필요해. 내 손을 잡아 주겠어? 이 다리를 혼자 건널 수 없어.' 그러자 그가 나에게 돌아와서 내 손을 잡아 주었고, 붙들 난간이 없어 오직 그의 손에만 의지할 수밖에 없는 위험하고 좁은 다리를 함께 건너 주었어요. 내 마음이 누그러졌고, 우리는 함께 위험하고 삐걱거리는 다리를 건넜어요. 그리고 우리가 세상을 보다 안전한 장소로 만들었다는 것을 깨달았어요." 필이 맞장구를 쳤다. "맞아, 당신이 겁을 먹거나 아플 때 내가 그것을 함께 느끼는 것이 두려워 과거에는 도망만 쳤어. 당신과 함께 느끼는 것이 얼마나 좋은 것인지, 당신이 나를 필요로 하고 나를 원한다는 것을 느끼는 것이 얼마나 좋은지 배웠어. 당신과 함께 손을 잡으면 우리 모두가 더욱 안전하게 된다는 것을 신뢰하게 되었어. 우리는 함께 손을 잡고 매우 위험한 다리들을 건너왔어."

(2) 미래의 사랑 이야기 만들기

치료사는 부부의 회복 이야기에 있는 변화가 미래에 그들을 보호하고 지지하는 데 도움이 되는 것을 강조하면서 안정애착의 씨를 뿌릴 수 있다. 부부는 미래의 관계를 위해 새로운 희망과 비전의 씨앗을 심고, 그들의 이야기를 미래로 확장하기 위해 미래의 사랑 이야기를 만들도록 격려받았다. EFT 치료사는 부부의 미래 이야기와 그림을 이끌어 내기 위해 반영, 환기적 질문과 반응, 강조 등을 사용하면서 접근성과 반응성이 촉진되는 순간에 초점을 맞춘다. 부부는 함께 서로의 희망과 바람을 듣고 나누면서 그들의 유대감과 중요성, 안전감을 키워 나간다. "사랑을 생기 있게 유지하라"(『날 꼬옥 안아 줘요』 중 제7대화법; Johnson, 2008)에서 "당신의 사랑을 미래로 이끌어 가는 로드맵"을 제시해 준다(Johnson, 2008, p. 205).

(3) 사랑을 생기 있게 유지하기 위한 의식 계획하기

"인식하지 못하는 것은 사라진다."(Johnson, 2008, p. 211) 치료사는 긍정적인 유대감을 유지하도록 돕기 위해 부부가 발전시켜 왔거나 발전시키고 싶은 애착 의식(rituals)을 탐구한다. 활동이 애착 의식으로 되는 것은 활동 그 자체가 아니고 활동이 부부에게 갖는 의미다. 부부는 일상적인 의식 활동을 하면서 그들이 공유하는 유대감을 되새기게 된다. 일반적으로 이별과 재결합의 순간에서 의식은 중요하다.

애착 의식의 예시로는 매일 특별한 방법의 작별인사와 인사, 서로를 위해 메모를 남기는 것, 공유하는 종교의식, 낮에 서로서로 확인하기, 매일 대화나 포옹 시간 갖기, 함께 자원봉사나 취미 활동하기 등이 있다. 애착 씨앗을 키우고, 비료를 주고, 물을 주는 의식은 부부가 11시 11분이 될 때마다 배우자에게 문자를 보내는 습관과 같은 작은 순간부터 그들의 서약을 갱신하는 의례를 갖는 거대한 축하행사 또는 필과 줄리가 그들의 결합을 상징하고 서로를 신뢰하기 위해 구입한 다리 그림을 단순히 함께 응시하는 것까지 포함된다.

3. EFT 치료사가 3기를 촉진하는 방법

3기에서는 부부가 정서적으로 깊이 있는 탐구를 하는 데 치료사의 지침이 덜 필요하다. 치료사에게는 부부로부터 많은 감사를 받을 수 있는 시간이고, 부부의 칭찬(credit)을 기쁘게 받아들이도록 유혹을 받는 시간이기도 하다. 그러나 EFT 치료사는 칭찬을 받는 것에 저항해야 한다. 오히려 치료사는 부부가 치료 노력을 해 온 것을 축하하고,

특별히 부부가 얼마나 칭찬받을 만한지 알도록 도와줘야 한다. 부부가 새로운 방식으로 서로에게 깊은 내면의 두려움과 욕구를 표현하기 시작하고, 놀랍게 자신들을 위해 보다 개방적이고 안전한 관계를 만들어 온 것을 함께 살펴본다.

EFT 치료사는 치료 과정 끝까지 존재(being)하는(Rogers, 1980) EFT 방식의 기본적인 다섯 가지 움직임에 정서적인 개입을 유지한다. 치료사가 정서적으로 개입된 상태로 능동적인 역할을 하는 것이 마지막 3기에서도 계속 중요하다. 탐구를 위한 안전한 기반을 제공하는 공감, 수용, 진정성은 지난 치료 과정에서처럼 부부가 스스로 노력하는 마지막 회기에서도 중요하다.

에밀리가 마지막 3기에서도 능동적으로 개입을 유지하는 한 가지 방법은 정서적인 톤에 맞추는 것이다. 즉, 기쁨과 안도의 마음을 강조하고, 암시되었거나 직접적으로 표현된 재발의 두려움을 인정한다. 그녀는 현재 과정을 축하하고, 암묵적인 기쁨과 재발에 대한 두려움을 명확히 하면서 개입을 지속한다. 그녀가 이 시점에서 부부에게 필요한지 자신이 없을 때 모델의 효과에 대한 신뢰는 약화된다. 그녀는 부부 개인과 관계의 정서 경험을 반영하고, 핵심 감정을 깊게 파악하며, 부부 사이에서 재연을 지시하여 진행하고, 부부가 서로를 위해 만든 값진 선물을 통합하고 인정하는 다섯 가지 기본적인 움직임에 근거하여 치료한다.

EFT 치료사는 부부에게 견고하고 생기 있으며 특별하다는 확신을 주면서 즐겁게 하기 위해 희망과 기쁨의 톤을 선택하고, 또한 환기적 방식을 계속 활성화한다. 치료사는 이전 방식으로 돌아갈지 모른다는 불안한 감정도 조율해 주고, 부부와 함께 이러한 감정을 자신 있게 다루어 준다. EFT 치료사는 부부의 재발에 대한 불안, 최근의 부정적 고리 재발에 대한 좌절, 배우자가 새롭게 형성한 안전감을 신뢰하지 못하는 것에 대한 조바심 등에 대한 치료사 자신의 느낌을 처리하면서 지속적으로 자신에 대해 자각하여야 한다. 이전의 교정적 정서 경험 효과는 사라지지 않는다는 것을 알고, EFT 모델의 진정시키는 효과에 의지하면서 EFT 부부의 현재 진행 과정을 정확하게 반영하는 것이 안전하다고 믿는다. 치료사는 부부가 서로 다가가고 반응하도록 격려하면서 자신 있게 현재의 실제 상황을 추적하고, 반영하며, 깊이 있게 탐구해 나간다. 치료사는 부부의 새로운 결합을 조율하면서 부부가 과거의 단절에서 성공적으로 회복된 것을 살펴보고, 관계를 안전하게 보호하는 방법에 대해 이야기하도록 도와준다.

4. 결론

정서, 지각, 반응적 행동의 고리는 자기와 타인에 대한 작동 모델에 기인한다(Bowlby, 1973). 1기에서 EFT 치료사는 이러한 모델을 확인하고 추적한다. 2기에서 교정적 정서 경험을 하면서 정서적 반응이 안전하고 사랑스러운 상호작용으로 변화한다. 마침내 3기에서 부부는 새로운 경험을 개인의 사랑스러움, 타인에 대한 신뢰, 효과적인 의존의 가치를 담고 있는 모델로 통합하게 된다.

안전한 애착결합에는 여러 방법으로 변화시키는 힘이 있다. 안전한 결합을 하면 한 배우자는 다른 배우자와 정서적으로 현재에 머무를 수 있고, 이것이 모든 차이를 만들어 낸다. 안도감을 느끼면서 정서적으로 현재에 머무는 것의 긍정적인 영향에는 스트레스와 위협을 느낄 때에도 정서적 균형을 유지하고, 애착결합을 계속 새롭게 하는 방법으로 돌봄과 지지를 요청하여 받고, 효과 있는 심신건강 증진 방식에 자연스럽게 접근하는 부부의 능력이 강화되는 것들이 포함된다(Feeney & Collins, 2014; Johnson et al., 2015).

5. 8, 9단계에서 변화의 핵심 요소 요약

1) 3기(8, 9단계)에서 치료사가 보고 듣는 것

- 새로운 결합 고리
- 자기와 타인에 대한 새로운 관점과 기대
- 새로운 결합 경험에 대한 기쁨과 축하
- 치료사 없이 계속 나아가는 것에 대한 두려움이 섞여 있는 치료 종결 준비
- 치료사에 대한 감사

2) 8단계에서 치료사와 내담자가 하는 것

- 부부가 고리를 벗어나고, 이전에는 애착을 위협하고 부정적인 고리를 촉발하던 문제를 해결하기 위해 발견한 방법에 초점을 둔다.
- 용기와 새로운 위험을 인정한다.
- 안전한 결합을 기반으로 부정적인 고리를 촉발하던 미해결 문제를 다시 다룬다.
- 부부는 차이에 대해서 논의하고 함께 문제를 풀어 간다.

3) 9단계에서 치료사와 내담자가 하는 것

치료사의 도움을 받으면서 부부는 그들이 어떻게 고통에서 벗어나 회복되었는지에 대한 이야기와 미래의 그들의 사랑스러운 관계에 대한 희망 이야기를 쓰고 연결 의식을 만든다.

4) 치료사가 8단계와 9단계를 진행하는 방법

- 부부 사이의 정서적 톤—특히 기쁨과 두려움—과 치료사 자신의 지각된 느낌(felt sense)을 조율하면서 능동적으로 정서적인 개입 상태 유지하기
- 믿을 수 있고 지침이 있는 모델에 근거하기
- 부부의 안전한 유대감을 위한 여정 축하하기
- 부부가 성취한 것에 대해 치료사가 일차적으로 칭찬받는 것에 대해 경계하기

제9장

EFT 지도를 통합하고 강화하기

EFT 치료사는 부부가 변화를 통합하고 강화하도록 그리고 이 장에서 독자들이 EFT 과정자문가란 어떤 의미인지를 통합하고 강화하도록 돕는다. EFT 치료사로서 창의력을 기르고 EFT를 당신의 "존재 방식(way of being)"(Rogers, 1980)으로 통합하기 위해 변화의 단계들에서 당신을 안내해 주는 이정표 혹은 표지를 살펴본다. 그리고 현재 순간에서 조율하는 능력의 뿌리를 키우고 강화하는 지각된 느낌에 대해서 논의한다.

치료 동맹을 맺고, 내담자의 경험에 개입하며, 지속적인 변화를 촉진하는 주요 과제를 수행하기 위해 EFT 치료사가 회기에서 사용하는 도구는 무엇인가? EFT 정확도 척도(EFT Fidelity Scale; Denton et al., 2009)로 평가된 창의력이 있는 EFT 치료사는 내담자의 현재 순간의 정서 경험을 다루기 위해 과학적 정확성과 예술적 흐름(artistic flow)을 사용한다. 지식을 역량으로 전환하는 것은 부부 사이에 전개되는 애착 드라마를 느낄 수 있는 치료사의 능력에 달려 있다.

변화 과정을 안내하기 위해 이정표 혹은 표지에 대한 검토를 시작하고, EFT에서 변화의 핵심인 정서의 미세한 표지(micro-marker)에 대해 논의함으로써 EFT 도구를 정교하게 한다. 그리고 EFT의 단계와 기를 따라 수행할 표지들을 검토한다. 지식과 창의력을 창조적으로 연계시키는 EFT 치료사의 지각된 느낌을 강조하면서 이 장을 마무리하겠다.

1. 내재된 정서의 미세한 표지: EFT에서 변화의 핵심

내재된 정서의 미세한 표지는 순식간에 지나가서 놓치기 쉽다. 미세한 표지는 빈번하게 내담자가 자각하지 못하는 정서 경험을 나타낸다. 전통적으로 이누이트족들은 거대한 북미 북극 지역을 횡단하는 여행을 하기 위해 사람 모양의 석조 조각 표지물을 따랐다. 정서 경험과 "상호작용의 미세한 순간"(Siegel, 2012, p. 327)에 대한 정보가 풍부하게 있는 미세한 과정 표지에 이끌리는 것처럼, 이누크슈크(inukshuks)라고 불리는 이 표지물의 예술적 다양성에 항상 이끌려 왔다. 관계 역동에서 순간순간의 표지는 정적인 돌인 이누크슈크와는 매우 다르지만, EFT 치료사는 내담자의 정서 경험 표지를 잘 다루면서 정서적 균형을 유지할 수 있다.

EFT 치료사는 감정을 따라가는 것이 변화로 가는 길임을 알기 때문에 지속적으로 정서 경험의 신호를 주목하고 따른다. 존슨(Johnson, 2004)은 낭만적 사랑의 영역에는 치료사가 무엇에 집중하고, 언제 개입해야 하는지를 알려 주는 표지들로 충만하다고 말했다. 부부는 배우자에게서 오는 애착위협의 미세한 비언어적 징후에 은연중에 동조된다. 정서 경험의 미세순간 신호(signs)는 아주 순간적이다. 부부는 빈번하게 그것을 의식하지 못하기 때문에 이러한 표지가 나타날 때 EFT 치료사가 표지를 섬세하게 파악하는 것이 필요하다.

EFT 치료사는 다음에 적혀 있는 정서 경험의 다양한 언어적 · 비언어적인 미세한 표지를 이용하여 아직 말로 표현되지 않고 경험되지 않은 것에 집중하고 귀를 기울인다. 이러한 표지를 따라감으로써 치료사는 부부가 뚜렷하게 느끼지 못하고 있는 정서를 명확하게 경험하도록 도와줄 수 있다.

1) 비언어적 표지

부정적인 고리에서 부부의 정서 경험을 잘 이해하는 마술적인 능력이 있는 치료사는 선택적으로 비언어적인 미세한 과정에 정교한 집중을 한다. 말하는 내용보다는 말하는 방식에 의해 더 많은 것이 전달된다(Porges, 2011, 2015).

비언어적 표지(non-verbal markers)는 너무 짧게 나타나서 본인이 인식하지 못하는 경우가 많다. 인식을 하는 경우에도 짧게 나타나는 정서는 충분히 '음미되지' 않는다. 가벼운 터치나 연민이 담긴 짧은 응시는 따뜻함과 돌봄의 순간을 나타낸다. 반면에 부정적인 고리를 활성화시키는 정서는 많은 언어 '소음' 속에서 자주 비언어적으로 암시된다. 신체를 각성시키는 비언어적인 미세한 표지에는 물러서는 동작, 조이는 듯한 목소리, 어깨를 가볍게 으쓱거리는 것과 같은 미묘한 동작과 활짝 벌린 팔, 손을 베는 동작, 깊은 한숨, 갑자기 숨이 막히는 소리, 무표정한 얼굴과 같은 커다란 몸짓이 있다. 신체 각성의 표지는 애착적인 투쟁, 도피, 얼어붙음 시스템이 활성화되는 것으로 나타난다.

목소리의 질(Rice et al., 1979)은 부부의 정서 경험에서 교감 혹은 거리감을 나타내는 또 다른 표지다. 집중하는 목소리는 정서적 교감을 나타내는 반면, 조이고 단조로우면서 건성적이고 분리된 목소리, 부서지기 쉽고 제한된 목소리, 투덜거리는 정서적인 목소리는 내면의 경험으로부터 거리를 두고 있다는 것을 나타낸다. 내담자의 경험 속으로 들어가는 길을 찾지 못할 때, EFT 치료사는 있는 그대로 투명하게 관찰을 하고 부드럽게 그들이 현재 순간을 자각하도록 돕는다.

회기에서 부부가 정서 흐름 과정에 참여하는 것은 EFT에서 성공을 예측하는 요인이기 때문에 치료사가 언어적 · 비언어적인 미세한 과정 표지를 이해하고 반응하는 것에 숙달되는 것이 필수적이다. 자신과 다른 치료사의 치료 회기에 대한 비디오 기록을 재검토하는 것이 과정 표지를 좇아가는 능력을 섬세하게 기르고, 내용보다는 과정을 중요시하고 효과적으로 다룰 수 있는 가장 좋은 방법이다.

2) 언어적 표지

부부가 위험한 단서에 언어적 반응을 보일 때 들어 있는 정서는 종종 그들이 사용하는 단어에서 단서를 얻을 수 있다. EFT 치료사는 단어의 맥락적 의미에 귀 기울인다. 예를 들면 다음과 같다. "나는 그냥 멍해요."라는 말은 아마도 배우자가 아무것도 느끼지 못한다는 의미는 아닐 것이다. 내담자는 치료사가 능동적으로 환기하고 탐구할 수 있는 마비된 느낌이거나 얼어붙은 반응 상태일 것이다. 그런 상황을 잘 풀어 나가기 위해서 치료사는 진행 속도를 늦추고 정서 반응을 드러나게 한다.

유사하게 "나는 두려워하고 싶지 않아요."라는 말은 두려움을 나타낸다. 내담자가 충분히 언어적으로 표현하지 못한 것에 대해 치료사는 고리의 맥락에서 공감적 반영, 환기적 질문, 공감적 추측을 사용하면서 반응한다.

치료사: 당신은 "나는 두려워하고 싶지 않아요"라고 말해요. (천천히 반복한다) …… 당신에게 두려운 마음이 조금 있지 않나 궁금해요. …… 약간 두렵지 않아요?

내담자: 음, 약간 두려워요. 그래요.

치료사: 약간 두려움을 느끼는 것에 머물러 볼까요? 지금 여기서도 두려움이 느껴지나요? (잠시 멈춤) 남편이 당신이 아니라 시어머니에게 의지할 때마다 당신의 두려움은 조금씩 커지지 않나요? 그렇지 않나요?

그녀와 함께 확인하고 비언어적 반응을 추적한다. "바로 지금 두려움을 느끼나요?" 그녀에게 확인하고 반응할 시간을 준다. "몸 어디에서 두려움을 느끼나요?"

그녀가 두려움을 발견하고 반응할 수 있는 시간을 허용한다. 그녀는 배와 목을 지적했다. "남편이 시어머니에게서 벗어나지 않는 것에 대해 느끼는 두려움을 남편과 함께 나누기보다는 남편에게 화를 내고 비난하는 것이 더욱 안전하다고 느끼지 않나요?"

- 추측: "당신의 전형적인 고리에서 당신이 두려움을 나누기에는 충분히 안전하다고 느끼지 않아요. 이런 두려움을 느끼는 것조차 원하지 않아요, 그렇죠?"
- 추적: "이해가 되네요. 남편이 당신에게 등지고 있다고 느낄 때, 당신은 고통을 억누르는데 위가 뭉치고 목에 덩어리가 걸린 느낌이 들죠. 그러면 당신은 남편을 심하게 몰아세우게 되죠."

치료사는 집중하고 정교하게 반응을 조율하면서 말 속에 들어 있는 정서를 암시하는 다른 언어적인 미세한 표지를 파악한다. 예를 들면, '싸늘하네요' 같이 표현 속에 신랄함이 들어 있을 때, EFT 치료사는 고리에서 신랄하게 자극되는 요소를 반영하고 강조하며 추측하여야 한다. "'싸늘하네요'라는 말을 들으면 '당신은 죽어도 제대로 이해하지 못해'라는 아내의 말을 들을 때처럼 냉기가 바로 당신의 몸으로 퍼져 나가지 않나요?"

3) 정서 경험에서 철수를 나타내는 표지

내담자가 경험으로부터 철수하는 것은 EFT 치료사가 과정에 다시 초점을 두도록 알려 주는 표지다. 예를 들면, 한 배우자가 취약한 일차정서에 다가갈 때 다른 배우자가 빈번하게 주제를 바꾸거나 진행을 방해할 수 있다. 만약 치료사가 그 순간을 파악하고, 속도를 늦추고, 그것에 대해 말하지 않으면 그 상황은 인식되지 않고 빠르게 나타났다가 지나갈 것이다. 결국에는 정서중심치료다. 핵심적인 정서 경험을 제대로 다루지 않고 지나칠 때마다 EFT 치료사는 경험의 순간으로 되돌아가야 한다.

다시 초점을 맞추기 위해 사용하는 다양한 개입기법이 있다. 추적하기, 환기적 질문하기, 방금 일어난 일의 과정을 재연하기, 또는 내담자의 핵심 경험을 추측하는 은유 발견하기가 그것이다. "당신이 무엇이 매우 힘들었는지 이야기할 때 나는 궁금했어요. 당신에게 힘든 것이 뭐죠?" 또는 "내가 어떻게 된 것인지 당신에게 몇 차례 물어봤을 때, 당신은 계속 자기 이야기만 했어요(있는 그대로 보고 추적하기). 당신은 자신의 이야기가 방해되기 전에 세부적인 모든 것을 이야기해야 하는 절박함을 느끼는 것처럼 보였어요."(비난–요구, 위축–방어 고리에 기반하여 추측하기)

내담자가 두서없이 이야기할 때 EFT 치료사는 정중하게 중단시키고 정서적 단서에 다시 초점을 두거나 과정을 재연시킨다. "이 지점에서 천천히 진행하겠어요, 괜찮아요? 조금 전 당신이 남편에게 '당신 진심이야?'라고 이야기할 때 목소리가 떨렸어요." 내담자가 밋밋하거나 거리를 두고 묘사하면서 모호하거나 일반적인 용어로 이야기할 때, EFT 치료사는 정서를 환기시키면서 모호한 것을 생생하게, 일반적인 것을 특정하게, 추상적인 것을 구체적으로, 전체적인 것을 개인적인 것으로, '그때'를 '지금'으로 전환하여 직접적인 표현을 한다.

요약하면, 치료사는 언어적·비언어적인 미세한 과정의 표지들을 이용하여 내담자의 내부에서 나타나는 정서의 아주 엷은 조각들에 집중하고 예민하게 반응을 한다. 이러한 표지는 단계와 기에서 다음과 같은 관련성을 나타낸다.

- 치료 동맹 손상을 나타내는 언어적 또는 비언어적 표지는 치료사가 기본적인 공감과 인정으로 반응하도록 알려 준다.

- 다른 배우자에 대한 갑작스러운 비언어적 반응은 애착적으로 중요한 두려움이 건드려졌다는 것을 나타낸다. 이것은 치료사가 진행 속도를 늦추고, 그 순간을 재현하며, 비언어적 반응에 내재된 정서에 다시 초점을 두도록 알려 준다.
- 정서 경험으로부터의 갑작스러운 철수는 바로 직전에 무엇이 발생했는지 치료사가 부드러우면서도 확실하게 살펴보도록 한다.

2. EFT의 단계와 기의 표지

치료사는 EFT 단계와 기의 표지를 이용하여 안전한 결합을 위한 치료 과정에서 부부가 어디에 위치하는지 알게 된다. EFT 모델은 직선적이면서 순환적이므로 변화를 위해 반복되는 과정을 거치면서 유연하게 나아가기 위해서는 단계와 기를 명확하게 인식하는 것이 많은 도움이 된다. 치료사는 이러한 표지를 이용하여 치료 과정 각 단계의 과제를 수행하기 때문에 치료사가 표지를 인식하고 실행하면 자신감과 창의성을 갖게 된다.

어떤 변화의 전환점은 다른 변화의 전제조건이다. 부부는 단계적 약화 과정에서 자신들의 관계를 대체하는 부정적 고리의 힘을 함께 인식하고 약화시킨다. 단계적 약화가 충분히 일어나기 전에는 위축자가 보다 명확하게 2기의 정서적 관계로 나아갈 수 없다. 유사하게, 위축자가 접근하기 쉬워지고 이전에는 관계에서 나누어지지 않았던 자신의 부분들과 교감하기 전까지는 비난자 순화가 일어나지 않는다. 이것은 변화에 대한 엄격하고 직선적인 모델처럼 들릴 수 있지만, EFT에서 변화는 역설적으로 직선적이면서 순환적이다. 존슨은 EFT 단계는 사다리의 계단과 같지 않다고 제안했다. 오히려 전체 춤이 달라질 때까지 같은 단계를 계속 반복하고 새로운 요소를 추가하는 춤과 같다(교육용 단체이메일, 개인적 의사소통, 2016. 1.).

2기에서 변화의 전환점이 발생할 때 1기의 변화는 깊어지고 강화되며, 새롭게 나타나는 긍정적인 고리의 부분이 점점 더 깊어지고 많아진다. 위축자가 점점 더 관계에 개입하고 비난자가 더욱 순화될 때 부부는 그들의 부정적 고리를 보다 더 연민으로 바라보게 된다. 기들(stages)의 사이는 유동적일 수 있지만, 변화의 전환점의 기본적인 순서는 중요하다. 즉, 단계적 약화는 위축자 재개입에 선행되고, 위축자 재개입은 비난자 순화에 선행되어야 한다.

에밀리는 자신에게 다음과 같은 질문을 했던 EFT 치료사 초보 시절을 기억했다. "내가 어디에 있지? 내가 1기에 있나, 2기에 있나? 거리를 두던 배우자가 마침내 눈물을 흘렸는데, 이것은 내가 위축자 재개입 과정을 하고 있다는 의미인가? 아니면 위축자가 어떻게 고리 속으로 빠져드는지 더욱 선명하게 느끼면서 여전히 1기에 머무르고 있는 것인가? 비난자는 매우 취약해졌는데, 비난자 순화를 시작해야 될까, 아니면 아직도 충분히 단계적 약화가 진행되지 않은 것일까? 부부가 서로에게 더욱 친절해졌는데, 이것은 단계적 약화가 진행되었다는 의미일까? 위축자가 대화에 더 개입하려고 열심히 노력하는데, 이것은 위축자 재개입이 발생하고 있다는 것을 의미할까?" 그녀는 이러한 질문들을 단순하게 초보자의 표지라고 생각했지만, 이러한 질문들을 중요하게 여기게 되었다.

EFT 단계는 직선적이고 순환적이지만, EFT 치료사가 단계들을 명확히 인식하고 EFT 과정에서 그들이 어느 단계에 있는지를 지속적으로 재평가하는 것은 매우 유용하다. 에밀리는 종종 EFT 지도에서 그녀가 어디에 있는지 스스로에게 묻는다. 다음과 같은 그녀의 열 가지 핵심 질문에 대답하면서 치료사에게 EFT 과정의 적절한 1기와 2기 과제를 알려 주는 내담자 표지를 소개한다.

- 1기

① 부부와 치료사는 명확하게 각각의 배우자 태도(추적자, 위축자)를 확인할 수 있는가?

② 우리는 부부의 기본적인 부정적 고리의 움직임을 인식할 수 있는가?

③ 우리는 고리를 움직이는 내면의 정서를 나타내는 표지를 찾을 수 있는가?

④ 부부가 어떻게 그들의 고통이 자신들의 특별한 고리로부터 유래하는지를 경험적으로 파악하기 시작하는가?(즉, 반복적이고 자기강화적인 방식으로 어떻게 한 배우자의 행동이 다른 배우자의 깊은 두려움에 영향을 미치는지, 이것이 차례로 그들의 자기방어적인 행동을 유발하는지)

⑤ 단계적 약화가 충분히 진행되어 부부가 충분히 고리를 파악하고 위축자와 함께 2기를 시작할 준비가 되었는가?

⑥ 2기로 들어가는 출입구를 열기 위해 어떤 정서적 단서를 파악할 수 있는가?

- 2기: 다음의 사안들을 진행할 시점은 언제인가?

⑦ 5단계 재연을 만들 시점

⑧ 6단계에서 배우자의 새로운 개방에 대해 관찰하는 배우자의 경험을 탐구할 시점

⑨ 7단계에서 배우자의 접근을 요청할 시점

⑩ 7단계 접근에서 관찰하는 배우자의 반응을 요청할 시점

1) 질문 1과 태도 표지(2단계)

나는 안전하지 않은 상황에서 스트레스를 받을 때 각 배우자가 취하는 추적 혹은 위축 태도를 명확하게 파악할 수 있는가?(누가 유대감을 위해 욕구를 과도하게 활성화시키고, 누가 자신과 타인에게 있는 욕구를 억제하는지 아는가?) 태도 표지(추적자, 위축자)는 때때로 인식하기 어렵다. 예를 들면, 비난은 친밀함과 유대감을 원하는 추적자의 표지일 수 있고, 거절에 대항하는 위축자의 방어적인 자기보호의 표지일 수 있다. 다음 요소들은 추적자 또는 위축자 태도를 나타내는 표지일 수 있다.

신호는 추적과 위축의 태도를 나타낼 수 있다. 다른 배우자가 거리를 두거나 냉담하거나 또는 반응이 없을 때 촉발되는 배우자는 추적자 태도인 경우가 많고, 반면에 다른 배우자의 비난 섞인 불만, 반감적인 태도로 촉발되는 배우자는 위축자 태도인 경우가 많다. 그러나 배우자의 외면 혹은 화난 대꾸는 비난 또는 위축 태도의 모든 배우자에게 고통을 주기 때문에 치료사는 반응적인 배우자가 그 신호를 어떻게 경험했는지 알기 위해 더 큰 맥락(다음에서 설명)에서 세밀하게 살펴볼 필요가 있다.

행동화 경향(전형적인 행동)은 배우자의 태도를 추측할 수 있게 한다. 추적자는 친밀감을 요구하며 밀어붙이고, 종종 비난하면서 지배력과 유대감을 갖기를 원한다. 만약 그들이 적절한 반응을 얻지 못하면, 강한 항의를 한 후에 자주 절망감에 빠져든다.

위축자는 평화를 유지하기 위해서 거리를 두고, 다른 배우자가 계속 요구를 하면 자주 상처받고 물러서게 된다. 위축자는 자기방어를 위해 분노를 폭발하거나 배우자의 항의를 중단시키기 위해 반격을 한 이후에는 체념하고 철저하게 거리를 둔다. 고리가

고착된 후에는 반격하거나 대화 없이 냉담하게 지내는 것이 주된 행동이 된다.

속성(attributions, 애착 의미)도 태도 표지다. 추적자는 빈번하게 다른 배우자의 행동을 이런 애착 의미로 받아들인다. “당신은 나를 돌보지 않아. 나는 당신에게 중요하지 않아. 당신이 나를 위해 그곳에 있을 것이라고 기대할 수 없어. 당신은 나의 뒤를 봐 주지 않아. 당신은 나를 위해 그곳에 있지 않아. 당신은 나를 떠날 거야.” 반면에 위축자는 다음과 같이 결론을 내리기 쉽다. “내가 하는 어떤 것도 당신을 기쁘게 할 수가 없어. 당신은 절망적으로 요구하고 있어. 당신은 너무 많은 것을 기대하고 있어. 당신은 나를 바짝 마르게 하고 여전히 더 많은 것을 요구하고 있어. 당신은 예측할 수 없어. 당신은 나에게 상처를 주고 있어. 나는 당신을 실망시키고 있어. 나는 결코 당신의 기대에 부합할 수 없고 당신에게 충분히 좋은 사람이 될 수 없어. 언젠가 당신은 나를 포기하고 나를 거절하게 될 거야.”

다른 정서적 표현도 추적 또는 위축 태도를 파악하는 데 도움이 된다. 추적자와 위축자의 정서 표현은 다른 경향이 있다. 추적자가 자주 표현하는 이차정서는 배우자가 반응을 잘못하거나 부족한 것에 대한 표면적인 격분과 좌절이다. 위축자는 일반적으로 이차적인 좌절과 무감각을 표현한다. 무감각은 어떤 것을 느끼는 것에 대한 또는 ‘단지 좋은’ 느낌에 대한 부정일 수 있다. 희망 없고, 힘없고, 상처받는 것도 자주 표현된다. 일차정서에 접근할 때, 추적자는 보통 슬픔, 외로움, 절망을 표현하고, 유기에 대한 두려움 혹은 유기될 것이라는 생각에 대한 공포도 일반적으로 표현한다. 위축자는 처음에 일차정서인 두려움을 잘 느끼지 못하는 경향이 있다. 즉, 그들은 거절당하고 싫어하는 느낌으로 인한 탈진과 고통을 느끼는 경우가 많다. 거절 또는 소멸(annihilation)에 대한 두려움이 마침내 위축자의 핵심 감정으로 나타난다.

지속적인 자기와 타인에 대한 부부의 관점은 치료사가 부부의 태도를 파악하는 데 도움이 된다. 타인에 대한 온갖 비난에도 불구하고, 일반적으로 추적자는 자신에 대해서 부정적인 관점을 갖고 있고(“나는 사랑스럽지 않아.”), 타인에 대해서는 내면 속에서 긍정적인 관점을 갖는다(“만약 배우자가 나에게 반응한다면 나는 괜찮아질 거야.”). 위축자는 자신에 대해 거짓된 긍정적인 관점을 나타내고(“나는 혼자서 잘 지내요. 감사해요.”), 타인에 대해서는 부정적인 관점을 갖는다(“배우자는 예측할 수 없고, 요구가 많고, 기쁘게 하는 것이 불가능해.”).

태도 표지에 따르는 과제는 다음과 같다. 치료사는 추적 혹은 위축의 태도 표지를 이용하여 각 배우자의 경험과 정서적 반응을 이해하고 반영하는 방향을 알게 되며, 부부와 함께 부정적인 고리를 파악하게 된다.

위축-위축형 패턴에서 태도 표지를 발견하는 데에는 추가적인 어려움이 있다는 것에 유의해야 한다. 위축-위축형 고리에서는 종종 명백하게 나타나는 공격이나 비난하는 행동이 없기 때문에 부부의 다른 태도를 감별하는 것이 매우 어려울 수 있다. 극도로 조심스럽고 여린 추적자인 줄리처럼, 한 배우자는 관계를 유지하기 위해 위축될 수 있다. 그녀의 배우자 필처럼 다른 배우자는 거절에 상처받지 않기 위해 위축되고, 부부 모두가 독립적인 것이 자랑스럽다고 말하면서 무의식적으로 자신과 아내의 정서적 지지가 필요한 애착욕구를 무시한다.

2) 질문 2와 고리 표지(2단계)

부부와 나는 부부의 기본 고리의 움직임, 즉 음악(애착을 위협하는 신호)과 춤(부부의 위축 또는 비난) 사이의 흐름을 인식하고 있는가? 이것은 무엇이 위축자를 위축시키고 방어하게 했는지 그리고 무엇이 추적자를 분노하게 하고 비난하게 했는지 아는 것을 포함한다. 이것은 신호, 행동화 경향 그리고 다른 배우자의 행동을 설명하기 위해 만든 의미 사이의 연결을 포함한다.

(1) 부부의 부정적 고리를 나타내는 네 가지 일반적인 표지

① 지난 싸움의 반복. 부부가 짜증스럽게 지난 싸움을 이야기하는데, 편을 들거나 문제를 해결해 줄 치료사를 찾는 것처럼 보인다. 상실이나 거절에 대한 두려움 같은 애착 주제를 이야기 속에서 찾을 수 있다.

② 반복되는 이야기에서 고리를 찾을 수 있다. 중요한 순간이나 아픈 지점은 한 배우자에게는 중요한 의미를 갖지만 다른 배우자에게는 중요하지 않거나 혼란스러울 수 있다.

③ 고리는 회기 중에 나타날 수 있다. 한 배우자가 다른 배우자에게 반발적인 행동과 정서를 불러일으키는 순간은 호기심을 가지고 신호와 반응 사이를 연계시켜 보는

순간이다.

④ 긍정적 고리는 회기 중에 나타나거나 논의되고, 갑자기 방해받기도 한다.

과제

부부의 부정적 고리의 어떤 표지를 이용하여 치료사는 표현되는 정서의 흐름 속에서 한 번에 하나의 연계를 확인할 수 있다(부정적 고리). 치료사가 연계에 대한 내담자의 경험을 살펴보면서 신호(애착위협의 경고 벨)를 자동행동 경향("나는 그녀의 얼굴 표정을 보았고 숨을 곳을 찾았다.")에 연계하는 것은 부부가 고리를 단순하게 인지적으로 이야기하는 것을 피하고 이해하는 데 도움이 된다. 고리에서 연계를 추적하는 것은 행동에 대한 표면적인 이유만을 설명하는 함정에 빠지지 않고, 각 배우자의 자기방어적인 행동을 인정하는 데 도움이 된다.

① 각 배우자의 순간순간 경험에 연결되는 단순하고, 구체적이며, 특별한 방법으로 고리를 추적한다. 개별적인 추적 설명을 정확히 이해하는지 확인하면서 한 배우자와 먼저 진행하고 다음에 다른 배우자와 진행한다.

② 한 배우자의 행동이 어떻게 다른 배우자에게 강렬하게 상처를 주는 신호가 되는지 명확히 파악한다.

③ 트라우마와 수치심의 광범위한 영향 때문에 앞에서 제시한 어떤 것도 부부가 행동에서 고리를 파악하는 데 도움이 되지 않을 때에는 이미지를 사용한다. 행동화 경향과 내면의 정서는 이미지로부터 쉽게 나타난다.

④ 희망을 주기 위해 부부 사이에서 일어나는 긍정적인 접촉 순간을 반영하고, 부정적인 고리는 전후 맥락 속에서 파악한다. 긍정적인 접촉을 촉진하면 안전기지가 강화되며, 안전기지에서 부부는 긍정적인 유대감을 매우 빠르게 대체하고 차단하는 고리를 협동적으로 파악할 수 있다.

⑤ 갑자기 한 배우자가 정서적인 상호작용을 중단하여 유대감이 급격히 손상되기 직전에 무슨 일이 있었는지 특별히 살펴본다. EFT 치료사는 거리를 두는 행동과 유대감을 방해하는 부정적인 애착 의미를 촉발하는 요인을 환기시킨다. 예를 들면 다음과 같다. "당신이 '나는 참을 수 없이 외로워!'라고 말했을 때 필이 당신의 무릎 위에 손을 올려놓았고, 당신은 외면하는 것을 보았어요. 당신이 외면하기 바로

전에 마음속에서 어떤 일이 일어났는지 이야기해 주겠어요?"

3) 질문 3과 추적 및 위축 속에 있는 정서의 표지(3단계)

나는 고리를 움직이는 내면의 일차정서를 가리키는 표지를 알 수 있는가? 에밀리는 추적자가 갖는 일반적인 핵심 두려움은 유기에 대한 두려움이고, 위축자가 갖는 두려움은 거절 혹은 소멸에 대한 두려움이라는 것을 잘 알고 있다. 이런 사실에 대한 자각에도 불구하고, 그녀는 부부가 자신의 고유한 경험을 발견하고 정서를 표현하도록 도와야 한다는 것을 알고 있다. 부부가 자주 깨닫지 못하는 일차정서에 대한 느낌을 갖도록 하기 위해 EFT 치료사가 이용할 수 있는 네 가지 정서 경험의 표지를 다음에서 설명한다. 각 표지 다음에는 표지와 연관된 과제가 뒤따른다.

내재된 일차정서의 첫 번째 표지는 사건이 묘사되는 방식이다. 여기에 대한 세 가지 예시는 다음과 같다.

첫째, 강한 정서적 반응은 이야기를 방해한다. 한 배우자가 실제 이야기를 하다가 갑자기 비언어적으로 "으으으으으." 하면서 그녀의 주먹을 꽉 쥐었다.

일차정서의 표지인 강한 정서 반응에 대한 과제는 다음과 같다. 강한 정서를 반영하고 인정한다. "아들이 남편과 앞좌석에 앉고 당신이 뒷좌석에 앉은 것을 이야기할 때 당신의 목소리와 주먹에서 커다란 무언가가 나오는 것이 느껴져요(애착적 맥락에서 추측하기). 마치 당신이 남편과의 친밀한 관계에서 배제되어 소외감을 느끼는 것처럼요. 마치 당신이 남편에게 중요한 존재가 되는 것에 굶주린 것처럼요." 이것은 소외되는 것에 대한 이차적인 분노를 처음으로 명명하고 인정하는 기회와 '중요한 존재가 아닌 것(not mattering)'에 대한 애착적 의미와 유기에 대한 깊은 일차적인 두려움에 접근하는 기회를 갖게 한다. 그래서 내면의 핵심 정서는 보다 명확하게 명명되고 개방적으로 경험된다.

둘째, 강력한 정서적 충격이 있어 보이는 이야기를 하는 동안, 배우자는 부적절하게도 감정을 표현하지 않는다.

일차정서의 표지인 조화되지 않는 정서에 대한 과제는 다음과 같다. 배우자의 정서적 분리의 의미 그리고 말의 강도와 명백한 정서 표현의 부족 사이의 부조화에 대해서 반영하고 호기심을 갖는다. 이 표지가 나타내는 정서 과정을 파악하기 위해 치료사는 호기심을 이용한다.

엘라: (사무적으로) 나의 모든 행동은 두려움, 그녀가 나를 파괴하기를 원할 거라는 두려움에서 유래해요.

치료사: 호기심이 생겨요. 당신은 단순한 사실을 보고하는 것처럼 당신의 두려움에 대해 이야기를 해요. 그녀가 당신을 파괴하고 싶다는 것을 느끼는 것이 당신에게 얼마나 두려운 것인지 궁금해요.

이러한 추측은 내면의 두려움을 환기시킨다. 앞의 예시는 일차정서에 대한 추측을 포함한다. 대부분의 치료사가 추측하기 전에 먼저 반응적인 이차정서의 강렬함을 이해하고, 인정하며, 연결시키는 것이 필요하다. 만약 내면의 정서에 대한 추측이 너무 앞서 가면 내담자는 공감하지 못할 것이다.

셋째, 강한 정서적인 믿음 혹은 경직된 평가가 사실처럼 말해진다. 예를 들면 다음과 같다. "그녀는 내가 어떻게 느끼는지를 전혀 몰라요. 그리고 나는 그녀가 전혀 관심이 없다는 것을 알아요." 경직된 가정은 다른 배우자를 정확히 반영하는 사실은 아니지만, 분리고통에 있는 배우자가 어떻게 부정적인 상호작용을 이해하는지를 나타내는 한 부분이다.

일차정서를 알려 주는 표지로서 사실처럼 이야기된 경직된 평가에 대한 과제는 다음과 같다. 첫째, 이러한 진술을 반영하고 다음과 같이 말한다. "당신 자신에게 하고 싶은 말은……?" 또는 "고통, 외로움, 두려움을 벗어나기 위해 당신이 하는 최선의 시도는 그것을 이와 같이 설명하는 것이군요."

둘째, 정서의 요소들을 환기시키고, 드러내며, 연계시키는 것이다. 예를 들면, "당신은 외롭다고 느낄 때, 남편이 귀 기울이지 않거나 돌보지 않기 때문인 것처럼 설명해요(애착 의미). 그리고 남편에게 다가가는 노력을 포기하는 것이 당신을 매우 아프게 하는군요(행동화 경향)."

내재된 정서의 두 번째 표지는 애착 주제를 다른 배우자의 문제처럼 인식하는 것이다. 자신의 책임은 없다("그는 결코 만족하지 않는다./그녀를 결코 믿을 수 없다는 것이 문제다!").

내재된 일차정서의 표지로서 배우자를 탓하는 문제에 대한 과제는 다음과 같다. 이러한 문제를 관계 고통의 핵심으로 규정한다. "여기서 배우자에게 큰 문제가 있다고 보면 당신이 관계를 개선하는 방법을 찾을 때 큰 무력감을 느끼겠군요."라고 어려움을 인정한다. 그리고 고리가 부부 모두에게 상처를 주고 수용과 친밀감에 대한 부부의 욕구를 충족시키지 못하게 하는 것으로 규정한다.

내재된 정서의 세 번째 표지는 강력하지만 아직 갈등하는 정서의 표현이다. 일차적인 두려움의 고통과 강한 분노가 섞이고, 부끄러움과 결합된 희망 없는 무력감이 있을 수 있다. 내담자는 자주 손상된 느낌을 말하는데, 분노, 슬픔 그리고 상실에 대한 두려움이 섞여 있다.

일차정서로 가는 이정표로서 갈등하는 정서에 대한 과제는 다음과 같다. EFT 치료사는 먼저 이차적인 반응을 수용하고 인정하면서 현재의 순간에 머무른다. 적절한 추측과 환기적 질문을 하면서 치료사는 천천히 내담자가 보다 취약한 감정에 접근하도록 한다.

상처와 함께 분노 같은 가장 접근하기 쉬운 정서를 인정한다. 그리고 상실에 대한 슬픔 또는 두려움 같은 다른 정서에 대해서 다음과 같이 환기하거나 추측한다. "아내가 문을 닫는 것을 볼 때 당신의 일부분이 분노에 휩싸이는 것을 이해해요(인정하기). 당신이 '그녀가 가 버렸어. 방금 문을 닫아 버렸고! 나를 다시 들여보내 줄까?'라고 속으로 말할 때 당신의 마음속에 두려움도 같이 있는지 궁금해요."

내재된 정서의 네 번째 표지는 정서적으로 탐구를 하다가 갑작스럽게 벗어나는 것이다. 버너에 손을 댄 것처럼, 갑자기 벗어나는 것은 일차정서가 짧게 경험되었다는 것을 명확하게 나타낸다.

일차정서로 이끄는 표지로서 갑작스럽게 벗어나는 것에 대한 과제는 다음과 같다. 첫째, 탐구의 방향을 바꾸어서 배우자의 이런 정서 경험을 계속 드러내고, 신호를 위험 또는 두려움의 느낌과 연계한다. 정서의 흔적을 따라서 일차적인 두려움과 그에 따르는 행동화 경향을 파악한다. 예를 들면, "우리 지금 이전 상황으로 돌아가 볼까요? 당신은 여기서 매우 어려운 어떤 것을 살펴보고 있었어요. 그러다가 갑자기 당신의 몸을 움직였어요. 당신은 우는 것을 멈추고 말했어요. '이게 무슨 소용이야!' 당신이 '나는 벽을 가지고 있어. 이 벽이 없다면 많은 상처를 입었을 거야!'라고 말할 때 무엇이 발생했는지 살펴보기 위해 천천히 진행하면서 그 상황으로 돌아가 볼까요?"

둘째, 호기심을 유지한다. 내담자가 취약한 정서에 빠져들었다가 재빠르게 벗어날 때 치료사는 활달한 목소리로 말하고 기꺼이 당황스러운 마음도 보여 준다. “내가 당신이 말하는 ‘별일 아냐’를 반복했을 때, 당신은 그녀와는 제대로 될 수 없을 것 같다는 심한 두려움을 느끼는 것 같아요.” 순간순간의 과정을 추적하고 정서 경험을 환기시킨다. “당신이 팔짱을 끼고 ‘별일 아니다’라고 이야기하는 바로 그 순간 내부에서 무엇이 일어났나요?” 발생 가능한 불편함에 대해 추측한다. “당신의 관계가 당신이 알렉스에게 어울리는 사람인지에 달려 있다고 느끼는 것은 너무 고통스럽지 않나요?” 치료사는 내담자가 자신의 경험을 반영하고 조직화하기 위한 시간과 공간을 허락한다.

셋째, 일차적 애착두려움에 관심을 가져야 한다. 두려움이 유발하는 불편함이 있어도 두려움에 다가간다. 어려움을 이해하고 인정한다. 예를 들면, 어떤 배우자가 수치심이 강하게 들 때에는 자신의 취약한 일차정서에 다가갈 수 없다. 이 경우에는 다음과 같이 숨고 싶은 즉각적인 충동(행동화 경향)을 인정해 준다. “당신이 침묵하면서 매우 갈등하는 것을 그녀가 알 때, 그녀가 당신을 거절하지 않을까 하는 두려움이 생기면서 숨고 싶은 것이 이해가 돼요.” 그리고 더 깊게 탐구하기 위하여 환기시킨다. “그녀가 당신에게 원하는 것을 제공할 수 없다고 느끼는 것을 그녀가 안다면 어떤 일이 일어날지 당신이 상상하는 것에 대해 더 말해 줄 수 있나요?” 다르게는 부끄러움에 들어있는 두려움, 고통, 슬픔에 대해 다음과 같이 추측한다. “……하는 것은 너무 힘들겠네요.” 내담자의 몸에서 지각되는 두려움 또는 고통에 대한 느낌을 계속 탐구하기 위해 RISSSC(반복, 이미지, 단순하게, 천천히, 부드럽게, 내담자의 언어)를 사용한다. 그리고 그것을 견딜 수 없는 정서를 조절하기 위한 무의식적이고 자기방어적인 시도와 연결한다.

내재된 정서의 다섯 번째 표지는 경험하는 배우자의 정서적 탐구를 관찰하는 배우자가 방해하는 것이다. 이것은 한 배우자가 다른 배우자를 보호하려고 다가갈 때 또는 공유되는 것을 받아들이기 어려울 때 발생한다.

일차정서로 접근하는 표지인 **한 배우자의 방해에 대한 과제**는 다음과 같다. 배우자가 오랫동안 숨겨 온 것을 듣는 것이 얼마나 낯설고 어려운지 인정하면서 부드럽지만 단호하게 방해를 중단시킨다(“배우자의 말을 듣는 것이 무척 힘이 드네요. 당신이 겪었던 일에 대해서 조금 후에 듣고 싶어요. 제가 다시 당신에게 물어보도록 할게요.”). 계속해서 과정을 안내하고 경험하는 배우자에 대한 탐구를 심화시킨다.

4) 질문 4와 4단계 단계적 약화가 진행 중임을 나타내는 표지

어떻게 그들의 고통이 부정적인 고리에서 유래하는지 부부가 경험적으로 파악하기 시작하는가?(즉, 어떻게 그들의 행동이 서로 다른 배우자의 아주 깊은 내면의 두려움에 영향을 미치고, 이것이 차례로 반복적이고 자기강화적인 방식으로 방어적인 행동을 유발시키는가?)

단계적 약화가 진행 중임을 나타내는 첫 번째 표지는 고리가 부분적으로 인식되는 것이다. 그러나 부부는 그들이 어떻게 고리 형성에 기여했는지, 어떻게 고리 속으로 끌려들어가는지 '충분히 파악'하지는 못한다.

부분적으로 인정된 고리의 표지에 대한 과제는 다음과 같다. 고리에서 특정 배우자의 태도와 배우자가 어떻게 '위험 신호'를 경험하는가에 초점을 둔다. 일반적으로 부정적인 고리에서는 파악되지 않지만 치료하면서 새롭게 인식된 애착정서에 머무른다. 고리에서 위험의 평가와 무의식적인 방어 반응을 지속적으로 연결시킨다. 점차적으로 이것이 숨겨진 애착열망의 위장임을 알게 될 것이다. 부부가 일차정서를 그들의 전형적인 행동과 연결하도록 도와주고 재연을 실행한다. 예를 들면, 추적자가 자기를 개방하도록 안무를 한다. "당신은 나에게 매우 소중한 사람이야. 그런데 당신을 잃을 것 같은 공황 상태에서는 당신을 쫓아내게 돼."라고 위축자가 인정하도록 도와준다. "당신의 수용과 행복은 나에게 매우 중요해. 나는 당신이 좌절하는 말을 들을 때 얼어붙고, 당신을 실망시키지 않고…… 우리 사이의 평화를 유지하기 위해 사라지게 돼."

단계적 약화가 진행 중임을 나타내는 두 번째 표지는 부부가 고리의 영향을 정서적으로 제대로 이해하지 못하는 것이다. 부부는 고리를 인지적으로 이해하지만 고리가 자신과 타인에게 미치는 영향에 대해서는 제대로 파악하지 못하고 있다. 부부는 그들의 거리두기와 비난의 영향력을 모르고 있다. 부부가 고리를 잘 알고 있다고 말하지만, 위축된 배우자는 자신이 회피하고 있는 두려움에 충분히 접근하지 못하며 추적자는 단호하게 배우자가 바뀌어야 한다고 지속적으로 이야기를 한다.

고리 영향에 대한 부부의 정서적 거리감을 나타내는 표지에 대한 과제는 다음과 같다. 각 배우자가 자신의 경험을 느끼고 촉발 요인과 행동화 경향을 자각하도록 능동적으로 개입한다. 각 배우자가 반응적인 행동으로 대체되기 직전에 짧게 스치는 일차정서를 느꼈는지 탐구한다.

5) 질문 5와 단계적 약화의 완성을 알려 주는 표지

우리는 단계적 약화를 완성했는가? 부부가 고리를 충분히 파악하고 위축자와 함께 2기를 시작할 준비가 되었는가? 단계적 약화의 표지는 서로 잘 지내고 서로에게 더욱 친절하며 부드럽게 대하는 것을 포함하지만 그것 이상이다. 4단계에서 단계적 약화가 완성된 표지는 다음을 포함한다(Johnson, 2004).

- 새로운 종류의 대화가 나타난다. 고리가 여전히 발생하지만, 부부는 이전보다 덜 급하고 덜 경직되게 반응하며 정서적으로 개입하는 것을 시작한다. 자신과 타인에 대한 각 배우자의 경험이 덜 편협해진다. 갈등은 가라앉고 부부는 더욱 친밀감을 느낀다.
- 상호작용이 보다 유연해지지만, 추적자가 위협을 느낄 때 여전히 추적하고 위축자가 위협을 느낄 때 여전히 방어하고 위축된다. 그러나 부부는 고리에 갇혔다는 것을 알게 되고, 때때로 자동적인 반응을 멈출 수 있다. 그들이 이전 패턴에 갇혔을 때 서로에 대해 호기심을 갖고 대할 수 있다.
- 두 배우자는 무엇이 그들의 핵심 두려움을 촉발하는지, 그 두려움이 무엇인지, 일반적으로 어떻게 그 위험에 반응하는지를 알 수 있다. 그들은 어떻게 자신의 반응적인 태도가 배우자의 핵심 두려움을 촉발하는지 느끼기 시작한다.
- 배우자들은 '자신'의 태도와 내면의 정서를 알고 인정한다. "위축자는 배우자의 비난에 직면했을 때 회기에서 무감각해지거나 침묵을 지키기보다는 자신의 마비에 대해서 이야기한다."(Johnson, 2004, p. 144) 그리고 결합에 대한 갈망에 접근할 수도 있다. 화가 난 추적자도 덜 적대적이다. 또한 무의식적으로 반응하는 대신에 절망, 슬픔, 상처에 대해서 인정하고 말할 수 있다.
- 다른 배우자에 대한 새로운 관점이 나타난다. 추적자는 위축자가 무관심하거나 돌보지 않는 것이 아니라 강압적인 행동의 매우 부정적인 영향으로부터 자신을 보호하기 위해 숨는 것이라는 것을 알면서 안심하게 된다. 위축자는 배우자가 상처를 주기 위해서 공격하는 것이 아니라 숨어 있는 배우자를 찾기 위해 필사적으로 노력하는 것임을 알게 되면서 안심하게 된다.

- 배우자들은 그들이 함께 소원한 관계를 만들었다는 느낌을 갖게 되고, 때때로 그 것을 알고 중단할 수도 있다.

과제

단계적 약화의 표지는 치료사에게 다음과 같은 과제를 알려 준다. 첫 단계 변화(단계적 약화)의 완성을 축하하고 강조한다. 각 배우자에 대한 새로운 관점을 반복해서 갖고, 그것을 이전에는 (습관적인 고리에 의해) 숨겼지만 새롭게 접근한 취약한 일차정서와 연계한다. 두 배우자가 함께 서로의 두려움을 진정시키고, 상대의 욕구를 충족시키며, 긍정적인 고리에서 안전과 안정이 자라날 수 있도록 고리를 변형하기 위해 치료에서 머무는 것의 가치를 설명한다. 커플이 단계적 약화가 된 이후에 치료사는 2기로 들어가는 출입구를 세심하게 살핀다.

6) 질문 6과 2기로 들어가는 출입구 표지

2기로 들어가는 출입구를 열기 위해서 어떤 정서적인 단서를 잡을 수 있는가? 2기의 시작인 5단계로 이동하기 위해서 치료사는 단계적 약화가 진행된 커플에서 위축된 배우자의 일차정서를 나타내는 표지를 찾는다. 위축-위축형 고리의 경우에는 두 명의 위축자 중에서 좀 더 접근하기 쉬운 배우자와의 탐구를 시작한다. 2기로 안내하는 세 가지 출입구 표지는 다음과 같다.

2기로 들어가는 출입구의 첫 번째 표지는 치료 종결을 원하는 단계적으로 약화된 커플이다. 그들은 다음과 같이 말할지도 모른다. "상태가 이전보다 나아졌어요. 내 생각에는 우리 부부가 치료를 끝낼 준비가 된 것 같아요." 그렇지는 않지만, 이것은 초보 EFT 치료사를 실망시키는 표지가 될 수 있다. 커플은 일반적으로 단계적 약화가 진행된 것을 기뻐하고, 때때로 그들의 애착공포를 탐구하는 것으로 돌아가고 싶어 하지 않는다.

과제

EFT 치료사는 커플의 이야기를 자연스럽게 받아들이고 처리한다. 그들과 함께 그 순간을 즐기고, 치료를 지속하는 것에 대한 망설임을 탐구한다.

커플이 그들의 관계를 어떻게 변화시켜 왔는지 인정해 주고, 커플이 이전 고리로 빠져들지 않기 위하여 얼마나 열심히 노력하는지 언급하면서 치료사는 그들의 특별한 이야기와 적용할 전략에 대한 명확한 그림을 그린다. 이것은 추적자가 원하는 것을 위축자가 많이 수용하고, 추적자가 더욱 부드럽고 관대하려는 노력을 포함한다. 보다 개선된 커플의 관계를 축하하면서 치료사는 관계를 유지하기 위해 많은 노력이 필요하고 내면의 두려움으로 더 깊이 접근하여 해결하지 않으면 과거의 방식이 다시 나타날 수 있음을 설명한다. 에밀리는 배우자를 다시 실망시키지 않을까 하는 위축자의 두려움과 많은 요구를 하여 배우자가 결국 싫증을 내지 않을까 하는 추적자의 두려움처럼, 그들이 알고는 있지만 아직 변화되지 않은 내면의 두려움을 커플에게 상기시켜 줄 수 있다.

치료사는 커플이 계속 치료를 해 나갈 수 있고, 더욱 안전하고 보다 안정된 관계로 발전할 것임을 알도록 도와준다. 그녀는 안전한 결합의 씨를 심는다. 그곳에서는 아마도 처음 사랑에 빠진 사람보다 부부가 훨씬 더 자기 자신이 되는 것이 자유로우며, 실수하고 취약해지고 불완전해지는 것에서도 자유롭다. 그리고 현재의 좋은 관계가 사라지지 않을까 염려하며 숨죽이지 않고 보다 더 자유롭게 편안함과 돌봄을 주고받을 수 있다. 이러한 토론이 자주 2기로 향하는 문을 열지만, 만약 그렇지 않다면 치료사는 종결하려는 커플의 선택을 존중하고 그들이 나중에 돌아오는 것을 위해 문을 열어 둔다.

2기로 향하는 출입구의 두 번째 표지는 단계적 약화에도 불구하고 위축자의 일차정서가 보이지 않는 것이다.

과제

일차정서가 보이지 않을 때, 치료사의 과제는 정서의 단서를 찾는 것이다. 임상노트를 다시 보고 위축자가 자신의 일차정서를 설명하기 위해 이전에 사용했던 말과 이미지를 상기하면서 치료사는 언어적 · 비언어적인 미세한 과정과 스쳐 가는 일차정서에 정교하게 조율할 준비를 한다.

만약 위축자의 일차정서가 나타나지 않는다면 치료사는 다음과 같이 명확하게 이야기할 수 있다. "당신이 지난 시간에 표현했던 두려움으로 돌아가 볼까요?" 배우자의 위축 혹은 방어 태도를 유발하는 전형적인 촉발 요인을 재현하며 따라가는 것은 지난 시간에 표현한 두려움과 공포에 대한 느낌을 환기시키는 데 도움이 된다.

지난 회기에서 당신이 배우자에게 필요한 사람이 되려고 끊임없이 노력하면서 느끼는 피로 이야기 그리고 어느 날 당신이 깨어나서 홀로 남겨진 자신을 발견하게 될 것이라는 두려움으로 바위와 같이 딱딱해진 장의 느낌으로 돌아갈 수 있는지 물었다. "우리가 그 상황으로 돌아갈 수 있나요?" 위축자의 일차정서에 접근하고 다시 활기를 불어넣은 후, 치료사는 위축자의 경험에 개입하고 확장할 수 있다.

2기로 향하는 출입구의 세 번째 표지는 일차정서를 다루거나 이야기하기 시작하는 위축자다. 3단계에서 파악되는 일차정서는 일반적으로 무의식적인 위축 혹은 방어를 촉발한다. 일차정서는 거절에 대한 두려운 감정들, 관계의 평화를 유지하려고 애쓰면서 오는 소멸감과 탈진감, 비난을 피하고 인정과 감사를 받고 싶은 마음들이다.

2기로 들어가는 위축자의 일차정서에 대한 과제는 다음과 같다.

일차정서에 대한 의미, 몸에서 지각되는 느낌, 나타나는 행동화 경향에 개입하고 확장한다. 위축자가 더욱 깊이 관계를 맺게 될 때 취약함과 뒤섞인 일차적이고 (반응적이지 않은) 강력한 분노가 있을 수 있다. 경험을 이리저리 살펴보고 강화하면서 일차정서에 오래 머무른다. 핵심적인 두려움 또는 고통에 대한 느낌과 의미를 확장하기 위해 반영하고 환기하고 추측하면서 커플의 최신 경험을 가지고 치료를 한다.

3. 2기에서의 표지

에밀리의 다음 네 가지 질문을 위해 2기의 두 과정인 위축자 재개입과 비난자 순화를 알려 주는 표지를 제시한다. 위축자 재개입을 진행하는 2기 부분에서 위축자는 5단계에서 심화하고, 명료화하며, 개방하고, 7단계에서 애착욕구를 충족시켜 달라고 요청하는 **경험하는** 배우자다. 반면에 추적자는 6단계에서 반응하고 다른 배우자의 7단계 요청에 반응하도록 다시 초대받는 **관찰하는** 배우자다. 비난자 순화를 향한 2기의 두 번째 부분에서 추적자는 5단계에서 두려움을 확장하고 7단계에서 취약한 요청을 하는 경험하는 배우자다. 반면에 지금은 개입하는 이전의 위축자는 6단계에서 반응하고 추적자가 7단계를 통과하도록 반응을 요청받는 관찰하는 배우자다. 2기의 표지들은 제6장과 제7장에 자세히 설명되어 있다.

1) 질문 7과 5단계 재연을 만드는 표지

어떤 표지가 5단계 재연을 안무할 시점을 알려 주는가? 비언어적 표지, 표현된 신체 느낌 그리고 이미지는 드러난 일차정서를 활기 있게 하고, 현재 순간에서 충분히 느끼게 하며, 개방을 준비하는 핵심적인 표지들이다. 5단계 재연의 안무 준비를 알려 주는 다른 표지는 일차정서가 충분히 명료화되고 일관된 의미를 갖는 것이다(작동되고 충분히 명료화된 정서의 표지를 보려면 제7장 참조).

과제

작동되고 명료화된 일차정서의 표지를 활용하여 치료사는 경험하는 배우자인 위축자와 먼저 재연을 안무하고 진행한다. 위축자가 7단계에서 교감하는 태도로 변화한 이후에 추적자와 함께 재연을 진행한다(제6장과 제7장에서 이런 재연을 설명하고 보여 준다). 5단계에서는 가장 취약한 정서를 심화시키고, 활력을 주며, 충분히 파악하는 과정의 부분으로서 많은 재연을 진행할 수 있다. EFT 탱고의 기본 움직임(제2장의 끝부분에 요약되어 있다)은 이 과정에서도 신뢰할 수 있는 지침이다.

2) 질문 8과 6단계로 이동하는 표지

나는 경험하는 배우자의 개방을 관찰하는 배우자가 수용하는지 탐구할 준비의 표지를 본 적이 있는가? 6단계에서 관찰하는 배우자의 경험에 대한 탐구를 시작할 준비의 표지는 5단계에서 경험하는 배우자가 갖는 새로운 태도다. 실재적인 변화가 치료실에서 일어난다. 이전의 위축자는 예전에 숨겨 왔던 자신의 부분을 공유하기 위해 적극적으로 관계에 참여하며, 새롭고 견고한 현재의 모습을 보여 준다. 내면의 취약한 감정을 느낀 추적자는 새롭고 부드럽게 자신을 개방한다.

새로운 태도 표지에 대한 예시들은 다음과 같다.

- **5단계에서 위축자의 새로운 적극적인 태도:** 카일은 숨고 참는 것에 대한 고통과 탈진, 목표에 못 미칠 것 같은 두려움을 적극적으로 표현한다. 그는 말한다. "나는 살금살금 걸어 다니고 당신에게 필요한 사람이 되려고 노력하는 것에 지쳤어! 나는 당신에게 가치 없고 부적당한 사람으로 여겨지고 싶지 않아. 참는 것에 지쳤어. 나는 당신을 잃을 것이고, 그다음에는 무엇을 해야 할지 모르겠어! 그래서 당신에게 의존하는 것이 매우 두려워." 이러한 자기개방은 관찰하는 배우자와 함께하는 6단계 탐구를 위한 표지다.
- **5단계에서 추적자의 새로운 취약한 태도:** 이전에 위축자였던 카일이 7단계를 완성하고 용기 있게 관계를 맺기 시작한 후에 타라는 단절과 유기에 대한 자신의 취약한 두려움을 드러낸다. "그가 다시 사라질 것 같아 두려워요. 나는 완전히 공황에 빠졌고, 그래서 마구 화를 냈어요! 그가 사라질까 봐 너무 두려워요!"(타인의 관점) 취약한 감정에 접근하는 두려움은 자신이 가치 없다는 느낌과 수치심으로 나타난다. "당신이 손을 뻗어 나를 잡아 주길 간절히 바라. 내가 당신을 간절히 원한다는 것이 매우 부끄러워! 나는 당황스럽게도 친밀해지고 싶은 커다란 욕구가 있어. 나는 부끄럽고 창피함을 느껴."(자신의 관점) 5단계에서 추적자가 명료하게 두려움과 수치심을 개방하는 것은 6단계에서 관찰하는 배우자의 경험을 탐구하는 표지다.

과제

EFT 치료사는 새로운 태도의 표지를 보고 6단계를 시작한다. 관찰하는 배우자가 새롭게 확장된 취약한 감정의 개방에 어떻게 귀 기울이는지 확인하고, 새로운 관점을 수용하도록 촉진하며, 필요하다면 수용하지 못하는 것에 대한 공감을 촉진하면서 진행한다. 새로운 태도의 표지에 대한 보다 많은 EFT 반응은 제6장과 제7장에 자세히 정리되어 있다.

3) 질문 9와 7단계에서 접근을 요청할 준비의 표지

어떤 표지가 7단계에서 접근을 요청할 시점이라는 것을 알려 주는가? 초보 EFT 치료사는 7단계에서 배우자가 접근하는 데 필요한 지시적인 입장을 취하는 것이 어렵다고 느낄 것이다. 7단계를 위한 준비의 표지에 익숙하면 중요한 7단계로 가는 데 자신감을 가질 수 있다. 7단계에서 접근을 요청할 세 가지 준비의 표지가 있다.

7단계에서 접근을 요청하기 위해 따라야 할 첫 번째 표지는 경험하는 배우자가 자신의 갈망과 욕구를 인식하지 못하는 것이다. 경험하는 배우자는 5단계부터 핵심 정서(예: 거부, 유기, 상실에 대한 두려움)를 이야기하지만 두려움에 들어 있는 애착욕구와 갈망을 현재 순간에 느끼지 못한다. 다른 배우자가 어떻게 두려움을 진정시키는 것을 도울 수 있는지 깨닫지 못할 수도 있다.

과제

욕구를 깨달을 때까지 일차정서를 강조하고 충분히 느끼게 한다. 일차정서는 욕구에 대해 신뢰할 수 있는 정보를 제공하기 때문에 치료사는 환기적 질문, 반영, 강조, 공감적 추측을 이용하여 일차정서를 '활성화'하고 정서에 들어 있는 갈망과 욕구를 환기시킨다.

치료사가 일차정서에 자주 포함되어 있는 다음의 갈망들을 폭넓게 이해하면서 갈망과 욕구를 환기시키는 능력이 강화된다. 거절과 부적절하다고 판명되는 것에 대한 두려움은 확신과 수용에 대한 갈망을 암시한다. 원하지 않는 존재라는 느낌은 원하고 희망하는 필요한 존재라는 확신에 대한 갈망을 환기시킨다. 수치심과 공허함은 수용과 가치를 인정받고 싶은 갈망을 불러일으킨다. 유기와 무가치함에 대한 두려움은 안락함, 확신, 유대감에 대한 갈망을 나타낸다.

위축자의 일차정서에 포함되어 있는 욕구를 환기시키고 접근하는 예시들은 다음과 같다.

- 환기적인 질문: "가슴에서 꽉 조이는 두려움을 느끼는 지금 순간에 당신은 무엇을 갈망하나요?" "그녀가 두려워하는 당신을 어떻게 도울 수 있을까요?"

- 반영: "당신은 '그녀의 눈을 쳐다보는 것이 두렵고, 그녀가 나를 판단할 것 같아 두렵다'고 말했어요."
- 추측: "진정으로 원하는 것은 당신이라고 그녀가 수용하거나 확신해 주기를 갈망하는 것처럼 보이네요, 그런가요?"
- 추측은 애착두려움을 강조하고, 배우자에게서 안전한 반응을 얻고자 하는 충족되지 않은 갈망을 환기하고 강조하기 위해 사용될 수 있다("그녀가 전적으로 있는 그대로의 당신을 원한다는 것을 당신은 상상할 수 없을 거예요! 그녀가 오직 슈퍼맨을 원한다고 오랫동안 생각하며 살아왔기 때문에 당신이 얼마나 부서지기 쉽고 불완전한지를 그녀가 알게 하는 것은 매우 두렵게 느껴지겠군요.").

추적자의 일차정서에 포함되어 있는 욕구에 접근하는 예시들은 다음과 같다.

- 강조는 애착두려움을 비등점까지 올리는 데 사용된다(Bradley & Furrow, 2004). 그리고 가장 강한 두려움에서 욕구로 접근할 수 있다.
- 환기적 질문: "당신이 매우 작고 무가치하다고 느끼는 신체 부위에서 (치료사는 그녀 자신의 심장 부위를 만진다. 그곳은 추적자가 신체적인 반응을 느끼는 부위다.) 당신은 그에게 무엇을 갈망하나요? 자신이 사랑스럽지 못하다고 느껴 두려워하는 당신을 그가 어떻게 도울 수 있나요?"
- 추측: "당신은 자신의 욕구가 얼마나 큰지 두렵다고 말하는 것 같아요. 남편이 당신을 안아 주고 당신이 좋은 사람이고 남편의 사랑을 받을 만한 가치가 있다고 안심시켜 주기를 갈망하고 있어요, 그런가요?"

배우자(위축자 또는 추적자)가 애착욕구에 접근한 후, 치료사는 그것을 강조하고 다른 배우자에게 욕구를 충족시켜 달라고 요청하는 위험을 감수하도록 권한다.

따라야 할 두 번째 **표지**는 명확하게 표현된 애착욕구 또는 갈망이다. 이 표지에 대한 **과제**는 정서적 경험이 충분히 이루어지고 있다는 것을 반복해서 말하고, 반영하며, 확신을 주는 것이다. 그리고 경험하는 배우자가 다른 배우자에게 욕구를 충족시켜 달라고 직접적으로 명확히 요청하게 하는 것이다.

위축자와 함께하는 예시는 다음과 같다. 관계에서 커지는 권리의식과 역할을 갖고 싶어 하는 갈망을 강조한다. 일차정서를 느끼는 동안, 경험하는 배우자가 다른 배우자에게 다가가서 자신의 욕구를 충족시켜 주도록 요청한다. 치료사는 여성 배우자에 대한 욕구를 파악한 위축자에게 "그녀에게 도와 달라고 요청할 수 있나요? 그녀를 의지하는 것이 안전하고, 당신의 많은 실수와 그녀를 실망시킬 거라는 두려움에도 불구하고 그녀가 진정으로 원하는 것은 당신인 것을 확신시켜 달라고 그녀에게 요청할 수 있을까요?"라고 말한다.

남성 배우자에 대한 욕구를 파악한 위축자에게는 "그에게 다음과 같이 말할 수 있겠어요? '당신에게 필요한 사람이기를, 당신에게 어울리는지 물어도 안전하다고 느낄 수 있기를 원해. 실수가 허용되는 여유가 있기를 갈망해. 당신에게 충실해도 안전하다고 느끼고 싶고 당신이 나를 포기하지 않을 것인지 알고 싶어!' 그를 향해 이런 확신을 요청할 수 있나요?"라고 말한다.

추적자와 함께하는 예시는 다음과 같다. 두려움을 강조하고 두려움이 활성화될 때 접근하도록 한다. "당신은 자신의 진짜 모습을 보여 주면 그가 당신을 받아들이지 않을까 봐 매우 두려워해요. 당신이 불쌍하고 궁핍해 보이면 그가 당신을 위로해 주지 않을까 봐 몹시 두려워해요. 당신은 위험을 감당할 수 있나요? 그가 당신을 받아들일 수 있는지 지금 당장 물어볼 수 있나요?"

따라야 할 **세 번째 표지**는 지지나 안심을 위해 망설이며 접근하는 경험하는 배우자다. **배우자가 망설이며 접근할 때의 과제**는 망설임을 추적하고, 반영하며, 확인하는 것이다. 이렇게 접근하거나 배우자가 반응할 것이라는 믿음을 키우기 위해 필요한 용기를 강조한다. 배우자를 향한 새로운 접근이 갖는 중요한 의미와 용기를 인정하면서 망설여지는 요구이지만 계속하도록 그들을 격려한다. 이때가 또한 배우자에게 따뜻하고 지지적인 반응을 원하는 갈망을 표현하도록 격려하고 강화하기 위해 애착 씨앗을 뿌리기 좋은 시간이다.

치료사와 관찰하는 배우자 모두가 취약한 순간에 있는 배우자를 도와주길 원한다는 것을 인식하면서 7단계에서 접근 준비의 세 가지 표지를 앞에서 제시했다. 관찰하는 배우자가 이런 말을 할 수 있다. "괜찮아, 당신은 물어볼 필요가 없어. 당신이 말 안 해도 알아." 배우자에게 접근하고 배우자의 교감된 반응을 받는 위험을 감수해야 EFT 치료에서 최고의 결합 순간을 만들 수 있다는 것을 알기에 EFT 치료사는 주의 깊게 그런 방해들을 차단하고, 배우자에게 접근하도록 꾸준히 직접적이고 지지적인 격려를 한다.

4) 질문 10과 7단계에서 접근에 대한 반응을 요청할 준비의 표지

나는 언제 7단계에서 접근에 대한 반응을 안무하는가? 7단계에서 접근에 대한 반응을 요청할 기본적인 표지는 실제적인 접근 그 자체다. 7단계가 위축자와 추적자에게 다르게 보인다는 것을 아는 것은 중요하다. 위축자는 적극적으로 관계 속으로 들어가고, 교감된 상태를 유지하기 위해 필요한 것을 요청한다. 추적자는 관계에서 안전과 안정을 느끼는 데 필요한 것을 요청하기 위해 연약한 상태에서 접근한다.

과제

7단계 배우자의 접근을 뒤따라서 즉시 관찰하는 배우자가 정서적으로 교감된 재연을 하도록 지지한다. 각 배우자를 위한 새로운 결합의 순간을 진행하고 강조한다. 그러면 3기로 들어가는 준비의 표지가 나타날 것이다(이러한 표지는 특별히 제8장에서 논의되었다).

에밀리는 간단한 열 가지 질문을 점점 더 중요하게 여기게 되었고, 구조화된 EFT 모델에서 다양한 표지의 세트를 이용하여 보다 쉽게 방향을 찾는 방법을 알게 되었다. 그녀는 자신의 지각된 느낌에 대한 이해를 확장하면서 더욱더 EFT 모델을 따르게 되었다. 다음에서 설명하는 이 요소는 탱고 댄서처럼 스텝을 반복하고 추가하면서 그녀의 EFT 경험을 예술적이고 공감적이며 조율적인 흐름의 것으로 만든다.

4. 지각된 느낌 이해하기

커플의 애착고통을 공감적으로 이해하면서 개입하고 자신의 신체 반응에 귀 기울이면 치료사는 무엇이 일어나는지에 대한 느낌의 수많은 정보 출처를 갖게 된다(Damasio, 1999). 현재에 충분히 존재하는 것은 예술행위이고, 그것은 “다른 사람의 치유를 돕는 가장 중요한 요소로 볼 수 있다"(Siegel, 2010, p. 1).

EFT의 예술성과 과학성을 연습하기 위해 치료사는 앞에서 논의된 각 단계와 기에 대한 지식뿐만 아니라 현재 순간의 느낌과 공명하는 창조적 능력 모두가 필요하다. 공명한다는 것은 표현된 말 이상의 것을 듣고 반응하는 것을 의미한다. 그것은 "조율이 중요한 가장 단순하고, 가장 작고, 실제적인 상호작용의 미세한 순간"으로 향하는 것을 포함한다(Siegel, 2012, p. 327). 여기에는 목소리 톤, 속도, 호흡, 자세, 얼굴 표정, 응시 그리고 다른 미세한 운동이 포함된다. 미세한 순간을 추적하면 방 안의 모든 사람이 현재 순간에 있게 되고, 치료사와 부부가 같이 호기심을 갖고 자유롭게 무엇이 발생하는지를 개방적으로 탐구하게 된다.

지각된 느낌은 자신의 몸에서 느껴지는 타인의 경험으로 표현할 수 있다. 이것은 타인의 경험에 대한 내면적인 이해이고, 완전히 분리되어 있지는 않지만 다른 사람의 경험을 명시적으로 혹은 개념적으로 이해하는 것과는 다른 것이다. 예를 들면 다음과 같다. 질(Jill)의 목소리가 어떻게 잭(Jack)을 위협하여 반응적인 방어를 하게 하고 사라지게 만드는가에 대해 지각된 느낌을 갖는 치료사는 잭이 질의 날카로운 톤의 목소리에 의해 촉발되었다고 단순하게 개념화하는 치료사보다 훨씬 풍부한 이해를 하게 된다. 현재 순간의 자각(Stern, 2004)은 때때로 '마음챙김(mindfulness)'으로 표현되고, 일부에서는 EFT의 영적 요소(Furrow et al., 2011)로 표현된다. 다음의 네 가지 방법으로 치료를 촉진하는 능력과 함께 현재 순간의 경험에 대한 지각된 느낌에 집중하는 것은 EFT 치료사의 최대 자원 중의 하나다.

1) 공감적 상상력 키우기

공감을 촉진하는 거울신경의 뇌 메커니즘에 대한 연구(Iacoboni, 2007; Stern, 2004)에서 우리가 다른 사람을 관찰할 때, 다른 사람의 경험과 유사한 것을 우리 몸에서 경험한다는 것을 알게 되었다. 각 배우자의 경험과 관계 역동에 대한 느낌은 치료사의 몸 안에서 알아차릴 수 있다. 야코보니(Iacoboni)는 니체(Nietzsche)를 인용하여 지각된 느낌이 어떻게 공감적 상상력을 키울 수 있는지 강조했다.

> 공감, 즉 다른 사람을 이해하는 것, 그것은 우리 내부에서 그의 느낌을 모방하는 것이다. 우리 자신의 몸으로 그의 눈, 목소리, 걸음걸이, 자세를 흉내 내어 다른 사람에게 작용하고 보이는 영향을 경험한 후에 우리 내부에서 공감을 형성한다(Iacoboni, 2007, p. 238).

배우자가 조율하거나 조율하지 못하는 순간에 EFT 치료사는 자신의 마음과 의식을 열고 내부의 느낌에 집중하는 것이 필요하다. "우리의 신경 시스템은 다른 사람의 신경 시스템에 영향을 받도록 구조화되어 있다."(Stern, 2004, p. 76) 그 순간에 자신의 생리적인 경험을 이해하는 것은 내담자의 순간순간의 경험에 공감적으로 조율하는 것과 밀접하게 관련되며 매우 도움이 된다. EFT 치료사가 되기 위해 배우는 것에 대해 이야기하면서 존슨(Johnson, 2011)은 공감적 조율이 참으로 "EFT에서 가장 효과적인 부분"이라고 강조했다. "…… 칼 로저스는 효과적인 치료사는 기법이 뛰어난 치료사가 아니라 공감적이고 판단하지 않는 방법으로 내담자와 '함께' 있어 줄 수 있는 치료사라고 믿었다."(p. 247)

회기 전에 에밀리는 자신에게 물었다. "이 부부와 함께 치료실에 있으면서 어떤 느낌이 들까? 테렐(Terrell)과 아시아(Asia)와 함께 치료실에 있는 것은 나에게 어떤 것일까?" 그녀는 테렐이 '떠나고 다른 여자에게 관심을 가질' 때마다 버려지고 홀로 남겨진 느낌을 갖는 아시아의 고통을 자신이 쉽게 알게 되는 것에 주목했다. 그녀는 테렐이 자신의 행동을 사과하고 자책하면서 아내에게 자신을 믿고 다시 기회를 달라고 할 때 가슴에 통증을 느꼈다. 그녀가 부부와 치료실에 있으면서 자신의 모든 신체 감각을 느끼려고 진행 속도를 늦추었을 때, 그녀는 가슴에서 압박감이 커지고 이후에 심장과 머리에서 빠르게 쿵쿵 뛰는 것을 느꼈다. 그녀는 빠르게 뛰는 그녀의 신체 감각에 집중했고, 테렐이 이야기하는 신뢰를 회복할 '응급조치'를 취해야 할 것 같은 동일한 압박감을 느끼고 있음에 주목했다.

그녀는 내부의 공명에 주목하고, 그 순간에 개별 배우자를 이해하기 위해 공명을 사용하면서 EFT 모델을 신뢰한 것을 기억했다. "물론 나와 같이 테렐은 빠른 회복을 위해 조급함을 느끼고 있고, 아시아는 그녀의 극심한 고통과 불신이 이야기되고 인정받는 것이 필요할 것이다." 그녀는 단계적으로 과정을 밟아 가는 것을 신뢰하고, '자신 앞에서 진행되는 정서 과정을 추적하고, 함께 머무르고, 파악하면서 심화시켜 나갔다'. 그너는 스스로 상기시켰다. “부부가 서로 매우 다를 때에도 각 배우자의 경험을 인정하는 것이 안전하다.”

2) 공감적 이해로 소통하도록 돕기

지각된 느낌은 공감적 이해와 이해를 언어로 표현하는 데 핵심이다. ‘환기적 공감(evocative empathy)’이라는 말을 만든 로저스(Rogers, 1961)와 라이스(Rice, 1974)는 공감을 “내담자가 의도하는 메시지에 대해 소통하며 형성한 이해”라고 설명했다. “이 부분은 아직 말로 표현되지 않은 부분…… 내담자의 메시지에 내포된 느낌이다.”(Martin, 2000, p. 4) 감각을 느끼는 것은 로저스가 언급한 공감의 각 측면의 부분이다.

① 현재 순간의 공감적 조율
② 공감적으로 조율된 이해를 표현할 말을 찾는 것
③ 이해하는 것을 내담자와 효과적으로 소통하는 것
④ 내담자에게 소통된 이해가 정확했다고 확인을 받거나, 대부분 이전에는 표현되지 않거나 분명하게 표현되지 않은 내담자의 경험을 정확히 이해할 때까지 세밀하게 조정하는 방법을 듣는 것

에밀리는 정확히 이해받는 느낌이 드는지 내담자의 확인을 기다리려고 의식적으로 진행 속도를 늦추었다. 그녀는 다음을 고려했다. “나는 정확히 이해하면서 소통하고 있다고 확인해 주는 반응을 기다리는가? 다른 배우자의 현재 순간의 경험도 이해하는가? 나는 소통하면서 이해하는 순간과 두 배우자에게 미치는 영향을 충분히 음미하고 있는가? 나는 우리가 이해를 공유하는 것이 내 몸에 어떤 영향을 미치는지 주목하고 있는가 그리고 다른 배우자가 개입하는지 또는 물러서는지 알기 위해 확인하는가? 표현하는 배우자의 비언어적 반응은 무엇인가 그리고 전 과정 동안 소통하면서 공유된 이해에 대해 다른 배우자가 보이는 반응을 중요하게 관찰하고 있는가? 나는 지금 다른 배우자의 경험에 대한 지각된 느낌을 아는 데 호기심이 있는가?” 자신의 지각된 느낌에 대하여 지속적으로 공명하고 의식적으로 인식하는 것이 필요하며, 이어서 이러한

이해에 기반하여 명확하게 소통하고 배우자의 반응을 기다리는 과정이 치료 회기 내내 반복된다.

3) 정서적 경험을 깊게 하기

자신의 지각된 느낌에 초점을 두는 EFT 치료사는 조율을 깊이 있게 할 수 있고, 내담자의 정서 경험 수준을 향상시킨다. 의식적으로 지각된 느낌에 초점을 두기 위해 치료사는 다음과 같은 질문을 할 수 있다. "나는 커플의 고리와 각 배우자의 애착두려움, 갈망에 대한 개념적 이해 이상의 것을 가지고 있는가? 나는 고리가 어떻게 결합된 관계 속으로 슬금슬금 들어오고 대체하는지에 대한 지각된 느낌을 가지고 있는가? 나는 어떻게 각 배우자가 이 관계를 경험하는지 느끼고 있는가? 나는 단지 개념적으로만 이해하는 것이 아니라 내담자의 자기보호를 위한 욕구와 두려움을 느끼고 있는가? 어떤 커플과 치료실에 같이 있을 때 내가 어떻게 느끼는지에 대한 나 자신의 느낌을 조율하는가? 특별히 내가 불안이나 지루함을 느낄 때, 이 커플과 함께 있으면 무엇이 나를 위협하거나 지루하게 하는지 의식적으로 반영할 수 있는가?"(Siegel, 2010 참조) 예를 들면, 내담자가 겉으로 도전적이거나 냉담하게 보이는 것이 단순히 자신에게 오랫동안 도움이 되었던 애착 전략에 대응하는 것임을 알 수 있는가? 다른 사람을 믿는 것이 안전하고 편하다는 것을 전혀 알지 못하는 사람이 지금 이 순간에 다른 사람을 공격하고 아무도 필요 없다고 주장하는 것은 이해하기 쉽다. 나 자신이나 내담자를 판단하지 않고 내가 느끼는 불안이나 지루함에 주목할 수 있는가? 나는 커플관계에서 배우자를 무감각하게 만드는 촉발 요인을 느낄 수 있는가? 나는 지금 시점에서 무감각이나 적대감이 어떻게 이 배우자의 최선의 선택처럼 보이는지 느낄 수 있는가?

4) 자신감과 창의력 강화하기

현재 순간의 자신의 지각된 느낌에 집중하고 신뢰하면 EFT 치료사는 자신감과 창의력을 강화할 수 있다. 현재에 충분히 존재하는 것은 마음을 자유롭게 하고(Siegel, 2010), 탐구를 위한 안전기지를 강화한다(Bowlby, 1988). 현재에 집중하고 교감하는 감정조절기능을 갖고 있으면 부부와 치료사 모두 안전과 평온함을 유지할 수 있다.

슈퍼바이저가 처음으로 에밀리에게 카일, 타라와 함께 치료실에 앉아 있는 느낌이 어떤지 물어본 이후로 그녀는 점점 더 자신의 내부 경험을 잘 이해하고 커플에 대한 지각된 느낌을 잘 반영해 왔다. 그녀는 하루 종일 부부치료를 하는 동안 이것이 EFT를 진행하는 자신의 능력에 미치는 영향에 감탄하면서 슈퍼바이저에게 메일을 보냈다. "감사합니다! 진행 속도를 늦추고 압도되는 느낌이 어떻게 저의 조율하는 능력과 역량을 신뢰하지 못하게 하는지 알게 되면서 많은 도움을 받았습니다. 우리가 만난 이후로 여러 커플을 치료했습니다. 제가 조율하게 되면서 EFT가 잘 진행되었습니다!"

5. 모든 단계와 기에서 지각된 느낌

지각된 느낌은 치료사가 교감하며 공감적 반응을 보이는 과정의 부분인데, 모든 단계와 개입에서 공통적으로 이용된다. 치료사가 부부의 경험에 대한 지각된 느낌이 없이 공감적 반영을 하고, 반응적 행동과 불신 및 상처를 주는 행동화 경향을 인정하며, 내면의 애착두려움을 추측하는 EFT 개입을 상상해 보라. 내부 느낌에 조율하는 것 없이 자신은 중요하지 않다고 생각하는 배우자의 두려움을 환기하고 강조하는 치료사가 미치는 영향을 고려해 보라. 치료사 자신이 공명하면서 주는 치유효과가 없으면 옳은 이야기도 별다른 도움이 되지 않을 것이다.

6. 결론

과학적이면서 예술적인 노력인 EFT 과정은 이 장에서 통합된다. 정서 경험의 미세한 표지와 EFT의 단계와 기의 표지가 탐구되었다. 에밀리가 모델의 1기와 2기 과정에서 제기한 질문과 대답을 위한 믿을 수 있는 지침이 다양한 표지로 제시되었다. 치료사는 다양한 표지를 이용하여 모델에서 배우자의 현재 순간의 경험과 과정에 적절한 과제를 알게 된다.

EFT 치료사가 EFT 모델을 적절하게 수행하기 위해서는 치료사 내면의 지각된 느낌에 집중하는 것이 매우 중요하다. 에밀리는 현재 순간에 신체적으로 지각된 느낌에 공명하고 있다고 확신하기 위해 자신에게 물었던 많은 질문을 탐구했다. 정서적으로 조율된 치료사는 회기에서 순간순간 자신의 내면의 경험과 신체적으로 지각된 느낌을 잘 파악한다. EFT 치료사는 타인과의 공명에 대한 자신의 신체적으로 지각된 느낌을 의식적으로 관찰하면서 전개되는 과정을 개념화하고 안내하는 것과 정서적인 방식으로 반응하는 것 사이로 능숙하게 헤쳐 나간다. 치료사가 EFT 단계와 기를 진행하는 동안 자신의 신체에서 지각된 느낌에 집중하는 것은 조율하고 균형을 유지하는 데 도움이 된다.

제5부

EFT 치료에서 흔히 겪는 어려움

제5부에 대한 소개

EFT 모델의 기본을 익히는 동안, 당신은 아마도 치료 회기에 각 커플이 가져오는 수많은 서로 다른 미묘한 차이와 복잡함을 마주하면서 정말 도전적이라고 느꼈을 것이다. 자주 복합적인 문제를 일으키고 EFT 치료에 있어서 관계 회복을 가로막는 두 가지 특정 이슈는 중독 과정(addictive processes)과 이른바 애착손상이라고 불리는 커플의 고유한 상처다. 이들은 모두 관계에 있어서 트라우마를 남기고 애착결합이 안정성을 가지는 데 심각한 위협이 될 수 있다. 이들은 감정을 단계적으로 약화시키는 것을 매우 어렵게 만든다.

언급하지 않고 넘어가면 교착 상태가 될 수 있기 때문에 EFT 치료사는 중독 과정이나 애착손상의 가능성이 있는 증거들을 찾는다. 나는 이에 대해 명쾌하게 해석하고 다룸으로써 당신이 더 잘 인지하고 안심할 수 있게 하기 위해서 제10장에서 중독행동을 거짓(faux) 애착(Flores, 2004)으로서 설명하고, 제11장에서는 관계에 고유한 애착손상으로서 설명하려 한다.

EFT 치료사가 중독 과정을 마주하고 애착손상을 해결해 나가는 방식은 모든 EFT 작업에서 유사하지만, 트라우마를 다루는 데 있어서는 더 세심함이 필요하다. 중독 과정(Maté, 2010)과 애착손상에 근거하여 트라우마의 가능성을 염두에 두고 치료사는 공감적인 분위기로 무조건적인 수용에 맞추어서 분명하게 집중하는 것이 필요하다. 트라우마를 다루는 것은 더욱 천천히, 더욱 단순하게, 더욱 부드럽게, 더욱 세심하게 이뤄져야 한다(Johnson, 2002).

EFT 치료사에게는 파트너가 위안을 찾기 위해 어떻게 관계를 벗어나서 특정 행동화 경향이나 경쟁적인 애착 대상(약물, 알코올, 포르노 매체, 혹은 다른 사람과의 친밀한 관계)으로 관심을 전환하는지 추적하는 기술이 필요하다. 또한 치료사는 호기심을 가지고 내담자들에게 협력하는 태도로 진심을 가지고 수용하는 마음을 갖추어야 한다. 목표는 각각의 파트너에 대해 미리 판단하지 않고 안전감을 주어서 중독 과정 성향이나 일회적인 상처를 주는 특정 사건들이 어떻게 파트너들의 관계에 영향을 미치게 되었는지 탐색해 보도록 하는 것이다.

제10장

위안의 대체제로서의 중독 과정

"성공적인 부부치료에 있어서 파트너들은 서로를 변화시키고, 파트너 간의 깊은 교감의 순간들은 중독에 있어서 강박적인 행동에 대해 최고의 치유의 장이자 천연 해독제를 제공한다."

(Landau-North et al., 2011, p. 213)

중독 과정은 초기에는 부부치료의 금기라고 생각되었지만 이제는 애착 관련 문제라고 여겨지면서 확인이 된다면 EFT 안에서 다뤄질 수 있다. 중독은 EFT에서 일종의 애착 관련 질환으로 여겨져 정서조절의 장애로 간주된다(Flores, 2004; Walant, 1995). 개개인이 감정조절을 위해서 관계 밖의 어딘가로 손을 뻗게 되면(보상을 위해서든, 위안이나 쾌락 혹은 통증 완화를 위해서든) 그들은 다른 파트너로부터의 정서적인 접근과 반응이 오가는 것을 모두 막는다.

미국중독의학협회(American Society of Addiction Medicine: ASAM, 2011)에서 내린 중독에 대한 정의와 같은 맥락으로 나는 '중독 과정'이라는 단어를 사용한다. 중독 과정은 물질(알코올과 약물) 사용, 온라인 게임, 도박을 포함하는 중독행동의 범위를 모두 포함할 수 있다. 이 용어는 또한 과식, 쇼핑, 온라인 포르노그래피 등과 같은 강박행동을 이르는 데 적용된다. 강박적인 성적 행동을 중독 과정의 일종으로 보는 것('AASECT에 대한 반응')의 정확도에 대해서는 최근 논란이 있었지만 이 장의 목적과 비병리적인 관점을 가지는 EFT의 가치에 따라 이들을 중독 과정에 포함시킬 것이다.

1. 중독 과정은 모두 애착에 관한 것이다

중독이라는 단어의 라틴어 어원은 addictionem으로, '헌신'이라는 의미를 지닌다(Johnson, 2013). 헌신은 순수하고 간단하다. 어떤 사람이 필요로 할 때, 고통에 처해 있을 때 혹은 스트레스를 받고 있을 때 즉각적으로 '찾아가는' 곳은 가장 헌신하는 곳일 것이다. 각 파트너는 상대방이 위안을 위해서 가장 먼저 찾는 이가 자신이 아니라는 것을 경험하게 될 때 위협을 느낀다. 애착 경고음이 울리는 것이다. 긍정적인 감정을 위한 헌신 혹은 집착에 있어서 어떤 누군가 혹은 무언가를 자신의 파트너보다 더 우선으로 두는 것은 그 커플의 애착결합의 안정감을 위기에 처하게 만들 수 있다. 한 파트너가 상대방보다 어떤 것을 더 우위에 두면 둘수록 상대방은 더욱더 불안하고, 요구가 많아지며, 비판적이 되거나 혹은 더욱 차갑고 위축되어서 상대방을 피하게 될 수 있다. 상대가 요구하는 게 더 많아지고 비판이 늘어날수록 혹은 상대를 더욱 염두에 두지 않고 거리를 둘수록 남겨진 파트너에게는 중독 과정이 더욱 매력적으로 느껴질 수 있다.

사회적 존재로서 우리는 생존을 위한 인간관계를 기르고 위안을 가지는 것이 필요하지만, 무시 혹은 학대를 마주하게 되면 관계에 대한 채울 수 없는 배고픔이 정상적인 아동기 신경 발달을 방해할 수 있다(Maté, 2010). 전 생애에 걸쳐서 최소 한 명과도 안전하고 안정적인 애착결합을 형성할 수 없다면 사회적 고립이 주는 고통을 달래는 데 있어 갈증을 느끼게 될 것이고, 그 사람으로 하여금 자주 안도감을 얻기 위해 비관계적인 중독행동 혹은 중독 과정을 추구하게 된다. 정서신경과학자들은 분리로 인한 스트레스는 중독 과정과 우울을 촉진하고, 사회적인 상실감으로 인한 고통을 달래기 위한 중독 과정이 관계를 찾고자 하는 욕구를 고갈시켜서 우울을 순차적으로 더 촉진한다고 말했다(Panksepp et al., 2014).

2. 애착장애로서의 중독 과정: 정서를 조절하고자 하는 탐색

열정적인 초보 EFT 치료사로서 에밀리는 중독 과정을 애착 틀로 보는 도전을 하면서 흥분됐다. 이전에 그녀는 중독행동을 개인적인 관점에서 보고 커플에 대한 작업을 하기 전에 중독으로 고통스러워하는 내담자들을 중독치료사에게 의뢰해 왔다. 그녀는 EFT를 통하여 중독행동을 보는 관점을 확장하고 인간이 관계를 갖는 욕구를 가지는 것이 당연하며 중독 과정을 일종의 정서를 조절하고자 하는 시도라는 관점을 갖게 됐다. 가끔 그녀는 설득력 있는 다른 생각, 즉 편을 가르고 '중독자'라고 진단하는 것이 편하다는 생각이 EFT 모델을 멀리하게 만든다는 것을 느낀다. 그녀는 아내가 저녁에 술에 취해 있지 않은 경우가 거의 드물고, 관계에 있어서 결국 혼자라고 느끼는 파트너에 대해서 안타까움을 느낀다. 그녀는 강박적으로 온라인 포르노그래피에 빠지는 남편을 자신과의 성생활로 유도하기 위해 점점 더 거친 섹스를 하는 것이 어떨지 제안함에도 불구하고, 중독이 아내와의 관계를 갖는 데 있어 전혀 방해가 되지 않는다고 주장하는 상황을 타개하고 싶다. 에밀리는 '이 모든 것을 다루는 방법을 내가 알고 있는가?'라며 고민한다.

이제 에밀리는 EFT 모델을 따르면서 양쪽 파트너 모두와 동맹을 맺는 데 먼저 초점을 둔다. 그런 뒤, 에밀리는 파트너 간에 반복되고 거리를 두게끔 만드는 부정적 상호작용 속에서 예측 가능한 연쇄 과정을 이해하고자 한다. 그녀는 중독 과정을 애착장애로서 이해하고 개인적인 결핍이나 질병 모델이 아니라 EFT의 비판단적이고 체계적인 입장을 가지고 다룬다. 그녀는 어떻게 각각의 파트너가 상대방에게 영향을 끼치는지에 초점을 맞추려 노력한다. 하지만 최선의 노력에도 불구하고 그녀는 종종 '중독자'로서의 행동에 초점을 맞추려는 유혹을 느끼고 이런 내담자들에게 굉장히 효과적인 선택 중 하나로 부부치료를 고려하기 전에 중독치료를 의뢰하고 싶다는 생각을 한다. 실제로 개인적인 치료는 필요로 할 수도 있지만, 동시에 에밀리는 EFT가 내담자들에게 '중독에 있는' 파트너의 강박적인 욕구가 배우자로부터 도망가고 다른 방법으로 위로, 조절, 혹은 안도감을 찾는 것임을 알도록 충분한 지지를 제공하는 힘이 있음을 이해하게 되었다. 이런 과정은 커플에게 추가적인 치료가 필요한지에 대해서 평가할 수 있게 마음을 충분히 가라앉히도록 도와준다. 부부치료는 중독에 대한 치료와 함께 이루어질 때 효과가 좋다. 한쪽 혹은 양쪽의 파트너가 그들 자신 혹은 상대방에게 중독이나 질병이라고 분류할 때, 에밀리는 강박적인 행동이 관계에 미치는 영향에 대해 추적하는 동시에 강박적인 행동의 의미를 파악하고 이해하려고 지속적으로 노력한다.

3. 중독에 관한 긍정적 보상이론

중독에 관한 긍정적 보상이론(Pinel, 2015)은 중독의 과정이 뇌에서 도파민 보상센터를 자극함으로써 보상을 좇는 데에서 동기를 얻는다는 관점을 고수한다. 이런 관점은 더 오래된 신체적 의존모델보다 EFT와 잘 맞아서 애착이론과도 조화를 이룬다. 이는 역시 ASAM(2011)의 정의와도 합치한다.

> 중독은 일차적으로 뇌 보상, 동기, 기억과 관련된 회로의 만성적인 질병이다. 일련의 회로의 기능 이상은 특징적인 생물학적 · 심리적 · 사회적 · 영적 현상에 이른다. 물질 사용과 여느 행동들에 의해 보상 그리고/혹은 안도를 병적으로 좇는 사람들로부터도 알 수 있다. …… 여느 만성 질환들과 같이, 중독은 자주 호전과 악화를 반복한다. 회복 활동에 참여하거나 치료를 하는 것 없이 중독은 점점 더 진행할 수 있고 장애나 죽음으로 이어질 수도 있다.

ASAM의 정의는 다음과 같이 중독의 기본(ABC)으로 요약될 수 있다(ASAM, 2011).

- 지속적으로 절제(Abstain)할 수 없는 능력
- 행동(Behavior)조절의 어려움
- 갈망(Craving) 혹은 약물이나 보상을 주는 경험에 대한 '배고픔'이 늘어나는 것
- 대상의 행동과 상호관계에 대한 중대한 문제를 알아차리는 것이 줄어드는 (Diminished) 것
- 정서적(Emotional) 반응의 이상

나는 EFT와 일치하는 ASAM의 정의에 대해 세 가지 측면을 간략히 설명하고자 한다.

1) 정서적인 배고픔

중독은 뇌와 동기의 질병이다. 보상에 관한 뇌 회로의 이상은 보상 그리고/혹은 안도를 위한 병적인 추구에 이르게 한다(ASAM, 2011). 애착이론에서는 인간이 원초적으로 스트레스하에 있을 때 애착 대상을 찾게 되어 있고, 이러한 위로와 안전에 대한 보상에 다가갈 수 없다면 정서를 조절하기 위한 이차적인 전략을 찾는다고 한다. 애착의 관점에서 볼 때, 그렇다면 중독 과정은 정서적으로 동기가 부여되어 일어나는 것이라 할 수 있다. 개개인이 인간적 연결에 대해서 정서적으로 허기짐을 느낄 때, 중독 과정은 부정적 감정 대신에 긍정적 정서(보상) 혹은 안도로 잠시 잠깐 채울 수 있다. 약물과 알코올 사용, 섭식장애와 많은 다른 중독행동은 연결에 대한 정상적인 인간의 배고픔에 맞닿은 반응이다. 마테(Maté, 2010)는 중독 과정으로 괴로워하는 개인을 내부의 공허함을 절대 채울 수 없는 '배고픈 유령'이라고 설명하기도 했다.

역설적으로, 중독 과정은 정서적인 고립에 대응하는 반응이지만 중독과 강박적인 행동들 또한 그 개인을 정서적으로 고립시킨다. 중독 과정은 관계의 갈등을 고조시킨다. 결국 고조되는 관계 갈등은 특정 개인과 상관이 없고, 거절하지 않으며, 고통으로부터 벗어나 빨리 '좋은 기분을 느끼는' 원천 혹은 위로에 다가가는 취약성을 증가시킨다.

2) 중독 과정은 고리를 포함한다

중독은 다음의 내용과는 관련이 적다.

> 중독의 특징적인 면은 알코올이나 약물 사용의 양이나 빈도, 중독행동에 열중하는 정도(도박이나 씀씀이) 혹은 다른 외적 보상(음식이나 섹스)에의 노출 같은 것과 관련이 없고, 노출, 스트레스 상황, 환경적 요소에 반응하는 질적인 것이다. …… [특징] 중독이 있는 사람들이 물질 사용이나 외부의 보상을 좇는 방식은 부정적인 결과가 축적되는 데에도 불구하고 몰두하고, 강박적으로 집착하며, 보상(예: 알코올과 다른 약물 사용)을 좇는 게 계속된다는 것이다(ASAM, 2011).

EFT 치료사들은 부정적인 결과에도 불구하고 부정적인 고리들이 점차 자기흡수되고 강화된다는 것을 알게 된다. 중독행동의 진짜 영향은 순환되는 효과를 가진다는 것으로, 중독으로 인한 트라우마(Love et al., 2016)가 관계 결합에 영향을 끼치고 관계 역동의 영향이 중독 패턴에 또 영향을 끼친다는 것이다. 중독행동은 부정적인 순환 피드백 회로의 일부가 된다.

중독에 관한 긍정적 보상이론은 중독적인 물질이나 행동의 보상을 기대하는 데 매달리는 것이 문제라고 조명한다. 중독행동이나 물질은 뇌의 보상센터에서 엔도르핀이 쏟아져 나와 고양되고 들뜨게 만든다. 중독되게 하는 요소는 도파민 폭풍에 대한 기대를 의미한다. 중독 과정이 알코올 혹은 약물과 같은 물질을 포함하든, 온라인 포르노그래피에 관한 것이든, 혹은 높은 보상이 걸린 도박이든 간에 중독 물질 사용이나 행동을 하는 사람은 기대하는 순환망에 사로잡히게 되어서 기대하고, 고도로 취하거나 고착되는 데 이른다(Johnson, 2013; Landau-North et al., 2011).

그들의 파트너로부터 멀어지면 멀어질수록 그들은 그다음에 집착할 것을 기대하면서 몰두하게 된다. 다음 고착에 대한 기대망은 관계갈등에 의해 촉발되고 관계갈등은 중독 과정에 의해 촉발되어서 관계갈등 순환을 악화시킨다(Landau-North et al., 2011). 파트너가 아닌 대상이 위로와 안식, 정서조절의 원천이 된다. 중독 과정에 몰두하는 파트너는 위로와 보살핌을 위한 상황에서 다른 파트너가 점점 더 다가가기 어려워진다.

EFT 치료사들은 이러한 기대망이 순환되는 것을 추적한다. 파트너들이 마지못해 붙잡히는 상황에서 점점 더 옥죄어 오는 패턴을 따라가다 보면 치료사들은 촉발하는 요소를 알아차리게 된다. 촉발하는 요소에는 파트너가 중독 과정에 빠지게 되는 때와 상대 파트너가 반응하는 방식이 모두 포함된다. 그들은 중독 과정을 순환 고리에 연결 짓고, 표현되지 않은 내재된, 더 취약한 파트너들의 감정을 평가하고 확장하게 한다. 중독행동이 관계 특이적인 트라우마를 만들어 내는 것은 필수 불가결한 일이다. 중독행동이 하나 이상의 애착손상을 가져온다는 것도 매우 그럴듯한 일이다(제11장 참조).

3) 효율적인 의존/안정적인 연결이 해독제다

ASAM에서는 중독의 경우 치료 혹은 회복 활동에 참여하는 것이 필요하다고 이야기한다. 기쁨과 편안함의 원천, 고통의 해결은 매우 효과적인 회복 활동이기 때문에 EFT는 부차적인 중독치료와 함께 중독 과정을 애착관계로 대체하는 것에 초점을 둔다. EFT를 통해 형성될 수 있는 효율적인 의존은 물질 혹은 중독 과정을 필요로 하는 상황에 대한 진정한 해독제다(Johnson, 2013; Landau-North et al., 2011). 더욱이 란다우-노스 등(Landau-North et al., 2011)이 인용한 플로레스(Flores, 2004), 밀러와 윌번(Miller & Willbourne, 2002)에 따르면, 중독에 대한 최소의 치료적인 접근은 가족과 사회적인 시스템에 대해 작업하는 것의 중요성을 알아차리는 것이라고 한다.

EFT는 "중독은 한 사람의 삶과 행동을 제한하며 대가를 치르게 되는 부정적이고 강박적인 행동이다."라고 주장한다(Johnson, 2013, p. 96). 안정적인 연결이 중독을 막고 중독의 해독제가 될 수 있다고 하는 애착에 관한 관점과 연구는 부부치료사들에게 큰 기대감과 용기를 준다. EFT 치료사들은 중독 과정과 다른 파트너로부터 강박적으로 벗어나려고 하는 부정적 고리에 대해 상세하게 표현한다. 고리가 순화된 이후, 치료사는 커플로 하여금 물질과 중독행동욕구에 해독제가 되는 긍정적 결합 순환의 탄생인 2단계를 시작하도록 한다.

4. 중독 과정에 있을 때 EFT 치료사가 보거나 듣는 것

중독 과정과 부정적인 관계 사이에서 순환하는 관계는 종종 일종의 쫓고 도망가는 형태로 나타난다. 이는 한 파트너가 위로 혹은 위안을 찾아서 관계로부터 도망쳐서 중독 과정에 빠지고 다른 파트너는 늘어나는 거리감에 대해 항의하는 것이다. 중독 과정의 순환 고리는 전형적으로 복잡하고 극단적이다. 두 파트너가 부차적으로 위안과 위로의 원천이 경쟁이 되는 요소(그런 요소가 카지노, 병, 혹은 포르노그래피일 수 있음)와 부정적인 순환에 갇히는 것이다.

1) 정서적 부재와 정서적 마비

EFT 치료사는 중독 과정에 있어서 가장 중요한 것은 애착의 의미라고 여긴다. 애착의 의미는 어떤 것의 양적인 의미가 아니라 그보다는 관계 외부의 무언가가 충동 혹은 강박으로 작용하는 정도를 의미한다. 또 얼마나 많이 정서적 부재를 불러일으키고 상대방이 접근하기 어렵게, 반응하기 어렵게, 정서적으로 관여하기 어렵게 하는지를 뜻한다.

정서를 조절하기 위한 수단으로서 도파민 분비와 강렬한 황홀경을 기대하면서 파트너는 점점 더 감정적으로 부재하게 된다. 포르노그래피 중독의 경우, 예를 들어 계획하고, 비밀로 하고, 기대하고, 각성이 유사-지속적으로 나타나는 상태에서는 점차 파트너를 혼자 두게 되고, 만성적으로 점점 더 감정적으로 부재하게 된다. 사이버 섹스 혹은 물질에 빠져 있는 파트너는 점점 더 멀어지고, 다른 상대방은 점점 더 실망하며 혼자가 되고 화가 나게 된다. 만성적이고 점점 더 심해지는 정서적 부재는 애착관계를 약화시킨다.

2) 영향을 알아차리거나 묵살하는 것

EFT 치료사는 파트너가 중독 과정이 관계에 끼치는 영향을 알아차리는 것을 관찰하고 귀 기울인다. 자주 중독 과정에 대해서 일부 알아차리는 것이 있지만, 종종 한 파트너 혹은 양쪽 모두가 그 영향에 대해서는 과소평가하게 된다. "내가 원한다면 멈출 수 있다고 알고 있어." 다른 때에는 중독 과정이 관계에, 자신에, 혹은 다른 상대방에게 어떤 영향도 끼치지 않는다고 부정하는 경우도 있다. 예를 들어, 강박적인 온라인 도박사가 항변한다. "나는 저녁 내내 그녀가 내일 있을 수업을 준비하는 동안 그녀의 바로 옆에 앉아 있었다고요! 그녀가 뭘 더 원하는 건가요?"

5. 중독 과정에 있을 때 EFT 치료사가 하는 일

1) 1단계: 평가

치료사는 커플로 하여금 중독 과정이 관계에 미치는 영향을 평가하게끔 한다. 공식적인 평가 도구가 쓰이든 그렇지 않든 간에 EFT 치료사는 커플의 부정적인 고리 바깥에서 벌어지는 행동화 경향으로서 중독행동이 체계적으로 전개되는 것을 추적하고 그것들이 어떻게 정서적 부재를 이끌어 내는지 분석한다.

파트너가 문제를 기꺼이 인식하고 부가적인 치료(개인적인 치료 혹은 그룹 프로그램)에 열려 있다면 EFT 치료사는 커플과 동시에 작업할 수 있을 것이다. 반면에 파트너가 중독 과정이 어떤 부정적인 영향을 가져온다는 것을 알아차리고자 하지 않는다면 EFT 치료사는 선택의 기로에 놓이게 된다. 이런 왕성한 중독 과정이 계속되는 가운데 그들과 작업을 같이하는 것이 도움이 될까? 때로는 그들의 고리 안에서 중독 과정이 가지는 영향을 알아차리는 것과 스트레스 상황에서 파트너로부터 등을 돌리는 반복적인 패턴뿐 아니라 고리를 단계적으로 약화시키는 것이 EFT 1기의 한 부분일 수 있기 때문에 도움이 된다.

다음에 나오는 세 가지 상황이 EFT 치료사들에게는 현재 부부치료의 금기 적응증이라고 생각될 수 있다.

① 내담자가 전적으로 마음을 닫거나 혹은 마비되어서 치료에 참여할 수 없는 경우
② 내담자의 행동이 관계에 끼치는 영향을 인식할 의지가 없는 경우
③ 회기 내에서 안전이 보장될 수 없는 경우

이러한 상황들에서 애착 순환 고리의 틀을 붙잡으려고 계속하고, 그 자신 혹은 그녀 자신은 부정적인 순환 고리를 병리화하는 데 사로잡힌 적이 없다는 것을 확인하면서 EFT 치료사는 왜 부부치료가 지금 이 시점에 부적절한지에 대해서 투명하게 이야기할 필요가 있다. 그녀는 개인 그리고/혹은 그룹치료로 의뢰하는 것을 제안할 것이고, 나중

에 부부치료로 돌아올 수 있는 여지를 열어 놓을 것이다.

2) 2, 3 그리고 4단계: 단계적으로 약화시키기

EFT 치료사는 중독 과정과 부정적인 관계 사이의 순환되는 관계를 알아차리게 된다. 한 파트너가 위로와 즐거움을 얻고자 관계를 등지고 중독 과정 혹은 사이버 섹스로 돌아설 때, 상대편은 멀어지는 거리에 대해서 항변한다. 치료사는 어떻게 관계갈등이 취약함을 키워서 위로를 얻고자 할 때 다른 방향(중독 과정과 같은 것)으로 돌아서게 만들었는지 추적한다. 그녀는 파트너가 어떻게 특정 중독 과정이 갈등을 고조시키고, 그들이 경험하는 거리감은 어떤지에 대해서 탐색하도록 부추긴다. 파트너들은 공감적 반영, 추적, 환기적 질문들을 통해서 어떻게 갈등이 취약함을 악화시켜서 개인적이지 않고, 잠재적으로 거절하지 않을 만한, 고통으로부터 위로하거나 위안을 줄 원천을 찾아 헤매게 됐는지 짚어 보게 된다. 그 순환 고리는 중독 과정을 포함하여 설명된다.

만약 파트너가 중독 과정에 대해 논의하는 것을 꺼린다면 순환 고리는 논의하는 것에 대해 너무 불편해하는 것을 문제로서 틀을 잡고 볼 수도 있다. 예를 들어, 만약 위로를 위한 강력한 원천에 대해 걱정을 나누기에 방어기제가 너무 높다면, 치료사는 한 파트너는 문제에 대해 언급하고자 시도하고 상대방은 그 중요성을 무시하고자 하는 것이 어떻게 지금 그들로 하여금 외로움과 고통에 갇히게 하여 피드백 회로로 자리 잡는지 검증하고 추적할 수 있다.

3) 2기: 결합을 재구조화하는 것

애착공포와 욕구를 관련된 중독 과정으로 확장하고 트라우마로 인해 생긴 애착손상들을 중독행동을 통해 해결하고자 하는 복잡성으로 볼 때, 정서를 재조합하고 관계결합을 재구조화하는 것은 EFT에서 대개 유사하다. 위축자를 참여시키는 것은 다음 정서들에 접근하고 재처리하는 것을 포함한다. 수치심("쥐처럼 느껴진다."), 무기력함("내가 할 수 있는 것은 아무것도 없어."), 무가치함("나는 단 한 번도 충분했던 적이 없고, 한 번도 옳았던 적이 없어."), 무가치하고, 비호감이고, 역겹게 느껴질까 두려워하는 것, 지친다고 느끼는 것("불행이 내 몸의 모든 걸 빼어 갔어.")이다. 중독 과정을 통해 촉발된 관계 트라우마와 특정 애착손상들은 2단계가 완성되고 3단계 통합과 공고화가 이뤄지기 전에 애착손상회복모델(제11장)을 통하여 해결될 필요가 있다.

6. 제스와 존과 함께하는 에밀리의 사례

EFT 치료사는 중독에 대한 긍정적인 장려이론에 흠뻑 빠져서 중독행동이 정서를 조절하고, 부정적인 정서, 고통, 떨어져 있다는 데 대한 불안으로부터 도망치거나 혹은 공허한 생활에서 긍정적인 정서를 불러일으키는 데 가장 좋은 시도라고 보기도 한다.

존: 나는 뭐가 문제인지 모르겠어. 좀 재밌게 지내고 싶어. 나는 항상 집에 있고, 사실 당신 옆에 저녁 내내 앉아 있어. 뭐가 문제야?

제스: (말을 끊으며) 실제로 당신이 집에 있긴 하지만 컴퓨터 앞에 있는 거지. 그건 당신만의 세계에 있는 것과 같아. 나는 당신을 찾을 수 없어. 내가 당신에게 말 붙이려고 할 때 투덜대거나 나한테 이렇게 말하잖아. "조용히 해. 내가 이기고 있으니까, 방해하지 마!" 때마침 식기세척기가 새서 주방 바닥을 모두 적셨는데, 당신은 도움을 요청하는 소리조차 듣기를 거부했어. 그건 사실 별일이 아니야. 내가 그런 집안 관리를 할 수는 있는데 당신은 너무 집중해서 내가 당신을 필요로 할 때는 없다는 게 문제야! 게다가 당신은 주말에 친구들과 술 마시느라 밤 내내 없고, 나는 집에 홀로 남아서 당신이 차 사고로 죽을지도 모른다는 생각에 겁에 질리는 거야.

존: 도박은 재밌어. 사실 그건 스릴 있고, 나는 집에서 편안히 쉬는 걸 좋아해. 이게 바로 나야. 나는 좀 재미를 보고 싶은 것뿐이야. 그리고 우리를 위해 내가 돈을 벌잖아. 또 난 집에 있어. 나는 밤 내내 당신 옆에 있어! 안 보여?

에밀리: (반영하고, 검증하고, 추적하면서) 당신에게 이 상황이 어떻게 되는지 내가 잘 이해하는지 알려 주세요. 제스, 당신이 얼마나 그를 그리워하고 관계 속에서 얼마나 외롭게 느끼는지에 대해 존과 함께 이야기하기를 원하는군요. 그리고 당신의 관점에서 존의 도박이 얼마나 관계를 대체하고 있고 당신이 그를 못 찾게 하고 그에게 연결되는 것을 막는지 말하고 싶어 하는군요. 그리고 존, 제스가 얼마나 외롭게 느꼈는지와 당신을 찾는 것이 얼마나 어려웠는지, 당신이 온

라인 도박을 하는 내내 얼마나 화가 났는지에 대해 말하려고 시작할 때, 당신은—당신이 뭐라고 말했죠—'숨막히는 비난과 협박'을 듣고 즉시 다시 맞서서 "그렇게 나쁜 건 아니야! 이게 낙이야. 나 좀 내버려 둬."라고 이야기하겠죠. 당신이 그녀를 더 밀어내면 낼수록 제스는 이미 당신을 잃어버렸다는 더 심한 공포에 빠지는군요. 이게 맞나요?

그들이 고착된 패턴을 그녀가 이해한다고 서로 확인한 이후로 에밀리는 계속한다.

에밀리: 존의 온라인 도박에 대해서 다르게 느끼는 감정과 태도에 대해서 이야기하려고 노력할 때 당신이 겪게 되는 고리가 이것이군요. 당장은 고리에 빠지지 않고 이 중요한 주제를 다루는 것은 거의 불가능하겠어요.

존: 당신이 나를 잃어버렸다고 생각한다고? 당신이 걱정해? 당신이 나를 그리워한다고?

제스: 맞아. 당신을 다시 찾을 수 있을 거란 건 거의 포기했어!

중독행동이 거짓 애착이라는 관점으로 볼 때(Flores, 2004), 에밀리는 파트너들로 하여금 그들의 정서적인 과정을 풀어 이야기하고 그들의 관계 결합이 얼마나 취약한지에 대해서 이야기하는 것을 방해하는 상호작용 내의 자동 고리를 알아차리도록 도와준다.

에밀리는 환기시키는 질문과 반응들을 적용하여 뒤따라오는 다양한 반영과 검증을 통해 춤에서의 특정 움직임을 알아차리게끔 해 준다. 그녀는 방 안에서 벌어지는 부정적 순환 고리를 보기 위해 조심스럽게 참여하고 정서 경험에 있어서 이미지와 신체 징후들에 깃든 감정을 조절한다. 그녀는 각각의 파트너가 순환 고리를 촉발시키는 것을 파악하도록 돕는다.

에밀리: 존, 당신은 언제 온라인 도박에 가장 빠지게 되나요?

존: (어깨를 움츠리면서) 언제든요. 나는 언제든 그냥 할 거예요. 그건 그녀와 이야기하는 것보다 훨씬 쉬워요!

에밀리는 공격의 총알받이가 되었다. 그녀는 애착의 재구조화를 이뤄서 존(John)이 도박을 하는 것이 그로 인해 불행해하는 제스(Jess)의 표정을 맞닥뜨리는 것보다는 쉬운 일임을 검증한다. 제스가 존에게 얼마나 중요한지 애착 관점(혹은 애착 틀)에서 강조하면서 에밀리는 제스가 화난 상황을 다루는 것이 존에게는 너무 어렵다는 것을 인정했다.

에밀리는 존의 움츠림과 그가 한 말인 '더 쉬워요'라는 것에 역시 머물러서 모호한 단서('언제든')를 더욱 선명하고 구체적으로 만든다. "당신은 언제 도박으로 몸을 돌리는지에 대해 알기 어렵다고 말하며 어깨를 움츠렸는데요. 그것은 단지 도박으로 인한 스릴에 빠지는 것이 거의 항상, 당신으로 인해서 불행할 수도 있는 제스에게 집중하는 것보다 훨씬 쉬워서죠?"

중독 과정은 관계 트라우마다. 에밀리는 중독 과정의 관점에서 정서적 고립이 가져오는 현재의 트라우마에 대해 검증하고, 서로에게 안정적인 안식처와 안전기지가 되는 것을 막는 순환 고리를 추적하여 각자가 반응적인 행동들에 의해 어떻게 끌리는지 파악한다. 그녀는 배경으로서 그들 모두를 움직이고 존이 그의 아버지가 처참히 사망했을 때 슬픔과 상실감을 경험하면서 제스에게 의지하는 것을 방해하는 기저의 원초적인 애착공포와 갈망을 명확히 하고 현실에 맞게 설명한다.

에밀리는 제스와 존 사이에서 중독으로 인해 계속 생기고 있는 트라우마와 중독 과정 중에 흔히 보이는 이전에 추가적으로 있었던 트라우마로 인해 생긴 특정 애착손상들을 평가한다. 존의 중독 과정 중 관계 특이적인 트라우마에 더해서 존과 제스 사이 관계의 트라우마 기억들과 그의 가족관계에서 존이 겪은 말 못한 슬픔들도 있다. 존이 5세일 때 그의 어머니는 자살했으며, 그에게 전부였던 아버지는 몇 년 전 그들이 서로 막 싸움을 하고서 얼마 후에 갑자기 사망했고, 당시 제스는 그에게 접근하기 어려운 상황이었다.

순환 고리가 훨씬 덜 적대적이 될 때, 에밀리는 커플이 단계적으로 약화되었다는 표지를 깨닫게 된다. 존은 매일 열리는 중독 치료 프로그램에 참석하고 각 파트너가 이 고리 안에서 그들이 무엇을 하고 있는지 생각하게 된다. 존이 가까워지는 것과 갈등을 불편하게 여기고 스트레스 받을 때 이야기하는 것보다 술이나 도박을 더욱 '편안하게' 느껴서 술을 마시고 온라인 도박을 하면서 화를 내고, 차단하고 때로는 마비시킨다는 것을 알아차리는 동안, 제스는 그녀가 비난하고 요구한다는 것을 알아차린다. 양쪽 모두 부정적인 춤 아래 깔린 그들의 핵심 정서를 드러낸다. 제스는 그에게 중요하게 여겨지지 않을까 봐, 혼자가 될까 봐 걱정하는 것을 알아차리고, 존은 자신이 '실수해서' 결국 제스가 자신을 전혀 원하지 않을까 봐, '전적으로 그녀가 보기에 부적절한' 존재가 될까 봐 두려워하는 것을 알게 된다. 각각은 어떻게 그들이 영향을 끼치고 상대로부터 영향을 받는지 알아차리고, 어떻게 음주, 도박과 관계갈등이 서로에게 힘든 고리를 촉발시키고 유지시키는지 깨닫게 된다. 단계적 약화를 통한 변화의 전환점 말미에 에밀리는 부정적인 춤을 단서/촉매제, 기여(의미)와 행동화 경향(고리 안에서)에 연결 지어 기저의 핵심 정서와 두려움을 입증하면서 지속적으로 반영하고 추적한다.

변화의 전환점의 길을 따라 에밀리는 제스와 존으로 하여금 그들의 유대관계를 재구성하도록 한다. 그들은 더 위축되어 있는 파트너를 더욱 참여하도록 하는 두 번째 변화의 전환점에 들어간다. 존은 1기에서 느낀 외로움을 더욱 확장한다. 에밀리는 그의 두려움을 고조시키고 확장시키며 그로 하여금 제스에게 직접적으로 표현하도록 한다. 그는 그 스스로 제스에게 "내가 당신에게서 돌아서 있을 때 나는 사실 당신이 그리워. 나는 당신이 나를 포기하고 지금의 나를 혐오할까 봐 무서워. 술집과 도박은 이런 어둠으로부터 피하는 은신처야."라고 토로하고 그 과정에서 눈물을 흘린다. 치료사는 그의 외로움과 제스를 잃을까 봐 걱정하는 원초적인 두려움을 더 심화시키고, 다듬으며, 표현하도록 북돋아 준다. 그런 뒤, 7단계에서 그녀에게 더 가까이 다가가려면 제스에게 무엇을 할 필요가 있을지 질문한다. 존은 그가 그녀를 실망시킬 때에도 제스가 그를 사랑할 수 있다고 수용하고 확신해 달라고 요청한다. 그리고 그는 어떻게 그녀에게 좀 더 다가갈 수 있게 그녀가 도와줄 수 있을지 방법을 이야기한다.

제스는 그에게 "나는 항상 고리 '안'에 있었고, 같은 집에서 항상 떠나 있고 너무 멀리 있어서 접근하기 어려운 가운데 외로웠어. 하지만 지난 저녁에는 당신이 더 이상 화나 보이지 않더라."라고 그를 안심시키고, 부드럽게 웃으면서 그를 다독였다. "심지어 설거지하는 동안, 당신은 나한테 농담까지 하던 걸." 비난하는 사람으로 있던 그녀가 부드러워지면서 제스는 그녀가 느끼는 외로움을 있는 그대로 공유하고, 두려움에 그에게 더 가까이 와 달라고 부탁하고, 그에게 있어서 도박이나 술친구들보다 그녀가 더 소중한 존재라는 것을 확인하고자 했다. 그녀는 그가 치료 프로그램에도 역시 꾸준히 가고 있다는 사실을 통해서 지속적으로 안심하는 것이 그녀에게 얼마나 중요한 일인지 표현한다. 그들은 함께 몇 가지 애착손상을 치유해 갔다. 놀랍도록 딱딱하고 부정적이었던 정서조절 패턴으로부터 서로에게 효율적인 위로와 정서조절의 원천이 될 수 있도록 발전해 간다.

7. 결론

치료사들에게 있어서 애착의 틀을 가지고 작업할 때 한 가지 도전적인 것은 제3장에서도 이야기했듯이, 무심코 한쪽 파트너를 관계갈등에서 훨씬 책임이 있는 것이라고 여기는 것이다. 중독 과정이 있을 때에는 이런 어려움이 더욱 분명해진다. 부가적인 개인치료로 의뢰하거나, 또 한쪽 혹은 양쪽의 문제, 정신질환, 강박 혹은 중독 과정의 몇 가지 특징을 관찰하게 되는 것에도 불구하고, EFT 치료사는 커플이 계속 빠지게 되는 고리의 길을 추적하도록 비병리적인 애착 관점에서 작업을 지속해 나갈 것이다. 중독에 대한 긍정적 장려모델과 애착이론은 EFT 치료사로 하여금 "나쁜 사람 찾기"(Johnson, 2008)에 고립되지 않게끔 한다. 이런 관점은 EFT 치료사가 인내심을 가지고 개방적으로 어둠과 모호함을 다룰 수 있게 해 준다.

애착 관점은 EFT 치료사들이 중독 과정에 영향을 받은 사람들에게서 흔히 나타나는 경험에 대해 공감과 자비심을 가지도록 북돋아 준다. 자신의 핵심 가치를 거스르는 데 대한 수치심, 자기에 대한 부정적인 관점과 경직되고 거짓된 긍정적인 관점으로 자신을 바라보는 것들은 애착의 틀에서는 다소 안정적인 애착에 기반한 안전한 안식처/안정적인 기지를 찾는 시도로 보일 수 있다. 위로를 필요로 하는 것이나 고통으로부터 해방되고자 하는 것, 실제 정서적으로 공허함을 메우고자 하는 필요와 스트레스는 기본적인 생존 전략이기에 상호관계를 통해 충족되지 않을 때에는 한쪽으로 하여금 중독 과정에 취약하게끔 만든다.

중독을 애착장애로 바라보는 애착의 틀은 EFT 치료사로 하여금 ① 모든 춤에서 긍정적인 생존 의도를 읽을 수 있게끔 역량을 확장시키도록 하고, ② 한쪽을 무시하거나 부끄럽게 만들지 않으면서 고리를 다룰 수 있게 하고, ③ 서로에게 일차적인 위로와 지지의 원천이 될 수 있도록 애착결합을 재구성할 수 있게 만들어 준다. 마테(Maté, 2010)가 말했듯이, 중독을 치료하는 유일한 방법은 자비(compassion)를 통한 것이다.

EFT는 중독 과정에 있어서 정서조절을 할 때 커플들에게 해독제를 제공한다. 현재의 관계갈등에서뿐만 아니라 과거 어린 시절의 경험들로부터 받은 불안정한 애착은 파트너들로 하여금 즐거움을 찾거나 고통을 달래는 것을 중독 과정으로 하는 것이 더 쉽게끔 하고, 위로를 찾을 때 상대 파트너로부터 더 등을 돌리게끔 할 수 있다. 반면에 EFT 2단계에서 형성되고 3단계에서 공고해지는 안정적인 애착결합은 유연함을 기르고, 반응하는 레퍼토리를 확장하며, 정서조절에 초점을 덜 맞추면서 성장과 배움에 더 초점을 맞춰 준다. 물론, 이것은 더욱 회복 탄력적인 대응을 길러 주고, 중독 과정은 더 이상 필요하지 않게끔 도와준다.

제11장

손상된 결합 회복하기:
EFT의 애착손상회복모델을 통해 용서하고 화해하기

애착결합을 재구조화하고 갈등을 겪는 관계를 회복하는 과정에 흔히 보이는 교착 상태는 애착손상으로부터 온다. 나는 배우자에 대한 부정행위에서부터 결정적으로 필요할 때 신체적 혹은 정서적으로 없었던 것까지 아우르는 애착손상을 정의하고 치료 과정에서 나타날 수 있는 다양한 애착손상에 대해서 기술하고자 한다. 이러한 손상들은 1기의 부정적인 분위기 속에서는 무시하거나 혹은 해결될 수 없다. 2기가 되어야 비로소 커플이 그들의 관계를 안정적인 결합으로 재구성하고자 할 때, 애착손상 사건들이 해결될 수 있고 또 해결되어야만 한다(Johnson et al., 2001). 나는 애착상처가 있을 때인 1기를 이끌어 나가는 것에 대해 이야기하고 나서 2기에서 화해와 신뢰를 재건립하는 애착손상회복모델(Attachment Injury Resolution Model: AIRM)에 대해서 설명할 것이다(Makinen & Johnson, 2006; Zuccarini et al., 2013; 다음의 〈표 11-1〉 참조).

1. 무엇이 애착손상인가

애착손상(Attachment Injury: AI)의 구조는 특정 관계 사건—한쪽이 특히 필요로 하는 때, 위로와 보살핌을 받을 수 없게 다가갈 수 없었거나 반응하지 않았던 경우에 서로 간의 신뢰결합이 산산조각 나는 일—으로 정의된다(Johnson et al., 2001). 상대가 반응을 하든 그렇지 못하든 간에 절실히 필요로 했던 순간에 대한 사건이 애착관계가 불균형한 정도에 영향을 미치고(Simpson & Rholes, 1994), 관계의 안정성에 대해 재정립하게끔 한다. 그들은 한 시점에 중심이 되어 애착결합을 산산조각 내고, 관계를 불안정하고 믿을 수 없는 것으로 재정립시킨다. 그때부터 그들은 상대방이 의지할 만한가를 기준으로 계속 평가하게 된다.

진짜 필요로 하는 중요한 순간에 유기하고 배신하는 것을 허먼(Herman, 1992)은 '인간 유대의 위반'이라고 불렀다. 애착손상은 애착결합 사이에 있던 기존의 불안정성을 새로 만들거나 혹은 악화시키고 상처 입은 파트너에게 압도적인 두려움과 무력감을 유발한다. 이러한 트라우마 사건들에는 삶과 죽음에 관한 본질이 담겨 있다. 사건에 관련된 감정은 맴도는 경향이 있고, 트라우마 반응이 뒤따르게 된다. 상처 입은 쪽이 철회하고 마비시키는 것 사이와 플래시백과 과각성을 경험하는 사이를 오가면서 종종 상대방을 비난하고 책망하는 경향을 보인다. 상대방이 의지할 만하지 않고 믿음직하지 않다고 경험하는 것은 반복되는 테마가 되고 관계 회복을 막는 교착 상태를 가져온다.

"**애착손상**이라는 개념은 관계는 향상이 되었지만, 정서중심 부부치료에서 고통으로부터 회복되지 못한 사람들이 부부치료 과정에서 교착 상태를 보이는 것을 관찰하면서 탄생하게 되었다."(Johnson et al., 2001, p. 146) 어떤 커플들은 상처가 되는 사건으로 인해 공공연히 싸우는 채로 치료에 오는 반면, 다른 사람들은 그런 사건들이 그들의 관계결합에 어떤 영향을 미치는지에 대해 모르는 채로 단계적 약화를 통하여 성공적으로 앞으로 나아가기도 한다. 부서진 믿음의 메아리가 계속 반향을 가져오고 있다는 사실에도 불구하고, 6년 혹은 30년 전에 서로 논의한 적이 없고 양쪽 파트너가 모두 그 영향에 대해서 거의 신경을 쓰지 않는 사건이 있을 수도 있다. 이는 사소한 사건들로 보일 수 있어서 결정적 순간에 상처가 되는 말이나 전형적인 애착손상인 부정행위일 수 있는데, 애착손상이 해결되고 신뢰가 다시 쌓이지 않는다면 파트너들은 단계적 약화를 넘어 나아가지 못할 것이고, 치료가 종료된 이후에 반드시 재발할 것이다(Makinen & Johnson, 2006).

사건에 있어서 애착의 중요성은 관계를 파괴하고 안정성을 재정립할 수 있는 힘을 준다는 것이다. 애착이론은 관계에 있어서 무엇이 본질적인 순간을 만들어 내는지 설명해 주고, 우리에게 결합을 강화하거나 혹은 부수는 것이 무엇인지에 대해 말해 준다. 필요할 때 파트너가 다가갈 수 있고 정서적으로 반응적일 때, 애착결합은 성숙해지고 강해진다. 반면에 필요한 순간에 버려지거나 배신당하는 것은 상대방이 위기와 갈등의 순간에 위로와 보살핌을 줄 것이라는 기대를 파괴한다. 애착결합을 산산조각 내는 힘은 사건의 내용이 아니라 사건 동안에 경험하는 삶과 죽음의 느낌, 경험이다. "통증 중추에서 가장 중요한 것은 경미하게 맞닿은 철학적 개념이 아니라 위협하는 위험의 정도다. …… 산산조각 난 무릎 혹은 각막에 난 상처, 관계가 파괴된 것으로 인해 느껴지는 고통이다."(Lewis et al., 2000, p. 95, 나의 강조) 부정을 발견했을 당시에 느끼는 상대방의 방어적 반응 혹은 정서적으로 부재한 반응보다 실제 부정 사건은 훨씬 타격이 덜 할 수 있다. 손상의 가장 핵심—애착결합을 산산조각 낼 수 있는 힘을 주는 것—은 절실하게 필요로 하는 순간에 상대방에게 원했던 위로의 원천에 다가갈 수 없고, 함께할 수 없거나 반응하지 않는다는 것이다.

2. 애착손상이 아닌 것

초보 EFT 치료사들은 종종 커플들의 일상적인 상처 및 불신과 애착손상을 헷갈릴 수 있다. 여기 구분하는 데 도움이 되는 두 가지가 있다. 첫째, 애착손상은 관계에서 보이는 일상적인 좋고 나쁨과는 구별되어야 한다. 반복되는 부정적 상호작용 패턴을 통해서 서서히 관계에 부식이 일어나는 것은 애착손상을 일으킬 만큼 엄청난 것이 아니다. 애착손상이 대부분의 애착관계의 기본적인 가정("내가 당신을 필요로 할 때 당신은 거기 있을 거야.")을 한순간에 산산조각 내는 반면(Johnson, 2013), 부정적인 고리는 천천히 관계의 안전과 믿음을 잠식한다. 상대방에게 기댈 수 있다고 가정하고 스스로 사랑받을 만하다고 느끼며 상대방에게 소중하다고 느끼는 것은 특정 사건으로 인해 중심부터 송두리째 흔들린다.

둘째, 애착손상은 커플관계의 외부에서 일어나는 트라우마와는 구별되어야 한다. 한 파트너의 트라우마적인 경험, 예를 들어 어린 시절의 학대 트라우마, 부모님의 자살 혹은 정신적 질병, 전쟁에 참여하는 트라우마, 혹은 트라우마로 남는 자동차 사고 같은 것이든 아니든 간에 이런 사건들이 아무리 관계갈등에 영향을 미치고 애착손상을 회복하는 데 어려움을 가져온다고 해도 관계결합에 특이적인 애착손상이라 볼 수는 없다.

3. 치료 과정에서 애착손상은 서로 다르게 나타난다

해결되지 않은 애착손상으로 인해 커플이 계속 영향을 받고 있다고 치료사에게 암시하는 주된 표지 중 하나로 "커플의 상호작용 중에 갑자기 정서의 강도가 세지는 것"이 있다(Johnson et al., 2001, p. 147). 이렇듯 정서적 강도가 올라가서 보이는 것에는 세 가지 기본 방식이 있다. 첫 번째 예시는 애착손상이 1기에서 주요한 초점이라고 설명한다. 두 번째 예시는 1기 혹은 2기에서 나타날 수 있고, 세 번째 예시는 2기에서 갑자기 그리고 예기치 못하게 나타나는 애착손상일 수 있다.

첫째, 크게 벌어진 상처는 치료의 시초부터 잘 보일 수 있다. 게일(Gail)과 폴(Paul)은 치료에 올 때부터 어느 시점에 멈춰서 있어 폴의 부정이라는 관계의 상처로부터 회복하는 것이 불가능할 것처럼 보였다. 거의 매 치료 순간은 게일이 정신없이 "도대체 어떻게 폴이 나한테 이럴 수 있죠?"라고 항거하는 것으로 점철됐고, 그럴 때마다 폴은 의자 끝에 앉아서 손을 흔들면서 반복적으로 똑같이 부끄러운 표정의 사과를 하는 양상이었다(이 사례는 애착손상을 다루는 1기 EFT 치료를 설명하는 다음 절에서 확장된다).

둘째, 유령이 옷장에서 빼꼼히 나오게 된다. 존(John, 위축자)과 카림(Kareem, 추적자)이 초기 평가 때 "이제는 모두 끝났다."라고 했던 사건을 말하기도 한다. 이는 거의 언급되지 않았고, 1기의 단계적 약화를 방해하지도 않았다. 하지만 2기의 시작에서 다시 넌지시 나타난 것이다. 카림이 너무 화가 나서 그의 가족과의 식사 자리에서 뛰쳐나갔던 '그 다툼'에 대해서 이야기하는 동안 존의 눈은 촉촉하게 젖었다. "당신은 지금 내가 그걸 다 잊었다고 생각하지." 그는 다소 무심하게 이야기했지만, 그의 눈은 눈물로 가득했다. '한 번도 그를 믿은 적이 없다'는 순간이 드디어 나오기 시작했다. EFT 치료사는 상처를 열어 이야기하기 위해서 바로 이 부분에 줌을 끌어당길 필요가 있고, 화해를 향해 재구조화할 필요가 있다(유사한 사례로 이뤄진 확장된 예시는 Brubacher & Johnson,

2017 참조).

셋째, 파트너들이 2기에서 서로에게 점점 더 취약해지는 것과 같이 애착손상의 유령이 옷장으로부터 나와 어슬렁거릴 수 있다. 타니샤(Tanisha)와 마찬가지로 더 추적하는 쪽의 파트너는 기꺼이 위험을 무릅쓰고 이제는 다시 관계에 참여하고 있는 디숀(Deshawn)에게로 상처받기 쉬운 채 다가가려 할 수 있다. 하지만 곧 "절대 안 돼!"라는 변연계의 알람이 울리고 그녀는 얼어붙는다. 30년 전의 트라우마 사건에 대한 기억—정말 필요한 순간에 디숀에게 정서적으로 다가갈 수 없었던 것—이 그녀를 덮치고 그녀는 멈춰 선다. 이 예시는 다음 절에서 확장되어 2단계에서 손상을 회복시키기 위해서 애착손상회복모델을 적용하는 것에 대한 설명으로 이어진다.

4. 벌어진 상처: 1기에서 보이는 애착손상을 다루는 것

에밀리는 게일과 폴이 부부치료를 받게 한 사건에 대해서 설명하는 것에 귀 기울인다. 이 사건은 그들이 공유했던 믿음의 유대를 갑작스럽게 손상시킨 것이 분명했다. "그는 내게 영웅이었어요." 게일이 손에 휴지를 움켜쥐고 이야기했다. "그의 소중한 한 사람이 나라고 알고 있었고, 일생에 걸쳐 그를 믿어 왔어요. 우리는 두 특별한 아이를 기르기 위해 함께 고생했고, 우리 아이들과 함께 여행하는 달콤한 시간을 보냈고, 그는 항상 나를 위해 있어 줬어요. 그리고 그때—내 생애 가장 힘들었던, 바로 우리 어머니가 돌아가신 때—그가 회사 비서를 위해서 산 진주 목걸이 영수증을 발견했고, 그 즉시 내가 더 이상 그의 진정한 사랑이 아니란 걸 알게 됐어요. 일생 동안 그는 한 번도 내게 그런 보석을 사 준 적이 없었어요!" 그녀는 망설이면서 "나만의 영웅을 잃어버렸어요!"라고 말하고 한숨을 쉰 뒤 갑자기 분노에 찬 눈물을 흘렸다. "당신도 알다시피 수백만 년 동안 한 번도 그가 이럴 거라고 생각해 본 적이 없어!" 폴은 다가와서 "그게 잘못됐다는 것을 알아. 내가 미안하다고 했잖아. 그건 정말 내가 잘못한 거야. 내가 당신한테 미안하다고 했잖아!" 에밀리는 숨을 고른다. 애착손상의 벌어진 상처가 이 회기를 압도하고 있다.

1) 2기 화해 전의 1기의 단계적 약화

에밀리는 게일이 느끼는 깨질 것 같은 통증을 폴과 공유하고, 그가 얼마나 깊이 그녀를 아프게 했는지 이해할 수 있도록 도우며, 이 손상을 회복시킬 수 있도록 폴이 충분한 회개를 할 수 있게끔 이끌고자 하는 유혹을 잠시 느낀다. 갑자기 그녀는 정신을 차리고, 2기 화해의 과정에 들어서기 전에 부정적 고리를 단계적으로 약화시키는 것이 얼마나 중요한지에 대해 떠올린다. 그녀는 다시 집중한다. 그녀 앞에 일어나는 것이 무슨 과정인지 파악하면서 그녀는 감정적으로 격앙된 커플을 발견한다. 폴은 부드럽게 방어하고 도망가는 위치(회피자)로 달래고 있으며, 게일은 상처받기 쉽고 비난하고 추적하는 위치(추적자)에 있었다. 에밀리는 스스로 그녀가 1기 작업을 하고 있음을 상기하고, 우선 치료실에서 그들을 단계적으로 약화시키고 개방된 상처를 무시하지 않으면서 부정적인 상호작용 고리를 추적할 필요가 있다고 생각했다.

그녀는 애착손상의 단계를 만들고 상처를 계속 생생하게 만드는 부정적 고리의 전형적인 움직임과 의미들을 명명하고 입증하기 시작했다. "게일, 나는 당신이 그를 가장 필요로 할 때 다른 사람에게 향하고 있던 그에게 당신이 느꼈던 고통과 분노를 더 경험하게 되고, 폴, 당신은 점점 더 하염없이 사과하면서 당신이 그녀의 기분을 더 풀어 줄 수 없다는 것에 짜증난다는 것을 알았어요."

에밀리는 촉발 요인에 의해 나타난 애착의 의미들을 환기시키고 반영하면서 부정적 고리에 있는 정서의 경로를 계속 추적한다. 게일에게 있어 촉매제는 폴이 사무실 비서와 가졌던 관계와 진주 목걸이 영수증을 발견한 것이었다. 게일의 정서적인 반응의 문을 열었을 때, 에밀리는 "게일, 당신은 그와 릴리의 관계와 목걸이 영수증에 대해서 스스로에게 뭐라고 말했나요?"라고 물었다. 폴에게 있어서 커다란 촉매제는 게일의 불행이었기에 에밀리는 물었다. "그녀가 불행해하는 것을 봤을 때, 당신은 스스로에게 뭐라고 말했나요? 그리고 그녀를 우울함에서 건져 내는 게 불가능하다는 것을 알았을 때에는 스스로에게 뭐라고 이야기했나요? 그리고 지금 그녀의 고통과 분노를 마주하면서 어떤 생각이 들었나요?"

그녀는 각 파트너의 이차적인 정서, 게일이 느끼는 분노와 폴이 수년간 게일의 기분을 나아지게 할 수 없었고, 특히 지금 폴이 게일에게 몹시 상처를 줬다는 데에서 느끼는 짜증과 무력감을 파악한다. 치료사는 상황에 맞게 풀어 대처한다.

게일: 그가 진짜 자신에게 문제가 있다고 생각하는 것 같지 않아요. 그에게 치료를 받으라고 했어요. 그에게 치료가 필요하다고 했어요.

에밀리: 그건 당신이 우리가 처한 덫에서 빠져나가자고 이야기하는 방식이군요. 그를 더욱 가까이 끌어오려고 노력할수록 그는 더 사라지려고 하는 반복되는 덫 말이죠. 그가 더 숨으면 숨을수록 당신은 위험하게 멀어지는 그를 향해 더 지적했겠군요?

에밀리는 춤을 이끌어 내는 기저의 정서적 음악을 이해시키고 상기시킨다. 거절과 유기에 대한 외로움, 고통과 두려움. 자기("나는 사랑받을 가치가 없고 너절하다.")와 타자("그는 예측 불가능하고 의지할 만하지 않다.")에 대한 부정적인 관점이다.

마침내 그녀는 그들의 갈등을 익숙한 고리이자 그들이 손상에 대해 치유적인 대화를 하는 것을 막는 장애물로 재구조화한다. 이는 폴은 도망가고 달래고 방어하며, 게일은 밀고 항거하고 절망으로 몸서리치는 춤과 같다.

폴은 수년간 게일의 기분이 나아지기를 바라면서 침묵으로 괴로워했고, 마침내 그가 '관계를 수정하고 그녀의 기분을 달래는 것에 재주가 없다'고 느끼면서 점점 더 멀어지게 되었다. 에밀리는 그들 사이의 결합을 파괴한 비극적인 순간에 무엇이 일어났는지에 대해 설명하고, 이 사건의 마지막 장면은 폴이 다른 여자와 관계를 가지면서 그들 사이의 믿음을 산산조각 내고 게일에게서 영웅으로서의 그를 거의(하지만 전부는 아니게) 사라지게 한 것이라고 이야기한다. 에밀리는 이 부서진 믿음을 복구하는 데 도움이 되는 길을 알고 있다고 하면서 커플을 안심시키며 게일이 아직은 그를 전적으로 믿을 수 없고, 폴은 그녀가 고통스러워하는 것을 볼 때마다 두려움으로 괴로우며, 그가 그녀에게 다시 빛나는 갑옷을 입은 기사가 될 수 있을지 의심한다는 것을 설명한다.

2) 1기에서 애착손상에 반응하기 위한 핵심 요소

물론, 모든 문제를 일으킨 파트너가 이렇게 참회하는 것은 아니다. 어떤 이들은 차갑고 고려할 가치조차 없다고 묵살하거나 혹은 변명과 반격으로 방어한다. 그럼에도 불구하고, 커플들로 하여금 치유적인 대화를 막는 부정적 고리를 단계적으로 약화시키는 것은 화해의 과정 전에 선행되어야 한다. 커플이 손상을 회복하고 신뢰를 재건하기 위해 2기의 애착손상회복모델(AIRM)을 EFT 치료사가 따르기 전에 분노하고 방어하거나 사과하고 거리를 두는 현재의 고리는 조각난 믿음을 붙이는 것을 방해하는 문제로서 추적되고, 풀어지고, 인식되어야 한다. 지금 단계적으로 약화될 필요가 있는 고리는 현재 회복을 막고 있는 고리다. 이 고리는 손상에 앞섰던 원래 고리와는 차이가 있을 수 있다. 1기에서 애착손상의 관점으로 고리를 추적하는 것은 다음의 내용을 포함한다.

첫째, 손상을 뚜렷하게 명명하고 상처가 생생하게 느껴지게 하는 현재의 고리 중 손상이 어떤 부분을 차지하는지에 대해 명쾌하게 기술하라. EFT 치료사들이 1기에서 하나 이상의 애착손상을 파악하게 될 때, 그들은 내용으로 가득한 관에 침식되거나 문제해결을 위한 컨베이어 벨트에 머무르는 것을 삼가고 대신 과정에 집중한다. 그들은 상처가 되는 사건을 명쾌하게 이름 짓고 상기시키며 지금 이 고리에서 가지는 영향력에 대해 검증하면서 이 과정을 해 나간다. "스캇(Scott), 다이앤(Diane)이 당신의 가장 친한 친구인 알렉(Alec)에게 문자하는 것을 알게 된 이래로 당신의 어머니가 돌아가실 때처럼 타는 듯한 고통을 느끼고 절망에 빠져 그녀가 눈앞에서 한 발짝도 떠나지 못하게 했죠. 다이앤, 그가 당신을 더 멀리 밀어낼수록 당신은 더욱더 안쪽으로 숨어들었고, 당신이 점점 더 마음을 닫을수록 그는 점점 더 밀어냈을 거예요." 수많은 사건이 아마도 1기의 고리에서 이야기될 것이다.

치료사는 계속 비난하는 것 혹은 마음을 닫아 버리는 것, 외면하는 것, 돌아서는 것과 같은 태도를 구별하는 데 느긋하고 부드럽고 끈질긴 검증을 계속할 것이다. 또 치료사는 계속 공감하고 서로 다른 고통과 분노, 회한, 혹은 좌절의 경험을 구별하도록 검증할 것이다.

손상을 명쾌하게 이름 짓는 것은 파트너의 부정, 매춘을 일상적으로 하는 것 혹은 처방받은 약에 숨겨져 있던 중독과 같은 수치스럽거나 경멸스러운 징조의 무언가를 직접 언급하는 것을 괴로워하는 치료사들에게는 매우 어려운 일일 것이다. 치료사는 반복적으로 손상을 이름 짓는 것이 혹여 잘못을 저지른 파트너를 더 수치스럽게 만들거나 상심한 파트너의 고통을 더 부추기게 될까 봐 두려워한다. 하지만 상처가 되는 사건을 명백하게 이름 짓는 것은 실제로 안도감을 주고, 신뢰를 무너뜨린 사건이 어떻게 현재 고리의 일부로서 작용하는지에 대해 명쾌하게 추적하는 것도 마음의 평안을 가져온다. 명쾌하게 이름 붙이는 것은 표현할 수 없는 것을 포함하고 파트너들이 효과적으로 사건에 대해서 이야기하는 것을 가로막는 현재의 고리를 단계적으로 약화시키는 과정의 시작이라고 볼 수 있다.

둘째, 회복을 가로막는 고리를 단계적으로 약화시키라. 1기에서 EFT 치료사는 손상을 치유하려 하거나 혹은 왜 그런 손상이 일어났는지 결론 내리려고 하지 않는다. 대신, EFT 치료사는 손상이 치유되는 것을 가로막고 십중팔구는 손상을 일으키게 되는 현재의 고리를 단계적으로 약화시키려고 작업한다. 이 과정은 다음과 같은 요소들을 포함한다.

① 현존하는 순간의 촉매제, 행동화 경향, 애착의 의미를 추적하고 방어적이고 반응적이며 이차적인 감정을 검증한다("나는 그가 그것에 대해서 이야기하고 싶어 하지 않는다는 것을 알고 있어. 그래서 절대로 꺼내지 않아. 때로는 그에게 벌을 주려고 그냥 찔러 보는 거지." "나는 그것에 대해 이야기하고 싶지 않아. 나는 이미 미안하다고 사과했다고!").

② 신뢰를 가로막는 상처(핵심적인 고통, 두려움, 분개)의 요지를 콕 집어내어서 검증한다(상처받은 파트너: "나는 그에게 중요하지 않아."/상처를 입히는 파트너: "나는 망했어. 그걸 절대 보상할 수는 없을 거야.").

③ 기저의 고통과 불신에 대해 평가한다("나는 그가 아무 뜻도 없었다는 것을 알아. 그렇지만 지금까지 내가 아는 그 무엇보다도 상처가 되는 걸.").

④ 그들로 하여금 상처를 못 고치게 가로막는 부정적 고리로서 문제를 인식한다.

⑤ 커플에게 치료사인 당신이 그들이 서로 아직은 믿기 어렵다는 것을 이해한다고 안심시킨다. 하지만 신뢰를 회복하는 길을 당신이 알고 있다는 것을 전달한다. 그렇지만 얼마나 많은 길을 그들이 참아내야 하는지 투명하게 길을 보여 줘야 한다["신뢰를 다시 쌓기 전에 우리는 무엇보다도 어떻게 당신이 현재 자동적인 행동에 빠져 있는지 명확히 하는 것이 필요하다. 서로에게 위험하고, 무기력하고, 더 상처가 되는 이야기들을 전하는 것이 자동적인 행동이다. 우리는 당신이 치유가 되는 대화를 하지 못하도록 하는 부정적인 고리를 변화시킬 필요가 있다. 나는 당신에게 이 길을 어떻게 안내해야 하

는지 알고 있다. 나는 당신에게 이 길—당신(상처를 입히는 쪽)이 진정으로 상대가 경험하는 고통을 느끼게끔 도와주고 어떻게 이렇게 끔찍한 일이 벌어지게 되었는지 함께 이해해서 당신(상처를 입은 쪽)이 다시 믿음을 가져도 안전하다고 느낄 수 있게 하는 길—을 어떻게 안내해야 하는지 알고 있다."].

5. 애착손상회복모델

애착손상회복모델(AIRM)은 애착손상을 복구하는 데 있어 검증된 청사진이다(Makinen & Johnson, 2006; Zuccarini et al., 2013; 〈표 11-1〉 참조). 이것은 모델 안에 있는 작은 모델이다. 8단계로 이뤄진 회복 과정은 특히 상처 입은 자와 상처받은 자 사이의 일련의 주고받는 대화(행위화)로서 손상 사건을 설명한다. 다가가고 대응하는 대화는 감정이 실린 사과를 탄생시켜서 회복력이 있는 위안을 주고 애착결합을 재구성한다. 이러한 2기 과정은 순화와 같은 변형 요소이며(Greenman & Johnson, 2013), 순화 변화의 전환점과 같이 일반적으로 고리를 단계적으로 약화시키고, 위축자를 재개입시키는 작업이 선행되어야 한다. 성공적인 순화를 위해 회피자 혹은 위축자는 치유가 되는 대화에 참여하기 위해서 먼저 접근이 용이해야 하고, 파트너들은 추적자가 충분히 열린 마음으로 참여할 수 있게 하기 위해 단계적으로 약화될 필요가 있다.

표 11-1 애착손상회복모델의 단계: 파트너들과 치료사의 과제

상처로 고조된 고리를 단계적으로 약화시키는 것

- 1단계
  - 상처를 입은 파트너의 과제: 상처와 사건으로 인해 그녀 혹은 그가 배신감을 느끼고 버려지고, 무력하고, 안정적인 결합으로서 관계라고 믿었던 것에 배신당했다고 느낀 영향력에 대해서 분명하게 표현한다.
  - 치료사의 과제: 상처가 되는 사건에 대해 상처 입은 파트너의 설명을 과정으로 따라가고, 장면을 그려 보고, '다시는 절대로'라는 말의 영향력에 대해 분명하게 표현한다. 이차적인 감정에 대해 검증한다.

- 2단계
  - 상처를 준 파트너의 과제: 파트너에게 반응한다. 그녀 혹은 그는 자주 무시하고, 부인하거나 사건과 상대방의 고통을 축소시키고 방어적인 태도를 취할 것이다.
  - 치료사의 과제: 상처 입혔던 파트너의 반응을 따라가며 그 혹은 그녀로 하여금 애착의 의미에 대해 귀 기울이도록 한다.
- 3단계
  - 상처를 입은 파트너의 과제: 대화와 감정을 통합하고 상처가 되는 사건과 관련된 애착공포와 갈망을 평가한다.
  - 치료사의 과제: 상처 입은 파트너로 하여금 사건과 관련된 애착의 의미에 대해 곰곰이 생각해 보도록 한다. 이차적인 감정을 풀어놓고 경험에 대한 핵심적인 고통에 대해 다룬다.
- 4단계
  - 상처를 준 파트너의 과제: 부적절하거나 무심하다는 징후로서가 아니라 상대방에게 그 혹은 그녀가 얼마나 중요한지에 대해 반영해 보고자 하는 사건으로서 애착의 의미를 이해하고 귀 기울이기 시작한다. 다시 예측 가능해지기 위해서 어떻게 바뀌어야 하는지 상세하게 설명한다.
  - 치료사의 과제: 상처를 준 파트너로 하여금 이차적인 감정적 반응에 대해 풀어놓고 상대방이 사건에 관련된 애착의 의미에 다가갈 수 있게끔 도와준다. 그 혹은 그녀에게 어떻게 사건이 진행되었는지 상세하게 이야기하도록 요청한다.

정서적 개입의 새로운 고리: 용서와 화해

- 5단계
  - 상처를 입은 파트너의 과제: 사건에 대해 더욱 정교하게 다루고 어떻게 사건이 애착결합을 위협하게 됐는지 알아보게 한다. 사건과 관련된 일차적이고 상처 입기 쉬운 정서를 표현하도록 한다.
  - 치료사의 과제: 상처에 대해서 상처 입은 파트너가 일차적으로 경험하는 정서를 따라간다. 상처 입은 파트너로 하여금 고통, 상실감, 애착공포, 상처 주는 파트너를 갈망하는 것에 대해 표현하도록 지시하여 파트너로 하여금 그 혹은 그녀의 취약함에 대해 목도하도록 한다.
- 6단계
  - 상처를 준 파트너의 과제: 정서적으로 더 참여하게끔 한다. 상대방의 고통을 '지각한 느낌'에 대해 평가하고 이것에 의해 눈에 띄게 마음이 움직여지도록 한다. 일차적인 정서—공감, 후회, 회한—를 표현하고 고통을 일으키게 된 그 혹은 그녀의 책임에 대해 깨닫게 한다.
  - 치료사의 과제: 상처를 주는 파트너의 일차적인 정서 반응(상처 입은 파트너에 대한 슬픔, 회한, 후회, 공감)을 따라가서 파트너의 고통을 '지각된 느낌'으로서 마주하게끔 한다. 상대에게 적절히 대응하고 관계에 참여하는 동시에 책임을 느끼고, 공감, 후회, 회한을 표현하도록 촉진한다.

결합을 공고화하는 것

• 7단계
 – 상처를 입은 파트너의 과제: 충족될 필요가 있는 애착욕구에 대해 물어보는 것을 두려워하지 마라. 이런 애착욕구는 대개 상처받던 때에 구할 수 없었던 위안과 보살핌이다.
 – 치료사의 과제: 상처 입은 파트너가 얼마나 다가갈 수 있었는지와 상대방의 정서적 표현에 반응했는지에 대해 따라간다(사과를 받아들이고 상처를 주는 파트너의 경험에 대해서 공감하는 것). 사건과 관련된 애착욕구를 표현하도록 지지한다.

• 8단계
 – 상처를 준 파트너의 과제: 트라우마 경험에 대해 해독제 역할을 가지는 배려하는 태도로 반응한다. 이러한 결합 사건은 성공적이다. 관계는 안전한 안식처로 다시 정의될 수 있다.
 – 치료사의 과제: 상처를 입은 파트너가 표현하는 욕구에 대해서, 상처를 준 파트너가 반응하는 정도를 알아본다. 파트너의 반응과 새로운 이야기의 탄생을 지지해 준다.
 – 양쪽 파트너의 과제: 사건에 대한 새로운 이야기를 만들어 간다.

출처: Makinen & Johnson (2006); Zuccarini et al. (2013).

6. 2기에서 애착손상을 해결하기 위해 애착손상회복모델을 따르는 것

타니샤와 디숀의 경우, 오랫동안 잊혔던 사건이 2기 때 옷장에서 어슬렁거리며 나왔다. 에밀리는 10대에 만나 결혼한 40대 후반인 이들을 만났을 때, '오랫동안 잊혔던' 핵심 사건이 그들의 관계에 미치는 힘에 대해 다루는 것이 치료관계 형성에 밀접한 영향을 줄 것이라 생각했다. 그들은 타니샤는 점점 더 비난하면서 적대적으로 쫓아가고, 디숀은 물러나서 '차갑게 식어 버린' 채로 있다가 종종 날카로운 말들로 스스로를 방어하면서 다투는 식의 견고한 고리를 가지고 치료에 찾아왔다.

커플과 에밀리는 그들이 만들어 내는 진전에 함께 기뻐했다. 몇 달 동안 단계적으로 약화한 뒤에 몇 주 동안 또 디숀이 위축되는 것을 재개입하게 만든 뒤에 디숀은 관계 안에서 점점 더 적극적인 입장을 취했고, 타니샤에게 점점 더 가까이 다가가서 생애 한 번도 해 본 적이 없는 방식으로 그녀에게 자신을 위로하고 안심시켜 줄 것을 요구했다. 그녀의 표정에서 그에게 위험이라고 느껴진 '내가 막 데일 것 같았던' 신호를 읽었을 때, 그는 지금 멈춰 서서 그녀에게 인내심을 가질 것을 요청했다. 그는 그녀의 그런 표정이 자신을 깜짝 놀라게 했고 당장 그녀 앞에서 꺼지라고 하는 것 같았다고 말하며,

실은 그녀와 계속 연결되어 있기를 바란다고 전달했다(이렇듯 연결되어 있기를 갈망하는 것은 이전에 그가 가까이 있는 것을 스스로에게 위험하다고 느꼈던 것으로부터 미루어 보건대, 그가 재개입하고 있다는 명백한 암시다). 그의 가슴으로부터 팔까지 번지는 익숙한 따끔함으로 인해 찌릿한 통증을 느꼈을 때(타니샤로부터 그녀가 행복하지 않다는 신호로 나타나는 익숙한 신체 각성, 아마도 못마땅함), 그는 "오, 안 돼. 다시 시작되고 있어. 그 찌릿한 통증은 당신이 나를 이제 막 판단하고 벽을 쌓아서 내쫓을 거라고 말하는 것 같아."라고 말한다. 그들은 그 순간을 복구하고 하나가 된다.

디숀을 향한 그녀의 순화 과정 중에 타니샤는 그녀가 그에게 다가갔을 때 그가 거기 없을까 봐 두렵다고 표현한다. 에밀리는 타니샤가 그녀가 경험해 본 중에 가장 취약하다고 느끼고 있고, 그런 순간 이런 공포를 디숀과 기꺼이 나누기 위해 그를 초대한다는 것을 느낄 수 있었다. 타니샤가 디숀을 봤을 때, 그녀는 갑자기 멈췄다. 갑자기 그녀의 표정은 먹먹해져서 손을 흔들기 시작하고 치료실의 한 구석을 응시했다…….

"안 돼, 안 돼, 안 돼, 그가 거기 없었어요. 가장 어둡고 힘든 시기에…… 우리는 정말 사랑했죠. …… 그는 내게 빛나는 기사와 같았어요……." 그녀의 눈물이 바닥에 떨어졌다. 그녀는 팔로 배를 감쌌다. "그는 미카에게 30년간 좋은 아빠였어요. 그렇지만 나는 그가 나를 정말 사랑한다고 완전히 믿지는 않았어요. 내가 임신했을 때, 낙태하는 것은 어떻겠냐고 제안했던 그를 잊어 본 적이 없어요. 그날 내가 생각했던 그는 산산조각 났죠. …… 가슴이 무너졌어요. 정말로 우리 아이를 없애! 내가 어떻게 그래? 걱정도 안 돼? 그 이후로 나는 제대로 그를 믿어 본 적이 없어요. 나는 항상 미카의 자폐에 대해 그를 탓해 왔어요!"

에밀리는 진심으로 고통에 떨었다. 그들 사이에 부서진 신뢰로 인한 고통, 타니샤의 애도와 공포에 대한 고통, 그 짧은 순간이 그녀의 신뢰를 파괴하고 그를 보던 그녀의 관점을 망가뜨렸다는 것을 디숀이 이제서야 처음 듣는다는 고통, 이는 반짝이는 갑옷을 입은 기사를 한 순간 말에서 떨어뜨렸다! 에밀리는 2기에서 흔하게 보인다고 읽었던 교착을 직접 경험했고, 이는 말 그대로 커플들이 초기에 경험하던 갈등이 약화되었지만 해결되지 않은 과거의 애착손상으로 인해 커플이 완전히 회복되는 것을 막는다는 것을 겪은 것이다.

디숀과 타니샤는 단계적 약화와 회피자 재개입을 통해 그들의 관계를 회복해 왔지만, 마침내 마지막 변화 단계인 비난자 순화 단계에서 멈춰 버렸다. 타니샤는 디숀에게 더 이상 상처를 무릅쓸 용기가 없었다. 과거 사건으로부터의 기억이 표면으로 떠올라 회복의 길을 가던 그녀를 멈춰 세웠다. 에밀리는 디숀이 잊혔던 사건이 다시 떠오른 데 대해 완전히 충격을 받은 것을 목도했다. 그녀는 타니샤의 보수적인 가족에게는 절대 용납받을 수 없었던 혼전 임신을 그 커플이 알게 되었던 그 어려운 시기를 상상하면서 고통에 떨었다. 그 커플은 그들이 상처가 되는 사건(예기치 못하게 무력한 모습으로 만든 사건)으로부터 회복하게끔 치료사가 AIRM을 따라서 이끌어 줄 필요가 있었고, 또 준비도 되어 있었다.

1) AIRM 1단계

에밀리는 타니샤로 하여금 장면을 다시 그리고, 고통을 느끼고, 이를 말로 표현하게끔 도와줬다.

타니샤: 그는 내게 전부와도 같았어요. 빛나는 갑옷을 입은 나의 기사! 나는 내가 임신했다는 것을 알았던 순간부터 아기를 사랑했어요! 그래요. 나는 우리 가족이 보여 줄 분노와 비판이 두려웠지만 디숀과 함께라면 뭐든 대처할 수 있을 것이라는 확신을 가졌어요. 그렇지만 낙태하라는 그의 제안은 나를 산산조각 냈어요. 그건 마치 그가 나를 배신하고 나의 아기를 배신하는 것처럼 느껴졌어요!

디숀은 이 모든 것에 대해 굉장히 충격을 받아 종종 끼어들었다.

2) AIRM 2단계

에밀리는 디숀에게 애착의 용어(즉, 그의 실수로서가 아니라 그가 타니샤에게 가지는 중요함으로서)로서 그 사건의 의미에 대해 귀 기울여 듣게끔 도와주었다. 그녀는 타니샤가 그를 빛나는 갑옷을 입은 기사로 그리고 그의 지지가 있다면 어떤 것이든 견딜 수 있다고 느끼며, 그들이 함께라면 그녀의 가족이 보이는 혹독한 비난을 이겨 내고 성공적이고 행복한 10대 부모 가족이 될 수 있음을 그렸다는 것을 보여 준다. 그녀는 타니샤에게 그가 얼마나 중요했는지 말한 것과 그가 이것은 그녀 덕분이며 그들이 함께라면 무엇이든 할 수 있다고 생각했던 것을 강조해서 전달한다.

3) AIRM 3단계

에밀리는 타니샤가 그녀의 애착공포와 갈망으로 이야기를 통합할 수 있게 돕는다. 그녀는 타니샤의 분노 아래에 깔린 상처 받기 쉬운 아픔, 슬픔, 갈망과 공포를 상기시켜 준다.

타니샤: 그가 내게 낙태하라고 그리고 심지어 헤어지는 것이 어떻겠냐고 제안했을 때 무언가가 변했어요! 나는 헤어질 수 없다고 주장했어요. 우리는 결혼을 했고, 살아갔고, 우리 가족의 비판을 헤치고 나와서 서로에게 꼭 붙어 있었어요. …… 그러나 나는 아기를 돌보고 그에게서 아기를 보호하기 위해서 그를 밀어냈죠! 나는 다시는 그를 충분히 믿을 수 없었어요. 나는 더 이상 그에게서 안전하다고 느끼거나 보호받는다는 생각이 들지 않았어요. 나는 스스로 강하게 행동해야만 했어요. 속으로는 외롭고 무서웠어요. 그가 떠나 버릴까 봐 항상 겁이 났어요.

4) AIRM 4단계

디숀은 타니샤의 고통에 귀 기울이기 시작해서 그가 부적절하거나 무신경하다는 징후로서가 아니라 그가 그녀에게 얼마나 중요한 사람이었는지의 의미로 알아듣게 되었다. 그는 그가 헤어지고 낙태를 하자고 제안하던 때의 어두운 시절 동안 느꼈던 것에 대해 솔직하게 이야기하면서 다시 예측 가능한 사람이 되기 시작했다.

에밀리: 이전에 당신이 본 적 없었던 타니샤의 면을 보면서 어땠나요? 그녀가 여전히 아프고 이전에 한 번도 털어놓지 않았던 것—그녀가 무서웠고, 혼자라고 생각했고, 버려진 것 같았고, 당신을 필요로 했다고 말하는 것—을 들으면서 당신 마음에는 어떤 생각이 떠오르나요?

디숀: (고통으로 얼굴을 일그러뜨리며) 아파요. 나는 너무 이기적이었어요. 너무 어렸어요. 나는 그저

도망치고 싶었어요! 나는 이제야 내가 얼마나 그녀를 아프게 했는지, 얼마나 그녀가 외롭고 겁이 났을지 알게 됐어요. 전혀 몰랐어요! 그녀는 항상 강한 사람이었어요.

그는 타니샤에게 그가 그녀의 고통을 느끼고, 그녀의 외로움을 느끼고, 그녀가 얼마나 버려졌다고 느꼈을지에 대해서 어떻게 느끼는지를 직접적으로 전달한다.

에밀리: 타니샤에게 당신이 어떻게 해서 그녀에게 그런 제안을 하게 됐는지 이해시킬 수 있나요?

디숀이 어떻게 그 사건이 진행되었는지 상세하게 표현하도록 하는 것은 그들의 치유 과정에서 한 축을 이루는 일이다.

디숀: 나는 겁에 질렸어. 나는 아빠가 된다는 것에 무기력하고 겁이 났어. 어떻게 당신을 보호해야 할지 몰랐고, 어떻게 나를 돌봐야 할지에 대해서도 몰랐어. 나는 당신의 부모님이 보일 반응에 겁이 났고, 그저 도망가고만 싶었어. 사실이야! 나는 내가 누군지에 대해 부끄러웠고, 아빠가 되는 것이 두려웠고, 당신과 당신의 어머니가 원하는 모습대로 살아가지 못할까 봐 겁이 났어. …… 나는 압도되어서 뭘 해야 할지 몰랐어. 나는 당신을 위해 최선을 다할 수 있기를 바라는 마음이었는데, 내가 그렇게 할 수는 없을 거란 생각뿐이었어!

에밀리: (반영하고 검증하면서) 당신은 타니샤와 아기를 어떻게 보호해야 할지에 대해 전혀 몰랐어요. 당신이 그녀를 지지하기 위해 최선이라고 생각한 시도가 낙태를 제안하고 그녀의 인생에서 사라지는 것이었군요? 당신은 당시에 정말 당신 자신이 원하는 것에 대해서만 생각했다고 말하고 있군요. 당신이 낙태를 하고 헤어지자고 제안한 것은 그녀의 가슴에 상처를 냈고 이제 당신은 그 사실을 이해했어요. 이런 이야기를 듣는 것은 매우 괴로운 일이지요? (디숀이 고개를 끄덕이며 흐느낀다.)

디숀이 마음을 열고 그에게 30년 동안 있었던 일을 토로하면서 그녀에게 너무나 상처가 되었던 그 사람이 타니샤에게 오롯이 이해되었고, 그녀는 다시 한 번 그가 의지할 만하다고 생각하기 시작했다.

5) AIRM 5단계

에밀리는 타니샤로 하여금 디숀에게 직접적으로 사건의 영향을 표현하도록 했다. (그렇게 함으로써 그녀는 자신의 애착공포와 갈망을 확장하고 애착결합에 관련된 이전에 표현하지 못했던 상실과 공포를 심화시킬 수 있었다. 그녀는 디숀이 그녀를 지지하거나 그녀의 자녀를 사랑할 정도로 믿음직하지 않고, 그들에게 진정한 애정을 가질 것 같지 않다고 수년간 두려워해 왔던 것을 이야기했다.)

에밀리가 타니샤의 경험을 반영하고 입증함에 따라 그녀는 더 분명하게 이를 구조화해서 기저에 있던 다치기 쉬운 정서들과 중심축이 되는 이야기를 통합할 수 있었다. 그녀는 타니샤(재연을 구조화하는 것)에게 디숀이 그녀의 상처받기 쉬운 마음을 볼 수 있게 허락해 주라고 했다. “얼마나 당신이 무섭고 혼자라고 느꼈는지 그에게 말해 주고 보여 줄 수 있을까요?”

타니샤: 그때까지 당신은 나의 기사였어. 나는 당신의 세계에서 당신과 함께 안전하다고 느꼈어. 당신은 나의 파트너였고 우리는 함께였어. 그때 당신은 뭔가 다른 것으로 변했어. 나는 당신을 잃어버렸다고 생각했고, 절박하게 당신을 필요로 했지. 나는 전혀 강하다고 생각하지 않았어. 나는 겁이 났고, 혼자였고, 당신을 필요로 했어.

에밀리는 그 과정을 따라가면서 고조시켜서 지금 이 순간에 타니샤가 디숀에게 자신이 얼마나 취약한지 보여 줄 수 있게끔 했고, 디숀에게 타니샤가 누구와도 나눈 적이 없는 이런 면(놀랍게도 “나는 이걸 혼자 할 수 없어.”라는 그녀의 일부분)을 보게끔 했다.

동시에 에밀리는 디숀이 정서적으로 참여하고 타니샤의 취약한 있는 그대로의 표현에 의해 디숀의 마음이 움직이도록 도왔다.

6) AIRM 6단계

천천히 충분히 공감하면서 즉각적인 반응으로 고조되어서 에밀리는 디숀에게 그의 내면 경험에 다가가 타니샤의 아픔을 그가 실제로 느끼고 그녀의 고통이 그에게 어떤 영향을 끼치는지 알아차리도록 했다.

에밀리: 그녀가 빛나는 갑옷의 기사를 완전히 잃어버리고 다시는 당신을 믿지 않겠다고 결심했던 가슴 아픈 사건을 타니샤가 지금 공유해 줬는데, 이를 들으면서 당신은 어땠나요?

디숀: 나는 당신이 고통스러웠다는 것을 알았어. 아파. 내가 당신에게 무슨 짓을 했는지 알게 되어서 나는 아파! 당신은 너무나 아름답고 나는 내가 당신의 빛나는 갑옷을 입은 기사였다는 것을 몰랐어! 나는 초라하고, 부끄럽고, 겁이 나. 나는 당신이 나를 필요로 하지 않는다고 생각했어. 전혀. 당신을 아프게 해서 너무, 너무 미안해. 당신을 이렇게 아프게 하고 싶지 않았어. 당신이 버려지거나 두렵게 만들고 싶지도 않았어.

타니샤는 디숀의 얼굴이 고통으로 가득 찬 것을 본다. 그녀는 그의 목소리에서 배려와 부드러움을 느낀다. 그녀는 그녀의 고통에 대해서 그가 공감하고 그녀를 결정적인 순간에 버렸다는 후회를 하고 있다는 것을 깨닫는다.

7) AIRM 7단계

에밀리는 타니샤에게 그녀가 지금 안전하다고 느끼기 위해서 무엇이 필요한지 이야기하라고 요청한다.

타니샤는 디숀에게 위험을 무릅쓰고 다가가서 "나는 당신이 나를 지지하고 싶어 하는지 알고 싶어. 나의 내면은 내가 행동하는 것처럼 강하지 않고, 나는 이렇게 낡고 낡은 상처와 두려움을 가지고 있어. 당신이 멀어질 때마다 나는 여전히 당신이 우리를 버릴 수 있다는 두려움이 있어. 나는 내가 닦달하고 있을 때 실은 두려워한다는 것을 당신이 알아줬으면 해. 그리고 당신에게 의지하고자 한다는 것을. 다시 내 기사가 되어서 나를 보살펴 줄 수 있어? 당신이 나를 버려두지 않고, 떠나지 않고, 마음을 닫지 않고, 나를 밀치지 않을 거라고 확신을 줄 수 있어? 내가 당신에게 소중하다고 확신을 줄 수 있어? 내가 제일 좋아하는 식당에 가기 위해서 형편없는 날씨에도 도시를 가로질러 운전할 만큼 소중하다고?" 그녀는 그들의 마지막 다툼을 떠올리면서 미묘한 미소를 띤다.

8) AIRM 8단계

디숀은 답한다. "당신을 위한 사람이 되기 위해 어떤 것이라도 할 거야. 나는 당신이 안전하고 사랑받고 있다고 느꼈으면 좋겠어! 당신은 내게 전부야! 나는 당신이 나와 함께일 때 오롯이 안전하다고 느꼈으면 해. 나는 내가 할 수 있는 모든 방식으로 당신을 돌보기를 원해!"

디숀과 타니샤는 새로운 애착결합을 만들었다. 그들의 관계는 그들 사이에 공유되는 안전하고 견고한 지지로 다시 정의되었다.

7. 결론

애착손상은 1기의 부정적 고리 안에서 파악되고 다뤄지며, 2기의 애착손상회복모델(AIRM)의 단계 속에서 해결된다. 이 장에서 기술한 것처럼, 애착손상회복모델은 더 커다란 EFT 모델 안에서 행해지는 미니모델로서 애착결합에서 궁극적인 변형으로 비난자를 순화시키는 변화의 전환점과 유사하다(Greenman & Johnson, 2013). 1기 단계적 약화에서 우리는 관계 특이적인 애착손상을 분명하게 이름 붙이고, 현재의 회복을 가로막고 있는 부정적 고리로서 명쾌하게 추적한다. 단계적 약화에 따른 변화의 전환점들이 있은 후에 회피자가 관계에 재개입하고, EFT 치료사는 AIRM의 단계에 따라 용서와 화해라는 정서적 치유 과정으로 커플을 인도한다.

일부 커플에서 상처를 입은 쪽이 회피자인 경우에 애착손상회복모델의 단계는 회피자가 관계에 재개입하게 하는 변화의 전환점을 완성하지만, 상처를 입은 쪽이 추적자인 경우에는 중요한 순화 사건이 필요하다(Johnson, 2016b). 3기에서는 새로이 만들어진 결합관계를 다른 실용적인 문제들과 통합하고 미래의 관계로 발전시키는 것을 공고화한다.

다수의 애착손상이 있는 경우, 존슨(Johnson, 2016a)이 회복 과정은 각각의 사건에 따라 차례대로 이뤄질 필요는 없다고 이야기했음에도 불구하고 위기를 해결하는 데 더 오래 걸릴 것이다. 관계의 안정성을 재형성하는 교정적인 정서적 결합 경험이 있은 후에도 파트너들은 상처로부터 그들의 관계를 옮기는 것을 계속 통합할 수 있다. 파트너들이 있는 세상이 좀 더 안전하고 안정적이 된다.

애착손상을 복구하는 것은 인지적으로 용서하고 화를 누그러뜨리는 것보다 훨씬 큰 개념이다. 비난하는 자를 순화시키는 것과 마찬가지로 이는 한 사람이 상대방의 입장을 겪어 보게끔 하는 위험을 무릅쓰는 것이고, 일단 잘되기만 하면 안전과 믿음을 경험하게끔 할 수 있다. 양쪽 파트너의 회복 탄력성은 강화되어서—산산조각 난 믿음에 대한 해독제를 함께 만들고 공고화하는 과정에 따라—신뢰와 품위가 모두에게 충전될 것이다.

AIRM의 8단계 요약은 상처 입은 쪽에서 상처를 입힌 쪽에게 전달되듯, 뷰캐넌(Buchanan)에 의해서 비제(Bizet)의 오페라인 〈카르멘(Carmen)〉에 나오는 '하바네라'의 멜로디에 맞춰 만들어졌다.

내가 나의 고통에 대해서 이야기했기 때문에(1단계)
당신이 축소하고 부정한다고 해도(2단계)
비로소 나는 내가 가진 애착공포와 갈망에 대해 나눌 수 있고(3단계)
그런 뒤, 당신은 이해가 간다고 이야기하지(어떻게 그렇게 일이 벌어졌는지에 대해서도; 4단계).
그래서 나는 나의 취약함을 통합하고 보여 줄 수 있고(5단계)
그러면 당신은 관계에 참여하고 당신의 파트를 온전히 깨닫고는
깊게 반성한다고 표현하지(6단계).
그러면 나는 위로와 보살핌에 대해 요청할 수 있게 되지(7단계).
내가 우리는 하나였고 다시 한 번 애착결합을 맺게 되었다고 말할 수 있게끔
보살핌 가득한 방식으로 당신은 응대하지(8단계).

(Brubacher & Buchanan, 2014)

제 6 부

다음 단계

제6부에 대한 소개

이 책은 EFT를 일차적으로 애착에 기반한 양자 간의 상호작용과 관련된 것으로 보여 준다. 이 모델을 통합하는 치료자에게 피할 수 없는 다음 단계 중 하나는 어떻게 이 모델을 모든 내담자에게 맞도록 적용할 수 있는지 찾는 것과 부부, 가족 그리고 개인치료에서 합동으로 시행하는 것이다. EFT는 지속적으로 부부, 개인 그리고 가족에서 사용되었는데, 현재는 부부치료에 대한 문헌과 연구가 훨씬 많다.

독자들은 EFT가 고통받는 가족 구성원 사이에 안전한 애착을 촉진하는 데 어떻게 사용되는지 보여 주는 정서중심적 가족치료(EFFT)에 대한 늘어나는 문헌들을 참고할 수 있다. EFFT에 대한 조사 연구(Johnson et al., 2004)로 시작하는 12개의 논문과 7개의 장이 존재한다(www.iceeft.com/index.php/resource 참조). EFT의 핵심 문헌(Johnson, 2004)은 '정서중심적 부부치료: 애착의 재구성(Emotionally focused family therapy: Restructuring attachment)'이라는 장을 포함한다(Johnson & Lee, 2000). 개인치료에 EFT를 접목하는 것에 관한 문헌은 현재는 적다(Brubacher, 2017; Johnson, 2009). 나는 존슨이 애착에 기반한 EFT를 개인, 부부와 가족에 접목하는 문헌으로 더 채워 주길 바란다.

제12장

애착에 기반한 EFT를 개인치료로 확장하기

"내담자는 항상 그들의 관계의 세계 속에 있는 삶을 가져오기 때문에 '개인'치료는 다소 부적절한 명칭이다……. 내담자가 가져온 관계적 세계를 자연스럽게 포함시켜 탐구하고 공유하는 과정 속에서 치료사는 관계 내의 내담자를 생생하게 만나게 된다."

(Barrett-Lennard, 2013, p. 54)

이 장에서 나는 어떻게 EFT를 개인 내담자와의 작업에 확장하는지에 대해 기술하고자 한다.

에밀리는 부부치료를 위해 EFT를 의욕적으로 수용하고 있지만, 존슨의 획기적이고 효과적인 부부치료모델을 개인과의 작업에 적용하는 것에는 어려움을 겪고 있다. 그녀는 우울, 불안, 절망, 애도, 갈등 그리고 다양한 DSM 꼬리표와 싸우고 있는 개인 내담자들에게 비병리화하는 EFT의 새로운 애착적 접근법을 제공할 수 있기를 바라고 있다. 그녀는 존슨(Johnson, 2013)이 사랑의 과학을 치료적으로 적용하면서 시작된 혁명을 어떻게 안전한 관계적 기반이 없는 개인과의 작업에 적용할 수 있는지 이해하기를 바라고 있다. 에밀리는 루이스와 동료들(Lewis et al., 2000)이 (개인치료에 대하여) "사랑은 치료의 목표일뿐만 아니라 모든 목표가 성취되기 위한 수단이기도 하다."(p. 169)라고 이야기한 것을 기억하며, 자신의 개인치료가 사랑과 혁신적 변화의 경험이 되기를 간절히 바란다. 다른 많은 EFT 동료처럼 그녀는 "EFT는 관계적 · 정서적 그리고 신체적 건강에 대단히 유익한 안정적인 결합을 만들 수 있는데, 중요한 타인이 없는 개인 내담자들을 지지하기 위해 EFT를 제공할 수 있는 방법이 있을까?"라고 곰곰이 생각한다.

에밀리가 EFT를 개인치료에 매끄럽게 적용하기 위해 탐구할 때, 그녀는 깊이 신뢰하고 중요하게 여기게 된 EFT의 요소들을 생각했다. ① 애착에 집중하고, ② 정서를 따라가며, ③ 새로운 반응을 일으킴으로써 안정적인 결합을 형성한다. 이 모델을 자신의 개인치료에 제공하기로 결정한 에밀리는, 존슨(Johnson, 2009)이 경험주의적 치료와 애착이론 사이의 유사점을 기술한 장과 존슨(Johnson, 2009)과 브루베이커(Brubacher, 2017)가 EFT를 개인치료에 적용한 장에서 도움을 받아 EFT에서 자신이 중요하게 여기는 것을 명확하게 하기 위해 잠시 멈추었다. 그녀는 "내가 커플과의 EFT에서 중요하게 여겼던 요소를 어떻게 개인에게 확장할 수 있을까?"라고 생각했다.

첫째, 그녀는 인간이 의존을 요청하여 유대감을 형성하는 포유동물이라는 애착적 관점을 얼마나 중요하게 생각하는지 확인했다. 그녀는 일부 내담자가 '침소봉대하기' 그리고 '멍해져서 사라지기'라고 언급하는 흔한 분리불안 반응을 비병리화하는 애착 재구조화를 높이 평가했다. 과활성화하거나 혹은 비활성화하여 정서를 조절하려는 움직임들—밀어붙이고 요구하기, 차단하기, 외면하기, 등 돌리기—은 모두 정서적 고립에 대한 원초적 공포에 대처하려는 최선의 시도로 재구조화되었다. 에밀리는 "나타나는 문제를 정서조절의 문제로 재구조화하는 것은 개인치료에도 잘 맞을 수 있어. 그렇고말고. 각각의 개인 내담자도 마음 밑바닥에서는 다른 이에게 의존하고 싶어 하고 세상 속에서 신뢰할 수 있는 안전기반을 찾기 위해 노력하잖아. 스트레스를 겪는 시기에 믿을 만한 한두 명의 안정애착 대상이 없는 개인들은 특히 연약해져서 지지와 위로를 얻기 위해 애착욕구를 과활성화하거나 비활성화하는 패턴에 습관적으로 붙잡히기 쉽지."라고 생각했다.

에밀리는 부부들과 EFT를 진행하면서 신뢰하는 타인과 가까워짐으로써 위협의 인식과 고통이 약화된다는 것을 배웠다(Johnson et al., 2013). 그녀는 대인관계에서의 친밀함이 고통스러운 정서와 위협 인식을 조절하는 것에 미치는 영향력에 감명받았다. 그리고 벡스와 코언(Beckes & Coan, 2011)의 연구에서 기술되었듯이, 그 영향력이 낭만적 관계를 넘어 확장된다는 것에 흥분했다. 이 연구에서 참가자들은 무거운 배낭을 짊어지고 산 아래에 서 있었고, 앞으로 그들이 올라야 할 산의 경사도를 판단해 보도록 요청받았다. 그들은 혼자 서 있을 때보다 친구의 옆에 서 있을 때 산이 덜 가파르다고 예측했다. 게다가 우정이 오래될수록 산의 경사도는 줄어들었다. 공동 조절(co-regulation)은 낭만적 관계에 한정적인 역동이 아니었고, 우정에서도 보편적으로 나타났다. 가장 중요한 것은 이것이 의식적인 자기위로(self-soothing)보다 더 효율적이고 더 효과적이었다는 점이다(Beckes & Coan, 2011; Coan & Maresh, 2014).

둘째, 에밀리는 EFT에서 부부의 문제를 해결해야 할 필요를 덜어 주고, 대신 애착결합이 위협받을 때의 정서적 행동의 반복적이고 자동적인 패턴을 추적하도록 이끌어 주는 방법을 중요하게 여겼다. 1기에서 내용의 문제를 해결하려 노력하기보다 과정을 추적하는 것은 모든 참여자로 하여금 부정적 패턴을 단계적으로 약화시키고 기저의 취약한 정서를 발견하기 위해 협력적 노력을 하도록 촉진한다. 그리고 이는 변화를 위한 신뢰할 수 있는 안내자가 된다. 이 모델이 또 다른 방법으로 그녀의 개인치료에 활기를 띠게 만들어 줄 수 있다는 것을 알았을 때 에밀리의 심장이 뛰기 시작했다. "내가 개인 내담자들이 보여 주는 문제를 해결할 방법을 알아야만 하는 것은 아니야. 그들의 비극적 환경 중 어떤 부분에 대해서는 실제로 아무런 해결책이 없어. 그렇지만 나는 개인 내담자들이 그들이 갇혀 있는 정서조절의 패턴, 즉 부정적 사건에 대처하기 위한 최선의 시도를 확인하도록 돕는 것으로 시작할 수 있어. 그리고 나는 그들이 기저의 핵심 정서를 발견하고, 그 정서 안에 내재된 욕구와 동기의 메시지를 풀어내도록 도울 수 있어."

셋째, 에밀리는 대인관계의 결합을 재형성하는 2기의 변화의 전환점을 대단히 중요하게 생각했다. 그녀는 서로에게 정서조절의 중요한 원천이 되어 가는 부부를 지켜보는 것을 정말 좋아했다. 그녀는 부부들이 험악한 자립과 화가 치미는 불만족으로부터 필요, 의존 그리고 신뢰의 취약한 고백으로 나아가도록 돕는 것이 즐거우면서도 동시에 자신이 흔들린다고 느낀다. "이 EFT를 변화시키는 힘이 있는 부분이 개인에게도 일어날 수 있을까? 개인치료에도 관계의 파트너가 있을까? 내가 치료 회기에서 변화의 대화가 가능하게 할 수 있을까?" 그리고 퍼즐이 맞춰지기 시작한다. 그녀는 점점 확신에 차 스스로에게 말한다. "애착 관점은 두 명의 관계에 초점을 맞추는데, 나의 개인 내담자들과의 치료에서는 기본적으로 3개의 관계적 맥락이 있어. 내담자와 나와의 관계,

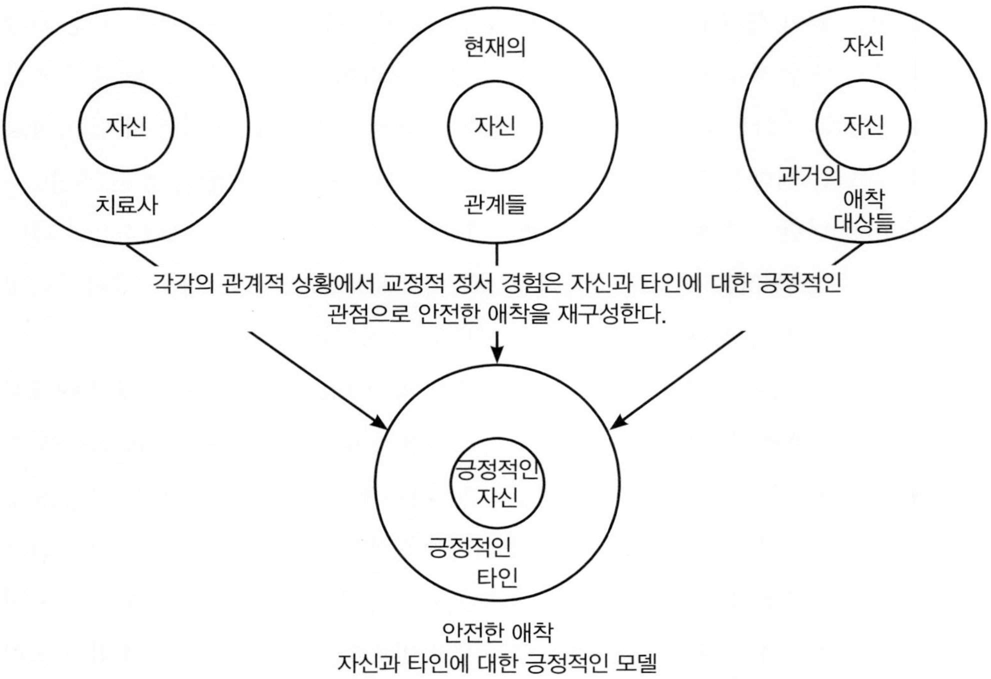

[그림 12-1] 개인치료에서의 세 가지 기본적인 관계적 상황

비록 그 관계가 피상적이거나 혹은 고통스러운 것일지라도 내담자가 자신의 삶에서 타인과 맺는 관계 그리고 자아의 일부와 내적인 갈등관계를 형성하는 과거 애착 대상과의 관계의 정신적 표상이야."([그림 12-1] 참조)

그녀는 기쁨으로 가득 차서 사회적으로 고립되고 초조하며 집중하기 어려워 상담을 받게 되었던 50세의 시모네(Simone)를 떠올렸다. 또 너무 우울해서 치료 시간에 제대로 오지 못했던 34세의 레인(Lane)을 생각했다. "그들의 부정적 패턴 내에 있는 핵심 정서에 다가간 다음에 우리는 그들의 애착결합을 정말로 다시 만들었지." 그들이 재형성한 결합에는 시모네와 돌아가신 어머니와의 관계도 포함되어 있었다. 갈등에 빠져 그녀를 서로 다른 방향으로 밀어붙이던 자아의 두 부분을 통합한 다음 소원해졌던 자매와의 연결이 재형성되었다. 레인의 경우, 이전에 그가 느끼고 싶어 하지 않았던 고통을 에밀리가 지켜보게 하는 것이 충분히 안전하다고 여기도록 먼저 에밀리와의 관계를 재형성했다. 그 후 그와 서먹서먹해진 누나와의 어수선한 관계, 그가 참석하기 시작한 요가 수업에서 알게 된 사람과의 친구관계를 재형성했다.

"나는 개인 내담자들과 EFT를 진행할 수 있어. 나는 그들의 고통을 내가 고쳐야만 하는 무엇이 아닌 정상적인 것으로 수용할 수 있어. 나는 그들의 문제를 단절에 대한 보편적인 애착공포를 해결하려는 최선의 시도로 볼 수 있어. 1기에서처럼 우리는 경직되고 비효율적인 대처 패턴을 함께 추적해. 2기에서처럼 우리는 내재된 핵심 정서에 접근하고, 자아의 일부 그리고 타인에 대해 접근하고 반응하는 새로운 경험을 준비시킬 수 있어."

이런 전제가 존슨의 애착에 기반한 경험적이고 체계적인 EFT 모델이 차별화되는 지점이다. 애착의 초점이 치료사-내담자의 관계 내에 현저하게 집중되고 있는 애착적 접근법(Costello, 2013; Fosha, 2000)이나 상호 의존과 정서의 공동 조절을 활용하도록 애착 패턴을 바꾸기보다는 자기 위로, 정신내적 성장, 타인으로부터의 분화를 강조하는 정서중심 접근법(Elliott et al., 2004)과 구별된다.

여기서 첫째, 먼저 개인과 관련하여 EFT의 목표를 정의하고, 둘째, 고통과 정서조절 문제들이 애착 관점에서는 연결과 정서조절을 위한 최선의 시도이자 전략이라고 규정할 것이다. 셋째, 개인과 관련하여 EFT의 기와 치료적 변화를 위한 개입기법을 정리할 것이다.

1. 정서중심 개인치료의 목표

애착이론에서 개인치료의 목표는 최적의 의존(Feeney et al., 2015)이나 효과적인 의존(Bowlby, 1988)을 만드는 것이다. 인간이 고통에 대처하고 정서를 효과적으로 조절하기 위해 안정적인 관계를 필요로 한다는 것을 고려하면 정서중심 개인치료의 목표는 내담자들이 방어적이고 경직된 상태에서 벗어나 자신들의 경험에 더 개방적이게 되어서 강렬한 정서에 참여할 수 있게 되고, 자신과 핵심적 관계에 대해 일관적이고 중요한 이야기를 만들 수 있게 되는 것이다(Johnson, 2009). 존슨은 건강을 "현재 순간순간의 경험에 온전히 참여할 수 있고, 이 경험을 바탕으로 어떻게 자신을 정의하고 타인과 관계를 맺을지에 대해 능동적 선택을 하기 위해 경험을 활용하는 것"이라고 정의했다(Johnson, 2009, p. 412).

2. 비병리화: 정서조절의 패턴

사회적으로 위로와 지지를 구하는 것이 가능하지 않거나 응답받을 수 있는 자원이 부재한 상황에서 "우울, 불안, 트라우마 생존 반응, 관계갈등, 물질 사용 및 다른 중독 문제들과 같은 개인의 정신건강 문제들은 모두 분리고통에 대처하기 위한 비효과적 시도로 규정할 수 있다."(Brubacher & Johnson, 2017, p. 8) 예를 들어, 애착 관점에서 본다면 경계성 인격장애는 "겁에 질린 회피적 애착으로 볼 수 있고"(Johnson, 2009, p. 420), 명백한 나르시시즘은 회피적 애착과 연결되었다고 볼 수 있다(Mikulincer & Shaver, 2016). 우울과 불안은 연결을 위한 불안하고 회피적인 전략으로 탐색될 수 있다. 중독 과정은 애착장애로 규정될 수 있는데(Flores, 2004; Maté, 2010), 위로와 지지를 위한 안전한 대인 자원이 부재할 때 한 개인이 사람과의 연결을 대체할 거짓 애착에 자동적으로 다가간다는 것이다. EFT의 애착 기반 관점은 진단적 꼬리표 붙이기의 대안을 제공한다. 문제와 치유의 맥락을 연결하기 위한 비효과적인 전략의 (체계적이고) 부정적 피드백 고리로 규정하는 것이다. 정서를 조절하기 위한 개인의 최선의 시도가 부정적이고 반복적인 고리를 지속시킬 수 있다.

부부를 위한 EFT에서와 마찬가지로 개인과 작업하는 EFT 치료사는 2기의 변화의 전환점을 고속으로 진행하지 않는다. 대화를 통한 공감적 이해와 수용 그리고 진정성 있는 정서적 참여는 치료사에게 기반을 제공한다. 1기는 동맹을 형성하고 내담자가 갇혀 있는 비효과적인 피드백 회로를 확인하기 위해 추적하고 반영하는 것으로 시작된다. 그다음 반응적인 이차정서, 행동화 경향 그리고 내담자의 익숙하고 반복적인 패턴 안에서의 의미를 인정한다. 안전한 치료적 동맹과 자동적인 반복적 대처 패턴에 대한 새로운 인식에서 출발하여 EFT 치료사는 기저에 있으나 이전에는 감추어져 있던 일차정서의 경험을 향해 내담자와 천천히 나아간다. 이 일차정서는 부정적 패턴의 연료인 동시에 치유를 위한 잠재적 동력이다. 로저스 학파가 이야기하는 공감, 수용, 치료사의 진정성이라는 안전기반 내에서 발견하고 경험한 일차정서는 2기 전환을 위한 동력이 된다. 일차정서 안에는 자신의 내밀한 욕구와 그 욕구를 안전하게 충족시키기 위해 좀 더 적절히 다가가고 위험을 감수하고자 하는 동기가 내장되어 있다. 개인이 일차정서의 치유적 동력에 접근하게 되면 행동을 위한 믿음직한 지침으로 이 정서를 신뢰할 수 있다고 종종 직관적으로 인식하게 된다.

정서조절에 관한 이론으로서의 애착이론은 고통스러울 때 정서를 조절하기 위한 세 가지 기본적인 전략을 인식하고 있다. 첫 번째 전략이자 가장 효과적인 패턴은 안전 전략, 즉 접근 가능하며 반응적인 애착 대상에게 분명하게 다가가는 것이다. 두 번째 전략은 지지와 보살핌의 안전기반이 부재할 때 전형적으로 사용되는 것으로, 불안한 과활성화 그리고 회피적인 비활성화다. 다음은 상이한 형태의 2차 애착 전략과 패턴을 가진 개인 내담자의 몇 가지 사례로, 각 개인의 자연스럽고 가슴 아픈 이미지가 생생하게 드러난다.

1) 불안한 과활성화 패턴

"모든 것에 불안, 의문, 비난이 스며들어요." 수리타(Surita)는 새벽 3시까지 전 남편과 대화하다가 치료를 받으러 왔다. 그녀는 그를 추궁하는 것을 묘사했다. "왜 그런 일이 생긴 거야? 당신은 날 떠난 걸 후회하지 않아? 당신이 조금이라도 슬프다면 왜 더 노력하지 않는 거야?" 위로와 안심을 받으려 했으나 실패한 시도인 질문들을 연달아 퍼부었다.

치료사: 전부 엉망진창인 상태가 다시 시작되는 건가요?

수리타: 네, 맞아요. 우리가 다르게 할 수는 없었을까요? 아, 정말…… 아시겠지만…… 그냥 계속 의문이 드는 거예요, 아시죠? 그리고 또다시 질문들의 악순환이죠. 왜 그 사람은 좀 더 노력하지 않았을까? 그는 계속 비난하는 것으로 돌아가고요……. 음……. 그는 비난하는 걸 멈출 필요가 있어요! 그리고 제 인생의 모든 것에 그냥 스며드는 거예요. 비난과 고통, 그게 모든 것에 번져 가요."

2) 회피적인 비활성화 패턴

"고통을 견디면서 그걸 구석에 밀어두고 분노의 벽은 유지하는 거예요." 맥스(Max)

는 첫 회기에서 그의 전형적 애착 전략에 대해 설명했다. 그는 치료를 받기까지 1년이 걸렸다고 인정했다. 7년 전 아버지의 사망에 대해 언급할 때 그는 재빨리 눈물을 닦아 내고, 손목을 돌렸다. 그리고 자신의 파트너인 카를로스(Carlos)가 다른 도시에 붙박이로 전근 가는 것에 대한 두려움과 우울함을 가볍게 대했다.

맥스: 전 겉으로는 아주 자신만만하고 확신이 있는 것처럼 보이려고 애를 쓰지만, 실제로는 그렇지 않아요. 사람들로부터 듣는 하찮은 비판이나 지적도 속으로는 저를 망가뜨려요.

치료사: 그리고 당신이 간신히 드러나지 않게 하는군요? 속으로는 망가진 것처럼 느끼지만, 겉으로는 그냥 괜찮아 보이는 거네요?

맥스: 네, 정말 어려운 일이에요. 저는 정말 강해야 했어요. 저는 그냥 견뎌야만 했고, 말하자면 넘어가는 거죠. 그렇지만 알다시피 저는 그걸 구석에 집어넣고 처리하지 않아요.

치료사: 속으로는 화가 나고 상처를 받았지만 겉으로는…….

맥스: 어, 제가 정말 화가 나면 그게 드러나죠.

치료사: 분노가 당신이 쌓아 놓은 벽의 일부군요? 그런 상황이 당신에게 괜찮지는 않을 것 같아요. 속으로는 무너지고 망가진 것처럼 느끼고 겉에는 분노의 벽이 있군요?

맥스: 네.

3) 갈등 상황에서 불안과 회피: 사례 1

자신의 고통에 대한 레인의 이미지: 상처받은 동물처럼 손길을 두려워한다.

레인: 제가 발전하지 못하도록 방해하는 건 바로 제가 건드리기 싫어서 속에 담아 둔 것들이라는 걸 확신해요.

치료사: 당신은 부분적으로는 당신의 모든 고통, 슬픔을 건너뛰고 그냥 자기 자신이 되고 싶군요? 사막에서 기껏해야 물 몇 방울 밖에 못 마시는 것이 얼마나 슬픈지에 대한 당신의 경험을 다루기 시작했던 바로 그 순간, 당신은 "저는 이렇게 사는 것이 얼마나 슬픈지에 대해서 스스로 느끼려 하지 않아요."라고 이야기했죠. (레인 : 네.) 와!

레인: 네. 제가 상처받은 동물에 비유한 적이 있어요. 뭔가 치료를 받아야 할 상처가 있어요. 하지만

그게 너무 아파서 그 동물은 당신이 만지지도 치료하지도 못하게 하죠.

치료사: (1인칭 시점에서 공감적 반영을 한다.) "속으로 나는 상처받은 동물 같다고 느껴요……. 나는 내게 손길이 필요하다는 것을 알아요. 누군가 그것을 만지도록 해야 한다는 건 알아요. 하지만 너무 고통스러울 거예요." 맞나요? (레인이 고개를 끄덕인다.) "날 만지지 마. 거기로 가지 마."라고 말하는 이 상처 받은 동물의 이미지, 그 이야기를 하는 이 순간 당신의 경험은 어떤가요? 어, 혹시 무섭나요? 아니면 고통스러운가요?

레인: 음. (웃으며) 제가 해리되는 것 같아요. (싱긋 웃더니 자신의 손으로 벽을 그리며) 제가 경계를 유지할 수 있게 말이에요.

치료사: 그렇게 벽을 다시 세우는군요?

레인: 네. 아, 술 한 잔 마시고 싶네요.

4) 갈등 상황에서 불안과 회피: 사례 2

시모네는 그녀의 경험을 만화에 비유한다. 그 만화에서 작은 사람은 연신 팔을 휘두르고 발버둥치며 연결되려고 노력하는데, 큰 사람은 그를 밀어내고 어떤 것과도 연결되지 못하게 한다. 무직이고 우울하며 불안한 시모네는 자신의 전 고용주에게 적대감을 느끼고, 가족과 동료들을 지긋지긋하게 여긴다. 그녀의 일부는 자신을 인정하고 이해해 줄 타인과의 연결을 갈망하지만, 다른 일부는 '난 혼자인 편이 나아'라고 이야기한다. 그녀는 갈등 상황에서 불안과 회피의 애착 패턴을 내적인 전쟁으로 경험한다. 이 내적인 전쟁은 '연결되기 위해 무턱대고 팔을 흔드는 작은 사람'으로 표현되는, 그녀의 가슴에서 느껴지는 불안한 긴장과 그녀를 저지하고 거부하는 차가운 손에 대한 신체적 감각 사이에서 일어난다. 불안한 애착 전략이 회피적 애착 전략과 싸우는 것이다. 그녀는 내면의 두 부분을 분리시키면서 각 부분의 역할을 인정하게 된다. "저는 공황 상태에 빠져서 미친 듯이 버둥거려요. 그러고 나선 얼어붙고 아무 것도 하지 않아요."

앞서 언급한 4명은 위로하고 진정시켜 줄 수 있는 예측 가능하고 친숙하며 반응적인 타인이 부재한 상황에 대처하기 위한 보편적인 애착 전략의 각기 다른 비유를 가지고 있다. "사회적 체계가 개인들의 정서를 조절한다."(Coan & Maresh, 2014, p. 223) 이러한 조절체계가 없다면 개인은 두려움, 고통, 끊임없는 의문이 모든 것에 번져 나가는 과활성화 패턴에 갇힐 수 있다. 아니면 고통을 흡수하고, 슬픔을 무시하고, '그것을 구석에 밀어두고' 분노의 벽으로 엉망인 내면을 차단하는 비활성화, 즉 억제 패턴에 갇힐 수도 있다. 또 다른 이들은 두려움에 찬 회피 패턴에 갇혀 과활성화 전략과 비활성화 전략이 대립하게 된다. 그들은 상처 입은 동물처럼 혼란 속에서 살게 되어 도움과 위로를 갈망하면서도 상처 받을 것이 두려워 타인을 밀어내거나 혹은 연결되려고 버둥거리지만 내면의 차가운 손에 의해 저지당하는 작은 사람처럼 느낄 수 있다.

3. 개인의 치료적 변화로서의 EFT 모델

EFT 개입기법과 변화의 세 기가 개인치료로 확장되는 것처럼, 변화의 두 가지 핵심 요소인 깊이 있는 정서적 경험과 관계 상호작용 역시 그러하다. 이 두 요소는 특히 2기의 변화의 전환점을 통해 이루어진다. 먼저, 나는 개인치료에서 EFT의 기에 대해 설명하고, 사례를 제시할 것이다. 그 후 변화를 위한 개입기법을 복습하고, 과거 애착 대상의 이미지와의 재연에 대한 사례를 제시할 것이다.

1) 변화의 기

개인 EFT의 치료적 변화는 진정성 있게 공감적으로 반응하는 안전기반 동맹에 기초를 두고 있다. 그것은 1기에서 어려움을 겪을 때 정서조절을 위한 비효과적인 패턴을 추적하면서 시작된다. 이러한 패턴들은 치료사와의 관계, 내담자의 현재 관계 그리고 내담자의 내적 세계라는 세 가지의 중요한 관계적 맥락 안에서 탐색된다. 내담자의 내적 세계에는 과거 애착 대상과의 관계 및 자아의 두 부분 사이의 대립이 포함될 수 있다. 1기에서는 비효과적 패턴의 기저에 있는 핵심적인 일차정서 경험에 접근한다. 2기에서는 일차정서를 심화시키고 지켜보며, 핵심 정서를 재처리하고, 새로이 확장되고 구축된 패턴들을 다양한 관계에 걸쳐 만들어 감으로써 교정적 정서 경험이 이루어진다. [그림 12-1]의 아래쪽 원에서 볼 수 있듯이 자신과 타인에 대한 새로운 의미가 나타나고, 이는 3기에서 통합되고 강화된다.

[그림 12-1]의 위쪽 원은 개인의 체계에서 내측과 외측의 고리를 나타낸다. 자아는 안쪽에 자리 잡고 있으며, 치료사와의 관계, 현재의 관계 그리고 과거의 애착 대상 및 자아의 두 부분과의 관계라는 개인의 관계적 맥락에 의해 구체화된다. 볼비(Bowlby, 1973)는 체계의 내측과 외측 고리가 항상성 있게 서로를 보완하고 유지한다고 주장했다. 즉, 상호관계 패턴은 개인의 내적 경험과 자신에 대한 관점을 반영하고 또한 반대로 강화한다(Costello, 2013). 정서조절을 위한 자동적인 부정적 패턴은 1기의 부부들처럼 애착욕구를 과활성화시키고, 더 나은 반응을 얻기 위해 스스로와 상대방을 위태롭게 밀어붙이는 것 혹은 애착욕구를 비활성화시키고 억제하며 자립을 가장하는 것으로 나타난다. 습관적 패턴을 파악한 후, 대부분 인식하지 못하고 표현되지 않았던 일차정서에 접근하여 이를 풀어낸다.

새로이 접근하게 된 일차정서를 풀어내는 것은 2기의 교정적 정서 재처리 경험으로 이어진다. 2기의 변화의 전환점은 애착 지향을 재형성하여 (적어도 일부의) 타인들 및 자기 자신과의 안정적 애착관계가 가능하도록 한다. 내담자들은 치료사, 그들의 현재 삶에서 중요한 타인들 그리고 과거 애착 대상의 정신적 표상과 관련하여 치료 회기 중 교정적 정서 경험을 하고, 자아의 두 부분 간의 갈등을 해결하도록 지지받는다. 그들은 변화의 전환점을 만들고, 상호작용하며, 관계를 맺는 새로운 방법에 마음을 연다. 이전에 갈등을 겪었던 내면적 부분에서 긍정적 의도를 파악함으로써 그리고 현재와 과거의 타인들과 안정적 애착결합을 형성함으로써 개인 내담자들은 자신은 사랑받을 수 있는 소중하고 유능한 존재이며, 일부 타인은 믿을 수 있고 의지할 수 있는 존재라는 긍정적인 내적 작동 모델(internal working model)로 옮겨 가게 된다.

자기 자신과 몇몇의 안전한 타인 사이의 변화와 재건된 결합은 즉시 내면적 통합에 영향을 준다. 2기의 교정적 정서 경험은 자신과 타인에 대해 새롭게 형성된 관점이 동반된 안전기반으로 수렴된다. 3기의 강화에서 내담자들은 일련의 문제를 아우르며 새로 얻은 대인관계적이고 정신내적인 자원을 통합하고, 그들이 이미 시작한 새로이 확장되고 구축된 고리를 계속 이어 가도록 지지받는다.

2) 애착 전략을 과활성화된 두려움으로부터 삶에 대한 열정 그리고 타인과의 연결로 변화시키기

성공한 공인회계사 린든(Lyndon)의 사례는 정서를 추적하고 재처리하는 것이 어떻게 자기 자신과 타인에 대한 내담자의 인식을 변화시키는지 그리고 어떻게 애착 패턴을 '효과적 의존'에서 나타나는 유연하고 회복력 있으며 건강한 것으로 재형성하는지를 보여 준다. 린든은 공감적이고 수용적이며 진실한 관계로 이루어진 안전기반 내에서 깊은 정서를 온전히 경험하고 이 경험을 믿을 만한 안내자로 신뢰할 수 있도록 마음을 여는 것을 발전시켰고, 개인 EFT 치료의 가장 중요한 목표를 성취했다.

그는 심각하게 우울한 상태에서 치료를 시작했다. 일을 전혀 할 수 없었고, 다시 골초가 되었으며, 불안을 잠재우기 위해 규칙적으로 약을 복용하고 있었다. 그의 당시의 정서적 경험을 풀어낼 때, 린든은 동네의 동물보호소에서 점점 더 많은 동물을 입양하고 싶은 강박과 자신의 회계사 경력에 대해 느끼는 무의미함, '외로운 독신남'으로 40세 생일을 맞게 되는 것에 대한 절망을 드러냈다. 치료사가 공감적으로 개입하고 일련의 중요한 상실에 그가 대처하는 패턴을 부드럽게 추적하자, 린든은 자신의 정서를 판단하고 차단하려 시도하는 자동적 패턴을 깨닫게 되었다. 그는 지속되는 자신의 슬픔과 고통에 대해 가혹하게 비판하는 패턴에 익숙했다.

치료사가 린든에게 이 패턴이 '그의 상실의 어마어마함에 대처하기 위한 최선의 시도'임을 인정해 주자 그는 첫사랑이자 유일한 연애의 상실에 대해 깊은 슬픔에 빠졌다. 그는 오래전에 헤어진 연인인 애나(Ana) 그리고 쌍둥이 여동생과 애견의 죽음에 대한 강렬한 애도를 연민으로 경험하기 시작했다. 그는 여동생의 목소리를 들을 수 있기를, 그리핀(Griffin)이 무릎에 올라오는 것을 느낄 수 있기를 바랐다. 린든이 슬픔에 대처하려는 자신의 패턴이 과활성화되고, 애나를 임신시킨 것과 여동생의 목숨을 구하지 못한 것에 대한 반응적 자기비난에 집중하는 것임을 인식한 후, 일관적이고 수용 가능한 일차정서의 치유적 경험에 자유롭게 들어가게 되었다. 그는 자신의 상실의 깊이를 애도했고, 자신의 '잃어버린' 부분 그리고 그가 이미 사라졌다고 여겼던 여동생 및 그리핀과의 영속적인 결합을 회복했다.

1기에서 패턴을 추적하고 기저의 일차정서에 접근하는 것은 필연적으로 린든이 일차정서를 회피해 왔음을 깨닫는 것을 포함한다. 그는 자기 자신의 죽음에 대한 두려움을 과활성화하고, 학대 받는 동물들에 대해 염려하며, 동물 보호소에서 미친 듯이 동물을 입양함으로써 일차적인 애도와 슬픔을 피해 왔다. 과거에 그가 지지를 구하기 위해 타인에게 다가간 경험은 실망스러웠다. 그는 자신의 욕구를 위해 분명하게 다가가지 못했고, 대신 동물 보호소를 위해 자원봉사자를 모집했던 것을 깨닫기 시작했다. 그는 위로가 필요한 내면의 핵심에 타인의 반응이 절대 닿지 못한다고 여겼기 때문에 타인으로부터 자신을 정서적으로 고립시켰다.

그의 익숙한 대처 전략에 숨겨져 있던 일차정서에 접근하는 경험은 2기의 재형성과 재건으로 향하는 문을 열어 주었다. 그는 여동생과 애견의 죽음과 관련한 자신의 감각을 재형성하고, 죽은 그리핀과의 유대를 재건하며, 그가 여동생에 대해 가지고 있는 돌보는 결합을 되살렸다. 그는 자신의 내과 의사를 파멸의 전조로 경험했던 것에서 벗어나 지지적 자원으로 평가하도록 자신의 내과 의사와의 관계를 재형성했다. 그는 다시 사랑받는 연인관계를 가질 수 있는 사람으로서 자신에 대한 인식을 재형성했다.

그는 담배와 항불안제로 향했던 자동적 패턴을 친척과 친구들에게 지지와 보살핌을 받을 기회를 요청하는 좀 더 효과적이고 만족을 주는 패턴으로 재형성했다. 치료사는 그가 독신이고 데이트하는 것이 두려울 때 느끼는 슬픔과 상실감에 온전히 들어갈 수 있도록 돕고, 애나를 임신시키고 그녀에게 버림받은 것에 대해 지속적으로 경험해 온 자기비난과 죄책감을 추적했다. 그들은 함께 일차정서를 충분히 경험하고 재처리하며, 그의 일차정서에 심어져 있는 현재의 욕구와 소망에 대한 메시지를 경청했다. 애착 패턴을 재형성한 후, 그는 매주 토요일 아침식사를 함께하는 요가 그룹에서 자라나는 유대관계를 통해 보살피고 보살핌을 받는 즐거움을 경험할 수 있게 되었다. 그는 일터로 돌아가서 그에게 다시 의의와 목적을 갖게 해 준 프로젝트에 대해 동료들과 교류하며 의미와 관계적 유익함을 발전시키고자 하는 의욕과 건강을 찾게 되었다.

3기에서 그들은 린든이 이루어 낸 변화를 다시 논의했다. 자신을 역겹고 사랑받을 수 없으며 불치병을 두려워하는 존재로 여기고, 타인을 반응 없고 위험한 존재로 여기는 관점에서 벗어나 자신을 소중하고 사랑받을 수 있는 생기 있는 존재로 여기고, 몇몇 중요한 타인을 지지적이고 배려심 많은 존재로 경험하는 관점으로 변화했다. 16회기의 치료 후 종결 회기에서 린든은 정서조절의 새로운 고리, 신뢰할 수 있는 타인에게 지지가 필요하다는 분명한 메시지를 보내고, 관계 내에서 자신에 대한 경험을 칭찬하는 고리를 되돌아보았다. 그는 자신을 지지해 주고 또한 자신이 타인에게 보살핌을 제공하는 중요한 기회가 되는 관계를 만들어 가고 있다. 그는 자신이 어떻게 절망에서 벗어나 삶에 대한 열정으로 나아가게 되었는지에 대해 일관적인 이야기를 가지고 있으며, 어떻게 과거의 '불안의 홍수'에서 이제는 삶에 대한 '연료와 에너지'가 솟아오르는지 표현한다.

3) 변화를 위한 개입기법

부부치료에서 사용되는 것(제2장)과 같은 개입기법이 개인에게도 사용된다. 이는 다음에 나열되어 있다.

(1) 동맹을 형성하고, 정서적 경험에 접근하여 확장하고 재처리하는 개입기법

① 공감적 반영: EFT의 핵심이며, 안전을 만들어 내고 공동으로 조절하고 집중한다.

② 내담자의 현실, 정서적 반응, 위로와 보살핌에 대한 욕구를 인정해 준다.

③ 환기적 반응: 정서의 각 요소에 대한 조사를 진행하고, 다시 보기를 진행한다("당신은 약간의 슬픔을 경험하기 시작했는데, 갑자기 남동생에 대한 즐거운 이야기로 옮겨 갔어요. 방향을 바꾸기 직전에 당신에게 떠오른 것들로 돌아갈 수 있을까요?").

④ 강조하기: 인식을 확장하고 정서적 경험을 심화시킨다(조율된 태도로 RISSSC—반복, 이미지, 단순하게, 느리게, 부드러운 목소리 그리고 내담자의 언어—를 이용하여 반복하고, 재연하고, 재집중한다).

⑤ 공감적 추측: 경험의 최첨단을 기반으로 추측한다.

(2) 패턴을 추적하고, 새롭게 확장되고, 구축된 정서조절의 고리를 형성하기 위한 개입기법

① 상호작용의 과정을 추적하고 반영하여 패턴과 역할(적절하게 접근하는 것 또는 고통스러운 정서를 조절하기 위해 과활성화하거나 비활성화하는 것)을 명확하게 한다.

② 애착의 맥락으로 경험을 재구조화한다.

③ 상호작용을 형성한다. 재연이나 과제 실험(Johnson, 2009)은 치료사-내담자 대화

를 재처리하는 것을 포함한다. 자신을 드러내거나 혹은 상대의 반응을 받아들이는 내담자의 경험을 처리할 때, 치료사는 새로운 상호작용 패턴을 형성하는 일부분이 된다. 재연은 타인에게 표현하는 것을 가정하는 것(예: "당신이 그/그녀에게 무슨 말을 할 것 같아요? 그 사람이 당신에게 어떻게 반응할 것 같아요?")이 될 수도 있고, 또는 가상의 상대에게/로부터 혹은 자기 자신의 두 부분 사이의 직접적 재연이 될 수도 있다.

4. 개인 내담자와 진행하는 EFT 탱고의 다섯 가지 움직임

EFT를 개인치료로 확장시키고자 하는 EFT 부부치료사는 모든 EFT 개입기법을 통합한 EFT 탱고의 다섯 가지 움직임을 따라감으로써 궤도를 유지할 수 있다(Brubacher & Johnson, 2017; 제2장 참조). 움직임의 기본 순서는 EFT의 각 기에서 축소판의 교정적 정서 경험을 만들기 위해 사용될 수 있다.

첫째, 정서의 대인관계적 그리고 내면적 과정을 추적한다. ① 단서와 이에 대해 변연계, 피질하부에서 '접근하기에 안전하다' 혹은 '위험, 즉 반드시 피해라'라고 하는 '주의집중!' 신호, ② 신체적 반응, ③ 인지적 평가와 애착적 의미, 즉 자신과 타인에 대한 관점 그리고 ④ 전형적 행동화 경향과 행동하려는 충동(당신이 하는 것, 혹은 하고 싶은 것)을 규명하고 연결시킨다. 현재의 과정을 반영하는 이 움직임 속에서 EFT 치료사는 정서의 요소들을 연결시키고 전형적 패턴을 추적하기 위해 단순한 반영을 사용한다. 또한 이차적(표면적 · 반응적) 정서를 인정하고, 대립하는 부분들을 인정한다.

EFT 치료사는 이차정서를 인정한 후 현재의 과정 기저에 있는 일차정서를 풀어내는 것으로 옮겨 간다. 두 부분이 갈등을 빚고 있는 경우, 치료사는 갈등의 양측 모두의 일차정서에 접근할 것이다. 예를 들어, "당신이 가족에게 냉정하고 단호하게 거리를 두는 것 이면에는 그들이 당신을 보살피는 것을 중단했던 두려움이 있군요. 소원해진 형제자매에 대해 심하게 불평하는 것 이면에는 그들의 사랑을 원하는, 슬퍼하는 여동생이 있어요."라고 할 수 있다.

둘째, 더 깊은 정서 혹은 새로운 정서를 탐색한다. 반영, 환기적 질문, 추측과 강조의 개입기법은 일차정서를 심화하고 일관성 있게 다듬기 위해 사용된다. 경험을 환기시키기 위해 정서적 단서(emotional handles)와 이미지를 사용하고 내담자의 표현을 반복한다. 그리고 경험을 서서히 맛보고 음미하며, 경험 속에서 거닐고 그곳에 머무른다.

셋째, 일차정서 혹은 그 일차정서에 내재된 욕구와 동기에 대해 명료하고 단순하게 표현하고 소유권을 경험하도록 요청한다. 이 표현은 내담자와 치료사 간의 것일 수도 있고, 혹은 내담자와 가상의 상대 사이의 것일 수도 있고, 혹은 갈등하는 자아의 두 부분 사이의 것일 수도 있다. 과제 실험에 대해서는 다음을 참조하라.

넷째, 재연/표현의 경험을 처리한다("이것을 표현할 때 느낌이 어땠어요?" "이 말을 들을 때 기분이 어땠나요?"). 가상의 상대와의 대화 혹은 두 부분 사이의 대화가 상상이었든 혹은 명확하게 재연이 되었든 간에 현재 순간의 경험을 처리한다. 처리되는 경험이 내담자와 치료사 사이의 상호작용일 때, 이는 현재의 순간에서도 처리될 수 있다. 예를 들면, "저에게 '당신의 눈을 똑바로 쳐다보는 것이 두려워요. 왜냐하면 당신 얼굴에 비친 내 고통을 보게 될 거라는 걸 아니까요. 그 모든 고통을 보면 나는 무너지게 될 거예요'라고 이야기하니까 어떤가요?"라고 할 수 있다.

다섯째, 통합하고 인정하고 반영하고 강조한다. 이 마지막 움직임에서 치료사는 내담자가 방금 새로운 위험을 감수하고 새로운 발걸음을 내딛은 것을 축하하고 요약한다. 치료사는 내적 경험 그리고 대인 간 관계 맺기 양측 모두를 인정하고, 내담자가 어떻게 방금 춤을 변화시켰는지 강조한다. 치료사는 탱고의 이런 움직임 안에서 새로운 위험과 접근 그리고 자신과 타인에 대한 관점의 그 어떤 새로운 변화라도 통합하고 강화한다.

1) 재연을 통한 과제 실험

"개인 EFT에서 종합적인 과제는 일차정서 경험을 재처리하는 것이다. 그러나 치료사는 교정적 정서 경험으로 이어지는 많은 과제 실험에 내담자를 참여시킬 수 있다." (Johnson, 2009, p. 417) 존슨은 이 경험에 대해 일차정서에 깊게 참여하여 일반적으로 애착 문제를 이해하는 것으로 서술해 나간다. 그녀는 자아의 상반된 두 부분 사이, 정서적 경험을 가로막는 2개의 모순되는 애착 전략 사이, 애착 대상의 내적 표상과 자기 자신 사이 혹은 내담자를 학대하거나 상처 입힌 실제 인물과 자기 자신 사이의 대화를 만들기 위해 재연을 사용할 수 있다고 제안한다.

대화나 재연은 내담자가 취약하고 고군분투하는 시기에 다정한 격려와 안도감을 경험할 수 있도록 과거의 안정애착 대상의 이미지를 이용하여 만들어질 수도 있다. 또한 다음의 시모네와 그녀의 어머니의 이미지와의 대화 사례에서 나오듯이, 과거의 상처와 고통을 해소하기 위해 사용될 수도 있다.

또한 대인관계의 트라우마나 학대를 처리할 때, 재연은 내담자가 학대자 역할을 맡는지 여부와 상관없이 사용될 수 있다. 이는 내담자가 아니라 상대가 학대에 책임이 있다는 것을 다루기 위해 극도로 주의하여 시행되어야 하고, 가해자로부터 영구히 거리를 유지하려는 내담자의 욕구를 인정하는 것이 동반되어야 한다. 학대의 경우, 용서와 상호 신뢰 회복을 바라지 않거나 혹은 가능하지 않다고 해도 내적인 해소는 가능하다.

개인과 진행하는 1기와 2기에서 어떤 교정적 정서 경험은 내담자와 타인의 이미지 사이의 대화를 명확하게 재연하는 것을 포함하기도 하고, 다른 경우에는 내담자가 말하고 싶거나 혹은 이에 응답하여 타인이 말할 것이라고 생각되는 것에 대해 상상하는 것만 포함되기도 한다. 비슷하게, 갈등을 빚고 있는 내면의 두 부분에 대해 치료사는 두 부분 사이의 대화를 표현하도록 연출하거나 혹은 내담자가 각 부분의 일차정서를 재처리하도록 이끌 수도 있다. 이는 치료사의 성향이나 내담자의 편의에 따라 달라질 수 있다. 재연 실험을 위해 2개의 의자 기법을 이용할 수 있고, 혹은 실제로 2개의 의자 사이를 옮겨 다니지 않고 상상으로 재연이 이루어질 수도 있다(Johnson 2009; Paivio & Pascual-Leone, 2010). 이 장의 대화록에서 나오듯이, 실제로 신체적으로 움직이는 것은 필수적이지는 않지만 항상 각 부분의 차이를 더 잘 인식하게 하고, 정서적 경험을 강조하며, 심도 깊은 대화 중 종종 나타나는 좌뇌와 우뇌의 통합을 촉진할 수 있다.

(1) 과거 애착 대상과의 결합을 재형성하기

다음은 앞서 소개한 시모네의 대화록 발췌이다. 여기서 시모네는 그녀의 어머니인 캐롤라인(Caroline)과의 결합을 재형성하기 위한 재연에 참여하고 있다. 이 회기 이전에 타인으로부터 학대당하고 무시받고, 그녀 자신과 자신의 유능함을 의심하는 고리가 단계적 약화를 이루었다. 이전의 회기에서 그녀는 자기 자신과 어머니의 표상 간의 부정적 고리의 일부를 재연했고, 비난하고 스스로 의심하는 고리들을 성공적으로 약화시켰다. 이 회기에서 시모네는 작고한 어머니와의 결합을 해결하기 위해 재구축하는 2기에 대해 준비되었음이 확인되었다. 제11장에서 약술한 애착손상회복모델과 비슷한 단계들이 시모네와 어머니 사이의 해결을 위해 진행되었다.

치료사: 캐롤라인이 얼마나 심각하게 암울했는지를 기억하면 속으로 어떻게 느껴지나요? (불완전한 해결의 정서적 감각을 환기시킨다.)

시모네: 음…… 좀…… 갑갑한 것 같아요. 속으로 짓누르는 기분이 들어요. 마치…… 제가 딱 끼인 것처럼…… 약간 신체적으로 답답한 느낌……. 근육이 긴장되고…… 전혀 유연하지 않고 움직임도 없고, 그냥 너무 조이는 느낌이에요(내내 가슴 앞에 주먹을 꼭 쥐고 있음).

치료사: 아, 그것이 당신에게 남겨진 이미지군요(시모네가 몸의 중심에서 주먹을 꼭 쥐고 있음을 따라하며, 정서적 경험에 대한 신체적 각성을 반영하고 그녀가 느끼는 경직을 인정한다). 음…… 거의 캐롤라인처럼 들리네요.

시모네: 그렇죠. (싱긋 웃는다.)

치료사: 그녀가 그렇게 붙잡아서…….

시모네: 맞아요.

치료사: 이런 붙잡힘 때문에 당신이 저지당하면 어떻게 되나요?

시모네: 제가 살아남는 방법은요, 그냥 내 의견을 숨기고, 내 생각을 숨기거나 내가 하는 것들을 숨기고, 여러모로 순응하거나 아니면 그냥 포기하는 것이었어요. 그리고 알다시피 그게 저를 제 자신으로부터 고립시켰죠.

치료사: 아, 정말 슬프네요. (정서의 가장 표면을 반영한다.) 이 모든 것에 숨막혔겠어요.

(그녀의 어머니의 표상에게 고통을 표현하는 재연을 준비한다.)

치료사: 그럼 캐롤라인에게 '어떻게 당신이 나를 저지했고, 어떻게 당신이 나를 나 자신으로부터 분리시켰는지'에 대해 이야기할 수 있나요? (스스로를 조이는 내적 경험에 접근하기 위해)

시모네: 네, 엄마. (크게 한숨을 쉰다.) 예전에 내가…… 음…… 음…… 수의사가 되어서 동물을 다루고 싶다고…… 말한 적이 있는데……. 어떤 면에서 한 번도 그 생각을 지지해 준 적이 없었죠……. 음…… 왜 지지해 주지 않았는지 모르지만 그랬어요. 그리고 내가 수의사(veterinarian)의 철자를 제대로 쓸 수 없어서 수의사(vet)라고 썼다고 혼냈어요. 그러고는 역정을 냈죠. 나에게는 항상 이런 느낌이 있었어요. 내가 무엇을 말하든, 내가 무엇이 되고 싶어 하

거나 꿈을 가지거나 나를 위한 목표를 가지든 당신은…… 그걸 무산시키는 방법을 항상 찾아냈어요. 하지만 나에게 당신이 그렇게 이야기하는 것……, "너는 그 단어를 쓸 수도 없어. 그러니 그렇게 될 수도 없어."라고 한 건 내가 꿈이나 희망을 가질 능력을 짓밟았어요. 그건 저를 중단시켰어요. 저는 갑자기 멈추게 되었어요.

치료사: 그녀에게 다시 말해 주세요. "당신은 내가 꿈꿀 수 있는 능력을 짓밟았어요." (RISSSC를 이용하여 강조한다. 중요한 애착정서와 관련된 이미지를 반복하고, 단순하게, 부드러운 목소리, 느린 속도로, 내담자의 언어—그녀가 인정받기를 기대했던 애착 대상으로부터 짓밟혔다—를 이용한다.)

시모네: 당신은 꿈을 꾸는 내 능력을 짓밟았어요. 당신은 나라는 존재, 즉 개방적으로 생각하고, 대안을 생각하는 사람을 짓밟았어요. 내가 그런 것이 없는 것처럼. 당신이 내 희망, 내 꿈, 내가 되고 싶어 하는 것에 대한 감각을 죽여 버렸어요. 당신이 그걸 멈춰 버렸어요.

치료사: 그녀가 어떻게 당신을 짓밟았는지에 대한 이미지를 그녀에게 이야기하면서 어떤 느낌이 드나요? (신호를 재생한다.) 지금은 그녀에게 어떻게 느끼나요? (내적 경험을 환기시키고 일차정서에 접근하기 위해)

시모네: 모르겠어요. 전 많은 것을 돌려받지 못했어요……. 저한테는…… 어…….

치료사: 슬픈가요? 아니면 거의 분노를 느끼나요? (추측)

시모네: 그 2개를 합쳐놓은 것 같아요.

치료사: 아, 그러면 그녀에게 다시 이야기해 주세요. "당신이 어떻게 나한테 그럴 수 있어요!" (일차적 분노를 강조한다.)

시모네: 당신이 어떻게 나를 조종할 수 있는 인형처럼 대할 수 있어요? 당신은 나를 몰랐어요. 당신은 나를 이해하지 못했어요. 내가 어떤 아이인지 한 번도 물어보지 않았으니까 당신은 내가 어떤 사람인지 알 수가 없었죠. 내가 수의사가 되고 싶다고 했을 때, 나는 그걸 당신과 나누려고 많이 용기를 냈는데 당신은 짓밟아버렸어요.

치료사: 그래요. "당신과 나누려고 많은 용기를 냈는데, 어떻게 그걸 짓밟을 수 있어요!"

시모네: 어떻게 나한테 그럴 수가 있어요!

치료사: 캐롤라인의 그 이미지에게 "어떻게 당신이 내 꿈을 짓밟을 수 있어요!"라고 말할 때 어떤 기분이 느껴지나요?

시모네: 압박감이요. (헐떡거린다.) 그리고 당신은 그걸 온 가족 앞에서 했어요! (흐느낀다.)

치료사: 어머니가 이해한다는 느낌이 드나요?

시모네: 그녀는 듣고 있어요.

치료사: 그녀의 이야기를 듣고 싶나요? (재연을 준비한다.)

(시모네가 의자를 바꿔 앉는다.)

(상상의 상대는 고통을 이해/무시하려고 노력하고, 왜 그런 일이 생겼는지 더 자세히 이야기한다.)

시모네(캐롤라인 역할): 네가 수의사가 되지 못할 것이라는 뜻은 아니었어. 왜 그렇게 느꼈는지 모르겠다. 네 꿈을 짓밟았다니……. 꿈이 뭐니……. 그건 일어날 수도 있고 일어나지 않을 수도 있는 것일 뿐이야.

치료사: 캐롤라인으로서 당신은 시모네가 어떤 위험을 감수했는지 전혀 모르는군요? 시모네는 당신이 이 꿈을 들어 주기를 바랐고, 자신의 엄마가 자신의 꿈을 지지해 주기를 바랐다는 것도요?

시모네(캐롤라인 역할): 네, 그 아이가 동물을 좋아했고, 동물과 관련된 일을 하고 싶어 할 수 있겠다는 건 알았지만 그게 중요한 것인지 몰랐어요.

치료사: 그녀가 당신을 얼마나 필요로 하는지 몰랐군요? (캐롤라인 역할의 시모네: 네.) 그녀가 당신이 자기의 꿈을 들어 주고, 응원해 주기를 바랐다는 걸 전혀 몰랐군요?

시모네(캐롤라인 역할): 네.

치료사: 당신이 그녀에게 얼마나 많은 상처를 주었는지도 몰랐나요? (시모네의 고통과 배신감을 인정한다.)

시모네(캐롤라인 역할): 그 아이가 속상해하는 것은 알았지만 그 단어를 제대로 쓸 수 없어서 그런 것이라고 생각했어요. 그게 나 때문에 그런 것일 줄은 몰랐어요.

치료사: 시모네가 그녀의 엄마인 당신이 그녀를 믿어 주는 걸 필요로 했기 때문에 그랬다는 것을 당신은 몰랐군요. 당신은 그걸 몰랐어요. (어머니에 대한 시모네의 정당한 요구를 인정하고 강조하는 대화가 좀 더 이루어진다.) 그때로 돌아가서 시모네의 이야기를 들어 줄 수 있나요?

(의자를 바꾼다.)

(내담자는 애착두려움과 갈망에 접근하여 표현한다.)

치료사: 와우! 당신이 그녀를 필요로 했다는 것을 그녀가 알지 못했다는 것을 들으니 어떤가요? (일차애착정서를 환기하기 위해)

시모네: 그러게요, 그녀는 몰랐어요.

치료사: 당신이 그녀를 필요로 했다는 걸 그녀는 정말 몰랐네요? 당신은 지지해 줄 어머니를 가질

권리가 있다는 걸요. (그녀의 애착두려움/욕구에 관한 신호를 반복하고 애착 씨 뿌리기를 한다.) 그녀가 어깨를 으쓱하며 "그래서 꿈이 뭐니?"라고 했고, 그녀는 당신을 보호하기 위해 노력했다고 말했어요. (반영하고 그녀의 애착두려움에 대한 신호를 반복한다.)

시모네: 그건 정말…… 그냥 최악의 두려움이 현실이 되는 것 같아요. 그녀는 나를 위해 있어 주지 않았던 거예요. 그녀는 몰랐어요. 그녀는 다가오려고 하거나 이해하려고 노력도 하지 않았어요. 그녀는 그저 당연히 제가 그 일을 할 수 있을 것이라고 여기고 있었던 거예요. 저 혼자 모든 일을 해내야 하는 건 정말 힘들었어요.

치료사: 맞아요. 혼자서 해내는 건 정말 힘들죠! 당신 스스로 해야 한다는 것이 얼마나 힘들었는지 다시 그녀에게 말해 줄 수 있나요? 그녀가 곁에 없을 것이라는 당신의 최악의 두려움이 어떻게 사실이 되었는지?

시모네: 어, 그것은 마치……. (크게 한숨을 쉰다.) 자라면서 나는 당신이 내 옆에 없다고 느꼈어요. 나는 어머니(mother)가 아니라 엄마(mum)가 필요했어요. 나는 그냥 내 옆에 앉아서 오늘 하루가 어땠는지 물어봐 주는 엄마가 필요했어요…….

치료사: 나는 당신이 정말 필요했어요! (시모네: 맞아요.) 그러나 당신은 거기에 없었어요.

시모네: 그랬어요. 나는 정말 당신이 필요했는데 당신은 거기 없었어요. 그건 고통스러웠어요. 정말 아팠어요.

치료사: 아직도 아파요. 당신은 아직도 영혼 깊은 곳에서 그 고통을 느낄 수 있지요? (강조한다.)

시모네: 네, 그래요.

치료사: 그리고 나는 당신이 조금은 이해하길 여전히 기다리고 있어요, 엄마. 나는 여전히 당신이 이해하기를 바라요. (역할에 대한 주인의식을 장려한다.)

시모네: 그래요. 나는 아직도 당신이 이해하길 바라요. 내가 당신을 필요로 했다는 것을 당신이 알길 바라요. 나는 당신이 나와 대화를 나눠 주는 것이 필요했지, 그냥 달래거나 아니면 "넌 할 수 있어."라고 말하는 게 필요했던 건 아니었어요. 내 말을 들어 주길 바랐어요. 진정으로 귀 기울이고 듣는 거요.

치료사: 나는 당신이 내 말을 듣고 나를 봐 주는 것, 즉 나를 이해하고 인정해 주는 것이 필요했어요. (반영하고 대리 목소리로 강조한다.)

시모네: 맞아요. 나는 당신이 나를 있는 그대로 인정해 주는 것이 필요했어요.

(내담자에게 상상한 상대에게 애착욕구를 충족시켜 달라고 요청하도록 장려한다.)

치료사: 그녀에게 그렇게 해 줄 수 있는지 요청할 수 있나요?

시모네: 엄마, 그렇게 해 줄 수 있어요? 나를 있는 그대로 인정해 줄 수 있어요? 내가 필요로 했던 엄마가 되려고 노력해 줄 수 있나요?

(내담자는 위험을 감수하고 다가간다.)

치료사: 그냥 받아들이세요. 당신이 캐롤라인에게 "당신은 나를 있는 그대로 인정해 줄 수 있어요? 내가 필요로 했던 엄마가 되려고 노력해 줄 수 있나요?"라고 말한 것이 얼마나 대단한 일인지 받아들이세요. (캐롤라인이 어떻게 반응할지 모르는 상태의 위험 그리고 용기를 강조한다.)

시모네: (한숨을 쉰다.)

치료사: 당신의 존재 깊은 곳의 그 고통을 이야기하는 것에는 정말 많은 배짱과 용기가 필요해요. (용기를 인정하고, 다가가기를 강조한다.)

치료사: 그녀에게 요청할 때 어땠나요? 상당히 무서웠나요?

시모네: 상당히 무서웠어요.

치료사: 그렇군요. 가장 중요한 것을 요청하는 것이 얼마나 무서운지 그녀에게 말해 줄 수 있나요? (두려움을 강조하고, 애착 의미에 접근한다.)

시모네: 저는 너무 두려워요. (한숨) 그녀가 그렇게 할 수 없을까 봐……. 아니면 제가 이야기하는 걸 이해하지 못할까 봐 너무 두려워요.

치료사: 그래요, 맞아요. 그건 정말 두려워요. 그녀에게 요청하기 위해서 당신은 어마어마한 위험을 감수하고 있어요, 그렇죠? (용기를 인정하고, 정서를 생생하게 유지한다.) 그럼 이제 그녀의 의자에 앉아서 그녀가 어디쯤 있는지 볼 준비가 되었나요?

(내담자가 그녀의 애착욕구에 참여하는 동안, 상상한 상대로부터의 반응을 요청한다.)

치료사: 그녀가 이해하는 데 얼마나 오래 걸릴지 당신은 알 수 없잖아요, 그렇죠? 조금 전까지 그녀는 몰랐어요. 짐작도 하지 못했죠. (위험을 인정하고, 어머니로부터 이해받지 못하거나 무시당할 가능성에 대한 예상을 지원한다.)

(그녀에게 의자를 바꾸도록 요청한다.)

(상상한 상대는 영향력을 느끼고, 어떻게 된 것인지에 대해 더 설명한다.)

치료사: 캐롤라인, 시모네가 "나를 있는 그대로 인정해 줄 수 있나요? 내가 엄마로서의 당신을 얼마나 필요로 하는지 이해할 수 있어요?"라고 이야기하는 것을 들으면 어떤가요?

시모네(캐롤라인 역할): 그 말을 들으니 슬퍼요. 그 전보다 훨씬 더 슬퍼요. (한숨)

치료사: 더 깊은 슬픔이군요?

시모네(캐롤라인 역할): 네, 그래요. …… 나는 단지…… 그녀가 필요로 하는 것을 내가 가지고 있는지 모르겠어요. 그녀에게 줄만큼 충분하지 못한 것 같아 두려워요.

치료사: 지금, 캐롤라인으로서 당신은 그녀에게 당신의 마음을 주고 있어요. (상상한 상대가 딸에 대해 책임감을 보이는 것에 대해 인정하고 강조한다.) 당신은 "나는 이해하고 있어. 네가 얼마나 외로운 소녀였는지 알겠어."라고 이야기하고 있네요.

(상상한 상대는 책임을 받아들이고 영향력을 느끼며, 후회를 표현한다.)

시모네(캐롤라인 역할): 정말 미안하구나!

치료사: 아, 당신은 정말 미안하군요. (강조한다.) 그녀가 "나는 당신이 지금 이해하길 바라요. 그때처럼 아직도 내가 얼마나 당신을 필요로 하는지 당신이 이해하길 바라요!"라고 말할 때, 제 생각에 당신은 이렇게 이야기하네요. "나는 이해해. 네가 필요로 할 때 옆에 있어 주지 못해서 정말 미안하구나." (상대의 책임감을 강조하고, 자신과 타인에 대한 내담자의 긍정적 관점이 나타난 것을 인정한다.)

시모네(캐롤라인 역할): 그래요, 그렇게 하지 못했어요.

치료사: 그녀는 정말 그럴 자격이 있어요, 그렇지 않나요? (애착 씨 뿌리기를 하고 자신에 대한 긍정적 관점을 인정한다.)

시모네(캐롤라인 역할): 그녀는 그럴 자격이 있어요.

치료사: 그녀에게 그렇게 말해 줄 수 있어요? (재연을 지시한다.)

(상상한 상대는 고통을 인정하고, 애착욕구에 반응한다. 즉, 해독제가 되는 결합 사건이다.)

시모네(캐롤라인 역할): 너는 정말 그래, 그때 너는 그럴 자격이 있었어. 그때 내가 너에게 그걸 해주었더라면 우리가 좀 더 가깝게 지낼 수 있었을 텐데, 좀 아이러니하구나. (한숨) 너는 가장 재미있고 가장 독특한, 가장 너다운 사람으로 자랐어. 그게 너에게 얼마나 외로운 일인지 나는 잘 몰랐단다.

치료사: 당신은 지금 이렇게 이야기하네요. 나는 정말로 너와 연결되기를 원했어.

내담자(캐롤라인 역할): 그래요. 그러길 바랐어요. 단지 두려웠어요.

치료사: 그녀가 알게 하는 것이 두려웠군요. 그리고 시모네는 여기 앉아 "나는 여전히 알고 싶어요. 당신은 나를 있는 그대로 인정해 줄 수 있나요?"라고 이야기하고 있어요.

시모네(캐롤라인 역할) 그래. 시모네, 너를 있는 그대로 사랑해. 정말 그렇단다. 나는 네가 대단한 사

람이라고 생각해. 여러모로 너는 내가 되고 싶었던 그런 사람이야. (한숨)

치료사: 와우, 당신은 정말로 그녀를 사랑하고 그녀를 인정하네요. 당신은 마음 깊이 그녀가 얼마나 많은 상처를 받았는지 이해하고 있어요. 당신이 그녀 옆에 없었을 때 그녀가 당신을 얼마나 필요로 했는지 이해하고 있어요.

시모네(캐롤라인 역할): 거기 없었죠.

치료사: 그런데 지금 이야기하네요…….

시모네(캐롤라인 역할): 나는 그러고 싶단다. 네 곁에 있어 주고 싶어. 정말이야. 내가 옆에 있는 걸 네가 느끼길 원해. 정말로……. (자신과 상상한 상대 사이에서 더 많은 대화가 진행된다.) (관계는 잠재적인 안식처로 재정의된다.)

시모네: 그리고 이제는 느껴요, 당신도 나를 사랑했다는 걸요. 기분이 좋아요. (통합한다.)

치료사: 그럼 이제 당신의 그 부분에 어떤 영향을 주나요? 당신은 스스로에게서 어느 정도 분리되어 있었는데(앞서 그녀가 압박감을 표현했던 신체의 부분을 가리킨다.) 그쪽에, 몸에 그 느낌이 있나요? (자신과 타인에 대한 새로운 모델의 신체적 감각을 환기시킨다.)

시모네: 좀 느슨해요. 답답하지 않아요. 좀 더…… 제가 더 유연해진 것처럼 느껴지고…… 숨을 쉴 수 있어요. 갇혀 있는 것이 아니라 자유롭게 움직일 수 있어요.

치료사: 자유로운 시모네군요. 그리고 정말로 필요하고 원하는 것이 무엇인지 찾았고요?

시모네: 네!

흥미롭게도, 시모네가 털어놓은 경험은 망가진 결합을 재처리하는 과정을 확증한다. 낭만적 관계의 파트너들 사이에서 애착손상을 효과적으로 해결하는 과정(제11장)은 개인치료에서의 용서와 해소 과정에도 확장될 수 있다.

5. 결론

부부보다 개인과 진행하는 EFT는 기 사이에 더 많은 흐름이 자주 있기는 하지만, 치료 모델의 기본적 구조를 따른다. 1기 동안 1~4단계의 흐름이 어느 정도 반복될 수 있다.

- 1단계: 내담자의 현재 문제, 자원, 충족되지 못한 소망 그리고 치료의 목표를 탐색하기 위해 안전기반 동맹을 형성한다.
- 2단계: 힘든 시기에 정서를 조절하기 위해 과활성화하거나 비활성화—타인에게 등을 돌리거나 회피하는—하는 반복적 패턴을 추적한다. 일차적 위험 신호, 전형적 행동화 경향, 의미(자신과 타인에 대한 관점)를 추적하고, 이차정서를 인정한다. 이 패턴들이 힘든 시기에 대처하는 최선의 시도였음을 인정한다.
- 3단계: 기저에 있는 핵심 (일차)정서에 접근한다. 신호, 인식된 위험(혹은 애착위협), 자신과 타인에 대한 부정적 의미 구성 그리고 자동적 행동화 경향의 '통로'를 따라 일차정서에 진입한다. 새롭게 접근한 일차정서를 욕구 및 자신과 타인에 대한 새로운 반응에 관련된 정보의 소중한 자원으로 강조한다.
- 4단계: 현재의 문제를 연결을 위한 경직되고 갇혀 있으며 습관적인 대처 전략이면서 삶의 힘든 사건들을 처리하기 위해 전형적으로 사용했던 것으로 재구조화한다. 사건 동안 혹은 이후에 개인이 자신과 타인에게 연결되는 전형적 방법을 기술한다. 대처 패턴이 강화되는 것이 어떻게 핵심적 문제가 되는지 기술한다. 대처 패턴이 효율적이고 효과적인 의존을 향해 나아가도록 정서를 따라가며 희망을 심는다.

비록 변화 과정이 부부치료처럼 5~7단계의 순서를 따라가지 않더라도, 2기에서는 안정성이 만들어진다. 자주 반복되는 애착 주제와 다양한 대인관계 및 정신내적 관계에서 반복되는 패턴이 드러난다. 그러므로 하나의 관계에서 정서를 재처리하고 안전한 유대관계를 재형성하는 것은 다른 관계에도 도움이 될 것이다. 단계적 약화와 2기의 교정적 정서 변화의 전환점은 내담자의 삶 속에서 한 상황 혹은 관계에 대해서 만들어질 수 있다. 이후 또 다른 삶의 상황에 대해 1기의 단계적 약화부터 2기의 변화의 전환점에 이르기까지 탐색해 볼 수 있다.

단계적 약화에서 2기의 변화의 전환점으로 이어지는 EFT 지도는 과거 애착 대상의 정신적 표상과의 관계를 해결하거나 혹은 대립하는 내면의 두 부분을 통합하는 데 유용한 지침이다. 부정적 고리를 설명한 후 교정적 정서 경험이 뒤따르는데, 덜 지배적이고 위축된 부분은 개입시키고 비난하는 부분은 약화시킨다. 각 부분 혹은 각 사람의 행동화 경향과 핵심 일차정서 및 욕구 안의 선한 의도에 접근하여 재처리하고, 이를 안전과 통합의 경험으로 완성한다. 트라우마와 학대 상황에 적용하는 것은 앞에서 다루었다. 3기 변화의 전환점의 통합과 강화는 내담자의 삶 전반에 걸쳐 일반화된다. 에밀리는 그녀의 개인치료를 사랑과 혁신적 변화의 경험으로 만들 수 있는 능력이 있다고 느낀다.

제13장

미래의 단계: 당신과 EFT

이 마지막 장에서 나는 EFT 모델을 정리하고 EFT 치료사가 되기 위한 다음의 몇몇 단계를 제안하고자 한다.

초보 EFT 치료사는 부부와 작업할 때처럼 스스로에 대해서도 "내재된 결점이나 부족함을 교정하는 것보다는 새로운 경험을 통해 성장하는 것 그리고 그 경험을 처리하는 새로운 방법"에 집중하는 것이 현명하다(Johnson, 2004, p. 43). 성장 과정의 가장 상냥하고 강력하며 안전한 기반 중 하나는 동료 EFT 치료사들의 국제 협회에서 찾을 수 있다. "가장 공감적인 방법으로 존재하는 것을 배울 수 있다."라고 로저스는 기술했다(Rogers, 1980, p. 150). 동료 EFT 치료사, 슈퍼바이저 그리고 트레이너들의 연계된 지원을 받으며 EFT를 지속적으로 경험하는 것은 공감적 EFT 방식이 당신의 존재하는 방식에 통합될 수 있다는 것을 보장한다.

에밀리가 의욕적으로 EFT에 첫걸음을 내디딘 후 몇 번의 계절이 지났다. 도전과 후퇴에도 불구하고 그녀는 부부들과 모델 자체가 계속 영감이 되고 작업 의미의 원천이 됨을 깨닫고 있다. 그녀는 부부의 현재 문제를 고치려고 노력하던 것에서 벗어나 과정 전문가로서 좀 더 공감적이고 협력적인 태도를 가지고 내담자들이 그들의 부정적 상호작용 고리를 안전한 결합으로 재건하는 것을 돕는 쪽으로 변화하였고, 이 변화를 즐졌다. 또한 그녀는 그녀의 삶 속에서 스스로와 타인에게 더 많은 연민을 느끼게 되었다는 것을 깨달았다. 이는 예상치 못했던 것이지만 EFT 훈련의 흔한 혜택이기도 하다 (Montagno et al., 2011).

당신이 EFT를 배우는 당신만의 단계를 거쳐 나아갈 때, 한 단계씩 더 시간을 내면 자신만의 EFT 스타일을 개발하게 된다는 것을 믿을 수 있도록 이 모델에 대한 에밀리의 통합을 이용하기 바란다. 새로운 패러다임을 통합하는 과정이 벅찰 수도 있지만 이 책 및 연계된 웹 사이트(www.SteppingintoEFT.com)와 같은 자원, www.iceeft.com 및 지지해 주는 협회와 같은 자원들은 그 과정을 창조적 능력이 증가하는 순간들이 동반되는 고무적인 경험으로 만들어 줄 수 있다.

이 장에서 나는 당신이 불화에 빠진 관계를 도우려는 당신의 열정을 나눌 수 있는 동료들의 국제 협회에 참여하도록 격려하고 싶다. 나는 친밀한 관계를 재형성하는 EFT의 영향력의 핵심이 되는 "진주처럼 소중한 지혜들"(Johnson, 2010, p. 133)을 되새기면서 시작하고자 한다. 존슨이 종종 이야기하듯이, "일단 당신이 무언가를 이해하면 당신은 그것을 구체화할 수 있다." 나는 EFT의 다양성이 확장되는 '공동체 안에서' 당신이 성장하기를 격려하며 마치고자 한다.

1. 귀중한 진주들

진주는 살아 있는 생명체가 생명을 유지하기 위해 필요한 영양분을 섭취할 때 자극물이 연조직에 갇히게 된 결과로 생성된다. 이 자극물을 다루는 방법 중 한 가지의 결과로 귀하고 아름다운 무엇인가가 만들어진다. 이 이미지는 성인 사랑에 대한 기본적인 진실들 중 하나를 반영한다. 안전한 정서적 연결을 상실하는 것은 사랑하는 관계에서는 강력한 자극물이다……. EFT는 효과적 의존을 위한 구조화된 지침을 제공한다. 효과적인 의존이 이루어진다면 파트너들은 어떤 단절된 순간이 있어도 관계가 다시 안전한 결합, 즉 귀중하고 소중한 진주가 될 것이 확실한 방법으로 반응할 수 있다 (Johnson, 2010, p. 133).

효과적 의존은 정말로 인간 존재에서 가장 귀중한 진주들 중 하나다. EFT를 시작하는 치료사들은 부부치료를 진행하는 일상적 도전들 또한 자극물이라는 것을 발견한다. 이 자극물은 결국 존슨이 EFT의 핵심이며 진주처럼 소중한 지혜 세 가지라고 규정한 것으로 만들어지게 된다. 존슨(Johnson, 2010)은 EFT의 자원을 정서, 애착 그리고 재연이라는 세 가지 귀중한 진주라 정리했다. 세 가지 모두는 치료사가 눈길을 끄는 내용이나 사실들로 인해 길을 잃는 일 없이 현재 순간의 정서적 경험에 참여하는 것에 집중을 유지할 수 있도록 도와준다. 이 진주들을 따로따로 설명할 수는 있지만, 실제 치료 과정에서는 분리할 수 없다. 이들은 서로 효과적으로 의존하고 있으며 서로를 지지해 주고 있다.

1) 첫 번째 진주: 정서

EFT 치료사들은 '정서를 따라간다'. 왜냐하면 정서가 변화의 핵심이기 때문이다. 친밀한 관계에서 정서는 가장 강력한 힘이다. 손길은 뇌의 초조해하는 뉴런들을 진정시킬 수 있고(Johnson et al., 2013), 단절의 인지는 원초적 공포를 촉발시킬 수 있다(Johnson, 2010). 현재 순간의 정서적 경험과 함께하고, 내용이 아니라 순간순간 펼쳐지는 정서의 과정을 다루는 것은 EFT의 가장 중요한 원리다. 내담자의 정서적 현실을 풀어내는 것은 정서를 명명하는 것을 넘어선다. 그것은 능동적 평가–동기적 과정(제5장 참조)으로서의 정서를 풀어내는 것을 포함한다. 이는 암묵적이거나(Stern, 2004) 혹은 의식적 인지의 가장자리에 있는(Rice, 1974) 정서적 경험을 확장하여 명료하게 만드는 것이다. 내담자의 정서적 현실을 풀어내는 것은 정서의 다양한 요소를 확인하고, 정서의 감각에 접근하고, 출현하는 정서적 경험을 말로 나타내며, 새롭게 경험된 정서를 새로운 상호작용을 만드는 데 사용하면서 시작된다.

당신이 이 진주를 소중히 여기게 된다면 스스로에게 질문하라. "내가 정서적 경험의 미묘한 표지들을 인식하는가? 내가 정서의 과정을 촉발하는 것에서부터 시작하여 정서를 추적할 줄 아는가? 나는 정서적 경험을 풀어내고 깊어지게 하며 머무르는 것을 편안하게 느끼는가?" 정서를 다루는 당신의 능력을 어떻게 발전시킬 수 있는지 생각하라. 즉, 정서적 경험에 진입하는 4개의 통로를 여는 것(제5장) 및 정서의 언어적 · 비언어적 표지를 따라가는 것과 타인에게 조율하면서 정서적 경험의 감각을 계속 인지하는 것(제9장)을 기억하라.

2) 두 번째 진주: 애착

"모든 것은 애착에 관한 것이니 그것에 집중하라."(Johnson, 2010, p. 135) '부부의 문제라는 내용의 관에 빨려 들어가는' 대신 EFT 치료사는 관계불화를 유기/거절과 관련된 핵심적 애착두려움 그리고 내재된 소망과 충족되지 못한 욕구에 대한 이해 가능한 반응으로 정의한다.

EFT 치료사는 과정자문가로서 항상 애착의 영향력 아래에서 작업하며, 순간순간의 경험이 어떻게 애착으로 빛나는지 보고 듣고 명료하게 인식하는 것을 배운다(애착 주제에 대해서는 제3장 참조).

나는 단색의 어두운 보라색 터틀넥 스웨터를 입고 야광 볼링장에서 있었던 아들의 볼링 게임에 참석했을 때 깜짝 놀랐다. 내 스웨터가 단색이 아니라 하얀색 물방울무늬로 덮여 있었다. 울 소재의 모든 꼬임이 강조되어서 야광 흰색 물방울무늬로 빛나고 있었다. 치료를 계속해 나가면서 EFT 치료사는 울의 꼬임이 야광으로 빛나듯이 관계적 조망에서 애착 주제들이 빛나는 것을 발견한다. 애착신호와 위협에 대한 자기보호적 반응의 드라마와 내재된 애착두려움과 소망, 욕구들은 점차 눈에 보이게 되고 이해할 수 있게 된다.

당신이 애착이라는 진주를 소중히 여긴다면 분리불안 반응에 대해 당신이 더 많이 이해하는 것이 어떻게 불화가 심한 두 파트너와 당신의 동맹 형성을 도와주는지에 관심을 기울이라. 사람들이 위로와 지지를 요청하는 다양한 방식을 인식하기 위해 당신의 시각적 · 청각적 예민함을 지속적으로 섬세하게 조절하라. 슈퍼마켓에서, 영화에서, 그 외 매일의 일상 속에서 당신이 관찰하고 경험하는 작은 관계적 상처와 봉합에서 애착정서와 주제를 처리하라.

전형적 애착 재구조화를 사용할 기회를 찾으라. 비난은 연결을 위한 투쟁으로, 제정신이 아닌 요구는 정서적으로 부재한 상대를 찾기 위한 수색으로, 점차 커지는 목소리는 반응을 구하는 절박한 애원으로, 정서적 부재는 그 사람의 인정이 너무나 중요하기 때문에 실망시킬까 두려워서 숨어 버리는 것으로, 냉담한 무반응은 반격당하고 전체 관계가 위태롭게 되는 것이 두려워 얼어붙는 것으로 재구성하라.

3) 세 번째 진주: 재연

세 번째 진주는 새로운 방식으로 파트너들이 다가서고 응답할 수 있도록 준비시키는 치료적 재연을 만드는 것이다. 이 진주는 현재 순간 정서의 처리라는 첫 번째 진주와 애착적 맥락에서 정서의 처리라는 두 번째 진주를 적극적으로 통합시킨다. 또한 EFT의 변화에 기여하는 두 가지 특징, 즉 정서적 경험의 깊이와 친화적 상호작용을 통합시킨다. 새롭게 풀어낸 핵심적 정서 경험을 사용하여 "치료적 재연에서 상대 배우자에게 새로운 반응을 준비시키는 것은 EFT 변화의 핵심이다."(Johnson, 2004, p. 13) 초보 EFT 치료사들은 2기의 중요한 재연, 다듬어진 애착두려움을 표현하고(5단계) 애착욕구를 충족시켜 줄 것을 요청하며 다가서는(7단계 위축자 재개입과 추적자 순화) 것을 잘 알고 있다. 그러나 재연은 모든 EFT 회기의 표준이다(제2장 참조). 초보 EFT 치료사들은 매 회기에서 '작은 규모'의 재연을 연출함으로써 치료에 도움을 받는다.

존슨의 EFT 탱고는 아마도 매 회기를 통해 재연을 만들기 위해 사용하기에 가장 쉬운 도구일 것이다. '내면에서 그리고 사이에서' 일어나는 과정을 추적하는 움직임 1과 정서를 깊게 하는 움직임 2 이후에 탱고는 효과적인 재연의 형태를 따라간다(Tilley & Palmer, 2013). 움직임 3은 무대를 준비하고 재연을 연출하는 것이다. 움직임 4는 각 배우자와 그 경험을 처리하는 것이다. 움직임 5는 방금 배우자들이 만든 새로운 움직임을 추적하고 강조하며, 방금 그렇게 한 것처럼 순간순간 그들의 애정 관계를 만들어 낼 능력이 실제로 있다는 것을 인정해 주는 것이다.

당신은 각 회기에 이 탱고를 따라 움직이는 것만으로도 EFT를 당신의 치료 스타일에 통합하기 시작할 수 있다. 나아가 부부의 발전을 추적하고 강조하며 기념하는 마지막 움직임을 활용하여 EFT 치료사로서 당신의 발전을 추적하고 축하할 수 있다. 당신은 이 단계들을 시작했고, 부부와 내담자들을 바라보는 방법이 이미 확장되었으며, 그들과 작업하는 방법도 변화하였다. 이에 대해 스스로를 칭찬하라. 파트너들의 내면 그리고 파트너들의 관계에 참여하는 당신의 능력을 끌어내기 위해 당신 자신의 정서와 신체적 감각에 집중하라. 당신에게 실제로 순간순간 애정관계를 형성할 수 있는 능력이 있음을 인정하라. 내담자들과 같이 만들어 가는 안전과 신뢰의 이미지와 함께 희망의 씨앗을 심으라. 당신 작업의 과정과 그 모호함을 신뢰하는 자신을 상상하라.

2. 공동체에 참여하기

유능한 과정자문가가 되기 위한 핵심적 요소 중 하나는 현재 순간의 과정에 참여하고, 이를 재형성할 때 자문가가 내담자에 대한 공감적 조율과 자신의 내적 감각에 대한 조율 사이를 오가는 것이다. EFT는 치료사가 지속적으로 자신의 경험에 조율하기를 요구하기 때문에 공동체에 안정적으로 기반하고 있는 것은 중요하다. 치료사가 연민, 애정 어린 보살핌 그리고 동료들의 축적된 지식에 둘러싸여 있을 때 개인적 요구의 잠재적 부담이 줄어들게 된다. EFT 모델과 동료들의 협회(www.iceeft.com)는 치료사에게 EFT 치료사로서의 자신만의 스타일을 탐색하기 위한 안전기반을 제공한다.

EFT의 기술과 과학을 배우기 위한 계획을 발전시킬 수 있는 다양한 선택지가 있다. 어떤 여행이든 어떤 연구이든 간에 동료 여행자들과 동행한다면 더욱 풍성해질 것이다.

1) 국제 협회

당신은 EFT 치료사가 되면서 안전한 연결을 만들기 위해 헌신하는 전 세계적인 움직임에 합류하게 된다. EFT의 공식적인 수련은 전 세계적으로 제공되는 4일의 입문 과정(익스턴십)으로 시작된다(www.iceeft.com 참조). 이 입문 과정 이후, 치료사들은 온라인 국제 협회—국제정서중심부부치료센터(The Internaltional Center for Excellence in EFT)—에 가입할 자격이 주어진다. 이 협회는 믿기 어려울 만큼 단순한 모델을 습득하는 것의 복잡성과 다양함을 인정하여 풍부한 자료와 대화를 이메일로 제공하고, 분기별로 실용적 도움을 주는 뉴스레터를 발송한다. EFT 협회 소식지의 샘플은 iceeft.com에서 접할 수 있고, 여기에는 EFT 회기를 시작하고 종결하는 것에 대한 실용적인 조언과 회기 사이에 과제를 제안하는 것을 설명하는 방법, 첫 EFT 회기에 대한 충고들 그리고 가족에게 EFT를 적용할 때의 지침이 포함된다. 국제 협회는 또한 부가적인 개인 혹은 인터넷 교육 기회를 제공한다.

2) 동료와 연구 모임

국제 협회의 일원으로서 경험한 것에 더해, 만약 당신이 동료 치료사들의 지역 혹은 인터넷 공동체에 참여한다면 이 역시 당신만의 방식으로 EFT를 통합하는 능력을 향상시켜 줄 것이다. EFT를 배우는 과정의 동반자들은 당신의 도전과 스스로에 대한 의심을 인정하고 탐색의 안전기반을 만들어 줌으로써 안식처의 위안을 제공할 수 있다. 동료 모임 혹은 슈퍼바이저가 이끄는 지도감독 모임은 서로 녹화된 비디오를 검토하고, 흔한 문제와 교착 상태에 대해 토론하며, 성공을 축하하고, EFT 실행을 향상시키기 위한 개인적 목표를 개선하는 기회를 제공한다. 동료들은 고전하고 있는 치료사가 놓치기 쉬운 장점과 원인을 찾아낼 것이다. 동료들은 수용과 신뢰를 전달함으로써 스스로와 내담자들 양쪽 모두에 조율하고 호기심을 유지하는 EFT 치료사의 능력을 강화하고 지지한다. 동료들과 서로의 비디오를 검토하고 역할극 경험을 만들어 봄으로써 경험적 학습은 풍요로워질 수 있다. 도전을 요하는 내담자를 위해 공감적 이해와 연민을 갖기 위한 가장 좋은 방법은 역할극에 참여하여 바로 그 내담자의 역할을 당신이 해 보는 것이다.

동료 연구 모임을 만들거나 온라인 지도감독 모임, 실습을 해 보는 온라인 연구실에 참여하는 것은 당신의 학습을 도와주는 훌륭한 방법이다. 이 책과 연계된 웹 사이트(www.SteppingintoEFT.com)는 EFT의 핵심 요소를 보여 주는 치료 회기의 대화록 혹은 비디오 발췌와 같은 추가 자료를 제공한다.

3. EFT 모델을 경험하면서 성장하기

에밀리는 이 모델 자체가 그녀로 하여금 자신에 대한 기대를 완화하고, 내담자들의 삶 속에서 과정자문가로서의 역할을 신뢰하도록 돕는다는 것을 발견한다. "배우는 것에는 시간과 노력이 든다. 사실 나 자신도 30년이나 되었지만 여전히 내가 만나는 모든 내담자와 부부들로부터 배우고 있다."(Johonson, 2011, p. 428)라고 한 존슨의 현실적인 관점에서 에밀리는 용기를 얻는다. 에밀리는 그녀의 부부들이 애착 역동과 그녀가 배우고 있는 정서를 다루는 새로운 방법들에 대해 가장 좋은 교사라는 것을 지속적으로 깨닫는다. 그녀는 EFT의 지식 및 숙련 척도를 사용하여 자기-감독 목표를 설정하는 것(Levenson & Svatovic, 2009)과 함께 자신의 비디오를 보는 것이 지속적인 학습 경험이 된다는 것을 발견한다. 치료사의 불완전성과 내담자의 한계 및 EFT 관련 양가감정에 대한 EFT의 유연성과 여유는 에밀리에게 부가적으로 중요한 도움이 된다.

때로 에밀리의 부부들은 여러 가지 이유로 치료를 잠시 중단한다. 몇몇은 경제적으로 정기적인 치료를 감당하기 어렵고, 다른 이들은 여행과 업무 일정이 치료에 정기적으로 참석하는 것을 방해한다. 어떤 경우에는 한 배우자의 양가감정이나 치료에 참석하는 것에 대한 저항이 치료 진행을 가로막는다. 종종 에밀리는 여러 이유로 치료를 '쉬었던' 커플들이 몇 달 혹은 몇 년 후에 돌아오고, 그들이 중단했던 곳에서부터 필연적으로 발전이 계속되는 것을 확인하고 용기를 얻는다. 때때로 고리는 새로 앙갚음을 하려고 다시 나타날 수도 있다. 그러나 1기 초반의 작은 교정적 정서 경험과 긍정적 영향력은 자주 분명하게 나타난다.

4. EFT와 당신을 위한 다음 단계들

EFT를 위한 다음 단계들은 개인과 가족에게 EFT를 적용하기 위한 표준화 그리고 다양한 집단의 넓은 영역에 걸쳐 연구를 진행하는 것을 포함할 것이다. 의심의 여지없이 이 모델은 다양한 내담자에게 동등하게, 쉽게, 효과적으로 적용할 수 있는 모델로서 계속 성장할 것이다. EFT 치료사로서의 당신의 성장 역시 다양한 문제와 진단을 가진 부부들뿐만 아니라 개인과 가족에 걸쳐 이 모델을 널리 적용하는 것이 포함될 것이다.

EFT의 미래에는 가족과 개인의 치료 그리고 연구로의 더 많은 확장을 보게 될 것이다. EFT는 성적 반응의 치료뿐만 아니라 강박적 행동이나 중독 과정을 다루는 작업의 통합으로 확장될 것이다. EFT의 연구가 대부분 중산층의 백인 이성애자 부부에게서 진행된 것은 사실이지만, EFT는 전 세계적으로 다양한 환경과 여러 문화권에서 활용되고 있다. EFT가 다양한 영적·종교적·성적·성정체성 지향에서 그리고 서로 다른 사회경제적·문화적 변수를 가진 다양한 형태의 가족에게도 매력적이라는 점에서 정서와 애착의 보편성이 드러난다. 로저스 학파의 정상화하고 공감적이며 협력적인 관점은 차이와 개인의 선택을 존중하며, 이는 EFT에 스며들어 다양한 집단에 대한 적합성이 강화되었다. 최초의 EFT 문헌(Johnson, 2004)은 지금까지 11개의 언어로 번역되었다.

EFT 지도에 대한 당신의 지식을 확장하기 위해 당신은 어떻게 부부치료와 성치료가 EFT에 통합되는지 탐색하고 싶을 수도 있다(제3장 참조; Johnson, 2016a; Johnson & Zuccarini, 2010, 2011). 또한 당신은 관계 향상에 대한 존슨의 저서(Johnson, 2008)에 기반하여 부부 그룹을 이끄는 것을 고려할 수도 있다. 이 혁신적인 프로그램은 군인 부부 그리고 심장 질환 환자와 그 배우자들을 위해서도 적용된다. 대중을 위한 존슨의 책 두 권(Johnson, 2008, 2013)을 읽는 것도 EFT에 대한 당신의 이해를 확실히 향상시킬 것이며, 부부들도 이 책들이 그들의 치료에 도움이 된다는 것을 알게 될 것이다. 이 자조서적이 각각 22개의 언어와 12개의 언어로 번역되었다는 것은 EFT의 보편성에 대한 또 다른 증거이기도 하다.

노크로스(Norcross), 푼드(Pfund)와 프로차스카(Prochaska)는 2013년에 심리치료의 미래 업무에 대한 심리치료 전문가들의 예측을 조사하였고, 그 결과 향후 10년간 개인, 가족 혹은 집단치료보다 부부치료가 가장 많은 성장을 이룰 것이라고 기대되었다(Gurman, 2015). 짐작컨대 이는 양자 간 안정을 필요로 하는 인간으로서의 본성과 그 양자 관계의 중요성을 이야기하는 것으로 보인다. 애착결합은 개인으로서, 하나의 사회로서 그리고 하나의 전 세계적 공동체로서 우리 존재의 핵심이다. 이제 우리는 지속적인 사랑과 일체감이라 불리는 춤(Johnson & Tronick, 2016)을 어떻게 만드는지 알고 있고, 어떻게 EFT의 능력을 통해 세상을 더 나은 곳으로 만드는지 알고 있다.

서문에서 나는 이 책을 읽고 당신의 존재 방식에 EFT를 통합하여 당신의 치료가 한 단계씩 풍성해지기를 희망한다고 표현했다. 이제 나는 당신이 안전한 결합을 만드는 EFT의 기술과 과학을 탐색하는 것에 박차를 가할 준비가 되었기를 바란다. 당신은 이미 당신의 여행에서 성공적인 경로를 택하였다. 파이팅!

EFT에 대한 하이쿠

1기
음미하고, 머무르고, 들이마신다.
춤의 모든 결을
혼란이 점차 고요해진다.

2기
깊어지게 하고, 경험하고, 내보이라.
우리의 춤이 불러낸 아픈 상처들
그대의 포옹으로 치유되니.

3기
한때 우리는 두려워 춤을 추었으나
지금은 당신이 필요하다는 노래에 따르네.
그리고 바로 여기 당신이 있네.

(Brubacher, 2011~2012)

참고 문헌

Ainsworth, M. S., & Bowlby, J. (1991). An ethological approach to personality development. *American Psychologist*, *46*, 331-341.

Ainsworth, M. S., Blehar, M. C., Waters, E., & Wall, S. (1978). *Patterns of attachment: A psychological study of the strange situation*. Hillsdale, NJ: Lawrence Erlbaum.

American Society of Addiction Medicine (2011). www.asam.org/advocacy/find-a-policy-statement/view-policy-statement/public-policy-statements/2011/12/15/the-definition-of-addiction

Arnold, M. B. (1960). *Emotion and personality*. New York: Columbia Press.

Barrett-Lennard, G. (2013). *The relationship paradigm: Human being beyond individualism*. New York: Palgrave Macmillan.

Bartholomew, K. (1990). Avoidance of intimacy: An attachment perspective. *Journal of Social and Personal Relationships*, 7, 147-178.

Beckes, L., & Coan, J. A. (2011). Social baseline theory: The role of social proximity in emotion and economy of action. *Social and Personality Psychology Compass*, *5*(12), 976-988.

Berscheid, E. (1999). The greening of relationship science. *American Psychologist*, *54*(4), 260-266.

Bertalanffy, L. (1968). *General system theory: Foundations, development, applications*. New York: George Braziller.

Blow, A. J., Sprenkle, D. H., & Davis, S. D. (2007). Is who delivers the treatment more important than the treatment itself? The role of the therapist in common factors. *Journal of Marital and Family Therapy*, *33*(3), 298-317.

Bograd, M., & Mederos, F. (1999). Battering and couples therapy: Universal screening and selection of treatment modality. *Journal of Marital and Family Therapy*, *25*(3), 291-312.

Bowlby, J. (1944). Forty-four juvenile thieves: Their characters and home life. *International Journal of Psychoanalysis*, *25*, 19-52, 107-127.

Bowlby, J. (1958). The nature of the child's tie to his mother. *International Journal of Psychoanalysis*, *39*, 1-23.

Bowlby, J. (1973). *Attachment and loss: Vol. 2. Separation, anxiety and anger*. New York: Basic Books.

Bowlby, J. (1979). *The making and breaking of affectional bonds*. London: Tavistock.

Bowlby, J. (1980). *Attachment and loss: Vol. 3. Loss, sadness and depression*. New York: Basic Books.

Bowlby, J. (1982). *Attachment and loss: Vol. 1. Attachment* (2nd ed.). New York: Basic Books.

Bowlby, J. (1988). *A secure base*. New York: Basic Books.

Bowlby, J. (1990). *Charles Darwin: A new life*. New York: Norton.

Bradley, B., & Furrow, J. J. (2004). Toward a mini-theory of the blamer softening event: Tracking the moment-by-moment process. *Journal of Marital and Family Therapy*, *30*(2), 233-246.

Bradley, B., & Furrow, J. J. (2007). Inside blamer softening: Maps and missteps. *Journal of Systemic Therapies*, *26*(4), 25-43.

Bradley, B. & Furrow, J. J. (2010). Conquering the nemesis: Blamer softening from A-to-Z. Unpublished paper presented to the EFT Summit, San Diego, California.

Bretherton, I. (1992). The origins of attachment theory: John Bowlby and Mary Ainsworth. *Developmental Psychology*, *28*, 759-775.

Brubacher, L. L. (2011~2012). An EFT haiku. *The EFT Community News*, *12*, 14.

Brubacher, L. L. (2017). Emotionally focused individual therapy: An attachment-based experiential/systemic perspective. *Person-Centered and Experiential Psychotherapies*, *16*(1), 50-57.

Brubacher, L. L., & Buchanan, L. (2014). *Emotionally focused therapy attachment injury reduction model (AIRM) training program* [Interactive Video Training Program]. Available from: www.iceeft.com

Brubacher, L. L., & Johnson, S. M. (2017). Romantic love as an attachment process: Shaping secure bonds. In J. Fitzgerald (Ed.), *Foundations for couples' therapy: Research for the real world* (pp. 8-19). Abingdon: Taylor & Francis.

Brubacher, L. L., & Lee, A. C. (2014). Emotion is more than feeling: The elements of emotion in action. *The EFT Community News*, *15*, 11-13.

Burgess Moser, M., Johnson, S, M., Dalgleish, T. L., Lafontaine, M. F., Wiebe, S. A., & Tasca, G. A. (2015). Changes in relationship-specific attachment in emotionally focused couple therapy. *Journal of Marital and Family Therapy*, *42*(2), 231-245.

Cassidy, J., & Shaver, P. R. (Eds.) (2016). *Handbook of attachment: Theory research, and clinical applications* (3rd ed.). New York: Guilford Press.

Coan, J. A., & Maresh, E. L. (2014). Social baseline theory and the social regulation of emotion. In J. J. Gross. (Ed.), *Handbook of emotion regulation* (2nd ed., pp. 221-236). New York: Guilford Press.

Coan, J. A., Schaefer, H. S., & Davidson, R. S. (2006). Lending a hand: Social regulation of the neural response to threat. *Psychological Science*, *17*, 1032-1039.

Conrad, C. A. (2015). The evolution of an emotionally focused therapist: A mixed-methods research study. *EFT Community News*, *16*, 6-7.

Costello, P. C. (2013). *Attachment-based psychotherapy: Helping patients develop adaptive capacities*. Washington, DC: American Psychological Association.

Dalgleish, T., Johnson, S. M., Burgess Moser, M., Wiebe, S. A., & Tasca, G. (2015). Predicting key change events in emotionally focused couple therapy. *Journal of Marital and Family Therapy*, *41*(3), 260-275.

Damasio, A. R. (1999). *The feeling of what happens: Body and emotion in the making of consciousness*. New York: Harcourt.

Denton, W. H., Johnson, S. M., & Burleson, B. R. (2009). Emotion-focused therapy-therapist fidelity scale: Conceptual development and content validity. *Journal of Couple and Relationship Therapy*, *8*, 226-246.

Ehrenwald, L. (Ed.) (1976). *The history of psychotherapy: From healing magic to encounter*.

London: Jason Aronson.

Eisenberger, N. I. (2016). Social pain and social pleasure: Two overlooked but fundamental mammalian emotions? In L. F. Barret, M. Lewis, & J. Haviland-Jones (Eds.), *The handbook of emotions* (pp. 440–452). New York: Guilford Press.

Ekman, P. (2007). *Emotions revealed: Recognizing faces and feelings to improve communication and emotional life*. New York: St Martin's Griffin.

Elliott, R., Watson, J. C., Goldman, R. N., & Greenberg, L. S. (2004) *Learning emotion-focused therapy: The process experiential approach to change*. Washington, DC: American Psychological Association.

Feeney, B. C., & Collins, N. L. (2014). A theoretical perspective on the importance of social connections for thriving. In M. Mikulincer & P. R. Shaver (Eds.), *Mechanisms of social connection: From brain to group* (pp. 291–314). Washington, DC: American Psychological Association.

Feeney, B. C., van Fleet, M., & Jakubiak, B. K. (2015). An attachment theoretical perspective on optimal dependence in close relationships. In J. A. Simpson & W. S. Rholes (Eds.), *Attachment theory and research: New directions and emerging themes* (pp. 195–233). New York: Guilford Press.

Flores, P. J. (2004). *Addiction as an attachment disorder*. New York: Jason Aronson.

Fosha, D. (2000). *The transforming power of affect: A model for accelerated change*. New York: Basic Books.

Frager, R. (2012). *Sufi talks: Teachings of an american sufi sheikh*. Wheaton, IL: Quest Books.

Frijda, N. H. (1986). *The emotions*. Cambridge: Cambridge University Press.

Frijda, N. H. (2007). *The laws of emotion*. Mahwah, NJ: Lawrence Erlbaum.

Furrow, J. L., & Bradley, B. (2011). Emotionally focused couple therapy: Making the case for effective therapy. In J. L. Furrow, S. M. Johnson, & B. A. Bradley (Eds.), *The emotionally focused casebook: New direction in treating couples* (pp. 3–29). New York: Routledge.

Furrow, J. L., Johnson, S. M., Bradley, B., & Amodeo, J. (2011). Spirituality and emotionally focused couple therapy: Exploring common ground. In J. L. Furrow, S. M. Johnson, & B. A. Bradley (Eds.), *The emotionally focused casebook: New direction in treating couples* (pp. 343–372). New York: Routledge.

Gallese, V. (2001). The "shared manifold" hypothesis: From mirror neurons to empathy. *Journal of Consciousness Studies*, *8*(5–7), 33–50.

Geller, S. M., & Porges, S. (2014). Therapeutic presence: Neurophysiological mechanisms mediating feeling safe in therapeutic relationships. *Journal of Psychotherapy Integration*, *24*(3), 178–192.

Gendlin, E. T. (1981). *Focusing* (2nd ed.). New York: Bantam Books.

Gillath, O. (2015). The neuroscience of attachment: Using new methods to answer old (and new) questions. In J. A. Simpson & W. S. Rholes (Eds.), *Attachment theory and research: New directions and emerging themes* (pp. 39–67). New York: Guilford Press.

Gillath, O., Selchuck, E., & Shaver, P. R. (2008). Moving toward a secure attachment style: Can repeated security priming help? *Social and Personality Compass*, *2*(4), 1651–1666.

Gottman, J. M. (1991). Predicting the longitudinal course of marriages. *Journal of Marital and Family Therapy*, *17*(1), 3–7.

Greenman, P. S., & Johnson, S. M. (2012). United we stand: Emotionally focused therapy for couples in the treatment of posttraumatic stress disorder. *Journal of Clinical Psychology: In Session*, *68*(5), 561–569.

Greenman, P. S., & Johnson, S. M. (2013). Process research on emotionally focused therapy (EFT) for couples: Linking theory to practice. *Family Process*, *52*, 46–61. doi: 10.1111/famp.12015

Greenman, P. S., Young, M., & Johnson, S. (2009). Emotionally focused couple therapy with intercultural couples. In M. Rastogi & V. Thomas (Eds.), *Multicultural couple therapy* (pp. 143–165). Thousand Oaks, CA: Sage Publications, Inc.

Gross, J. J. (2014). Emotion regulation: Conceptual and empirical foundations. In J. J. Gross (Ed.), *Handbook of emotion regulation* (2nd ed., pp. 3–20). New York: Guilford Press.

Gurman, A. S. (2015). The theory and practice of couple therapy: History, contemporary models, and a framework for comparative analysis. In A. S. Gurman, J. L. Lebow, & D. K. Snyder (Eds.), *Clinical handbook of couple therapy* (pp. 1–18). New York: Guilford Press.

Harper, D. (2001~2016). *Online etymology dictionary*. Available at: www.etymonline.com

Hatkoff, I., Hatkoff, C., & Kahumbu, P. (2007). *Owen and Mzee: Best friends*. New York: Scholastic.

Hawkley, L. C., Masi, C. M., Berry, J. D., & Cacioppo, J. T. (2006). Loneliness is a unique predictor of age-related differences in systolic blood pressure. *Psychology and Aging*, *21*(1), 152-164.

Hazan, C., & Shaver, P. (1987). Romantic love conceptualized as an attachment process. *Journal of Personality and Social Psychology*, *52*, 511-524.

Herman, J. L. (1992). *Trauma and recovery*. New York: Basic Books.

Iacoboni, M. (2007). Face to face: The neural basis of social mirroring and empathy. *Psychiatric Annals*, *37*(4), 236-241.

Jacobson, N. S., & Gottman, J. M. (2007). *When men batter women: New insights into ending abusive relationships*. New York: Simon & Schuster.

Johnson, S. M. (1993). Healing broken bonds (DVD). International Centre for Excellence in EFT (Producer). Available at: www.iceeft.com/index. php/training-dvds

Johnson, S. M. (1998). Listening to the music: Emotion as a natural part of systems theory. *Journal of Systemic Therapies: Special Edition. The Use of Emotions in Couples and Family Therapy*, *17*, 1-17.

Johnson, S. M. (2002). *Emotionally focused couple therapy with trauma survivors: Strengthening attachment bonds*. New York: Guilford Press.

Johnson, S. M. (2003). Attachment theory: A guide for couple therapy. In S. M. Johnson & V. Whiffen (Eds.), *Attachment processes in couple and family therapy* (pp. 103-123). New York: Guilford Press.

Johnson, S. M. (2004). *The practice of emotionally focused couple therapy: Creating connection* (2nd ed.). New York: Brunner/Routledge.

Johnson, S. M. (2007). A new era for couple therapy: Theory, research, and practice in concert. *Journal of Systemic Therapies*, *26*, 5-16.

Johnson, S. M. (2008). *Hold me tight: Seven conversations for a lifetime of love*. New York: Little Brown.

Johnson, S. M. (2009). Attachment theory and emotionally focused therapy for individuals and couples. In J. H. Obegi & E. Berant (Eds.), *Attachment theory and research in clinical work with adults* (pp. 410-433). New York: Guilford Press.

Johnson, S. M. (2010). Emotionally focused couple therapy: It's all about emotion and connection. In M. Kerman (Ed.), *Clinical pearls of wisdom: 21 leading therapists offer their key insights* (pp. 133-143). New York: Norton.

Johnson, S. M. (2011). Commentary on the special section on learning emotionally focused couples therapy. *Journal of Marital and Family Therapy*, *37*, 247-248.

Johnson, S. M. (2012). EFT and trauma. Interview, February 29 (R. Jorgenson, Interviewer). ICEEFT Trainer Talk. Accessed at: http://connectpro67534013.adobeconnect.com/p63t5nb74ur/

Johnson, S. M. (2013). *Love sense: The revolutionary new science of romantic relationships*. New York: Little Brown.

Johnson, S. M. (2014). *Externship in emotionally focused couple therapy: Participant's manual*. Ottawa: ICEEFT.

Johnson, S. M. (2015). Emotionally focused couple therapy. In A. S. Gurman, J. L. Lebow, & D. K. Snyder (Eds.), *Clinical handbook of couple therapy* (pp. 97-128). New York: Guilford Press.

Johnson, S. M. (2016a). Attachment and the dance of sex: Integrating couple and sex therapy. Presented to Psychotherapy Networker Symposium, Washington, DC, 19 March. Accessed at: www.drsuejohnson.com/attachment-sex/attachment-and-the-dance-of-sex-integrating-couple-and-sex-therapy/#more-1957

Johnson, S. M. (2016b). Emotionally focused therapy: On target couple interventions in the age of attachment (DVD). Available at: www.iceeft.com/index.php/training-dvds

Johnson, S. M. (2016c). Shaping love: A seminal study (Blog post), January. Accessed at: drsuejohnson.com/science-2/shaping-love-a-seminal-study/#more-1888

Johnson, S. M. (2016d). Tweet, 4 June. Accessed at: https://twitter.com/ Dr_SueJohnson?lang=en

Johnson, S. M., & Brubacher, L. L. (2016a). Clarifying the negative cycle in emotionally focused couple therapy (EFT). In G. Weeks, S. Fife, & C. Peterson (Eds.), *Techniques for the couple therapist: Essential interventions* (pp. 92-96). New York: Routledge.

Johnson, S. M., & Brubacher, L. L. (2016b). Deepening attachment emotion in emotionally focused couple therapy (EFT). In G. Weeks, S. Fife, & C. Peterson (Eds.), *Techniques for the couple therapist: Essential interventions* (pp. 155-160). New York: Routledge.

Johnson, S. M., & Brubacher, L. L. (2016c). Emotionally focused couple therapy: Empiricism and art. In T. Sexton, & J. Lebow (Eds.), *Handbook of family therapy* (pp. 326-348).

New York: Routledge.

Johnson, S. M., & Faller, G. (2011). Dancing with the dragon of trauma: EFT with couples who stand in harm's way. In J. L. Furrow, S. M. Johnson, & B. A. Bradley (Eds.), *The emotionally focused casebook: New direction in treating couples* (pp. 165-192). New York: Routledge.

Johnson, S. M., & Greenberg, L. S. (1985). Differential effects of experiential and problem-solving interventions in resolving marital conflict. *Journal of Consulting and Clinical Psychology*, *53*(2), 175-184.

Johnson, S. M., & Greenberg, L. S. (1988). Relating process to outcome in marital therapy. *Journal of Marital and Family Therapy*, *14*(2), 175-183.

Johnson, S. M., & Lee, A. (2000). Emotionally focused family therapy: Restructuring attachment. In C. E. Bailey (Ed.), *Children in therapy: Using the family as a resource* (pp. 112-136). New York: W. W. Norton.

Johnson, S. M., & Sanderfer, K. (2016). *Created for connection: The "Hold me tight" guide for christian couples*. New York: Little Brown.

Johnson, S. M., & Talitman, E. (1997). Predictors of success in emotionally focused marital therapy. *Journal of Marital & Family Therapy*, *23*, 135-152.

Johnson, S. M., & Tronick, E. (2016). *Love sense: From infant to adult* (Video). Accessed at: www.youtube.com/watch?v=OyCHT9AbD_Y

Johnson, S. M., & Zuccarini, D. (2010). Integrating sex and attachment in emotionally focused couple therapy. *Journal of Marital and Family Therapy*, *36*(4), 431-445.

Johnson, S. M., & Zuccarini, D. (2011). EFT for sexual issues: An integrated model of couple and sex therapy. In J. L. Furrow, S. M. Johnson, & B. A. Bradley (Eds.), *The emotionally focused casebook: New direction in treating couples* (pp. 219-246). New York: Routledge.

Johnson, S. M., Bradley, B., Furrow, J., Lee, A., Palmer, G., Tilley, D., & Woolley, S. (2005). *Becoming an emotionally focused couple therapist: The workbook*. New York: Routledge.

Johnson, S. M., Burgess Moser, M., Beckes, L., Smith, A., Dalgleish, T., Halchuk, R., Hasselmo, K., Greenman, P. S., Merali, Z., & Coan, J. A. (2013). Soothing the threatened brain: Leveraging contact comfort with emotionally focused therapy. *PLoS ONE*, *8*(11), e79314.

Johnson, S. M., Hunsley, J., Greenberg, L., & Schindler, D. (1999). Emotionally focused couples therapy: Status & challenges. *Clinical Psychology: Science & Practice*, *6*, 67-79.

Johnson, S. M., Lafontaine, M. -F., & Dalgleish, T. L. (2015). Attachment: A guide to a new era of couple interventions. In J. A. Simpson & W. S. Rholes (Eds.), *Attachment theory and research: New directions and emerging themes* (pp. 393-421). New York: Guilford Press.

Johnson, S. M., Maddeaux, C., & Blouin, J. (1998). Emotionally focused family therapy for bulimia: Changing attachment patterns. *Psychotherapy: Theory, Research and Practice*, *35*(2), 238-247.

Johnson, S. M., Makinen, J. A., & Milliken, J. W. (2001). Attachment injuries in couple relationships: A new perspective on impasses in couples therapy. *Journal of Marital and Family Therapy*, *27*(2), 145-155.

Josephson, G. J. (2003). Using an attachment-based intervention with same-sex couples. In S. M. Johnson & V. E. Whiffen (Eds.), *Attachment processes in couple and family therapy* (pp. 300-317). New York: Guilford Press.

Karen, R. (1994). *Becoming attached: First relationships and how they shape our capacity to love*. New York: Oxford University Press.

Klein, M., Mathieu, P., Keisler, D., & Gendlin, E. (1969). *The experiencing scale*. Madison, WI: Wisconsin Psychiatric Institute.

Landau-North, M., Johnson, S. M., & Dalgleish, T. L. (2011). Emotionally focused couple therapy and addiction. In J. L. Furrow, S. M. Johnson, & B. A. Bradley (Eds.), *The emotionally focused casebook: New direction in treating couples* (pp. 193-218). New York: Routledge.

Ledoux, J. (1996). *The emotional brain: The mysterious underpinnings of emotional life*. New York: Simon & Schuster.

Levenson, H., & Svatovic, M. (2009). The EFT knowledge and competency scale: Construction and psychometric properties. Unpublished manuscript. Accessed at: www.iceeft.com/Downloads/Knowledge&CompetencyScale.pdf

Lewis, T., Amini, F., & Lannon, R. (2000). *A general theory of love*. New York: Random.

Lietaer, G., Rombauts, J., & van Balen, R. (1990). *Client-centered and experiential psychotherapy in the nineties*. Leuven, Belgium: Leuven University Press.

Liu, T., & Wittenborn, A. (2011). Emotionally focused therapy with culturally diverse couples. In J. L. Furrow, S. M. Johnson, & B. A. Bradley (Eds.), *The emotionally focused casebook: New direction in treating couples* (pp. 295–316). New York: Routledge.

Love, H. A., Moore, R. M., & Stanish, N. A. (2016). Emotionally focused therapy for couples recovering from sexual addiction. *Sexual and Relationship Therapy*, *31*(2), 176–189.

Makinen, J. A., & Johnson, S. (2006). Resolving attachment injuries in couples using EFT: Steps toward forgiveness and reconciliation. *Journal of Consulting and Clinical Psychology*, *74*, 1055–1064.

Martin, D. (2000). *Counseling and therapy skills* (2nd ed.). Prospect Heights, IL: Waveland Press.

Maté, G. (2010). *In the realm of hungry ghosts*. Berkeley, CA: North Atlantic Books.

Mesman, J., van IJzendoorn, M. H., & Sagi-Schwartz, A. (2016). Cross-cultural patterns of attachment: Universal and contextual dimensions. In J. Cassidy & P. R. Shaver (Eds.), *Handbook of attachment: Theory, research, and clinical applications* (3rd ed., pp. 852–877). New York: Guilford Press.

Mikulincer, M., & Shaver, P. R. (2015). Boosting attachment security in adulthood: The “broaden-and-build” effects of security-enhancing mental representations and interpersonal contexts. In J. A. Simpson & W. S. Rholes (Eds.), *Attachment theory and research: New directions and emerging themes* (pp. 124–144). New York: Guilford Press.

Mikulincer, M., & Shaver, P. R. (2016). *Attachment in adulthood: Structure, dynamics, and change* (2nd ed.). New York: Guilford Press.

Minuchin, S., & Fishman, H. C. (1981). *Family therapy techniques*. Cambridge, MA: Harvard University Press.

Montagno, M., Svatovic, M., & Levenson, H. (2011). Short-term and long-term effects of training in emotionally focused couple therapy: Professional and personal aspects. *Journal of Marital and Family Therapy*, *37*(4), 380–392.

Ogner, R. (2015). Re: Growing in our craft decades in and on. (ICEEFT members' electronic mailing list: therapists@list.efters.com), 14 August.

Paivio, S. C., & Pascual-Leone, A. (2010). *Emotion-focused therapy for complex trauma: An integrative approach*. Washington, DC: American Psychological Association.

Palmer, G., & Johnson, S. M. (2002). Becoming an emotionally focused couple therapist. *Journal of Couple & Relationship Therapy*, *1*(3), 1-20.

Panksepp, J. (2003). Feeling the pain of social loss. *Science*, *302*, 237-239.

Panksepp, J. (2010). Affective neuroscience of the emotional BrainMind: Evolutionary perspectives and implications for understanding depression. *Dialogues in Clinical Neuroscience*, *12*(4), 533-545.

Panksepp, J., Solms, M., Schläpfer, T. E., & Volker, A. (2014). Primary process separation-distress (panic/grief) and reward eagerness (seeking) processes in the ancestral genesis of depressive affect and addictions. In M. Mikulincer & P. R. Shaver (Eds.), *Mechanisms of social connection: From brain to group* (pp. 33-53). Washington, DC: American Psychological Association.

Perls, F. S. (1969). *Gestalt therapy verbatim*. Lafayette, CA: Real People.

Pinel, J. P. (2015). *Introduction to biopsychology* (9th ed.). Harlow: Pearson Higher Education.

Porges, S. W. (2011). *The polyvagal theory: Neuro-physiological foundations of emotions, attachment, communication, self-regulation*. New York: Norton.

Porges, S. W. (2015). Making the world safe for our children: Down-regulating defence and up-regulating social engagement to 'optimise' the human experience. *Children Australia*, *40*, 114-123.

Response to AASECT position statement (2016). Accessed at: www.iitap.com/blog/2016/12/14/response-to-aasect-position-statement/

Rheem, K. (2012). Helping a combat vet face his vulnerability: Connecting with the shut-down client. *Psychotherapy Networker*, *36*(3), Available at: www.psychotherapynetworker.org

Rice, L. N. (1974). The evocative function of the therapist. In D. A. Wexler & L. N. Rice (Eds.), *Innovations in client-centered therapy* (pp. 289-311). New York: Wiley.

Rice, L. N., Koke, C. J., Greenberg, L. S., & Wagstaff, A. (1979). *Manual for client vocal quality*. Toronto: York University Counselling and Development Centre.

Robertson, J. (1952). *A two-year-old goes to hospital* (DVD). Accessed at: www.youtube.com/watch?v=s14Q-_Bxc_U

Rogers, C. R. (1961). *On becoming a person*. London: Constable.

Rogers, C. R. (1980). *A way of being*. New York: Houghton Mifflin.

Rogers, C. R. (1986). Reflection of feelings. *Person Centered Review*, *1*, 375-377.

Safran, J. D., & Greenberg, L. S. (1991). *Emotion, psychotherapy, and change*. New York: Guilford Press.

Sahdra, B. K., & Shaver, P. R. (2013). Comparing attachment theory and Buddhist psychology. *International Journal for the Psychology of Religion*, *23*(4), 282-293.

Sandberg. J. G., & Knestel, A. (2011). The experience of learning emotionally focused couples therapy. *Journal of Marital and Family Therapy*, *37*(4), 398-410.

Sexton, T., Coop Gordon, K., Gurman, A., Lebow, J., Holtzworth-Munroe, A., & Johnson, S. (2011). Guidelines for classifying evidence-based treatments in couple and family therapy. *Family Process*, *50*, 377-392.

Shaver, P. R., & Mikulincer, M. (2006). A behavioral systems approach to romantic love relationships: Attachment, caregiving, and sex. In R. J. Sternberg & K. Weiss (Eds.), *The new psychology of love* (2nd ed., pp. 35-64). New Haven, CT: Yale University Press.

Shaver, P. R., & Mikulincer, M. (2014). Attachment bonds in romantic relationships. In M. Mikulincer & P. R. Shaver (Eds.), *From brain to group* (pp. 273-290). Washington, DC: American Psychological Association.

Siegel, D. J. (2009). Emotion as integration: A possible answer to the question, what is emotion? In D. Fosha, D. J. Siegel, & M. F. Solomon (Eds.), *The healing power of emotion: Affective neuroscience, development & clinical practice* (pp. 145-171). New York: W. W. Norton.

Siegel, D. J. (2010). *The mindful therapist: A clinician's guide to mindsight and neural integration*. New York: Norton.

Siegel, D. J. (2012). *The developing mind: How relationships and the brain interact to shape who we are* (2nd ed.). New York: Guilford.

Simpson, J., & Rholes, W. (1994). Stress and secure base relationships in adulthood. In K. Bartholomew & D. Perlman (Eds.), *Attachment processes in adulthood* (pp. 181-204). London: Jessica Kingsley.

Simpson, J., & Rholes, W. (2015). *Attachment theory and research: New directions and emerging themes*. New York: Guilford Press.

Simpson, L. E., Doss, B. D., Wheeler, J., & Christensen, A. (2007). Relationship violence among couples seeking therapy: Common couple violence or battering? *Journal of Marital and Family Therapy*, *33*(2), 270-283.

Snyder, D. K., Castellani, A. M., & Whisman, M. A. (2006). Current status and future directions in couple therapy. *Annual Review of Psychology*, *57*, 317-344.

Stern, D. N. (2004). *The present moment in psychotherapy and everyday life*. New York: Norton.

Tilley, D., & Palmer, G. (2013). Enactments in emotionally focused couple therapy: Shaping moments of contact and change. *Journal of Marital and Family Therapy*, *39*(3), 299-313.

Tronick, E. Z. (1989). Emotion and emotional communication in infants. *American Psychologist*, *44*, 112-119.

Tronick, E. Z. (2007). *The neurobehavioral and social-emotional development of infants and children*. New York: W. W. Norton.

Vangelisti, A. L. (2009). *Feeling hurt in close relationships*. New York: Cambridge University Press.

Walant, K. B. (1995). *Creating the capacity for attachment: Treating addictions and the alienated self*. New York: Jason Aronson.

Wiebe, S. A., & Johnson, S. M. (2016). A review of the research in emotionally focused therapy for couples. *Family Process*, *55*(3), 390-407.

Wiebe, S. A., Johnson, S. M., Lafontaine, M. -F., Burgess Moser, T., Dalgleish, T. L., & Tasca, G. A. (2017). Two-year follow-up outcomes in emotionally focused couple therapy: An investigation of relationship satisfaction and attachment trajectories. *Journal of Marital and Family Therapy*, *43*(2), 227-244.

Zuccarini, D., & Karos, L. (2011). Emotionally focused therapy for gay and lesbian couples: Strong identities, strong bonds. In J. L. Furrow, S. M. Johnson, & B. A. Bradley (Eds.), *The emotionally focused casebook: New direction in treating couples* (pp. 317-342). New York: Routledge

Zuccarini, D. J., Johnson, S. M., Dalgleish, T. L., & Makinen, J. A. (2013). Forgiveness and reconciliation in emotionally focused therapy for couples: The client change process and therapist interventions. *Journal of Marital & Family Therapy*, *39*, 148-162.

찾아보기

인명

내용

저자 소개

로리 브루베이커(Lorrie L. Brubacher)는 교육학석사(M.Ed.)이자 공인받은 결혼과 가정상담치료사(Licensed Marriage and Family Therapist: LMFT)로서 EFT 캘리포니아센터의 설립장이다. 그녀는 국제정서중심부부치료센터(ICEEFT)에서 공인받은 치료사, 슈퍼바이저 및 트레이너다. 그녀는 1989년부터 노스캐롤라이나의 그린즈버러와 위니펙에서 개인상담소를 유지하며 개인, 부부 그리고 가족치료를 해 왔다. 그녀는 노스캐롤라이나 그린즈버러 대학교에서 겸임교수로 활동하고 있으며, 이전에는 캐나다 소재 브리티시 컬럼비아 대학교, 위니펙 대학교, 매니토바 대학교에서도 가르쳤다. 그녀는 국제적으로 트레이닝을 시키고 있다. 그녀는 EFT의 창시자인 수 존슨(Sue Johnson) 박사와 함께 종종 EFT에 관한 내용으로 출판을 하거나 출연을 했다. 『결혼과 가정상담치료 학술지(Journal of Marital and Family Therapy)』, 『가족치료 핸드북(Handbook of Family Therapy)』(Sexton & Lebow), 『인간중심 경험적 정신치료(Person-Centered and Experiential Psychotherapies)』에 기고했고, 또 몇몇 곳에 EFT에 관한 내용을 기고했다. 그녀는 『정서중심 부부치료 소식지(The EFT Community News)』의 편집국에서 활동하고 있으며, 그 안에서도 많은 기고를 하고 있다. 덧붙여 그녀는 정서중심 개인치료(emotionally focused individual therapy)를 가르치고 있으며, 첫 EFT 상호적 트레이닝 프로그램 비디오의 공동개발자다. 이 비디오는 www.iceeft.com이나 www.attachmentinjuryrepair.com에서 볼 수 있다.

역자 소개

◆ **박성덕**(Sungdeok Park, 정신건강의학과 전문의/정서중심 부부치료사 및 슈퍼바이저)
고려대학교 의과대학을 졸업했고, 미국 뉴햄프셔 대학교 가족상담학과 및 가족부부상담연구소를 연수했다. 현재 연리지가족부부연구소 소장 및 한국정서중심치료센터의 센터장이다. 정서중심 부부치료모델을 한국에 도입했고, 국제공인 정서중심 부부치료사 및 슈퍼바이저 자격증을 취득했다. EBS TV 프로그램 〈부부가 달라졌어요〉 〈남편이 달라졌어요〉 등에도 책임전문가로 출연했다. 저서로는 『우리 다시 좋아질 수 있을까: 상처투성이 부부 관계를 되돌리는 감정테라피』(지식채널, 2011), 『당신, 힘들었겠다: 외롭고 지친 부부를 위한 감정 사용설명서』(21세기북스, 2017), 『당신, 내편이라서 고마워: 박성덕 소장의 서로에게 힘이 되는 부부 관계법』(두란노, 2017)이 있고, 역서로는 『정서중심적 부부치료: 이론과 실제』(학지사, 2008), 『날 꼬옥 안아 줘요』(이너북스, 2010)가 있으며, 공역서로는 『우리는 사랑에 대해 얼마나 알고 있을까: 사랑을 지키기 위해 알아야 할 관계 심리학』(지식너머, 2015)이 있다.

◆ **안강호**(Gangho Ahn, 정신건강의학과 전문의)
고려대학교 의과대학을 졸업했고, 안강호열린정신건강의학과의원 원장으로 14년 동안 근무하다가 2년간 안식년을 가졌다. 현재는 닥터맘힐링연구소 소장으로 일하고 있다. 애착과 정서를 중심으로 사람과 관계를 이해하고 상담하고 있으며, 정서중심 부부가족치료와 정서중심 사이코드라마를 진행하고 있다. 정서중심 부부치료 기초교육과정 및 심화교육과정을 이수했고, 전문치료사 과정 중에 있다. 국제정서중심부부치료센터와 한국정서중심치료센터의 정회원이다. 한국정신분석학회 정회원, 한국임상예술학회 이사로도 활동 중이다.

◆ **이지수**(Jisue Rhee, 정신건강의학과 전문의)
서울대학교 의과대학을 졸업하고, 용인정신병원에서 수련했다. 한국정신분석학회 심층정신치료 고급반을 수료했고, 국제 및 한국정서중심부부치료센터의 정서중심 부부치료 기초교육과정 및 심화교육과정을 이수했으며, 현재 전문치료사 과정 중에 있다. 대한신경정신의학회 정회원, 한국정신분석학회 정회원, 국제 및 한국정서중심부부치료센터의 정회원이다.

◆ **정유리**(Yourhee Jeong, 정신건강의학과 전문의)

한양대학교 의과대학 의학과를 졸업하고, 한양대학교 병원 정신건강의학과에서 전공의 과정을 마친 후 동 대학원에서 수료했다. 트라우마 치료인 EMDR 치료 과정을 이수했고, 정신치료 심층 과정 중에 있으며, 정서중심 부부치료 기초교육과정 및 심화교육과정을 이수했고, 전문치료사 과정 중에 있다. 대한정신건강의학회 정회원, 대한노인정신의학회 평생회원, 한국정신분석학회 회원으로 활동하며 여러 환경에서의 진료 경험을 바탕으로 현재는 임상진료에 매진하고 있다.

◆ **김기원**(Kiwon Kim, 정신건강의학과 전문의)

성균관대학교 의과대학을 졸업하고, 용인정신병원에서 수련했다. 대한신경정신의학회 정회원, 대한노인정신의학회 정회원, 대한생물정신의학회 정회원으로 활동하고 있다. 삼성서울병원에서 기분장애, 자살예방, 노인정신의학에 대하여 전임의를 했고, 이후 분당서울대학교 병원에서 진료교수를 했다. 현재는 중앙보훈병원에서 진료를 보고 있고, 한국정신분석학회 심층반을 통해 정서와 행동조절에 관한 수련을 지속하고 있으며, 성균관대학교 박사과정을 밟으며 연구를 지속하고 있다.

◆ **한승민**(Seungmin Han, 정신건강의학과 전문의)

연세대학교 의과대학을 졸업하고, 용인정신병원에서 수련한 후 현재는 서울대학교병원에서 전임의로 근무하며 환자들을 진료하고 있다. 국제 및 한국정서중심부부치료센터 정회원, 대한신경정신의학회 정회원, 대한노인정신의학회 정회원이다. 정서중심 부부치료 기초교육과정 및 심화교육과정 이수 후 전문치료사 과정 중에 있으며, 부부 사이의 불화를 지닌 채 살아가며 행복과 점차 멀어지는 이들에게 도움을 주고자 하는 마음으로 부부들과 상담을 이어 가고 있다.

변화 요인을 통해 본
정서중심 부부치료
Stepping into Emotionally Focused Couple Therapy: Key Ingredients of Change

2019년 6월 30일 1판 1쇄 발행
2022년 2월 25일 1판 3쇄 발행

지은이 • Lorrie L. Brubacher
옮긴이 • 박성덕 · 안강호 · 이지수 · 정유리 · 김기원 · 한승민
펴낸이 • 김 진 환
펴낸곳 • (주) 학지사
04031 서울특별시 마포구 양화로 15길 20 마인드월드빌딩 5층
대표전화 • 02) 330-5114 팩스 • 02) 324-2345
등록번호 • 제313-2006-000265호

홈페이지 • http://www.hakjisa.co.kr
페이스북 • https://www.facebook.com/hakjisabook

ISBN 978-89-997-1837-3 93180

정가 22,000원

역자와의 협약으로 인지는 생략합니다.
파본은 구입처에서 교환하여 드립니다.

이 도서의 국립중앙도서관 출판시도서목록(CIP)은 서지정보유통지원시스템 홈페이지(http://seoji.nl.go.kr)와 국가자료공동목록시스템(http://www.nl.go.kr/kolisnet)에서 이용하실 수 있습니다.
(CIP제어번호: CIP2019019253)